16	3	2	13
5	10	11	8
9	6	7	12
4	15	14	1

Zuza Homem de Mello

MÚSICA
COM Z

Artigos, reportagens e entrevistas (1957-2014)

Prefácio de Humberto Werneck

editora 34

EDITORA 34

Editora 34 Ltda.
Rua Hungria, 592 Jardim Europa CEP 01455-000
São Paulo - SP Brasil Tel/Fax (11) 3811-6777 www.editora34.com.br

Copyright © Editora 34 Ltda., 2014
Música com Z © Zuza Homem de Mello, 2014

A FOTOCÓPIA DE QUALQUER FOLHA DESTE LIVRO É ILEGAL E CONFIGURA UMA
APROPRIAÇÃO INDEVIDA DOS DIREITOS INTELECTUAIS E PATRIMONIAIS DO AUTOR.

Projeto realizado com o apoio do Governo do Estado de São Paulo,
Secretaria da Cultura, Programa de Ação Cultural 2013.

Patrocínio: CPFL Energia

Coordenação geral do projeto e pesquisa:
Ercilia Lobo

Digitalização dos textos:
Studio 3

Cadastramento no ProAC:
Via das Artes

Capa, projeto gráfico e editoração eletrônica:
Bracher & Malta Produção Gráfica

Revisão:
Flávio Cintra do Amaral
Beatriz de Freitas Moreira

1ª Edição - 2014, 2ª Edição - 2014

CIP - Brasil. Catalogação-na-Fonte
(Sindicato Nacional dos Editores de Livros, RJ, Brasil)

	Mello, Zuza Homem de, 1933
M386m	Música com Z: artigos, reportagens
	e entrevistas (1957-2014) / Zuza Homem de Mello;
	prefácio de Humberto Werneck. — São Paulo:
	Editora 34, 2014 (2ª Edição).
	544 p.
	ISBN 978-85-7326-555-2
	1. Música popular - História e crítica.
	2. Jazz - História e crítica. I. Werneck, Humberto.
	I. Título.

CDD - 780.92

MÚSICA COM Z
Artigos, reportagens e entrevistas (1957-2014)

Prefácio, *Humberto Werneck*	11
O livro	19

I. CANÇÕES E MOMENTOS

Prólogo	23
1. As Time Goes By...	24
2. Cidade maravilhosa..	29
3. As sete notas musicais	32
4. Tenderly..	35
5. Um baiano eletriza o paraíso.............................	38
6. Fever	40
7. E se Elis fosse viva?	43
8. Antologia pessoal..	45
9. O disco de jazz que mudou minha vida..............	49
10. Fascinação..	51

II. REPORTAGENS

Prólogo	59
1. School of Jazz...	61
2. Lincoln Center, a cidade das artes em Nova York	68
3. The Rockettes, o mais famoso conjunto de *girls* em Nova York....................	75
4. Van Cliburn	78
5. Clubes de jazz em Nova York	81
6. Primeira noite brasileira no Festival de Montreux.................	86
7. Disco, a mercadoria milionária do Midem	90
8. Nashville, 55 anos do melhor *country*	94
9. Roberto Carlos no seu mais ousado voo	97
10. O som do Pantanal...	102
11. Festival de Edimburgo.....................................	106
12. Jazz em alto-mar	111
13. Quinze versos na música brasileira..................	115
14. Celebração do tango	120
15. O século do jazz	127

III. Entrevistas

Prólogo 135
  1. Jorge Veïga e Moreira da Silva 136
  2. Charles Mingus 140
  3. Itamar Assumpção 151
  4. Randy Weston 155
  5. Earl Hines 157
  6. Milton Nascimento 166
  7. Bobby Short 170
  8. Chico Buarque 174
  9. Chet 178
10. Moacir Santos 181
11. Carmen McRae 184
12. Morris Albert 189
13. Toots Thielemans 194
14. Joan Manuel Serrat 197
15. Joe Pass 200
16. Canhoto, Dino e Meira 203
17. Dizzy Gillespie 207
18. Lee Konitz 210
19. Casé 221
20. Candeia 225
21. Capitão Furtado 228
22. Alberta Hunter 234
23. Maria Bethânia 240
24. Sonny Rollins 248

IV. A nobreza da música brasileira

Prólogo 253
  1. Dona Ivone Lara 254
  2. Djavan 257
  3. Paulinho da Viola 259
  4. Hermeto e Egberto 261
  5. Hermeto Pascoal 263
  6. Roberto Carlos 265
  7. Bezerra da Silva 270
  8. Arrigo Barnabé 272
  9. Luiz Melodia 274
10. Ney 276

11. Cartola de novo, para alegria geral 278
12. Moraes Moreira 280
13. Alceu Valença 282
14. Fagner 284
15. Elba Ramalho 286
16. Elizeth Cardoso 288
17. João Gilberto 290
18. Kleiton & Kledir 292
19. Nana Caymmi 294
20. Emílio Santiago 296
21. Gilberto Gil 299
22. Caetano Veloso 301
23. Elis Regina 304
24. Gal Costa 307
25. João Bosco 309
26. Tim Maia 311
27. Tom Jobim 313

V. A PEDIDOS

Prólogo 317
1. Lalá intuitivo 318
2. Braguinha, o primeiro multimídia 321
3. Adoniran e Vanzolini 326
4. Dilermando 329
5. Aquarela de Toquinho 332
6. Violões do choro 335
7. Violões do Brasil 337
8. Almir, o violeiro do Pantanal 340
9. Antonio Maria e Fernando Lobo 342
10. Piano e voz 344
11. Chanchadas 350
12. Gershwin em concerto 355
13. Os festivais: uma respiração na ditadura 358
14. Seu Domingos 367
15. Rita Ribeiro 369
16. Sergião 372
17. Um Gil em cada direção 374
18. Ivan Lins 376
19. O maestro Moacir 379

20. Bethânia canta Roberto 381
21. Melô pintando o sete 383
22. Milton, o canto das Gerais 385
23. Zé Ramalho 388
24. Tom Zé, o *popstar* 392

VI. DE DAR ÁGUA NA BOCA

Prólogo 397
1. Verão no Central Park 399
2. Novos caras: Cecil e Coltrane 402
3. JATP 404
4. Dream Concert 406
5. Monday Night 409
6. A Voz em Sampa 411
7. Coisa de louco 414
8. A oferta do gigante 417
9. Saloon Singer 420
10. Crossover 422
11. Jumping Blues 425
12. Suprema diva 428
13. Um sonho! 432
14. A jovem de 88 435
15. Música rejuvenesce 437
16. Primeiro *adieu* 439
17. A grande surpresa 442

VII. FIGURAÇAS

Prólogo 449
1. Antonio Rago 450
2. Cartola 453
3. Artie Shaw 455
4. Carmen Miranda 460
5. Duke Ellington 463
6. Geraldo Pereira 469
7. Mario Reis 473
8. Joe Turner 475
9. Hermínio Bello de Carvalho 478
10. Dick Bakker 481
11. Jackson do Pandeiro 485

12. Buck Ram 487
13. Ney Matogrosso.. 491
14. João do Vale.. 494
15. Johnny Alf.. 496
16. Denis Brean.. 499
17. Chet Baker 503
18. Dois Paulos 506
19. Miles Davis 511
20. Assis Valente 515
21. Frank Sinatra 520
22. Caymmi, Lupicinio e Aracy.................................... 524
23. Noel Rosa 531

Sobre o autor 538

Ouro duplamente refinado

Antes que lhe caia o queixo — pois é de cair o queixo o livro que você tem nas mãos —, prepare-se para sucumbir ao feio sentimento da inveja. Inveja que, no caso, tem o atenuante de ser benigna, e cujo objeto é o camarada que pôs no papel cada uma das palavras reunidas neste volume felizmente alentado.

Por que inveja? Falo por mim, mas quem sabe por você também: porque o Zuza Homem de Mello, esse danado, esteve sempre no lugar certo, e na hora certa, vendo e ouvindo o que cada um de nós adoraria ter tido a oportunidade de ver e ouvir. Ainda bem que não guardou só para ele o visto e o ouvido!

Pode ser, dirá você, que eu esteja exagerando, risco a que um prefaciador apaixonado tantas vezes pode sucumbir. Então vamos aos fatos, ao móvel de minha irremediável e justificada inveja, fatos esses que são fáceis de colher, meio ao acaso, em qualquer ponto das páginas que se seguem.

Saiba, por exemplo, que aos 24 anos de idade o Zuza ocupava uma das cadeiras do Carnegie Hall, em Nova York, naquela noite de setembro de 1957 em que o JATP, o Jazz at The Philharmonic, pôs em cena uns camaradas chamados Oscar Peterson, Coleman Hawkins, Lester Young e Stan Getz, além das feras do Modern Jazz Quartet. Poucas semanas depois, olha o Zuza no mesmo cenário, dessa vez todo olhos & ouvidos para Dizzy Gillespie e Thelonious Monk, para Billie Holiday e para um promissor e ainda escassamente conhecido cantor e pianista de nome Ray Charles. Foi naquela noitada de 29 de novembro de 1957, aliás, que o Zuza viu pela primeira vez se apresentar um tal de Chet Baker.

Outro músico que por essa época lhe chamou a atenção: um jovem sax-tenor, "calado e não muito expansivo", integrante do quarteto de Thelonious Monk depois de haver brilhado no quinteto de Miles Davis, talentoso o bastante para criar no crítico brasileiro "a firme impressão" de que poderia se tornar "um magnífico músico de jazz". Nome do cara: John Coltrane.

Prefácio

Se você vê deslumbramento nas linhas acima, ponha, insisto, na conta exclusiva do prefaciador, já que o Zuza, profissional calejado, nunca foi de se embevecer ao ponto de sacrificar o rigor. E não porque tenha, hoje, quase seis décadas como repórter e crítico musical. Ele já era assim lá nos começos, como se pode constatar na leitura de seus primeiros escritos na imprensa, vários deles enviados em 1957 e 1958 de Nova York — cidade onde o jovem baixista profissional da noite paulistana, deixando para trás um curso de engenharia, tinha ido estudar musicologia na Juilliard School of Music, período em que frequentou também a não menos célebre School of Jazz, em Tanglewood.

Foi ótima ideia do Zuza conservar e reunir aqui uma seleta de seus amarelecidos recortes nova-iorquinos, e tantos outros acumulados a partir de então, ao longo de décadas e igualmente submetidos, agora, à peneira da maturidade e a um cuidadoso trabalho de revisão. Sim, pois o ouro recolhido no caminho foi ainda mais refinado.

Não estou autorizado a falar por ele, claro, mas posso afirmar que o Zuza, muito à margem da vaidade e nostalgia de escribas que se sentem autores das tábuas da lei, viu excelentes razões para sacar velhos textos de seus arquivos. Constate você mesmo que todos eles conservam o viço e, sem rugas, são capazes, ainda, de suscitar leitura atenta e proveitosa. Sem falar, é claro, na óbvia importância documental que têm.

Quem escreve regularmente na imprensa se dá conta às vezes de que este ou aquele escrito, ainda que produzido no sufoco dos *deadlines* das redações, mereceria um pouco mais de sobrevida nas bancas de jornais e revistas, antes de cumprir, independentemente do valor jornalístico, histórico e até literário que possa ter, o inglório destino de embrulhar legume ou peixe ali no sacolão.

Para felicidade geral, Zuza fez como o cronista e romancista Fernando Sabino (um aplicado baterista amador de jazz, sabia?), quando, já próximo dos 80 anos, decidiu mergulhar no cafarnaum de seus recortes de imprensa para de lá trazer o que ainda pulsasse qualidade, reunindo o melhor desses achados nas seiscentas e tantas páginas do delicioso *Livro aberto*.

O que se dá em boas coletâneas, como a de Sabino e esta de Zuza Homem de Mello, é que, postos lado a lado, textos de qualidade não só se desincumbem a contento, cada um deles, como, se bem justapostos, trabalham uns pelos outros — se você me permite o lugar-comum: como as pedrinhas bonitas que, somadas, irão formar painel ainda mais belo.

Uma simples passada de olhos pelo sumário já permite ver o quanto é rico e imponente o mosaico montado pelo Zuza — e, coisa nem sempre encontrável entre os que se ocupam da crítica de qualquer arte, isento de sectarismo e preconceitos. Percorra as sete seções em que se divide *Música com Z* e diga se há algum nome verdadeiramente grande da música, seja ela brasileira ou de outros cantos do mundo, que não tenha sido aqui contemplado — de Cartola a Charles Mingus, de Tom Jobim a Duke Ellington, de Carmen Miranda a Carmen McRae, de Maria Bethânia a Alberta Hunter, de Milton Nascimento a Charles Aznavour, de João Gilberto a John Coltrane, de Jackson do Pandeiro a Dexter Gordon, de Gal a Diana Ross, de Chico, Gil e Caetano a quem mais possa você imaginar de bom.

O rol dos norte-americanos, por exemplo, está longe de esgotar-se nos gigantes aí acima mencionados, nem se esgotará nos que serão adiante enumerados. Entre eles, Willie Nelson, que o Zuza viu cantar em Las Vegas, no ano de 1982, e Diana Ross, no Valby-Hallen de Copenhague, em 1985. Mais perto de nós, Frank Sinatra e Alberta Hunter no mitológico Bar 150, do Hotel Maksoud Plaza, em São Paulo — casa onde ecoaram também o piano e a voz daquele que o nosso crítico tem na conta de "o mais irresistível *saloon singer* de todos todos os tempos", ele mesmo, Bobby Short.

E eis que cabe aqui um parêntese não apenas musical: para Zuza Homem de Mello, o hoje extinto 150 veio a tornar-se ainda mais inolvidável ao cabo da noitada de setembro de 1983 em que, para comemorar 50 anos de vida, ele reuniu ali igual número de casais amigos. Num fecho apoteótico, foi ao som de "Happy Birthday to You", na interpretação de Bobby Short, que o aniversariante soprou as velas.

E como esquecer a fulgurante passagem pelo 150, no mesmo ano, da "maior cantora de jazz de seu tempo"? — Betty Carter, claro. Trata-se, também neste caso, de opinião solidamente sedimentada, pois Zuza a conhecia desde fevereiro de 1958, de uma *jam session* do Birdland, em Nova York. Haveria de reencontrá-la no início da década de 60, numa de suas incontáveis revisitas à cidade, dessa vez no Apollo Theatre, dentro de um programa luxuoso ao ponto de incluir também Ray Charles. "No palco, a figura de Betty não ajudava muito — uma magricela desengonçada sem charme algum", recordará Zuza anos depois. "Provavelmente seria dispensada de cara por um produtor de megashows. Todavia, sua voz doce caía de encomenda para contrastar com a voz meio rouca, com os gemidos e lamentos que vinham do fundo da alma do gênio."

Prefácio

A profusão de detalhes, neste e em muitos outros casos, se deve não apenas à boa memória de Zuza Homem de Mello como também à excelente iniciativa de acrescentar, no pé de vários dos textos deste livro, notas redigidas em 2014 com o objetivo de atualizar e enriquecer antigos escritos, e até para humildemente arrolar supostos deslizes imputáveis ao verdor de um profissional em formação.

Sempre oportunas e interessantes, as notas supervenientes trazem às vezes ao leitor de hoje notícias menos boas — ou mesmo francamente lamentáveis: ao repassar, 55 anos depois, reportagens de julho de 1958 em que mapeou templos do jazz em Nova York, Zuza Homem de Mello nos informa que de todos eles apenas um, o Village Vanguard, na 7ª Avenida, seguia atuante, sendo que o outrora glorioso Birdland, agora em outro endereço, se desvirtuou tanto que se converteu em casa de shows de *striptease*.

Lembrança puxa lembrança — e as saborosas notas de Zuza volta e meia se encompridam, do que ninguém vai reclamar, ao contrário, pois tudo é sempre muito pertinente e bom de ler. No caso do cantor Emílio Santiago, por exemplo, o *post scriptum* de 2014 resultou bem maior que o comentário que o suscitou em 1979. Tantos anos depois, o crítico pôde nos dar o que na breve resenha de um disco não teria cabimento. "Fiquei literalmente chapado quando assisti Emílio Santiago pela primeira vez, num inesquecível show com Alcione, no Canecão do Rio de Janeiro", anotou ele. "Os solos de cada um eram de assustar, em dupla suas vozes enchiam o espaço em alto nível e ainda havia como bônus os surpreendentes solos de trompete da cantora."

Emílio e Alcione são dois na imensa, completíssima galeria dos bons intérpretes e compositores cuja arte ocupa Zuza Homem de Mello nas páginas deste *Música com Z*, distribuídos em sete bem montadas divisões. Uma delas, a parte V, intitulada "A pedidos", nos presta o imenso favor de recolher textos que jaziam espalhados por encartes e contracapas de discos, programas de espetáculos musicais e até *releases* escritos para informação das redações de revistas e jornais, tudo isso de comprovada resistência ao tempo.

Outra seção, abrindo o livro e o apetite do leitor, tem por tema canções e momentos que, para o Zuza e tantos de nós, são inesquecíveis — pense em joias como "As Time Goes By", "Cidade maravilhosa" ou "Tenderly". Todo um bloco do livro é dedicado a uma seleta de textos produzidos pelo repórter praticamente desde aquele 26 de setembro de 1956 em que ele, aos 23 anos, fez sua estreia no ofício ao cobrir, morra de inveja, a passagem da orquestra de Dizzy Gillespie pelo Teatro Santana, de São Paulo.

Como repórter ou crítico, Zuza foi J. E. (de José Eduardo) Homem de Mello até abril de 1978, quando, ao iniciar sua colaboração no jornal *O Estado de S. Paulo*, teve a ótima ideia de usar como profissional o apelido que traz da infância.

Entrevistador capaz de extrair o melhor que um entrevistado possa render (no rádio, inclusive, durante os dez anos em que manteve na Jovem Pan, de São Paulo, de segunda a sexta-feira, o *Programa do Zuza*), nosso crítico teve à sua frente uma infinidade de grandes nomes da música, brasileira e estrangeira, duas dezenas deles reunidos aqui numa seção em que uma entrevista até agora inédita de Charles Mingus está longe de ser o único pitéu. Alguns deles, quem sabe, poderiam estar também na seção que fecha *Música com Z*, reservada a artistas que, mais do que "figuras", são "figuraças".

Mas não me peça, por favor, que esclareça a diferença entre uma coisa e outra. Figura & figuraça que é, o Zuza vai explicar com muito mais competência. Depois, tem isto: como aquele entusiástico mestre de cerimônias que se estendeu além da conta, fazendo brotar na sala um burburinho de impaciência, este prefaciador por fim se manca. Chega de tentar apresentar o que disso não precisa, vamos logo ao que interessa!

Humberto Werneck

para Ercilia Lobo,
que fez de um sonho a existência plena

O livro

Neste livro estão reunidos 140 textos, sobre música brasileira ou jazz, dados à estampa ao longo de 58 anos. Resultam de uma laboriosa seleção entre mil peças, aproximadamente, mantidas com zelo e paciência em dois formatos: as originais datilografadas em folhas de papel almaço, que cobrem o período de 1957 a 1996, digitalizadas recentemente para uso do que se segue, e as demais, já na era da informática, sustentadas em arquivo eletrônico a partir de sua redação elaborada diretamente em computador, que completam o conjunto.

Bem pode o prezado leitor imaginar minha frustração ao observar por anos a mudez do conteúdo daquela papelada diligentemente arquivada que corria o risco de se perder sem chance de alcançar gerações que não viveram à época de sua publicação. Daí a razão primordial deste livro. Em suma, esses textos representam a trajetória de uma existência dedicada ao jornalismo musical.

Sem que tivessem sido assim tencionadas, as sete partes deste volume acabaram se vinculando a quatro dos capítulos do livro *Música nas veias*, de minha autoria (Editora 34, 2007), com uma expressiva diferença: enquanto estes continham narrativas autobiográficas, agora me concentrei especificamente naquilo que foi escrito paralelamente no mesmo período. Pode-se até afirmar que *Música com Z* é um alongamento, em outro feitio, que se engata naquele material.

Em boa parte dos textos selecionados, senti-me fortemente impelido a adicionar contextualizações — as "Notas em 2014" —, que ouso reputar de préstimo pelas informações complementares ou pormenorizadas, ou ainda pela elucidação de acontecimentos ulteriores ao texto original.

Devo à minha mulher Ercilia Lobo não apenas o incentivo para a concretização deste trabalho, como ainda a tarefa de levar a cabo o processo burocrático para documentação e procedimentos necessários para que o projeto acalentado por mais de dez anos pudesse merecer o epíteto de livro. De fato, e sem exagero algum, sem ela este livro não existiria.

Devo também agradecer à minha mãe querida que, com desvelo e orgulho, identificava e reunia recortes do jornal que estampava no Brasil as matérias escritas por seu filho nos Estados Unidos.

Agradeço a plácida calmaria dos fungos e das traças que, mantendo-se aquietados no tempo em curso, muito me ajudaram a preservar intacta a papelada por tantos anos.

Ao cuidadoso Renato de Carvalho Carbone, do Studio 3, pela digitalização do material em papel, ao inquieto Augusto Rodrigues, da CPFL, por sua incessante preocupação cultural, ao atento e disponível amigo Paulo Malta, da Editora 34, ao Robinson Borges, talhado editor excepcional, pelos valiosos conselhos e competente orientação, aos artistas que generosamente concederam entrevistas, em especial nos anos 50, quando grandes nomes do jazz atenderam ao apelo de um anônimo estudantezinho de música para depoimentos exclusivos, a todos eles o meu agradecimento. Finalmente, aos compositores, cantores e músicos que brindaram nossos ouvidos com sua arte, sem o que teríamos todos uma vida em silêncio, sem música. Sua obra constitui a espinha dorsal deste livro.

Zuza Homem de Mello

I. CANÇÕES E MOMENTOS

Prólogo

A trajetória das canções me fascina desde menino. Com meu primeiro gravador, um Webster de fio, inventei de gravar histórias sobre canções, alternando minha narrativa com ilustrações musicais reproduzidas de discos tocados num imenso radiovitrola Standard Electric modelo Notre Dame de imbuia entalhada na casa de meus pais.

Com o tempo, nada sobrou daqueles carretéis de fio com as primeiras experiências sobre o tema que, no entanto, permaneceria tão intenso quanto há tantos anos.

Não foi por acaso que convidei meu admirado amigo Jairo Severiano para narrarmos em parceria as trajetórias de dezenas de canções brasileiras do século XX, o que resultou nos dois volumes de *A canção no tempo* (Editora 34, 1997 e 1998).

Até hoje, frequentemente mergulho nesse tema que marcou minhas primeiras incursões na pesquisa, o das peripécias da vida das canções. Justo, pois, que essas histórias estejam na primeira parte desta coletânea, entremeadas por outros textos reunidos sob o título de "momentos", que, a meu ver, permite incluir o que me der na telha.

Com esse artifício, posso homenagear uma das mais lindas canções de dois amigos queridos, Milton Nascimento e Fernando Brant, "Canções e momentos", gravada em 1987. Tem ela um significado especial para mim, a partir da inesquecível turnê que tive o orgulho de organizar para Milton em 1988, sua primeira visita ao Japão. Cantando "Canções e momentos", Milton encerrava os shows deixando um nó na nossa garganta.

Música com Z

1.

As Time Goes By

Você sabia que Dooley Wilson, aquele pianista negro que atende ao pedido da personagem de Ingrid Bergman para cantar "As Time Goes By" no filme *Casablanca*, nunca tocou piano? Era cantor, e só tocava bateria.

Eis aí uma das curiosidades que cercam as inacreditáveis peripécias na trajetória da mais famosa canção da história do cinema americano, para um dos filmes mais *cult* produzidos em Hollywood, estrelado por duas personalidades mitológicas, o mais belo casal que teve o cinema na adorável fase do preto e branco. Então, que outro par pode superar Humphrey Bogart e Ingrid Bergman? Que outra linha de texto pode superar o propalado "Play it again, Sam", de *Casablanca*?

O argumento de *Casablanca* nasceu pouco antes da Segunda Guerra, quando, em 1938, o professor de inglês Murray Burnett, de 27 anos, foi passar o verão em Viena. Envolveu-se de tal forma com instituições que ajudavam judeus perseguidos pelos nazistas que, ao retornar aos Estados Unidos, estava tomado pela ideia fixa de criar uma peça sobre esse tema. Convidou a escritora Joan Alison para escrever com ele o texto que intitulou de *Everybody Comes to Rick's*. O enredo da peça girava em torno do cínico e amargurado dono do frequentadíssimo bar Rick's, em Casablanca, no Marrocos, que, embora pouco interessado pelo próximo, auxiliava o jornalista checo da resistência Victor Laszlo a escapar da cidade ocupada. Rick ajudou Victor e sua mulher Ilsa, por quem arrastava um bonde. Aí está o nó romântico.

Depois de concluída, a peça foi oferecida a um produtor da Broadway, sem ter despertado qualquer interesse por sua montagem. Burnett negociou-a então com o estúdio da Warner Bros. por 20 mil dólares e concordou com a troca de título para o filme que viria a ser produzido: *Casablanca*.

Dirigido por Michael Curtiz e com alguns diálogos memoráveis, o filme foi feito em Hollywood e estreado em Nova York em novembro de

1942, conquistando rapidamente um sucesso extraordinário. No ano seguinte, recebeu os Oscar de melhor filme, melhor diretor e melhor roteiro. Foi ainda indicado para outras cinco categorias: melhor ator (Humphrey Bogart, no papel de Rick Blaine, o proprietário do bar), melhor ator coadjuvante (Claude Rains, no papel do corrupto capitão francês Louis Renault, amigo de Rick), melhor fotografia em preto e branco, melhor edição e melhor trilha sonora.

Entre os seus mais conhecidos diálogos, o que se tornou mais célebre, na verdade não existe no filme, podem acreditar. Realmente, em nenhum momento é ouvida a frase "Play it again, Sam", que foi inserida em outros filmes posteriores como se fosse original de *Casablanca*. O diálogo verdadeiro do filme entre Ilsa Lund (a personagem de Ingrid Bergman, bonita de doer, vestida de branco, com um broche do lado esquerdo) e Sam (o emotivo pianista do bar, de *smoking*) é este:

ILSA — *Play it once, Sam. For all times sake* [Toque uma vez, Sam. Pelos velhos bons tempos].

SAM — *I don't know what you mean, Miss Ilsa* [Eu não sei o que a senhora quer dizer, Miss Ilsa].

ILSA — *Play it, Sam. Play "As Time Goes By"* [Toque-a, Sam. Toque "As Time Goes By"].

SAM — *Oh, I can't remember, Miss Ilsa. I'm a little rust* [Oh, não consigo me lembrar, Miss Ilsa. Estou um pouco enferrujado].

ILSA — *I'll humm it for you. Larai-ra-rai-ra-rá, larai-ra-ri-ra-rá...* [Eu cantarolo para você. Larai...].

(Ouve-se a introdução da canção com piano.)

ILSA — *Sing it, Sam* [Cante-a, Sam].

(Sam canta olhando para cima, enquanto Ilsa fica pensativa.)

SAM — *You must remember this,/ A kiss is just a kiss, a sigh is just a sigh./ The fundamental things apply/ As time goes by./ And when two lovers woo/ They still say, "I love you."/ On that you can rely/ No matter what the future brings/ As time goes by...*

(Antes do final da canção, surge Rick abrindo uma porta no fundo do bar e, irritadíssimo, caminha apressado em direção ao piano:)

RICK — *Sam, I told you never to play...* [Sam, eu disse para você nunca tocar...].

(A canção é interrompida.)

Música com Z

Até chegar a essa cena, vista milhares de vezes desde 1942, a odisseia de "As Time Goes By" foi das mais incríveis que uma canção pode ter, antes de se tornar conhecida e cantada, pode-se afirmar, pelo menos uma vez por noite em um bar de alguma cidade do mundo.

Ela foi composta 11 anos antes da filmagem por um pianista apenas razoavelmente conhecido, Herman Hupfeld, que, conta-se, teria sido companheiro de colégio do escritor da peça original, Murray Burnett. Hupfeld fez a canção em 1931 para o musical da Broadway *Everybody's Welcome*, tendo sido interpretada no palco por Frances Williams e gravada nesse mesmo ano pelo cantor Rudy Vallee, o maior *crooner* americano antes de Bing Crosby.

Ao pensarem numa música para *Casablanca*, os produtores não pretendiam incluir uma música inédita, e sim recorrer a alguma canção do passado não muito conhecida. Por isso, concordaram com a insistente proposta de Burnett para que, naquela cena específica, a de Ilsa no bar, fosse usada a canção que ele mesmo ouvira, ainda no verão de 1938, no bar La Belle Aurore, na Riviera Francesa, cantada por um pianista negro. Era a ainda desconhecida "As Time Goes By".

Uma vez decidido o tema principal, o músico Elliot Carpenter ficou encarregado pela Warner de pesquisar outras canções do passado e sugeriu recuperarem a lindíssima "It Had to Be You", de 1924, composta por dois conhecidos autores, o grande letrista Gus Kahn e o compositor Isham Jones. Embora também cantada no filme, não teve naquele momento a mesma projeção de "As Time Goes By".

Casablanca reuniu um elenco fabuloso. Além de Humphrey Bogart, como Rick Blaine, e a sueca Ingrid Bergman, considerada a mais linda atriz de sua época, no papel de Ilsa Lund, que tinha tido um caso com Rick, havia ainda o austríaco Paul Henreid, no papel de Victor Laszlo, marido de Ilsa e líder da resistência checa, o gordo e expressivo ator inglês Sydney Greenstreet, no papel do Signor Ferrari, o renomado ator alemão Peter Lorre, vivendo Ugarte, Conrad Veidt, como o major alemão Heinrich Strasser, e o imperturbável inglês com cara de pedra Claude Rains. A par do nó romântico, o dilema dramático pode ser resumido no impasse do americano Rick, que pouco se interessa pelos outros, em ter que ajudar Victor e sua antiga paixão Ilsa a saírem de Casablanca em busca da liberdade.

No momento em que iria conceber a trilha sonora, o compositor Max Steiner, ao assistir à cena do bar já filmada com a notável interpretação de Dooley Wilson (o único componente do elenco que conhecia a cidade de Casablanca), torceu o nariz ao ouvir aquela velha canção, sugerindo que seria melhor trocá-la por uma inédita. Ele mesmo criaria uma melodia tema, mas isso implicaria refilmar a cena, e Ingrid Bergman já estava nessa altura trabalhando em outro filme. Por isso, "As Time Goes By" foi mantida, e Max Steiner teve de engolir sua ideia e deixar de receber direitos autorais por uma eventual canção, mal imaginando que a escolhida alcançaria tamanha popularidade através dos anos.

Com o sucesso do filme *Casablanca*, em 1943, a antiga gravação de Rudy Vallee foi relançada, e "As Time Goes By" entrou na parada de sucessos, onde permaneceu por 21 semanas. Foi o início de uma trajetória que iria se consolidar com o surgimento, nos anos 50, dos discos *long-playing* que necessitavam de oito a doze músicas por disco. Cantores e músicos passaram a incluir "As Time Goes By" nos seus repertórios, ao mesmo tempo que *Casablanca* se firmava como um dos dez filmes favoritos nas preferências do público e da crítica.

Por anos a fio, "As Time Goes By" tem sido reinterpretada em discos de cantores como Johnnie Ray, Tony Bennett, Ella Fitzgerald, Carly Simon, Billie Holiday, Peggy Lee, Frank Sinatra, Julie London, Willie Nelson, Barbra Streisand, Lee Wiley, Chris Connor, Andy Williams, Shirley Bassey, Natalie Cole, Billy Eckstine, e até por Ingrid Bergman e o próprio Dooley Wilson. Também foi gravada por músicos como Louis Armstrong, Chet Baker, Claude Bolling, Paul Bley, Ray Conniff, Les Elgart, Ron Carter, Maynard Ferguson, Jimmy Dorsey, Freddie Hubbard, André Previn, Bud Shank e Teddy Wilson, entre tantos outros. Mais recentemente, foi gravada por Bryan Ferry, John Pizzarelli e Jane Monheit.

O americano Hupfeld seria justamente o maior beneficiado com o êxito de sua única canção de sucesso. Nascido em 1894, tinha estudado violino na Alemanha aos 9 anos, foi pianista durante a Segunda Guerra em shows para a tropa e compôs inúmeras canções isoladas para shows da Broadway, sobretudo nos anos 30, embora nada de muito relevante. Depois de "As Time Goes By", poderia sustentar pelo menos duas gerações, no entanto, como nunca se casou, não teve descendentes. Viveu o resto de seus dias em Montclair, Nova Jersey, onde havia nascido e onde morreu em 1951, e foi enterrado sem ter sentido a glória a que fez jus, a de ouvir seus versos cantados pelos maiores intérpretes do mundo e, muito especialmente, sem saber ao certo que sua canção seria um verdadeiro credo de amor pelo mundo afora.

Não que "As Time Goes By" seja uma melodia muito elaborada ou possua uma harmonia fora de série. O motivo de seu deslumbramento, o que faz dela uma canção perfeita, é o casamento entre a melodia e a letra, como se ambos não pudessem ser jamais separados. É uma canção envolvente baseada na frase melódica inicial ("*You must remember this*") desenvolvida três vezes de diferentes maneiras, em movimento ascensional na primeira parte. De seus versos, emanam ideias poéticas que atingem o que já sabemos inconscientemente. É só entoar a canção. Quem, homem ou mulher, não fica encantado com os preceitos que Herman Hupfeld transformou em poesia? Basta desejar amar, basta ser amado, basta ter amado alguma vez. Quem não concorda que o amor sempre será como sempre foi?

"*É sempre a velha história/ A luta pelo amor e a glória/ Uma questão de ser ou morrer./ O mundo sempre se abrirá para os que se amam/ Assim como o tempo passa.*"

(Publicado em 8 de maio de 2011 no *Correio Popular*, de Campinas)

2.

Cidade maravilhosa

OS 50 ANOS DA MARCHA QUE VIROU HINO

A própria introdução da gravação original parece ter sido feita para preceder um hino, com as notas do acorde fundamental de um clarim. Mas é um chamamento alegre, tem a seriedade de um hino militar, a imponência de uma marcha. Uma marcha-hino, que poderia perfeitamente ser um dia o hino da cidade do Rio de Janeiro, o que de fato aconteceu, quando o governador Carlos Lacerda assim o decretou em 1960. "Cidade maravilhosa" é também um dos hinos do Carnaval brasileiro, cantado com muito empenho em qualquer salão. Quando a fanfarra ataca a introdução, todo mundo sabe que o baile está chegando ao fim. Isso acontece há 50 anos.

A década de 30 abriu à mulher possibilidades de participação em setores a que até então não tinha acesso. A mulher se solta e tem êxito na política, nas artes, nos esportes, ampliando as formas de se projetar. Na música popular, o Carnaval era dominado por intérpretes masculinos (Francisco Alves, Mario Reis, Silvio Caldas, e os compositores/cantores Noel Rosa e Lamartine Babo), quando Carmen Miranda quebra essa hegemonia em 1931, com "Taí" (ou "Pra você gostar de mim"). Sua irmã Aurora foi a segunda mulher de sucesso no Carnaval brasileiro, com "Se a lua contasse" (1934), cantada em dupla com João Petra de Barros. Também na década de 30, a cidade do Rio de Janeiro é embelezada não só com a estátua do Cristo Redentor, mas com o alinhamento e o alargamento das ruas e avenidas centrais, especialmente em torno da Cinelândia, criando condições para deixar o turista e o próprio carioca maravilhados com a cidade.

A "Cidade maravilhosa", segundo Almirante, teria sido assim chamada pela primeira vez por Coelho Neto, em 1928, mas foi em 1934, visando à Festa da Mocidade, realizada em outubro, que André Filho utilizou a expressão "Cidade maravilhosa" para sua marcha gravada em

4 de setembro nos estúdios da Odeon, do Rio. Foi o próprio André Filho (1906-1974), de sucesso relativo na música e na rádio da época, quem convidou a jovem Aurora, então com 19 anos, a cantarem juntos. A irmã de Carmen, que tinha feito sucesso um ano antes com a marcha junina "Cai, cai, balão", já em dupla com Francisco Alves, cantou a segunda parte, "*Berço do samba e das lindas canções/ Que vivem n'alma da gente/ És o altar dos nossos corações/ Que cantam alegremente!*". André gravou os outros versos na repetição desse mesmo trecho melódico em tom menor: "*Jardim florido de amor e saudade/ Terra que a todos seduz/ Que Deus te cubra de felicidade/ Ninho de sonho e de luz*".

Foi dito que a música de André Filho teria sido inspirada num trecho do terceiro ato da ópera *La Bohème* ou no prefixo de um jornal cinematográfico norte-americano da época. O fato é que a marcha, cujo refrão é parcialmente em modo maior, foi, meses depois, inscrita pelo seu autor no concurso de músicas carnavalescas de 1935, promovido pela prefeitura do então Distrito Federal. O resultado deixou-o profundamente desgostoso: "Cidade maravilhosa" foi a segunda colocada. A marcha vencedora seria "Coração ingrato" (de Nássara e Frazão, cantada por Silvio Caldas), que ninguém se lembra mais como é, enquanto o primeiro lugar na categoria de samba foi o excelente "Implorar" (de Kid Pepe, Germano Augusto e A. Gaspar, gravado por Moreira da Silva). É fato que esse desgosto inicial do compositor foi com o passar dos tempos sendo substituído por alegria: a cada Carnaval, mais e mais, "Cidade maravilhosa" passou a ser uma das músicas mais cantadas pelo povo, conforme o próprio André Filho previra que aconteceria, como confessou a Aurora Miranda depois do concurso.

Depois de tê-la cantado também no filme *Alô, alô, Brasil* (1935, dirigido por Wallace Downey na Cinédia) em dupla com sua irmã Carmen, Aurora Miranda voltaria a gravá-la anos depois, com o Bando da Lua, na Decca norte-americana, tornando-se a música de maior sucesso em sua carreira.

Evocativa na segunda parte, que retorna à primeira numa modulação singela, "Cidade maravilhosa" é vibrante no refrão, que não é repetido rigorosamente igual, seguindo assim o esquema próprio dos grandes compositores populares: na repetição do refrão, os versos finais — "*Cidade maravilhosa/ Coração do meu Brasil*" — sofrem uma alteração melódica que induz magistralmente a primeira parte a cumprir duas das funções que deve ter, isto é, a preparação para a segunda parte e o encerramento da música.

Memorizável facilmente até por uma criança, ela tem um perfil tão marcante quanto uma canção folclórica, permitindo breques improvisados ao final do refrão, do tipo "Brasil, Brasil, Brasil", que fazem as delícias de um folião.

(Publicado em 19 de fevereiro de 1985 em *O Estado de S. Paulo*)

3.

As sete notas musicais

Ah, essas pequenas sete notas, essenciais em nossas vidas! Ainda que tenham sido combinadas e arranjadas por centenas de anos a fio, elas permanecem como a reserva inesgotável de inspiração, em que alguns bebem para atingir o almejado patamar dos artistas da música. Poderia um de nós viver sem os sete sons da escala musical? Pode alguém passar sem ter com eles a mais remota ligação, sem som, sem disco, sem CD, sem MP3, sem concerto, sem show, sem rádio, sem um único som musical?

Como festejar sem música? Como dividir emoções, como evocar momentos, como reconquistar vitórias de batalhas perdidas, como se bastar na solidão, compartilhar prazeres, como se socorrer de um sofrimento? Como amparar-se, como curar uma dor de cotovelo sem uma canção?

Tal qual rostos humanos, formados pelos mesmos elementos sem que um seja igual ao outro, as notas musicais misturam-se, entrelaçam-se em combinações tão diferentes umas das outras, capazes de provocar sensações tão variadas quanto os sentimentos de um ser humano. Em forma de melodias, elas estão presentes em toda sorte de momentos marcantes da vida, assim como nos rotineiros caminhos diários da mais monótona das existências. Podem acrescentar a cor que falta a uma paisagem, infundir o perfume que uma pedra não tem, podem dar calor a um ser insensível, prostrar arrependido um torturador, desvendar um mistério impenetrável, abrir o horizonte de um descrente. Podem envolver de emoção uma cena pueril, sacudir uma multidão, inspirar um cientista, acalmar um insatisfeito, podem curar um enfermo e alentar um moribundo. Podem simbolizar a reminiscência mais intensa de um momento inesquecível entre dois amantes.

Já imaginaram um lugar sem a menor possibilidade de se ouvir uma só nota musical, um lugar de silêncio absoluto onde nada, absolutamente nada, é possível se ouvir?

Na manhã de 28 de dezembro de 1990, fui conduzido por *Mme.* Picard a um dos ambientes mais estranhos e angustiantes que conheci em minha vida: a Sala do Silêncio (*chambre anéchoïque*, como é chamado), instalada no IRCAM (Institut de Recherche et Coordination Acoustique/Musique). Essa sala fica no subsolo da fonte Stravinsky, defronte ao Centre Georges Pompidou, em Paris, e, por iniciativa do compositor Pierre Boulez, faz parte do conjunto dedicado à pesquisa e à criação da música contemporânea. Sem uma referência sonora de qualquer espécie, lá você se defronta com o silêncio, sente-se órfão absoluto de qualquer nota musical mesmo que, imperceptivelmente implícita num latido, num piar, numa buzina, em algum tipo de som que cerca a vida do homem. Lá é nada, nada. Nada de música, nada de som.

Milhões de combinações de toda sorte foram feitas para criar melodias que preencheram de alguma forma tais vazios no ser humano. As sete notas musicais, dó/ré/mi/fá/sol/lá/si, da escala diatônica, que na verdade se completam com outras cinco, vulgarmente chamadas de teclas pretas do piano, para formar a escala cromática, são de fato o único recurso para esses milhões de melodias que se espalham por séculos no universo.

Há melodias extraordinariamente elaboradas, ricas em si próprias, como "Lushlife", de Billy Strayhorn, outras absurdamente simples, que se tornam obras-primas com as mutações harmônicas, como "Águas de março", de Tom Jobim. Há as melodias cativantes desde as primeiras notas, canções napolitanas como "Malafemmena", de Totó, outras estranhamente angulosas sobre simples acordes de *blues*, como "Blue Monk", de Thelonious Monk, há o romantismo da ária "Lucia perdona", de Donizetti, em *Lucia di Lamermoor*. E há a doçura e profundidade que se apossam de qualquer um quando o piano inicia o andante do *Concerto nº 17* de Mozart, a surpreendente e intrigante segunda parte resolvida brilhantemente em "Prelude to a Kiss", de Duke Ellington, o inteligente desenvolvimento que faz de "Onde a dor não tem razão" uma obra-prima de Elton Medeiros e Paulinho da Viola, a mansidão que vai aos poucos se mostrando envolvente eloquência no "Allegro" do *Concerto para Cello*, de Dvorák, há o lirismo inefável de "The Fool on the Hill", de Paul McCartney e John Lennon, a simplicidade bucólica de "Cabocla Tereza" de João Pacífico e Raul Torres. Todas elas, todas essas e milhares de outras são elaboradas a partir de uma inspiração calcada nas mesmas únicas e disponíveis notas musicais. Onde está o mistério de uma melodia que se fixa para sempre numa existência enquanto outras passam ao largo, sem jamais serem revividas? Qual o segredo, a motivação, que leva a nuances tão delicadamente sutis, a tantas sensações provenientes de simples sons?

Cada um de nós tem uma resposta tão acertadamente rigorosa como a demonstração de um teorema, ou tão passível de interpretação como um silogismo ou ainda tão delirantemente estapafúrdia como a lógica de um alucinado. São válidas e corretas. Há, contudo, melodias que ficam, outras submergem. As que permanecem têm em comum o segredo do equilíbrio entre surpresa e encantamento, descanso e movimento, pausa e tensão, fluência e rompimento. Equilíbrio, eis o segredo zen-budista da convivência entre opostos para a almejada consagração.

As mesmas únicas notas, resumidas nas sete notas musicais de que dispõe a música ocidental, estão à sua disposição para você tentar. Quem não quiser se aventurar, ouça, assobie, cante ou apenas imagine melodias, mas não se afaste das sete notas musicais. Boa sorte!

(Publicado em 27 de abril de 2007
no Caderno Eu & Fim de Semana do *Valor Econômico*)

4.

Tenderly

A seus grandes amigos, o cantor e pianista Dick Farney (1921-1987) costumava confessar, não sem esconder uma ponta de orgulho: "Sabe que fui o primeiro a gravar 'Tenderly'? Quando fui à América do Norte pela segunda vez, o pianista Walter Gross me ofereceu uma grande música que acabara de fazer".

Gross atuava em Nova York e gostou tanto de Dick que entregou a canção de presente para ser gravada por aquele brasileiro praticamente desconhecido nos Estados Unidos. De fato, Dick gravou "Tenderly" com a letra original de Jack Lawrence, acompanhado pela orquestra conduzida por Paul Baron, no lado B de um disco de 78 rotações cujo lado A era "Too Marvelous for Words".

A obra de Jack Lawrence Schwartz — nascido no Brooklyn em 7 de abril de 1912, um dos autores da fase de ouro da canção americana — é recheada de curiosidades. Suas letras estão longe de ser o *crème de la crème*, nada que possa ser comparado às de Larry Hart ou Ira Gershwin, expoentes no *métier* de transformar melodias maravilhosas em canções notáveis. Mas a assinatura de Jack acompanha músicas que impulsionaram a carreira de uma penca de cantores e músicos.

Em 1939, ele, também pianista, fez letra e música de "If I Didn't Care", primeiro sucesso a atingir um milhão de cópias na gravação do extraordinário quarteto The Ink Spots, o glorioso grupo vocal negro americano dos anos 30 e 40.

No dia 31 de agosto do mesmo ano, um jovem cantor de 22 anos entrava em estúdio para gravar seu primeiro disco na Columbia. Não que fosse uma canção estupenda, o que impressionava era a *big* voz daquele magricela, *crooner* da orquestra de Harry James. "All or Nothing at All" foi o marco zero no imenso repertório de uma lenda, Frank Sinatra. Letra de Jack Lawrence. As vendas foram baixas, 8 mil cópias, mas, quatro anos depois, quando era preciso abastecer o mercado para enfrentar a famosa greve dos músicos, a gravadora saiu desesperadamente atrás do primeiro disco de seu novo astro, relançou-o e conseguiu atingir a marca de um milhão. Sinatra e Jack Lawrence esfregaram as mãos de contentamento.

Lawrence não dava ponto sem nó: em 1942, ouviu uma peça do conceituado compositor inglês Eric Coates e decidiu, por conta própria, escrever uma letra que, de caso pensado, não mostrou ao autor, mas diretamente ao editor, Max Dreyfus. Além de não gostar da petulância, Max achou um absurdo alguém colocar letra na composição clássica de seu contratado. Qual não foi sua surpresa quando Coates aprovou a ideia, deixando que seu tema se tornasse uma canção popular, "Sleepy Lagoon"? Mais que depressa, Lawrence ofereceu-a para o trompetista mais querido na época. Evidentemente sem a letra, a música foi gravada para ser um dos maiores êxitos da carreira de Harry James. Tanto quanto Coates, Jack Lawrence se beneficiou dos direitos autorais a que, pela lei, fez jus mesmo numa interpretação instrumental.

Esperteza é o que não lhe faltava. Jack Lawrence também atacou versões com sua pontaria certeira. Verteu para o inglês "La Mer", de Charles Trenet, que detonou a carreira de Bobby Darin como "Beyond the Sea", e inventou uma versão em inglês para o baião "Delicado", de Waldir Azevedo, que em português nem letra tinha. Alcançou novamente o topo da parada da *Billboard* na gravação instrumental de Percy Faith e sua orquestra, da qual ele também se locupletou de metade do bolo de rendimentos autorais a que Waldir Azevedo teria direito. Ainda assim, o brasileiro levantou uma grana preta.

Seu golpe de mestre se deu em 1946, como ele mesmo descreve. Certo dia, foi convidado pela cantora Margaret Whiting para ouvir um lindo tema do pianista Walter Gross, que aceitou mostrá-lo na editora onde estavam. Jack adorou a música, pediu-lhe para rabiscar a melodia, e Walter, contrafeito, entregou-lhe um rascunho. Só 10 dias depois de escrever uma letra é que Jack teve coragem de ligar para o compositor. "Qual o título?", perguntou-lhe secamente Gross. "Tenderly", respondeu Jack, cantarolando o trecho. Silêncio do outro lado. "Isso não é título, é indicação da maneira de tocar, com ternura", encerrou Gross. Jack não se deu por vencido. Ao saber que outras letras para a mesma melodia tinham sido rejeitadas, conseguiu convencer a editora a escolher seus versos. Surpreendentemente, Walter concordou e, assim, segundo Jack Lawrence, a primeira gravação vocal de "Tenderly" foi feita por Sarah Vaughan (1924-1990), enquanto a primeira versão instrumental foi gravada pelo *bandleader* e trompetista Randy Brooks (1919-1967). Sarah obteve êxito relativo, mas, quase cinco anos depois, "Tenderly" consagrou uma carreira: a cantora Rosemary Clooney (1928-2002), que atravessava um período difícil, gravou "Tenderly" e fez um tremendo sucesso. E mais uma vez Jack Lawrence entrou nos tubos.

O letrista de uma das canções americanas mais gravadas até hoje faleceu no domingo, dia 15 de março, aos 96 anos, em Danbury, Connecticut. Não estaria vivo para a noite de autógrafos de seu novo livro, *Between the Sheets: The Stories Behind My Songs*, anunciada para o dia 28 na livraria Mark Twain de sua cidade, Redding.

Voltando a "Tenderly". A letra romântica é relativamente simples e se casa harmoniosamente com uma melodia cativante, fácil de ser cantada, principalmente por conter a goma-arábica invisível que a faz colar de primeira no ouvido. Apenas duas estrofes, sem segunda parte, que se iniciam com os versos: *"The evening breeze caressed the trees, tenderly/ The trembling trees embraced the breeze, tenderly/ Then you and I came wandering by,/ And lost in a sigh were we..."*.

Sempre que citada, menciona-se que "Tenderly" foi gravada pela primeira vez por Sarah e foi projetada para o sucesso por Rosy Clooney. E a palavra de Dick Farney como é que fica perante seus amigos? Vamos às fichas.

Sarah gravou "Tenderly" na Mercury em 2 de julho de 1947. A orquestra de Randy Brooks, em 14 de julho. A gravação de Dick Farney na Majestic Records, ou seja, o lado B do disco número 7246, depois relançado pela Mercury com o número 5232, é anterior. Foi feita em junho de 1947. Bingo!

Dick Farney, o mais notável *crooner* brasileiro de todos os tempos, o pianista que atuou no Waldorf-Astoria e, mais tarde, no Byline Room, clube preferido da grande Mabel Mercer, foi de fato o primeiro cantor do mundo a gravar com ternura e sem sotaque uma das baladas mais conhecidas do American Songbook.

> (Publicado em 27 de março de 2009
> no Caderno Eu & Fim de Semana do *Valor Econômico*)

5.

Um baiano eletriza o paraíso

Quando a notícia se espalhou, foi um corre-corre generalizado.

Noel estava no botequim Il Paradiso querendo saber o resultado do jogo Brasil x Camarões. Levantou-se e despediu-se do gerente, dizendo: "Pendura a conta que eu vou correndo encontrá-lo. Sabe que nem o conheço pessoalmente?".

Ary estava compondo a "Aquarela do paraíso", que seria gravada por Orlando Silva. Decidiu rápido: "Vamos esquecer as mágoas, afinal a 'Baixa do Sapateiro' é um laço de amizade".

Herivelto, que tinha feito as pazes com Dalva, convocou as pastoras que sambavam na praça 1.111 para a recepção. As velhas baianas, de saia rodada e turbante, preparavam-se pressurosas, ajeitando os balangandãs, as pulseiras e as correntes de ouro, para montar um bloco de alvura sem par, tendo Mãe Menininha à frente.

Pescadores de todas as idades também se uniram para recebê-lo, carregando nos ombros uma jangada gigante, em que todos iriam pescar assim que cessassem as festividades.

Pixinguinha, que praticava sua nova flauta, presente de Rampal, levantou-se da cadeira de balanço, dizendo a Benedito, que estava a seu lado: "Essa não podemos perder, larga tudo e vamos já!".

Carmen estava eufórica: "Caramba, *caracoles*, estou esperando esse baiano safado há mais de 40 anos. Vou vestir minha fantasia de banana-da-terra, de quando cantei 'O que é que a baiana tem?', e lá vou eu. Oh, Almirante! Larga mão dessa papelada velha do museu do paraíso e vambora logo. E liga pro Aloysio vir também".

Dick quis retribuir, convocando todas as Marinas disponíveis para receberem o homem que ia chegar no sábado. Lucio, que tinha show marcado no Celeste's Bar, teve uma ideia: "Vou encomendar um samba-canção, 'Sábado no paraíso', para estrear no show do fim de semana que vem".

Gonzaga proclamou: "Vamos nos juntar numa homenagem especial à música nordestina, organizada pelo Humberto. Chama o Jackson correndo". Morrendo de saudades, enquanto tocava a quatro mãos com Radamés, Tom levantou-se do banquinho e convidou: "Maestro, leva essa caneca de cerveja assim mesmo que ainda dá tempo". No caminho, encontraram Vinicius, que também levava seu inseparável uisquinho, escondido de um anjo.

Ninguém queria perder a chegada do baiano mais charmoso da história. De repente, a portaria, que estava calma nos últimos dias, ficou agitadíssima com a nata da música brasileira se preparando para recebê-lo. Lá estavam até outros fãs que sabiam ser admirados pelo novo colega: Cole, Duke, George, nenhum deles queria perder a oportunidade de apertar a mão do bom baiano pela primeira vez, outros queriam revê-lo.

O paraíso se preparava para a nova era que, já sabiam, iria acontecer fatalmente. Não haveria mais correria, a calma imperaria, tudo sem pressa, no tempo justo; até os anjos teriam de mudar seu modo de vida e embarcar na baianidade que fatalmente estava prestes a dominar.

Quando ele apontou, caminhando numa nuvem, foi uma salva de palmas, vivas, alegria e acordes musicais acompanhando sua chegada em passo vagaroso, vestido de branco dos pés à cabeça, com aquele sorriso maroto que estava fazendo falta no céu. Gritavam "Caymmi! Caymmi! Caymmi!". O paraíso vivia um sábado de festa.

E alguém, lá do fundo:

— Caymmi, cadê o violão?

— Violão? Ué, deixei no Rio, está lá no apartamento de Copacabana, perto da rede.

Todos se entreolharam surpresos. Caymmi sem violão? E agora? Em poucos segundos, vieram à frente Baden, Dilermando, Canhoto, Garoto, Paulinho Nogueira, Raphael Rabello, cada um oferecendo o seu para o grande ídolo. De trás, se adiantou um senhor de óculos para dizer: "Por favor, *señor* Caymmi, *esa es mi guitarra. Un gran honor para mí*". Era Segovia.

Dorival Caymmi agradeceu o carinho. Fez uma mesura, acenou para aquele povo reunido, agora em silêncio, aguardando sua entrada no céu.

Empunhou o violão, arpejou um acorde e atacou sob aplausos: "*Ai, ai que saudades tenho da Bahia...*".

(Publicado em 22 de agosto de 2008 no *Valor Econômico*)

6.

Fever

Segundo o monumental *Grande e novíssimo dicionário da língua portuguesa*, de Laudelino Freire, um dos seis significados clássicos da palavra "tesão" (do latim *tensio*) deveria ser excluído da linguagem decorosa. O autor referia-se ao sentido empregado na linguagem chula, aquele que exprimia "o estado do pênis em ereção".

Nada mais compreensível, portanto, que a palavra "tesão" não tivesse sido usada antes na canção brasileira. O primeiro a quebrar essa barreira foi Chico Buarque em 1979, ano em que a distensão da censura se fez sentir mais nitidamente. Com ousadia e sutileza, Chico empregou a palavra num dos versos finais de "Bye bye, Brasil": "*Eu tenho tesão é no mar*". Quatro anos depois, Caetano repetiu a dose em "O quereres", considerada a melhor letra do disco *Velô*: "*E onde queres ternura eu sou tesão*".

É bem verdade que, quase 10 anos antes, como conta Rodrigo Faour em sua *História sexual da MPB*, a canção "Rimas sádicas", de Juca Chaves, fora liberada, mas somente para recintos fechados com censura de 18 anos. Os versos de Juca eram: "*Deixando os rastros/ de um tesão sem pejo.../ deitar o meu desejo/ na alcova de tuas nádegas/ com rimas sádicas,/ rimar beijo com beijo/ tesão ou tara...*".

Inegavelmente, há uma grande diferença entre a elegância de Chico e Caetano e a mediocridade com que se propagaram depois expressões chulas, abrindo as comportas para o seu uso e abuso principalmente nas canções popularescas. Ao invés de provocar rubor ou admiração pela ousadia, tais letras troçavam da linguagem poética na sua determinação pela apelação, o caminho fácil da vulgaridade.

O desejo de abordar temas picantes sempre ouriçou letristas mais ousados e, entre os americanos, Cole Porter é certamente um expoente. Desenvolvidos com a classe que sempre soube manter, seus versos em "Love for Sale", sobre os prazeres que uma prostituta pode oferecer, custaram-lhe repúdio em certas camadas, para o que, posso imaginar,

Cole Porter não deu a mínima. Um compositor como ele abordava com tal talento e finura temas atrevidos para a época que deixava sempre a possibilidade da letra ser interpretada de uma maneira inofensiva e perfeitamente aceitável até pelos preconceituosos.

Para tanto, vale muito a perspicácia do intérprete. É o que deve ter ocorrido quando Peggy Lee, estrela de primeira grandeza na Capitol Records nos anos 50, decidiu gravar "Fever", de autoria de John Cooley e Johnny Davenport.

Na língua inglesa, *"fever"* (do latim *febris*) tem também mais de um significado. Um deles, não tão direto como tesão, é a excitação que afeta fortemente o emocional, o que inspirou Cooley na canção que iniciou, mas não conseguia terminar. Para evitar conflitos entre editoras, o amigo a quem pediu para concluí-la utilizou um pseudônimo. O parceiro de Cooley não é, pois, Davenport, e sim Otis Blackwell, conhecido autor de "Great Balls of Fire", "Don't Be Cruel" e "Return to Sender", sucessos de Jerry Lee Lewis e Elvis Presley.

"Fever" havia sido gravada pela primeira vez em 1956 pelo jovem cantor Little Willie John, na versão dançante em levada de *rhythm and blues* que chegou a atingir as paradas com relativo sucesso entre mulheres negras. Mas nada comparável ao que aconteceria dois anos depois.

Peggy Lee gravou "Fever" na Capitol em 1958, em arranjo de Jack Marshall com acompanhamento de estalo de dedos, de tambores e o famoso Joe Mondragon ao contrabaixo. Essa concepção de acompanhamento extraordinariamente singelo, aliado à interpretação sensual de Peggy Lee, foi precisamente o que provocou uma incrível tensão de fundo erótico, sem que se pudesse coibir o que estava nas entrelinhas da letra. Basta um trecho como este: *"Now give me fever/ When we're kissin'/ Fever with that flame in you/ Fever, I'm a fire/ Fever, yeah, I burn for you"* ["Dê-me *fever* quando nos beijamos/ *fever* com o seu calor/ *fever*, sou uma labareda/ *fever*, sim, eu queimo por você"].

A versão de Peggy Lee consagrou "Fever" como das mais marcantes demonstrações de erotismo na canção americana. Mas a sofisticação da interpretação de Peggy Lee evitou que jamais fosse hostilizada nesse aspecto.

Lançada em disco simples, logo fez sucesso, alcançando a marca de um milhão, o terceiro de um milhão na carreira da cantora até aquela data. Entrou nas paradas de sucesso americanas em 21 de julho e permaneceu por 15 semanas, tendo chegado ao oitavo lugar em agosto de 1958, quando também se tornou um *hit* na Inglaterra. Foi depois incorporada como a faixa 14 do LP *Things Are Swingin'*, o álbum lançado pela Capitol em 1959.

"Fever" foi indicada para o Grammy de melhor canção, mas perdeu para "Nel blu dipinto di blu", de Domenico Modugno. Peggy também foi indicada para o Grammy de intérprete, perdendo novamente, para Ella Fitzgerald. Contudo, em 1998, a gravação de "Fever" foi reconhecida: entrou para a galeria do *Hall of Fame* do Grammy.

"Fever" é obrigatória nos discos de compilações da cantora e tida como o maior *hit* de sua carreira. Quem gravou "Fever" depois dela, se deu mal. "Fever" é propriedade exclusiva de uma das maiores cantoras americanas de todos os tempos, *Miss* Peggy Lee.

(Publicado no site *Opinião e Notícia* em fevereiro de 2008)

7.

E se Elis fosse viva?

Triiiim... Triiiim... Triiiim...

— Guinga? É a Elis. Pô, cara, não te acho mais? Agora é só festival de jazz na Itália, pela Europa? O quê? Não, não vai nem começar a falar de futebol, porque o Grêmio está que é um bagaço. Vai me dizer que o Vascão está beleza? Olha, agora eu sou Goiás, os caras estão dando uma aula de ataque, como foi com o São Caetano, se lembra?

Olha aí, bicho: estou precisando de umas músicas para o disco que vou gravar no ano que vem. Umas inéditas daquela gavetinha que você tem aí, pode ser da época do Paulinho Pinheiro, também quero outra com letra do Aldir, quero os craques para mostrar para essa molecada como é que se faz letra de música. O quê? Luiz Felipe Gama? Bom, manda uma para eu ver se gosto. Já recebi uma da Fátima Guedes que é um arraso, outra do Moacyr Luz que é demais, uma do Milton, baixou o santo no Bituca, tem uma do Chico Pinheiro para arrebentar, tem um novinho, o Edu Kneip, que ainda estou ouvindo, e outra do João Bosco com o filho dele. E vou atrás do Vítor Martins, fazer ele tirar a bunda daquela cadeira na Velas e fazer uma música com o Ivan, pô, bicho, os caras fizeram a maior parceria e agora estão fazendo doce, qual é a deles?

O Chico também me prometeu uma, ficou animadíssimo com o disco que você fez, terminou o *Budapeste* e está a fim de compor. Recebi uma do Garfunkel, precisamos dar uma força para ele, cara, o cara merece. Vou receber um samba do Elton, naquela linha de tremendo melodista. Vou até falar com o Carlinhos Lyra, que também é melodista do cacete, para descolar algum troço, como fez com aquela letra da Dolores.

Vai ser um disco de piano e voz, de piano e vozes. Manja aquele disco *Duets*, do Sinatra? Vou convidar essa porrada de cantoras novas que está sem espaço e gravar uma faixa com cada uma. Ná Ozzetti, Luciana Alves, Jussara Silveira, Mônica Salmaso, Simone Guimarães, Rita Ribeiro, até a Rosinha Passos vai entrar, a tropa toda. Cada uma entra primeiro, dá o recado, e aí eu venho, entorto uma por uma, todas elas.

É para calar a boca desses negos que ainda ficam dizendo que não admito concorrência, que acabei com a carreira da Claudia, agora sou da paz, paz e ecologia. Não é PT é PE, tá tudo muito poluído, essa negada das rádios tem mais é que aprender o que é música, pô. Quero mais é que eles se ferrem.

Também vou convidar os melhores pianistas do Brasil, Cristovão, Gilson, Antonio Adolfo, Leandro Braga e o Geraldo Flach, que é para saberem quem é esse gaúcho do caramba. Se me der na telha, sou capaz até de convidar aquele sacana do César, que está por aqui fazendo show no Blue Note. O quê? Não vou assistir coisa nenhuma, convido ele para tocar no disco, e fim.

Depois de amanhã vou fazer um concerto do cacete no Lincoln Center com a Banda Mantiqueira, do Proveta e aquelas feras de São Paulo, os caras são demais, vamos quebrar tudo, deixar esses gringos falando sozinhos, quero só ver a cara do Marsalis depois do concerto. Parece que ele quer me convidar para cantar com a banda. E eu vou?

Bicho, os caras aqui estão doidos, não tem mais cantora neste país, precisamos exportar as nossas, tem umas bostinhas como a Norah Jones, é tudo armação, a mulher não é de nada.

Vou te pedir mais um favor, me arranja uma música que eu quero mandar para a Maria Rita. O repertório dela tá mais para Grêmio que para Santos. Vamos dar uma força que ela merece, ainda vou fazer um dueto com ela, só que num outro disco, já imaginou mãe e filha cantando? As duas? Vou entortar ela também, não tem conversa, sou a maior.

Guinga? Você sumiu? Tá aí ainda? Aqui tá tudo bem, estou louca para voltar, já estou com o saco cheio desses gringos. Vou ter que desligar porque o mala do empresário vai chegar, o cara só pensa em grana, meu. Bicho, vê se cata essas músicas naquela gaveta e manda lá para São Paulo. Na semana que vem te ligo de lá. Um beijo na fuça e outro nessa cabecinha de ouro. Tchau, bicho, e vê se dá um jeito nesse teu Vasco de merda.

(Publicado em 16 de novembro de 2003
na *Revista da Folha*, da *Folha de S. Paulo*)

8.

Antologia pessoal

Qual disco ou música mudou sua maneira de ver o mundo?
Minha maneira de ver a música brasileira mudou quando assisti a Pixinguinha tocar no antigo Teatro Colombo, do Brás. Meus ídolos eram Luiz Gonzaga e Mario Reis; com Pixinguinha, descobri a liberdade do jazz na música brasileira.

Que obra você detestou à primeira vista e passou a venerar depois?
A de Walter Franco. Estava errado. Walter é um criador rebelde, à frente de seu tempo e dos presunçosos transgressores falsamente exaltados que vão sendo esquecidos. A obra do Walter cresce cada vez que é ouvida.

Qual disco ruim você adora ouvir, mas tem vergonha de dizer que gosta?
Sem vergonha alguma, apesar da formação jazzística, adoro discos de Roberta Miranda, Núbia Lafayette, Nalva Aguiar, Marinês, Tonico e Tinoco, entre outros do universo de artistas amados pelo povo mais simples. São diferenciados da mediocridade laureada e dela separados por uma tênue divisória.

Qual artista você não acha tão bom, mas que todo mundo acha?
Marisa Monte. Admiro seu talento e o cuidado com a carreira, mas as interpretações não me convencem. O oposto de Nana Caymmi ou Adriana Calcanhotto.

Qual clássico da MPB você acha que não merece esse título?
Posso inverter a questão? Jackson do Pandeiro nunca teve um LP clássico, nunca foi tratado como Luiz Gonzaga. Bastava deixá-lo gravar à vontade com bons músicos nordestinos. Com o "rei do ritmo", a oportunidade de um clássico foi perdida para sempre.

Qual canção considerada clássica mereceria uma letra melhor?

Concordo com o Hermínio. A letra de "Só danço samba" é descuidada, e é do mestre Vinicius de Moraes. Acontece nas melhores famílias. Em compensação, a única letra conhecida de Jayme Silva é criativa e a mais divertida da bossa nova, "O pato".

Qual disco você acreditou que seria ótimo e frustrou suas expectativas?

Babando Lamartine, com As Frenéticas. Reuniria a fome com a vontade de comer num clássico do *nonsense*. Em vez de um jantar, foi um lanchinho sem a menor graça.

Qual disco fez você passar uma noite em claro analisando o que tinha ouvido?

Foi literalmente uma noite em claro na antiga casa do Diogo Pacheco e da Maria José de Carvalho, no Ipiranga, anos 50. Com outros amigos, ouvimos apenas os dois lados de um disco: "Juramento falso" e a valsa "Lábios que beijei", com Orlando Silva.

Qual você nunca deixa de ouvir? Por quê?

Os de João Gilberto, Tom Jobim, Jacob do Bandolim, Duke Ellington, Bill Evans, Thelonious Monk, Nuevo Quinteto Real de Horacio Salgán, Stravinsky, Ravel, Debussy e os concertos para piano de Mozart. Não são afetados pela passagem do tempo; cada vez que ouço, vibro mais com o corpo, mais me encanto com as letras das canções, mais sorrio cantarolando as melodias, mais admiro as soluções harmônicas, mais sinto prazer em viver.

Você é mais Caetano Veloso ou Chico Buarque? Maria Bethânia ou Gal Costa? Por quê?

É como comparar Cartola com Paulinho da Viola. Quantos países têm quatro artistas desse nível em pleno vigor criativo por mais de 40 anos? Estão na linha de frente da MPB, a que o mundo louva. Tenho admiração especial por Bethânia, a única de sua geração que não sofreu influência de João Gilberto.

De qual compositor, grupo ou cantor você tem todos os discos?

Com uns trezentos LPs de Duke Ellington, acreditava estar próximo de todos os seus discos. Ledo engano. Dos brasileiros, penso ter tudo de Paulinho da Viola, e vou continuar com o que vier.

Qual unanimidade da MPB pela qual você não tem interesse?
Quem lida profissionalmente com música deve saber reconhecer os que conduzem a canção brasileira no rumo contrário ao de sua grandeza. Nesse sentido, há falsas unanimidades. É o caso de Zezé di Camargo, cuja obra é montada sobre a mesma fórmula, por um caminho previsível e vulgar. Suas tentativas de composição não passam do que há de mais rasteiro, sem a menor imaginação.

Que músico você admira por combinar atitude e qualidade artística?
João Bosco.

Qual artista, na sua opinião, começou mal a carreira discográfica e depois deslanchou?
Zizi Possi. Era uma grande cantora, mas só ganhou prestígio quando gravou um repertório à altura.

Qual bom disco mal gravado mereceria ser refeito hoje pelo artista original?
As versões originais são quase sempre superiores às regravações. A primeira gravação transpira uma espontaneidade que fica registrada e dificilmente é repetida. Não me dou muito bem com novas versões ou rock em versões acústicas. Tempo perdido.

Aponte um disco que considera um clássico instantâneo.
Elis & Tom. Novamente se reuniu a fome com a vontade de comer, mas dessa vez foi um banquete do qual o mundo se regala até hoje. Chega a ser covardia.

Qual a melhor e a pior regravação de um clássico da MPB?
O primeiro disco de João Gilberto já tem quatro: "Rosa morena", "Morena boca de ouro", "Aos pés da cruz" e "É luxo só". Quando gravou "Samba do avião", em 1995, talvez a pretexto de uma releitura excêntrica, Marina cometeu um erro frequente. O avião se espatifou na aterrissagem.

Música com Z

E outro, lançado nos últimos dez anos, que está entre os melhores de todos os tempos?

O duplo *Ouro negro*, produção de Zé Nogueira e Mario Adnet, no resgate da obra e dos arranjos de um músico superior, o maestro Moacir Santos.

Há três menções honrosas: *Música ligeira*, com o grupo mais original destes dez anos (Mario Manga, Fabio Tagliaferri e Rodrigo Rodrigues), desfeito com a morte de Rodrigo; *Achou*, segundo disco de Dante Ozzetti, gravado com Ceumar; e *Outra praia*, de Swami Jr., que têm vitalidade contemporânea. Nada que seja ouvido naqueles programinhas que todos sabem quais são.

Qual artista ou banda badalada pela crítica você considera inferior?
A grande maioria do rock brasileiro. O Skank é uma rara exceção.

Qual foi o show que mais marcou sua vida?
Mesmo após a primeira resposta, não posso me furtar em destacar os de Ray Charles como os mais tocantes. Os mais empolgantes: de Little Richard e Willie Nelson, nos Estados Unidos; de Moraes Moreira e Tim Maia, no Brasil. O mais arrebatador foi o concerto de jazz no Carnegie Hall, em 29 de novembro de 1957, com a orquestra de Dizzy Gillespie, seguido por um jovem pouco conhecido, Ray Charles, pelo quarteto de Thelonious Monk, com John Coltrane, pelo quarteto de Zoot Sims, com Chet Baker, pelo trio de Sonny Rollins e com Billie Holiday ao final. Ainda guardo na memória alguns daqueles sons, era estudante de música, e o ingresso custou 3 dólares.

(Publicado em 5 de abril de 2009 em *O Estado de S. Paulo*,
a convite de Francisco Quinteiro Pires)

9.

O disco de jazz que mudou minha vida

No Brasil dos anos 50, o jazz West Coast era unanimidade. Não havia quem não cultivasse Stan Kenton, Chet Baker, Gerry Mulligan, Dave Brubeck, que Dick Farney imitava sempre que podia, Paul Desmond, cuja sonoridade era reproduzida pelo grande sax-alto Casé, Shorty Rogers, modelo dos arranjadores brasileiros, Shelly Manne e quem mais fizesse parte dessa escola. A surpreendente revelação, tão logo entrei na School of Jazz, em julho de 1957, estava no disco mais dissecado por mestres e alunos. Acabara de sair pela Riverside. Nada parecia ser mais contundente e importante que aquele disco. Quando ouvi pela primeira vez o provocante *Brilliant Corners*, ficou claro que o buraco era bem mais embaixo. Com essa obra-prima, Thelonious Monk tornou-se o mais controvertido e aclamado compositor e improvisador do jazz moderno. Deu o salto mais importante na carreira, seguido, naquele mesmo verão, pela histórica temporada no Five Spot Café, que eu seguiria semanalmente com a devoção de um fiel ao serviço religioso. Seu quarteto tinha de quebra o jovem John Coltrane.

Brilliant Corners não era um disco passatempo, abria um horizonte novo que exigia concentração e receptividade para ser absorvido em toda a sua dimensão. Era o terceiro disco de Monk na Riverside produzido por Orrin Keepnews, o primeiro com instrumentos de sopro em composições suas, e a capa trazia a foto de Monk captada por cinco ângulos diferentes, obtida com jogo de espelhos. Conta-se que a faixa inicial, com o mesmo título do disco, foi gravada mais de vinte vezes, resultando numa edição em que nenhum corte é perceptível; conta-se também que na gravação os músicos — Ernie Henry (sax-alto), Sonny Rollins (sax-tenor), Max Roach (bateria) e Oscar Pettiford (baixo) — se entreolhavam comentando: "Isto é impossível!". Um tema em diferentes andamentos, assimétrico e pontiagudo, que se recebia como uma estocada. Ao final, após o brilhante solo de Max, você estava pronto para o que mais viesse: "Ba-Lue Bolivar Ba-Lues-Are" espantava pelas inesperadas notas finais de cada frase, um *blues* totalmente renovador com um título desses. Como se não bastasse, os inspirados solos de Rollins, Monk e Pettiford num momento magistral do contrabaixo no jazz. "Pannonica", uma balada calcada em modulações, era uma homenagem à *patronesse* do jazz, baronesa de Koenigswarter. "I Surrender, Dear", um solo de piano com pausas usadas com maestria, era de Harry Barris, e "Bemsha Swing", parceria de Monk com Denzil Best, foi gravada com outra formação.

Um *five stars* na *DownBeat*, com a seguinte conclusão de Nat Hentoff: "O mais importante LP do jazz moderno até agora".

O disco de jazz que mudou a minha vida.

(Publicado na revista *Playboy* de setembro de 2007,
que incluía textos de vários convidados, como Nelson Motta,
Arthur Dapieve e Ruy Castro sobre o tema acima)

10.

Fascinação

"*A palavra é como uma bala/ quando se deixa partir/ não há quem possa agarrá-la.*" Trocando "palavra" por "canção" nessa quadrinha popular de procedência portuguesa, o silogismo permanece válido. Uma vez concluídas, cantadas e gravadas, as grandes canções tendem a perder o direito de posse de seus legítimos proprietários, os autores.

Mais os anos passam, mais o povo se sente autor das grandes canções. "*Felicidade foi-se embora/ E a saudade no meu peito ainda mora/ E é por isso que eu gosto lá de fora/ Onde sei que a falsidade não vigora.*" Dá para lembrar que esse clássico, "Felicidade", "provavelmente de autor desconhecido", foi feito por um gaúcho que ganhou fama pelos seus fossentos sambas-canção? Por incrível que pareça, é de Lupicinio Rodrigues, o autor de "Vingança". Assim é a trajetória inimaginável das canções que se eternizam na boca do povo. Vejam o caso de "Fascinação".

Gravada recentemente, e muito bem, por Ney Matogrosso no CD *Beijo bandido*, ela já faz parte do cancioneiro brasileiro há muitos anos. "Desde que Elis cantou-a no show *Falso brilhante*", dirão uns, o que está certo. "Não! É muito anterior", dirão outros, os coroas vaidosos de seu valioso conhecimento histórico. "'Fascinação' foi gravada antes por Carlos Galhardo", completam eles, "um cantor da época do Chico Alves e do Orlando Silva". O que também está certo.

O buraco é ainda mais embaixo, e vale a pena conhecer os becos estreitos e as alamedas floridas percorridas no mundo por essa canção que nem ao menos brasileira é. São as peripécias da vida de uma canção.

A melodia de "Fascinação" foi criada em 1904 como tema instrumental para espetáculos de *music hall* por um violinista italiano que vivia em Paris no começo do século XX. Dante Pilade "Fermo" Marchetti (1876-1940) era músico da orquestra do cabaré Élysée Palace, sendo também relativamente reconhecido como compositor de músicas de café--concerto. Oficialmente, é o compositor desse tema instrumental, uma valsa lenta como era moda no repertório dançante dos cabarés de Paris desde a virada do século.

Música com Z

O tema era executado instrumentalmente em Paris quando, um ano mais tarde, recebeu uma letra em francês do ator da Comédie-Française Maurice de Féraudy (1859-1932), um letrista ocasional de pouco destaque, mas, para sua sorte, o provedor de canções do repertório da bem-sucedida cantora Paulette Darty, a rainha das valsas lentas da *Belle Époque*. Foi ela quem primeiro cantou com sua suave voz de soprano os versos da valsa "Fascination": *"Je t'ai rencontrée simplement/ Et tu n'as rien fait pour chercher à me plaire/ Je t'aime pourtant/ D'un amour ardent/ Dont rien, je le sens, ne pourra me défaire./ Tu seras toujours mon amante..."*. "Fascination" já fazia parte do repertório de outras cantoras francesas, sem jamais ter sido traduzida para o inglês, quando em 1943 o radialista Armando Louzada fez uma versão em português da valsa completa, que, como a original francesa, tinha uma primeira e uma segunda parte. Carlos Galhardo (1913-1985), o cantor que lançou a música no Brasil em disco RCA Victor, gravou-a em 4 de fevereiro de 1943 num disco de 78 rotações, o chamado bolachão, difundindo pelo Brasil os versos que ficariam clássicos: *"Os sonhos mais lindos sonhei/ De quimeras mil um castelo ergui/ E no teu olhar, tonto de emoção/ Com sofreguidão, mil venturas previ/ O teu corpo é luz..."*.

Como Paulette Darty, Galhardo — cujo visual, com bigodinho fino e cabelos impecavelmente assentados com gomalina e repartidos ao meio, seguia o modelo de galã no rádio daqueles dias — era também um especialista em valsas. Não é, portanto, nada surpreendente que "Fascinação" tenha alcançado um estrondoso sucesso no país inteiro, que foi reforçado por sua escolha como prefixo de uma novela na Rádio Nacional. Isto significa ser ouvida diariamente, como na televisão atual.

Curiosamente, outro cantor da época, o menos conhecido Gilberto Alves, gravou três meses depois de Galhardo outra versão de "Fascinação", com nova letra em português do respeitado Mario Rossi. Misteriosamente, essa gravação só seria lançada dez anos mais tarde, quando "Fascinação" já era marca registrada do repertório de Carlos Galhardo. A versão de Mario Rossi e a gravação de Gilberto Alves tiveram como destino o mais completo esquecimento.

Com o advento das gravações em alta fidelidade, era perfeitamente compreensível que a RCA desejasse uma nova versão de "Fascinação" na voz de seu contratado, Galhardo, para estar *up to date* com a tecnologia dos discos de vinil, os *long-plays*. Assim, em 24 de outubro de 1957, Galhardo entrou em estúdio para a segunda gravação do maior sucesso de sua vida. Dessa vez, porém, surpreendentemente, foi cortada a segunda parte, e a música foi gravada como se a melodia tivesse apenas uma estrofe, repetida três vezes com os mesmos versos de Armando Louzada.

Por essa época, Galhardo já tinha um rival de respeito na interpretação de "Fascination", um dos maiores cantores americanos de todas as épocas, Nat King Cole. Em 1954, ele gravara em disco simples do selo Capitol a primeira e mais famosa versão em inglês de "Fascinação", que muitos ainda julgavam ser uma valsa brasileira. A versão fora escrita pelo russo/americano Dick Manning, um compositor no máximo mediano que teve a sorte de se tornar parceiro e, consequentemente, sócio nos direitos autorais do falecido Marchetti na canção de repercussão mundial e sucesso garantido: "*It was fascination I know/ And it might have ended right then, at the start/ Just a passing glance/ Just a brief romance/ And I might have gone on my way empty hearted...*". Detalhe: a gravação de Nat também não incluía a segunda parte.

No Brasil, Nat King Cole destronou Galhardo, de quem quase certamente nunca ouvira falar. Arrebentou com sua "Fascination" nos Estados Unidos e no mundo, a ponto de alguns pensarem ter a canção a certidão de nascimento desse país. Poucos se lembravam que não era nem americana nem brasileira. Era sim uma lenta valsa francesa da *Belle Époque*, muito embora o autor da melodia fosse oficialmente Marchetti, nascido na Itália.

O que ninguém poderia esperar é que a trajetória de "Fascinação" estaria longe de terminar. Em 1976, Elis Regina, no auge de sua carreira, estreou o show *Falso brilhante*, que bateria todos os recordes brasileiros de público, levado no Teatro Bandeirantes da avenida Brigadeiro Luís Antônio por um ano e meio.

O novo repertório de Elis deixou desorientados alguns de seus fãs mais ardorosos. Após dividir o palco com Tom Jobim na minitemporada anterior para lançamento brasileiro do disco *Elis & Tom*, ela praticamente deu as costas ao que vinha gravando. Embarcou num novo repertório, voltado para canções latino-americanas de cunho visivelmente político, atacou interpretações excessivamente dramáticas em outras músicas e, principalmente, iniciou um *flirt* com o *pop* brasileiro por meio de duas novas composições do novato Belchior, que ela praticamente lançou no mercado. Talvez aí o maior motivo do choque de *Falso brilhante*. Em contraste com a nova postura musical, vivida no ambiente circense em que se desenvolvia o espetáculo, Elis resolveu cantar o velho sucesso de seu ídolo desde menina, Nat King Cole: a valsa "Fascination". No disco, gravado em estúdio carioca em apenas dois dias, Elis incorporou definitivamente a canção a seu repertório numa irretocável interpretação. Acompanhada pelo piano de Cesar Camargo Mariano e o teclado fazendo as vezes de uma seção de cordas, Elis superou centenas de versões de "Fascinação" gravadas nos mais de setenta anos decorridos depois de composta. A canção recebeu o incorreto, mas compreensível, DNA de valsa brasileira e foi a faixa que puxou o disco *Falso brilhante*.

Ainda mais inesperada foi, talvez, a decisão de regravar a valsa ao vivo no seu show seguinte, *Transversal do tempo*. A versão em *Falso brilhante* terminava com o acompanhamento em *fade out* (som sumindo lentamente), dando ensejo a que pudesse haver uma continuidade, o que de fato aconteceu na primeira faixa do disco, abertura do novo show, em 1978. Iniciava-se com o teclado eletrônico surgindo em *fade in* (som crescendo lentamente) antes de surgir a voz da cantora com a mesma limpidez e a triunfal nota aguda do final, na palavra "amor".

Elis Regina tinha um contrato assinado para ser a grande estrela do show de encerramento do Festival de Verão de 1982, que seria realizado em fevereiro na praia do Gonzaga, em Santos. Sua morte, em 19 de janeiro, provocou um vácuo que precisava ser preenchido. Uma substituta seria a decisão mais natural para fechar o espetáculo. Na reunião que tivemos na TV Cultura, surgiu a ideia que levaria às lágrimas a multidão concentrada na praia que sabia não haver a última atração. Num palco totalmente vazio, havia apenas um pedestal com microfone iluminado por um foco de luz. Esse o cenário em que se ouviu em silêncio a voz da grande cantora do Brasil interpretando a valsa que marcou sua carreira. Ao final, a multidão aplaudiu emocionada, como se ela lá estivesse. Alguns acreditaram ter visto Elis Regina cantando "Fascinação" naquela noite de lua cheia.

"Fascinação" tem um episódio extra, suficiente para apimentar sua saborosa trajetória. Consagrado oficialmente como o autor da valsa e, por conseguinte, merecedor de seus direitos autorais, que supostamente foram transferidos a seus herdeiros, há rumores de que o italiano Marchetti não é de fato o seu autor. Em Paris, ele teria feito uma encomenda remunerada ao grande Maurice Ravel (1875-1937) de uma composição cujo destino seriam os cabarés parisienses. Estranhamente, Ravel — então com 29 anos e começando a despontar como um promissor compositor clássico na música francesa, tendo já publicado duas peças para piano (*Pavane pour une infante défunte* e *Jeux d'eau*) e um quarteto de cordas que seria o primeiro e único em sua obra — teria aceito a incumbência, mas com uma condição: a de que seu nome não fosse mencionado ou registrado como autor, pois uma valsa cigana poderia manchar sua futura carreira.

Teria então o compositor impressionista, que adorava criar valsas, negociado com Marchetti? Teria sentido esse arremate na trajetória de "Fascinação"? A obra de Dante Marchetti é consideravelmente inexpressiva e, ouvindo atentamente a melodia da música, a possibilidade de ser mesmo de Ravel adquire fundamento. Sua linha melódica tem o volteado convidativamente dançante, típico de suas maravilhosas valsas, tão apreciadas nos programas das melhores orquestras de concerto do mundo, especialmente as francesas.

Jamais saberemos a verdade. Essa possibilidade, que nunca poderá ser confirmada, poderia mudar o que foi grafado em partituras, discos e tudo o mais que se publicou e se acreditou piamente até hoje a respeito. Vale mais a pena sonhar com a mais incrível trajetória de qualquer outra canção, resumida nesta informação que sugere o epitáfio na capa de sua partitura: "Fascinação", valsa composta em 1904 por Maurice Ravel.

(Texto editado a partir do artigo publicado
em 31 de janeiro de 2011 no *Correio Popular*, de Campinas)

II. REPORTAGENS

Prólogo

Em meados de 1956, com 23 anos, fui honrado com um convite do editor-chefe da *Folha da Noite* Rui Bloem para colaborar com uma coluna semanal sobre jazz intitulada "Folha do Jazz", que seria publicada às quintas-feiras na seção cultural do jornal. Passei assim a participar do grupo de nomes ilustres do jornalismo de então na *Folha*, tais como Helena Silveira, que escrevia sobre sociedade, Benedito J. Duarte, sobre cinema, Delmiro Gonçalves, sobre teatro, Maria de Lourdes Teixeira, sobre literatura, Isa S. Leal, sobre emissoras de rádio e TV, A. Kauffman, sobre música erudita, entre outros.

A coluna continha sempre uma matéria temática principal, acompanhada de breves notícias sobre o mundo do jazz, com o subtítulo "Registros". Minha estreia deu-se em 26 de setembro de 1956, comentando a temporada da orquestra de Dizzy Gillespie no Teatro Santana, em São Paulo. Quanta presunção de minha parte naquelas linhas em que, valendo-me do espaço, cometi gafes próprias de um garoto metido a besta. Diante de uma fantástica exibição da primeira orquestra de puro jazz que pisou no Brasil tocando o fino do *bebop*, não soube, na minha pretensão, escrever com justiça e correção sobre um espetáculo tão exuberante e significativo. Sob a liderança do lendário Dizzy Gillespie e integrada por músicos do naipe de Phil Woods, Quincy Jones, Melba Liston ou Benny Golson, tinha ouvido a música que, por muitos anos, guardaria nitidamente na memória, frases inteiras dos solos de Dizzy em "I Remember Clifford" ou de Phil Woods em "Groovin High", por exemplo. Com o tempo, aprendi a me colocar no devido lugar, reconhecendo como o jornalista é pequeno diante de uma grande obra de arte.

Nessa época, como ainda ocorreria nos dez anos de TV Record, de 1959 a 1969, adotava meu nome original abreviado, J. E. (de José Eduardo) Homem de Mello. Quando comecei a colaborar para *O Estado de S. Paulo*, em abril de 1978, adotei em definitivo a assinatura com meu apelido familiar desde a infância. Fiquei marcado como Zuza Homem de

Mello, o que se estendeu para o rádio, a televisão, o jornalismo, a produção, a direção e a curadoria, as principais atividades a que me dediquei ao longo desses anos.

Voltando aos anos 50: durante o período de estudos em que residi em Nova York, a "Folha do Jazz", sempre acompanhada da foto que eu providenciava, chegava ao Brasil semanalmente via aérea pela Varig por uma gentileza muito especial do diretor do escritório local, Arno Gal, a quem sou muito grato.

A primeira reportagem desta parte do livro é formada pelo agrupamento das primeiras "Folha do Jazz" enviadas dos Estados Unidos. A partir de dezembro de 1957, minha colaboração foi ampliada com uma segunda coluna, "Bilhetes de Nova York", que contemplava comentários curtos sobre atualidades, além de reportagens especiais, como as quatro selecionadas a seguir.

As demais, redigidas 20 anos depois, foram publicadas no período em que fui colaborador do *Estadão* e, mais tarde, no Caderno Eu & Fim de Semana, do *Valor Econômico*, sob a editoria de Cremilda Medina e Robinson Borges, respectivamente.

1.

School of Jazz

O PRIMEIRO CURSO DA SCHOOL OF JAZZ

No próximo dia 12 de agosto, terá início em Lenox, estado de Massachusetts, o primeiro curso da School of Jazz, dirigido pelo conhecido músico John Lewis, pianista e diretor do The Modern Jazz Quartet.

A ideia desse curso surgiu após uma temporada de diversos músicos de jazz em Lenox, realizada com a finalidade de lhes proporcionar a oportunidade de, durante alguns dias seguidos, poderem discutir sossegadamente seus problemas de ordem musical, assim como expor ideias novas. Foi tal o interesse despertado que a maioria sentiu que aquelas discussões deveriam ser aproveitadas pelos jovens que se iniciam no jazz.

Cuidou-se de formar o corpo de professores que irá ministrar aulas, limitando o número de alunos, para maior aproveitamento individual. Serão sessenta alunos selecionados para o curso. Desses, quarenta pertencentes à categoria de músicos (aqueles que pretendem ser músicos profissionais) e vinte ouvintes.

Haverá aulas diárias de composição e arranjo, história do jazz, além de aulas particulares para o instrumento do aluno. Serão organizados vários conjuntos com os próprios alunos, que terão ensaios diários. Aos domingos à noite, haverá concertos de jazz.

O curso terá a duração de três semanas e será realizado em Tanglewood (Lenox), famoso por ser a sede das Summer Sessions (cursos de verão) da Orquestra Sinfônica de Boston. O curso de jazz começará após o término do curso de música erudita.

As aulas serão apresentadas pelos seguintes músicos, pertencentes aos melhores conjuntos do jazz: John Lewis (piano), Oscar Peterson (piano), Dizzy Gillespie (trompete), Ray Brown (contrabaixo), Max Roach (bateria), Herb Ellis (guitarra), Milt Jackson (vibrafone), Bill Russo (trombone e composição), Jimmy Giuffre (clarinete, sax-tenor, sax-barítono e composição). As aulas de história do jazz serão ministradas pelo conhecido crítico Marshall W. Stearns, autor de *The Story of Jazz*.

Além disso, haverá diariamente, à noite, palestras proferidas por conhecidos nomes da música e da crítica. Destacam-se: Duke Ellington, o trombonista Wilbur de Paris, o pianista Lennie Tristano, os críticos Barry Ulanov, Langston Hughes (que é também um dos maiores poetas negros americanos), Nat Hentoff, Nesuhi Ertegun, Gunther Schuller, Norman Granz e o pianista Willie "The Lion" Smith.

Como se vive na School of Jazz

LENOX (via Varig) — Estamos em Lenox, nos primeiros dias do curso da School of Jazz. Os músicos já chegaram e iniciaram seus trabalhos. As perspectivas são ótimas, o diretor John Lewis, do The Modern Jazz Quartet, mostra capacidade para dirigir um curso dessa importância.

Cheguei a Lenox na tarde de domingo, dia 11 de agosto. Após ter assistido ao concerto de encerramento do curso de música erudita, em Tanglewood, no qual mais de 10 mil pessoas aplaudiram entusiasticamente Charles Munch, regente da Orquestra Sinfônica de Boston, que executara a *Nona Sinfonia* de Beethoven, vim para o Music Inn, onde será realizado o curso.

À noite, foi apresentado um concerto com o The Modern Jazz Quartet (John Lewis no piano, Milt Jackson no vibrafone, Percy Heath no contrabaixo e Connie Kay na bateria) e o Jimmy Giuffre 3 (Jimmy Giuffre no clarinete, sax-tenor e sax-barítono, Jim Hall na guitarra e Ralph Peña no contrabaixo). Dificilmente assistirei a um concerto de jazz igual a esse. Foi admirável a execução do The Modern Jazz Quartet, especialmente na melodia "One Never Knows", que faz parte das composições de John Lewis para o filme francês *Sait-on jamais* (*Aconteceu em Veneza*), a ser exibido proximamente em Nova York. O trio de Jimmy Giuffre esteve soberbo em "Now Is the Time", conhecido tema de autoria de Charlie Parker.

No dia seguinte, segunda-feira, os alunos foram divididos em cinco pequenos grupos, que terão três ensaios semanais durante três horas. Serão chefiados por Ray Brown, Oscar Peterson, Max Roach, Dizzy Gillespie e Jimmy Giuffre, que conduz o grupo do qual faço parte. Nos demais dias da semana, haverá ensaios da orquestra formada pelos alunos. À tarde, aulas de composição e arranjo e de história do jazz, além das aulas particulares de instrumento para cada aluno. Muito trabalho em Lenox.

O PROGRAMA DIÁRIO: CONCERTOS E PALESTRAS

LENOX (via Varig) — Numa enorme casa de fazenda americana, estão instalados os músicos e alunos da School of Jazz. O andar superior é ocupado pelos músicos, ao passo que os alunos estão no andar térreo; nesse andar, encontram-se várias salas, onde todas as manhãs são realizados os ensaios da orquestra e dos pequenos grupos. Cada um desses grupos tem dois ou três músicos de renome. No grupo chefiado por Ray Brown, atuam ao lado dos alunos Milt Jackson e Herb Ellis.

Nos ensaios da orquestra comandada por Bill Russo, também são incluídos professores. Embora formada por estudantes de música, alguns já profissionais, a banda poderá apresentar um ótimo concerto no dia 29, no final do curso.

Após o almoço, são dadas as aulas de arranjo por Bill Russo e de história do jazz, assistidas com grande interesse inclusive por elementos da imprensa americana, que estão acompanhando as atividades da School of Jazz. As aulas de história do jazz são ilustradas com inúmeras e interessantes gravações, algumas das quais muito raras.

Todas as noites, são apresentados concertos e palestras. No dia 14, assisti à palestra do professor Willis James sobre gritos — *work songs*, *gospel songs* e outros gritos —, a base do jazz. O professor James é cantor, de forma que sua palestra foi ilustrada por ele mesmo com exemplos de belíssimos cantos que negros como ele conseguem. Todos aplaudiram e vibraram com a beleza desses cantos. Assisti também a Rex Stewart, ex-pistonista da orquestra de Duke Ellington, relatar interessantes fatos sobre a vida dos músicos das décadas de 20, 30 e 40.

Entre os concertos, nesta semana ouvi Mahalia Jackson, uma das maiores intérpretes de canções religiosas e *gospel* nos Estados Unidos. A plateia ficou como que hipnotizada quando a gorda Mahalia apresentou sua canção favorita "When The Saints Go Marching In". Ouvir Mahalia Jackson é ouvir o jazz na sua liberdade musical, é compreender o porquê de sua existência.

Após esses programas noturnos, quase todos se reúnem no Potting Shed, um pequeno bar perto do Music Inn. Aí se assiste a inesquecíveis *jam sessions*, onde se misturam elementos do trio de Oscar Peterson, do

Música com Z

The Modern Jazz Quartet, do Jimmy Giuffre 3, e ainda Max Roach, Dizzy Gillespie e alguns alunos. São *jam sessions* no verdadeiro sentido da palavra, pois, além de tocar por prazer, não há ensaio prévio. Milt Jackson tem apresentado solos magníficos. Tocando piano! É um dos maiores músicos de jazz.

Professores

LENOX (via Varig) — A figura mais divertida na School of Jazz é o conhecidíssimo Dizzy Gillespie, que esteve no Brasil no ano passado com sua orquestra. Onde quer que apareça, torna-se alvo de atenção com seus palpites e piadas oportunos. Conversamos muito sobre o Brasil, do qual ele se lembra com saudades. Recorda-se perfeitamente do saxofonista carioca Cipó, além do "very funny and small man" que é Grande Otelo. Num desses dias, ouviu com entusiasmo alguns dos discos que eu trouxe do Brasil; Dizzy gosta muito do ritmo brasileiro. Impressionou-se com a cor branca dos edifícios brasileiros, que contrasta com o cinzento escuro de Nova York.

Completamente diferente de Dizzy é o trombonista Bill Russo, que chefia a orquestra da escola e dá aulas de arranjo e composição. Bill é quieto, fala sossegada e pausadamente. A maioria dos arranjos é de sua autoria; alguns, muito interessantes, serão aproveitados na orquestra que ele organizará em setembro. Pretende apresentar novas concepções de famosas peças jazzísticas, algumas das quais estão sendo ensaiadas pela banda da School of Jazz.

Uma das características mais originais da futura banda de Bill Russo será a nova disposição dos instrumentos, com que acredita obter maior eficiência. A seção rítmica (guitarra, contrabaixo e bateria) ficará no centro do palco; de um lado, ficarão dois pistons, três trombones e dois saxofones; de outro, dois pistons, dois trombones e três saxes. Na frente da orquestra, ficarão os quatro violoncelos (de certo modo, essa disposição lembra a que foi usada por Duke Ellington, ao redor de 1935, quando a seção rítmica ficava no centro). Entre os arranjos, deve-se salientar os do estilo *four brothers*, que consiste em usar quatro vozes instrumentais movendo-se paralelamente, numa sucessão de acordes.

Os músicos que estão em Lenox estudaram arranjo e composição, fazem arranjos para conjunto e orquestra, inclusive Max Roach, que é baterista. O The Modern Jazz Quartet e o Jimmy Giuffre 3 realizarão nestes dias uma gravação na School of Jazz, que será editada na Atlantic. "Da Capo" e "Fine" devem ser executadas e gravadas pela primeira vez no concerto do dia 11 de agosto. "Da Capo" foi escrita por John Lewis e a segunda, por Jimmy Giuffre.

Entre as palestras desta semana na School of Jazz, ouvi os autores Rudi Blesh e Barry Ulanov, o africano Fela Sowande — que por feliz coincidência está viajando pelos Estados Unidos e pôde, por isso, apresentar interessantes considerações em torno da música da Nigéria — e o baterista e arranjador George Russell, que tem realizado importantes pesquisas na questão de tonalidades, introduzindo o jazz modal. A mais interessante foi proferida pelo pianista Lennie Tristano, que, com uma sinceridade pouco comum, abordou problemas relacionados ao músico de jazz.

Os primeiros resultados da School of Jazz já estão começando a surgir. É o que espero no concerto dos alunos no próximo dia 29 de agosto.

CONCLUSÕES DO CURSO DE JAZZ

NOVA YORK (via Varig) — "Quisera poder ter tido nessa idade a chance de tocar ao lado de um Ray Brown e de um Milt Jackson." Foi o comentário do pianista Lennie Tristano quando, visitando a School of Jazz, assistiu a um ensaio do conjunto chefiado pelo contrabaixista. Esse comentário traduz uma das vantagens que tiveram os alunos deste curso: tocar ao lado dos grandes músicos de jazz do momento. Certamente terá importância na carreira dos estudantes que pretendem continuar na música como profissionais.

Nenhum estudante melhorou sua técnica de execução instrumental em apenas três semanas. Na verdade, o que cada um recebeu foi uma enorme soma de experiências, adquiridas por quem passou por estudos para chegar ao que são. O que o curso proporcionou foi a oportunidade de os estudantes alargarem suas ideias, conhecerem o campo no qual trabalham músicos de jazz, enfim, saber aquilo que o público ou músicos principiantes geralmente não sabem.

Os estudantes tocaram no concerto de encerramento do curso, no dia 29 de agosto, apresentando-se ou nos cinco conjuntos ou na orquestra. Grande parte dos arranjos foi escrita pelos próprios alunos, demonstrando seu trabalho.

Entre os que mais se destacaram na parte musical da School of Jazz, gostaria de citar o pianista, saxofonista e cantor Bob Dorough, o sax--alto Dale Hillary, o baterista Terry Hawkey, o vibrafonista John Conway, o pianista e vibrafonista Dave Blume e os pianistas Ran Blake, John Harmon, Paul Mowatt e Tupper Saussy. Pelo que foi visto nesse concerto, brevemente estaremos aplaudindo esses nomes entre os futuros músicos do jazz.

> (Cinco matérias publicadas na coluna "Folha do Jazz",
> da *Folha da Noite*, em 11 de julho — escrita no Brasil —,
> 22 de agosto, 29 de agosto e 5 de setembro
> — enviadas de Lenox, Massachusetts —
> e 12 de setembro de 1957 — enviada de Nova York)

NOTAS EM 2014

Bob Dorough (1923), compositor e pianista, é um dos mais originais músicos do jazz, cantando e improvisando num estilo único e sem paralelo. Considerado um *hipster* jazzista, gravou mais de vinte discos, sendo conhecido por suas atuações em músicas de programas infantis. Seus álbuns mais conhecidos são *Yardbird Suite* e *Devil May Care*. Gravou com Miles Davis e Blossom Dearie, entre outros.

O saxofonista canadense Dale Hillary teve uma ativa carreira no Canadá, fez parte do grupo Lighthouse, gravou com o pianista Sadik Hakim nos anos 70 e já faleceu.

O baterista canadense Terry Hawkeye (1937-2002) atuou em várias bandas, sobretudo em Montreal e Toronto. Criou um clube de jazz em Edmonton e faleceu aos 65 anos.

O pianista John Harmon (1935) formou um trio em Nova York, excursionou pela Europa e criou, em 1971, um programa de estudos de jazz na Lawrence University, em Wisconsin. Escreveu composições encomendadas especialmente pela Milwaukee Symphony Orchestra contendo elementos jazzísticos.

Tupper Saussy (1936-2007), pianista, compositor e pintor nascido no estado da Georgia, fez carreira em Tampa como músico e professor, tendo composto peças para a Nashville Symphony Orchestra. Ganhou fama com sua música psicodélica, tendo recebido duas indicações para o Grammy nos anos 60. Entre 1980 e 1987, enfrentou problemas como ativista político, o que o levou por dois anos à prisão, além de um período de dez anos na clandestinidade. Libertado desde 1999, resumiu sua carreira numa série de canções intitulada "The Chocolate Orchid Piano Bar", que foi gravada e se tornaria *cult*. Faleceu com 70 anos, dois dias antes do CD dessas composições ser lançado.

O pianista Ran Blake (1935) é um dos professores do New England Conservatory of Music, em Boston, atuando como o *chairman* do departamento denominado Third Stream Improvisation. Com mais de quarenta discos gravados, foi um ardoroso seguidor de Thelonious Monk, de quem gravou várias composições. Tornou-se um expoente do *jazz avant-garde*, sendo aclamado mundialmente.

Da segunda edição da School of Jazz, no verão de 1958, tomaram parte dois músicos que se tornariam expoentes no jazz, Ornette Coleman e Don Cherry, que criariam o *free jazz*, em 1959.

As atividades da School of Jazz foram encerradas em 1961.

Em 2008, o baterista George Schuller produziu com dois parceiros o documentário *Music Inn*, sobre a School of Jazz, exibido em 26 de abril às 19 horas na Brooklyn Historical Society. Inclui inúmeros depoimentos, entre os quais o de Stephanie Barber (1919-2003), do historiador e músico Gunther Schuller, seu pai, de mestres como Percy Heath, Dave Brubeck e Bob Brookmeyer, e de alguns ex-alunos, como Bob Dorough e Zuza Homem de Mello.

2.

Lincoln Center, a cidade das artes em Nova York

NOVA YORK (via Varig) — Quando foi finalmente aprovado o plano para a construção do Lincoln Center, em 26 de novembro de 1957, deu--se um dos mais importantes passos para o desenvolvimento das artes nos Estados Unidos.

Não tem sido fácil transpor os obstáculos necessários para a realização dessa obra monumental. Cada palmo está sendo conquistado graças a um esforço extraordinário por parte dos que estão se empenhando nessa empreitada; está sendo necessário defender o projeto com unhas e dentes contra a forte campanha oposicionista que, infelizmente, ainda não terminou, pois será pedido um recurso à Suprema Corte.

Porém, a concretização desse sonho está próxima. Para isso um dos maiores méritos cabe indiscutivelmente a John D. Rockefeller III, conhecido filantropo que não se limita a fornecer o dinheiro necessário, mas também atua na parte ativa da campanha, pois é o presidente da comissão do Lincoln Center.

Mas o que é afinal o Lincoln Center? Provavelmente uma obra sem igual no mundo. Faz parte das monumentais construções a serem erguidas na enorme área de treze quarteirões perto de Columbus Circle, no início do Central Park, que será denominada de Lincoln Square. O Lincoln Center propriamente dito ocupará três desses quarteirões, numa área aproximada de 11 acres — 4,4 hectares. No Lincoln Square, serão construídos vários edifícios, com diferentes funções, além de 4.500 apartamentos.

O que nos interessa no momento é o Arts Center ou Lincoln Center, que abrigará um teatro para balé, o Metropolitan Opera, a Juilliard School of Music, um teatro para peças dramáticas e uma sala de concertos para a New York Philharmonic. Uma verdadeira cidade das artes.

Mas o Metropolitan Opera House já não existe? E a Juilliard já não está instalada no prédio da Clermont Avenue? E a Philharmonic não tem sua sede no Carnegie Hall? É verdade. Porém, os americanos entendem que já é tempo de construir uma nova sala para apresentações operísticas, já que o tradicional Metropolitan tornou-se praticamente obsoleto; que a Juilliard, como uma das mais importantes escolas de música dos Estados Unidos e do mundo, precisa ter seus alunos em contato com os grandes artistas que se exibem em Nova York. Os americanos ainda conjecturam que, como o Carnegie Hall será demolido em 1959, a Philharmonic ficará sem uma sala de espetáculos, ou melhor, sem uma sede própria absolutamente necessária; e, finalmente, que sendo Nova York o maior centro artístico do país, era preciso fazer algo extraordinariamente benéfico para os espetáculos de arte que continuam sendo apresentados praticamente em apenas três salas: o Metropolitan, o Carnegie Hall e o City Center.

Nesse ponto, deve-se apresentar um pequeno histórico de cada uma das instituições citadas, para que os leitores se familiarizem com sua história, facilitando a compreensão da última reportagem sobre como será o Lincoln Center.

CARNEGIE HALL

O velho e escuro edifício que se situa na esquina da rua 57 com a 7ª Avenida, tem no alto a seguinte inscrição: MVSIC HALL — FOVNDED BY ANDREW CARNEGIE.

Nas paredes de suas escadas, estão penduradas dezenas de fotografias de artistas famosos que lá se exibiram. É uma das salas de concerto mais conhecidas no mundo inteiro. Se suas paredes falassem, poderiam contar uma maravilhosa história sobre o mundo dos sons.

O Music Hall, inaugurado em 5 de maio de 1891, foi construído com recursos doados por Andrew Carnegie, convencido pelo regente Walter Damrosch de que a cidade necessitava de uma sala de concertos à altura das melhores do mundo.

O arquiteto William Burnet Tuthill concebeu um teatro com acústica maravilhosa e, para reger a orquestra na inauguração, foi convidado um dos maiores músicos de então, o russo Piotr Ilitch Tchaikovsky. Nesse mesmo ano, o pianista Paderewski exibiu-se pela primeira vez no Carnegie Hall e, desde então, músicos notáveis regeram ou tocaram nessa sala: Ottorino Respighi, Arthur Honegger, Gustav Mahler, Sergei Rachmaninoff, Camille Saint-Saëns, Arturo Toscanini, Igor Stravinsky, Leopold Stokowski, Serge Koussevitzky, Arthur Rubinstein, *Sir* Thomas Beecham, Bruno Walter e muitos outros.

O Carnegie Hall, como se tornou conhecido, é a sede oficial da Philharmonic Symphony Society of New York, sociedade que resultou da fusão, realizada em 1928, da New York Symphony Orchestra com a New York Philharmonic.

É uma das mais afamadas orquestras sinfônicas do mundo. Seu diretor atual é o jovem maestro americano Leonard Bernstein, alçado a esse posto no fim de 1957, escolhido para substituir o não menos famoso maestro Dimitri Mitropoulos, que há vários anos dirigia a orquestra.

Entre os vários diretores que já conduziram a Philharmonic, o mais famoso é Arturo Toscanini, que de 1927 a 1936 granjeou mais que merecida reputação, elevando a orquestra a uma posição jamais atingida anteriormente. Toscanini foi, e será sempre, um dos nomes mais estreitamente ligados à história do Carnegie Hall.

Na primavera de 1959, o Carnegie Hall será demolido; no seu lugar, será edificado um prédio com escritórios e apartamentos. Será o fim de uma das mais famosas e perfeitas salas de espetáculos musicais do mundo. E aqueles que tiveram a ventura de assistir a um concerto no Carnegie Hall, por certo sentirão um vazio ao saber que suas paredes não mais existem.

Juilliard School of Music

A Juilliard, considerada uma das melhores escolas de música dos Estados Unidos, tem reputação internacional. Músicos com diploma da Juilliard são muito bem recebidos em qualquer centro musical.

A escola nasceu em 1919 graças ao testamento deixado por Augustus D. Juilliard, dono de uma fábrica de tecidos que tinha grande admiração pelas artes. A Fundação encarregada de manter a escola adquiriu, em 1921, um prédio de sete andares na rua 52, onde permaneceu até 1931, quando o instituto mudou-se para a Clermont Avenue, onde funcionam atualmente todos os seus departamentos.

Estudaram na Juilliard vários compositores e executantes famosos, como os pianistas Eugene List e William Kapell e o compositor Richard Rodgers. Seu presidente, William Schuman, é dos mais conhecidos compositores americanos da atualidade.

Quem entra da Juilliard ouvirá um mundo de sons vindos não se percebe de onde. São alunos estudando, conscientes de como é difícil vencer na arte e ter sucesso nos Estados Unidos, onde a concorrência atinge as raias do inacreditável. Na Juilliard, num ambiente estupendo, tudo é feito para dar ao estudante a possibilidade de viver no que gosta com paixão: na música.

Metropolitan Opera House

A noite em que se inicia a temporada lírica nas grandes cidades é sempre de grande gala; atesta a importância que tem a ópera nas artes. Em Nova York, a ópera praticamente nasceu, cresceu e vive no Metropolitan Opera House, que os americanos, desejosos de abreviar tudo, alcunharam de Met.

O edifício fica situado na Broadway, entre as ruas 39 e 40, e tem uma história longa e curiosa, cheia de dias gloriosos, com muitos aplausos, e de desolação, quando o teatro pegou fogo. Essa história começa em 22 de outubro de 1883, quando o Met foi inaugurado com a ópera *Fausto*, com Italo Campanini (Fausto), Christina Nilsson (Margherite), Franco Novara (Mephistopheles) e Sofia Scalchi (Siebel).

A capacidade do teatro era então de 3.045 pessoas e quase 2 milhões de dólares haviam sido gastos na sua construção. Ironicamente, uma das maiores preocupações dos arquitetos, inquietados com o incêndio do Ring Theater de Viena em dezembro de 1881, tinha sido a proteção contra o fogo. Grande parte da ornamentação era de metal, havia um enorme tanque d'água ligado a uma verdadeira rede de canos espalhados por todo o teatro por uma solda que se derreteria imediatamente caso a temperatura se elevasse muito. Inúmeras escadas de incêndio permitiam a evacuação do teatro em apenas três minutos.

Apesar dessas preocupações, na manhã de 7 de agosto de 1892, o Metropolitan Opera House pegou fogo. No inverno, a água do tanque congelava-se, e aquecê-la seria muito dispendioso. Ficara vazio.

O incêndio danificou apenas o palco, mas mesmo assim foi necessária uma reconstrução quase total do teatro; para a despesa de 300 mil dólares, foi preciso recorrer aos bolsos particulares.

Em 27 de novembro de 1893, iluminado por 10 mil lâmpadas elétricas (a iluminação anterior era a gás), o Metropolitan foi reaberto. O novo palco, que, sob a supervisão do alemão Carl Lantenschlager, era provido dos mais modernos recursos técnicos, permitiu a nova encenação de *Fausto*, de Gounod.

Três acontecimentos importantes caracterizaram a temporada lírica

Música com Z

de 1903: uma nova reforma do palco, o início do período do empresário Heinrich Conried e a estreia do tenor Enrico Caruso, que fez seu *début* nos Estados Unidos na ópera *Rigoletto*.

Em 1908, estreou no Metropolitan, por coincidência também com a ópera *Fausto*, um novo maestro: Arturo Toscanini, temperamental, intransigente e extremamente minucioso na preparação de cada uma de suas *performances*.

Aos poucos, o Met ia apresentando cada vez mais cantores americanos, como a soprano Geraldine Farrar.

Para os brasileiros, o ano de 1937 tem uma grande importância: em 13 de fevereiro, estreava na temporada lírica da ópera *Manon* a soprano Bidu Sayão, ainda agora uma das mais aplaudidas cantoras entre os americanos. Para 1958, está sendo anunciada a apresentação de *Wozzeck*, de Alban Berg, uma das mais importantes óperas da música contemporânea.

O Metropolitan Opera House está completamente amarrado à vida artística de Nova York.

O Lincoln Center: seu significado

"O Lincoln Center será tão importante para as artes como a ONU é para as nações, como a Wall Street é para as finanças ou como a 5ª Avenida é para a moda", afirma-se. Sua construção resulta de um projeto proposto em 1949, sob o título do National Housing Act, segundo o qual fica conferido às autoridades municipais o direito de comprar propriedades velhas ou estragadas e de revendê-las a instituições particulares. É, em resumo, o que acontecerá nessa enorme área denominada Lincoln Square, onde atualmente existem apenas casas velhas.

John D. Rockefeller III achou que era uma oportunidade única para uma realização realmente grandiosa em benefício das artes, para as quais, aliás, seu pai já havia feito algo de grande projeção: o Radio City Music Hall.

Em 1955, Rockefeller III foi convidado para presidir a comissão que iria estudar e desenvolver o projeto.

No ano seguinte, embarcou para a Europa, a fim de entrar em contato com entendidos no assunto de construções desse gênero, e poder então decidir de que maneira poderia ser feito o Lincoln Center.

Depois de estudar cuidadosamente o assunto, ficou decidido que seriam necessários 75 milhões de dólares para a obra, dos quais 55 milhões para a construção propriamente dita e o restante para manter as atividades artísticas de todas as instituições.

O projeto do Lincoln Center prevê um auditório com a capacidade de 3.800 pessoas para a montagem de grandes espetáculos do gênero lírico, com ar-condicionado, cuja falta faz com que o Metropolitan permaneça fechado durante o verão; uma sala de concertos com 2.800 lugares, que será a sede oficial da New York Philharmonic; um teatro para balé, com capacidade para 2.200 pessoas; um teatro para a apresentação de dramas com 1.000 lugares; e um edifício onde funcionará a Juilliard Shool of Music. Haverá uma garagem no subsolo, que poderá abrigar 8.000 carros. O Lincoln Center permitirá que 2.500.000 pessoas possam assistir anualmente a espetáculos artísticos.

Segundo Rockefeller, será um símbolo da maturidade cultural dos Estados Unidos, assim como a maior realização da cidade de Nova York para o mundo artístico.

Espera-se que temporada da Philharmonic de 1959-1960 seja realizada no Lincoln Center. A soma de 75 milhões está sendo obtida por meio de campanha junto às mais importantes firmas americanas: Ford, General Motors etc. Acredita-se que Rockefeller contribuirá com 1/3 dessa soma. Apenas numa segunda-feira, foram recebidos 6 milhões de dólares! Pode-se avaliar a importância que os filantropos americanos, que um dia tiveram como objetivo a medicina, e mais tarde a educação, dão agora às artes. É uma obra que poderá mostrar ao mundo o quanto o povo americano sabe prestigiar a arte.

(Três reportagens publicadas em 29 e 31 de janeiro
e 3 de fevereiro de 1958 na *Folha da Noite*)

NOTAS EM 2014

Muito provavelmente, esta foi a primeira matéria jornalística publicada no Brasil sobre o complexo que se tornaria uma das maiores atrações do mundo das artes em Nova York.

Composta de três reportagens aqui fundidas, a primeira delas foi ilustrada com um croqui do projeto, reproduzido a partir de um caderno a mim fornecido pelos captadores de recursos, que continha informações detalhadas de como seria o Lincoln Center, ainda atravessando a difícil fase de obtenção de apoio para sua concretização.

Música com Z

Os principais edifícios do Lincoln Center foram abertos ao público por etapas.

Em 23 de setembro de 1962 foi inaugurado, à direita da *plaza*, o Philharmonic Hall, com 2.737 lugares, denominado Avery Fisher Hall, sede da New York Philharmonic Orchestra.

Em 23 de abril de 1964 foi aberto, à esquerda da *plaza*, já com a fonte, o New York State Theater, com 2.713 lugares, denominado David H. Koch Theater, sede do New York City Ballet e da New York City Opera.

Em 14 de outubro de 1965 foi inaugurado o Vivian Beaumont Theater, com 299 lugares, denominado Mitzi E. Newhouse, para peças *off*-Broadway.

Em 16 de setembro de 1966 foi aberto, no centro da *plaza*, o Metropolitan Opera House, com 3.900 lugares, sede da Metropolitan Opera.

Em 11 de setembro de 1969 foi inaugurado o Alice Tully Hall, com 1.095 lugares, uma sala de concertos no interior da Juilliard School of Music, aberta em 26 de outubro do mesmo ano.

Não obstante, o Carnegie Hall nunca foi demolido. Com a transferência da New York Philharmonic Orchestra para o Lincoln Center, no final dos anos 50, seu proprietário viu-se forçado a colocá-lo à venda para dar lugar a um edifício. Liderado pelo violinista Isaac Stern, foi iniciado um movimento de artistas empenhados em mudar a legislação para que fosse permitida a compra do teatro pela cidade de Nova York, o que aconteceu. Em maio de 1960, o teatro foi entregue a uma organização sem fins lucrativos, a Carnegie Hall Corporation. Em 1962, o Carnegie Hall tornou-se monumento histórico nacional.

3.

The Rockettes, o mais famoso conjunto de *girls* em Nova York

NOVA YORK (via Varig) — Na semana passada, assisti mais uma vez a um dos espetáculos considerados uma das maiores atrações turísticas de Nova York: o show do Radio City Music Hall.

O show é apresentado antes do filme em cartaz na imensa sala de espetáculos, sendo repetido quatro vezes por dia, como em sessão corrida de cinema. Após o filme, vem novo show, depois o filme novamente etc. Cada vez que muda o filme, é montado um show diferente.

O espetáculo é de uma grandiosidade impressionante, dele participando uma grande orquestra, o Glee Club (coro masculino de 25 vozes), o Corps de Ballet (32 figuras), cantores, acrobatas, cômicos e as famosas *girls* The Rockettes, geralmente o número mais aplaudido.

Costuma-se dizer que, se Paris tem as *girls* do Folies Bergère, Nova York tem as Rockettes. Poucos conjuntos de *girls* do mundo podem atingir tão elevado grau de perfeição, harmonia e semelhança. As Rockettes parecem 36 gêmeas a se movimentarem da mesma maneira. São tão parecidas que se tem a impressão de um truque de espelhos.

Depois que termina o espetáculo, ocorrem intrigantes questões: como vivem os que tomam parte em shows que se repetem a cada duas horas? Como foi possível conseguir formar um grupo cuja semelhança física fosse tão grande? Finalmente, se trabalham o ano todo, quando as Rockettes têm folga?

São 36 *girls* com o nome de Rockettes que atuam permanentemente no Radio City desde o ano da sua inauguração, 1932. São dirigidas por Russel Markert, que em 1925 apresentava, no Missouri Theatre, em St. Louis, um grupo de 16 *girls*. Após realizar uma excursão em 1937 a Paris e alguns shows beneficentes, jamais se apresentaram em outro local.

Embora 36 *girls* estejam no palco, o total da trupe é de 46 dançarinas, havendo um revezamento constante, única forma de lhes dar folga. Cada Rockette trabalha três semanas e descansa uma. Há sempre dez delas em férias.

Música com Z

Suas idades variam entre 18 e 25 anos, e a altura entre 1,65 m e 1,71 m. No palco, as das extremidades têm altura menor e as do centro são as mais altas. O espectador tem a ilusão que todas têm a mesma altura. Há Rockettes nascidas em todos os pontos dos Estados Unidos, além de algumas canadenses e inglesas.

Parece incrível, mas as Rockettes não têm que fazer regime algum para conservar a plástica: o árduo *train* de vida a que são obrigadas representa um regime mais que puxado. Seus pesos variam entre 53,5 kg e 54 kg.

Quando um novo show está sendo ensaiado, as Rockettes têm que estar quatro vezes por semana às 10 horas da manhã no Music Hall. Até o meio-dia, ficarão ensaiando na sala espelhada do teatro. As manobras coreográficas para cada novo show são repetidas dezenas de vezes, até se chegar à perfeição desejada.

Depois do almoço na cafeteria do teatro, as Rockettes preparam-se para o primeiro show do dia. Depois, voltam para a sala de ensaio, onde permanecem mais duas horas exercitando-se para se apresentar no segundo show. Há então um período de duas horas para o jantar, pois ainda voltam para os dois shows noturnos, ficando livres somente às 10h45 da noite. É o horário de uma Rockette durante quatro dias nas semanas em que um novo espetáculo está sendo preparado. Nos outros três dias, elas chegam ao teatro somente ao meio-dia e todos os intervalos entre os shows serão livres, quando muitas aproveitam para repousar numa sala especial do Radio City. Outras procuram o ar livre: durante o inverno, vão patinar no rinque do Rockefeller Center e, no verão, preferem tomar banho na piscina de um dos hotéis da redondeza. Como seu diretor Russel Markert acha que exercícios ao ar livre são de grande proveito, os ensaios durante o verão costumam ser realizados num enorme terraço no alto do Music Hall. Para quem trabalha nos edifícios do Rockefeller Center, deve ser um espetáculo bem agradável à vista.

Assim vivem as Rockettes, as maiores atrações do show que é apresentado quatro vezes por dia no maior teatro fechado do mundo: o Radio City Music Hall, em Nova York.

(Publicado em fevereiro de 1958 na *Folha da Noite*)

NOTAS EM 2014

A programação de quatro apresentações diárias no formato show/filme foi mantida até 1979 no Radio City Music Hall, cuja capacidade é de 4.931 lugares. As Rockettes continuam a tomar parte nos espetáculos especiais de Natal apresentados no Radio City anualmente no final do ano.

4.

Van Cliburn

VAN CLIBURN

NOVA YORK (via Varig) — Enquanto os russos aplaudem o americano Van Cliburn, os nova-iorquinos não se cansam de elogiar o balé so-
viético Moiseyev, que encerra esta semana sua temporada na cidade.

O sucesso de Moiseyev é tal que, após a turnê pelo país que será
iniciada logo depois da última apresentação no Metropolitan Opera
House, a companhia voltará a se exibir em Nova York na segunda quinzena de junho. Esses novos espetáculos serão realizados no Madison
Square Garden, que poderá acomodar um público quatro vezes maior
que o do Metropolitan.

A crônica especializada teceu os mais rasgados elogios aos bailarinos russos, que têm sido alvo de curiosidade de vários repórteres interessados em saber suas impressões de Nova York, que objetos têm comprado nas lojas etc.

Por outro lado, o altíssimo pianista texano Van Cliburn viu-se ul-
trafamoso da noite para o dia, e num país estrangeiro, o que aliás não é
caso único. Já está sendo preparada uma série de homenagens para recebê-lo de volta, sendo que a principal delas será uma grandiosa parada,
como as que costumam ser oferecidas somente aos heróis militares e altas
personalidades políticas.

Um de meus professores da Juilliard disse-me que, durante seu curso na escola, Van Cliburn, diplomado em 1954, tinha fama de excepcional pianista: "Seu objetivo único era tocar; tocava o dia inteiro e não se
interessava por outra coisa". Diz-se até que ele não compareceu a nenhuma das aulas de coral. Sua especialidade são os chamados românticos
modernos, Tchaikovsky e Rachmaninoff, de grande aceitação entre o
público em geral; contudo, duvida-se que ele possa executar os clássicos,
Mozart e Beethoven, da mesma maneira.

O desejo de assistir a Van Cliburn é tal que, tendo sido anunciado
num domingo o concerto que ele dará no mês de maio, na terça-feira li

no jornal que não havia mais nenhum lugar à venda. Os ingressos haviam sido adquiridos todos pelo correio e por telefone, e a bilheteria nem sequer chegara a colocar entradas à venda! Foi uma das maiores corridas para ingressos registradas na história do Carnegie Hall.

Ovações para o texano

NOVA YORK (via Varig) — Quando o jovem texano Van Cliburn desembarcou no aeroporto de Idlewild, em Nova York, não trazia apenas dezessete malas. Ele saíra com três. Trazia também um prêmio conseguido num concurso de pianistas realizado em Moscou, em meio aos mais rasgados elogios dos jurados russos.

Desde que venceu o concurso, Van Cliburn tornou-se uma das mais populares figuras para os americanos: já saiu na capa da revista *Time*, já foi chamado de "um misto de Horowitz-Liberace-Elvis Presley", foi o primeiro músico a ser homenageado com uma parada na Broadway, igual às que só recebem os heróis, e recebeu muitos elogios da crítica especializada após o concerto que deu em 19 de maio. Por essas razões, ele é a pessoa mais em evidência na música americana.

Quando chegou ao Carnegie Hall no sábado último, a fim de realizar seu ensaio para o concerto, uma enorme quantidade de pessoas esperava conseguir entrar no teatro para presenciar ao menos o ensaio, já que a oportunidade de assistir ao concerto era mínima. A única chance para os que estavam de fora eram os chamados *standees* (lugar em pé), que seriam postos à venda às 19 horas na noite do concerto. Sabe-se de pessoas que chegaram à bilheteria do Carnegie Hall às sete e meia da manhã para adquirir seu lugarzinho em pé!

Van Cliburn tem sido alvo de jornalistas e fãs, que agora acompanham seus passos como costumam fazer com artistas do cinema. Todas as suas atitudes durante o concerto foram descritas pormenorizadamente nos jornais: "Às vezes, uma expressão de dúvida, ou dor... A certa altura, um tímido sorriso...". Nas entrevistas que concedeu, ele já foi interrogado até sobre a "inevitável questão do amor e casamento".

("Bilhetes de Nova York", artigos publicados em maio e junho de 1958)

Notas em 2014

A moral do povo americano estava em baixa com a demonstração de superioridade tecnológica soviética pelo êxito dos dois foguetes Sputnik no espaço, o primeiro em outubro de 1957, o segundo em novembro, acrescido da façanha de levar a bordo a cadela Laika. Essa dupla vantagem na corrida espacial foi de certo modo aliviada, embora em área bem distinta, com a insofismável vitória de Van Cliburn na primeira edição da Competição Internacional Tchaikovsky, em Moscou, engrandecida pela entrega do prêmio pelo próprio Nikita Khrushchev. Consequentemente, seu êxito teve um efeito consagrador, que restaurou pelo menos em parte sentimentos cívicos dos americanos, abafados em plena guerra fria. A recepção ao vitorioso pianista texano com desfile em carro aberto pela 5ª Avenida foi equivalente à do herói Charles Lindbergh após seu voo transatlântico em maio de 1927.

Em relação à carreira de Van Cliburn, a dúvida de meu professor da Juilliard, certamente um conhecedor de sua capacidade pianística, se confirmou. Após o êxito de sua gravação do *Concerto nº 1* de Tchaikovsky, que atingiu o recorde de mais de um milhão de cópias vendidas, após dois concertos de sucesso retumbante no Hollywood Bowl e outro no Madison Square Garden com a Sinfônica de Moscou, sua tentativa de executar Mozart e Schumann no Carnegie Hall foi "um total desaponto", segundo o crítico do *The New York Times*. Foi a primeira crítica negativa. Exceto pelas execuções do *Concerto nº 3* de Rachmaninoff ou do *nº 1* de Tchaikovsky, Van Cliburn foi se abatendo à medida que tentava ampliar seu repertório. Aos poucos, foi desistindo da carreira de concertista, encerrada em 1978 aos 44 anos. Sua homossexualidade, a princípio ocultada, tornou-se manchete quando seu ex-namorado Thomas Zaremba acionou-o, em 1996, exigindo milhões. Van Cliburn morreu em 27 de fevereiro de 2013, aos 78 anos, em sua mansão em Forth Worth, Texas. Não é à toa que seu livro de memórias se intitula *The Times of My Life and My Life with The Times*.

5.

Clubes de jazz em Nova York

NOVA YORK (via Varig) — De fato, é ainda em Nova York que se produz, se toca e se ouve o melhor jazz atualmente. A variedade de programas é imensa, há jazz para todos os gostos.

Apesar da indústria fonográfica no setor jazzístico ter progredido enormemente, apesar de serem apresentados quase que mensalmente concertos de jazz em teatros do país inteiro, apesar disso, é nos clubes que o jazz nasce.

A RUA 52

Antes de 1940, os *night-clubs* de jazz se localizavam em vários pontos da cidade, não se concentravam numa determinada área.

O turista que passa atualmente pela rua 52, entre a 5ª e a 6ª Avenida, não pode ter ideia do que foi aquele quarteirão há mais de 10 anos. Hoje, existem apenas velhas casas em demolição. Alguns terrenos de estacionamento para automóveis indicam que ali também foram postos abaixo outros tantos prédios velhos. Apenas um clube desafia a picareta que entrou em ação onde funcionavam as casas noturnas: o Jimmy Ryan's, uma construção velha como as demais, vizinha de um estacionamento de automóveis. Provavelmente, dentro de poucos meses, também será posto abaixo.

O turista não poderá imaginar o que acontecia nesse mesmo lugar em 1943. Para esse trecho de rua, para esse quarteirão, convergiam todos os músicos de jazz nos anos 40. Foi onde o *bebop* encontrou o caminho da fama.

Música com Z

O Harlem

Nos anos 40, um grupo de músicos formado por Dizzy Gillespie, Thelonious Monk, John Collins, Ben Webster, Joe Guy e Kenny Clarke reuniam-se aos domingos à tarde na casa do baixista Milt Hinton para discutir novas ideias sobre experiências que pensavam introduzir no jazz, baseadas principalmente em novos intervalos musicais, diferentes maneiras de marcação rítmica e outras progressões de acordes. Depois, iam tocar nas *after-hours*, as *jam sessions*. Seus lugares prediletos eram o St. Nicholas e o Savoy, no bairro do Harlem. Após algum tempo, seu ponto de reunião passou a ser o Minton's, também no Harlem, que funcionava o dia inteiro. Havia uma vitrola, e o público dançava durante o dia; à noite, ouvia-se jazz.

O Minton's era propriedade de Henry Minton, ex-saxofonista e ex--delegado que agora se dedicava ao negócio de bares. Funcionava num salão do Hotel Cecil, na rua 118. Nessas *jam sessions* e nas de outro clube, o Clarke Monroe's Uptown House, perto da rua 138 e no mesmo estilo do Minton's, aparecia frequentemente um saxofonista que se tornaria célebre: Charlie Parker.

Sucesso da rua 52

No início dos anos 40, alguns desses músicos começaram a apresentar sua música em bares da rua 52, onde as principais atrações eram o saxofonista Coleman Hawkins, o baterista Sidney Catlett, o trio do violonista Stuff Smith, o pianista Art Tatum, Billy Eckstine e Jack Teagarden. Os principais *night-clubs* eram o Onyx, o Three Deuces, o Downbeat, o Kelly's Stables, o Hickory House, o Famous Door, o Spotlite e o Jimmy Ryan's. A vida noturna tinha tal intensidade que a rua 52 era chamada The Street.

Em 1945, o Three Deuces apresentou um jovem pianista que não sabia ler uma nota de música, mas tinha um ritmo fabuloso. Com a mão esquerda, tocava acordes nos quatro tempos de cada compasso. Seu grau de individualidade era tal, que muitos o consideravam um pianista à parte no jazz. Seu nome, Erroll Garner. No fim de 1946, Dizzy Gillespie organizou sua primeira banda, que fez grande sucesso nos bares da rua 52.

Os bares da rua 52 viviam cheios e chegavam a ser atração turística. Os que não tocavam nesses clubes iam terminar a noite nas *jam sessions*. Eram Charlie Parker, Dizzy Gillespie, Thelonious Monk, Bud Powell, Miles Davis, Max Roach, J. J. Johnson, Kenny Clarke, Oscar Pettiford e outros.

Como resultado desse movimento, os preços começaram a subir, e os donos de bares a ganhar bastante. Não se lembravam que a música era a principal causa do seu sucesso. Cada um procurava atrair o maior número possível de fregueses. Chegou a haver uma verdadeira batalha entre eles com os preços que aumentavam sempre. Os que gostavam da música se sentiam explorados, a música não era mais a mesma. O movimento começou a cair consideravelmente. Até 1947. Nesse ano, começou o declínio inevitável.

A rua 52 tornou-se fácil mercado para traficantes de drogas. Frequentadores jovens, empolgados com o jazz e a vida de alguns músicos, tornavam-se presa fácil. O que deve ter sido motivo de atração passou a ser uma das causas mais importantes para o declínio da rua 52. O primeiro *night-club* a sair foi o Downbeat; seu dono abriu em 1949 um novo bar na Broadway, o Clique Club, onde atualmente está o Birdland. Outros também fecharam, ao mesmo tempo em que eram abertos na Broadway o Royal Roost, o Bop City e o Acquarium. A rua 52 ia acabando. Alguns músicos se mudaram para a costa oeste, onde começava a haver um aumento de interesse pelo jazz.

A Broadway era agora o centro dos clubes de jazz em Nova York.

O JAZZ ATUALMENTE EM NOVA YORK

Pela sua esplêndida localização, na 7ª Avenida, perto de Times Square, no trecho conhecido pelo nome genérico de Broadway, o Metropole Cafe é alvo da atenção de turistas em Nova York. Além da intensa iluminação, a música pode ser ouvida da rua, de modo que sempre há um grupo de pessoas parado em frente ao bar. Nos sábados, domingos e feriados, a música começa às duas da tarde.

No Metropole, onde não se ouve jazz moderno, quase todos cultivam o estilo tradicional. Tocam numa plataforma alta e comprida atrás do bar. Costumam se apresentar os pistonistas Charlie Shavers, Roy Eldridge e Red Allen, os trombonistas J. C. Higginbotham e "Big Chief" Moore, os clarinetistas Buster Bailey, Tony Parenti e Sol Yaged, o baterista Cozy Cole, o contrabaixista Arvell Shaw, o saxofonista Coleman Hawkins e vários outros.

Outro clube, relativamente perto do Metropole, é o Birdland, na altura da rua 52. Fica localizado num porão; paga-se US$ 1,80 para entrar e sentar-se nas mesas ou numa espécie de arquibancada ao lado do palco. O programa é geralmente constituído por dois grupos, que se revezam a cada 45 minutos. Vive cheio. Às segundas-feiras, folga das atrações, são convidados outros músicos para *jam sessions*. Os programas mudam a cada duas semanas em média.

Perto da Broadway, existem outros clubes, o Jazz City, um restaurante com jazz, o The Composer, o Hickory House, o The Embers e o Bourbon Street, todos mais ou menos do mesmo gênero, iguais a qualquer boate do mundo: bar, mesas e um palco.

Greenwich Village

Os demais bares ficam localizados no Greenwich Village, o bairro dos artistas e da vida boêmia de Nova York. A boemia é sofisticada, há no Village uma certa atmosfera latina bastante diferente do resto de Nova York, onde o trabalho e a correria dominam tudo. O Village é relativamente mais calmo e despreocupado.

Os clubes situam-se muito perto uns dos outros: Village Vanguard, The Bohemia, Eddie Condon's, Nick's, Basin Street e outros menores. O Nick's apresenta somente jazz tradicional. O Village Vanguard e o The Bohemia têm programação bastante boa que, à semelhança do Birdland, duram duas semanas.

Merece ser destacado no Village o Five Spot Café, inaugurado há mais de um ano e um pouco afastado dos demais. Vive cheio e apresentou até pouco tempo o melhor programa de jazz da cidade: o quarteto de Thelonious Monk, com John Coltrane, que lá tocou por mais de três meses. É frequentado por artistas e músicos de jazz e, como não faz anúncio em jornais e revistas, é relativamente desconhecido pelos turistas. Esses geralmente vão direto ao Birdland ou ao Metropole.

Nos clubes, são realizadas gravações *in loco*. Existe uma série de LPs denominada *Birdland na RCA*, discos dos The Jazz Messengers no The Bohemia e outros com músicos do Metropole Cafe.

No mês de outubro, foi inaugurado um novo *night-club*: o Half Note, que ainda não tem característica própria.

Nos clubes, tem-se a oportunidade de ouvir solos inesquecíveis, jamais ouvidos em discos. Muitos dos bares serão fechados, outros novos abertos. O jazz será permanentemente a atração principal. É onde o jazz continuará a viver, pois é lá que nasce.

(Reunião de três reportagens publicadas em julho de 1958 na *Folha da Noite*)

NOTAS EM 2014

Com exceção do Village Vanguard, nenhum dos clubes citados existe mais em Nova York. O Birdland atual, que nada tem a ver com o original, foi aberto em 1986 em outro endereço, agora está na rua 44 próximo à 8ª Avenida. Muito embora o subsolo onde funcionou até 1965 o antigo Birdland, na Broadway, pouco acima da rua 51, continue aberto ao público. Agora, porém, para outra atividade, shows de *striptease*. O Village Vanguard, sim, continua no mesmo endereço da 7ª Avenida e, em seu interior, praticamente nada mudou. É dirigido pela viúva do antigo proprietário e seu fundador em 1935, Max Gordon, a sra. Lorraine Gordon.

Música com Z

6.

Primeira noite brasileira no Festival de Montreux

MONTREUX — A deslumbrante paisagem de Montreux, sobretudo nesta época do ano, quando casas e sacadas dos edifícios ostentam, com um orgulho quase patriótico, floreiras em tons entre o lilás e o vermelho, é o cenário em que se hospedam centenas de turistas europeus e americanos. Vieram ouvir jazz, a música que aqui é cultivada com um respeito não encontrado sequer nos Estados Unidos. Por não terem, como os brasileiros, a faceta musical própria correspondente ao gênero, os europeus levam a sério esse assunto de jazz. A presença de Dizzy Gillespie e Ray Charles no espetáculo do dia 13, apesar de não ser rotina nem na América do Norte, provoca manifestações de idolatria que muito sensibilizam os músicos americanos. No bar exclusivo dos artistas, atrás do palco do cassino de Montreux, onde se realiza o XII Festival Internacional de Jazz, eles são educadamente solicitados para uma fotografia, alguns fãs se contentam em chegar perto de seus ídolos, em vê-los, talvez trocar uma palavra.

Esse respeito pelo jazz é uma forte razão para que alguns músicos, como fazem desde a década de 30, venham morar na Europa.

Ray Charles, Dizzy Gillespie, Count Basie e outros gigantes vêm quase anualmente a Montreux, ao passo que *"Les brésiliens"* ninguém sabe quem são. A ponto do título *Viva Brasil*, dado à noite brasileira (14 de julho), ser, segundo um estudante/informante do festival, o nome de um grupo. Seja como for, o oitavo dia é um sucesso. Tanto que a direção decidiu abrir um precedente e realizar duas sessões: uma à tarde e outra à noite, ambas com lotação completa.

No salão principal do cassino de Montreux, foram montados um palco, equipamentos de som e luz e arquibancadas com cadeiras. Cerca de 3 mil suíços, franceses, italianos, alemães, escandinavos, americanos e canadenses espalharam-se para ouvir Gilberto Gil, os novatos Ivinho e A Cor do Som, além de Airto Moreira, que havia cancelado sua viagem há dois dias, mas voltou atrás. Aliás, cancelamentos e surpresas são frequentes. Diz-se que, nesses dias, mais de duzentos músicos americanos estão na Europa, o que é perfeitamente possível, pois, só em Nice, há dezenas de grupos em seu festival, que começou dia 8 de julho. Como os aficionados já estão mesmo nessas cidades, e a fim de "ver festival", essas mudanças pouco lhes importam. A ausência de um dia é compensada por uma novidade na noite seguinte.

Uma característica desses festivais é a total informalidade do espetáculo. Em Montreux, os artistas são apresentados ao público pelo próprio organizador do evento, Claude Nobs, que os deixa à vontade no palco. Alguns até saem de cena por duas ou três músicas, voltando quando lhes dá na telha. O show que começa às oito horas tanto pode acabar à meia-noite como às quatro da manhã. Cercado dessa informalidade, Ivinho, desconhecido mesmo no Brasil, por sinal um bom instrumentista, abriu o programa da noite brasileira tocando seu violão de doze cordas, num número prolongado e sem forma musical definida, uma série de cadências esparsas com base no ritmo e em frases da música nordestina. Quando parecia que o número ia chegando ao fim, lá vinha um acorde de preparação para outra cadência, que satisfazia o público, aparentemente muito mais ávido pelo ritmo exótico que pela música brasileira propriamente dita.

A seguir, outro estreante em espetáculos de vulto: o grupo A Cor do Som, que surgiu há pouco mais de um ano e teve seu primeiro LP editado pela WEA no ano passado. Os seis rapazes, apesar da pouca experiência, mostraram-se seguros em vários choros e frevos bem ensaiados e curtos. Mas algumas vozes da plateia reclamaram depois de alguns números. Pôde-se ouvir comentários como "nós queremos jazz" e até um certo murmúrio de protestos, prontamente rebatidos pelo organizador Claude Nobs. Ele justificou a presença dos brasileiros recordando que, em 1974, Flora Purim, Airto Moreira e Milton Nascimento tiveram o mesmo problema em Montreux, e hoje têm renome mundial.

Mas os jovens de A Cor do Som mantiveram-se aprumados, não fazendo nenhuma das concessões vistas em seguida na apresentação de Gilberto Gil. Vestido de branco e com um gorrinho de crochê marrom, ele dançava e cantava em inglês ou português um repertório de sambas, xotes e baiões. Gil — que um polonês presente julgava antes do espetáculo ser João Gilberto — procurou tirar partido de cantos repetitivos de origem ritualística, concitando o público a cantar. Até sua música "Procissão" teve que ser convenientemente adaptada para que todos pudessem participar batendo palmas, para depois ovacioná-lo de pé e dançan-

Música com Z

do. Ao voltar para o bis, e sentindo a crescente empolgação, no momento propício atacou de "Mamãe eu quero", puxando o coro como num autêntico baile carnavalesco em que todos estão a fim de se divertir.

Finalmente Airto Moreira, que na última hora decidiu vir para a Europa, mas sem seu conjunto. Apresentou-se sozinho, ou melhor, ao lado de uma mesa repleta dos mais diversos e originais instrumentos de percussão e de sopro, incluindo até uma miniatura de trombone de vara cujo som era o da sua própria voz. Ao apresentar-se como sendo *eye* (ai), *ear* (iar) e *toe* (tou), indicando respectivamente o olho, o ouvido e o dedo do pé, foi gostosamente aplaudido. O público divertiu-se a valer com a original demonstração desse criativo e sensível percussionista, com justiça o mais festejado do momento. Depois de tocar sozinho com o suíço Patrick Moraz e com Gilberto Gil, convidou todos que se apresentaram antes para uma louca exibição do ritmo brasileiro, na qual toda a plateia, de pé e empolgadíssima, cantava e gritava "Viva Brasil". Uma valiosa demonstração da contagiante alegria que envolve o país do Carnaval.

(Publicado em 16 de julho de 1978 em O *Estado de S. Paulo*)

Notas em 2014

Em 1978, na gestão do Secretário de Estado da Cultura Max Feffer, quando foi montado o I Festival Internacional de Jazz no Brasil, que ocorreu no Palácio das Convenções do Anhembi, em São Paulo, e foi televisionado pela TV Cultura, seu diretor Roberto Muylaert escalou três especialistas em suas áreas para viajar antecipadamente a Montreux a fim de "aprender" a fazer um festival de jazz. Foi assim que, enquanto Pipoca, o diretor de TV da Cultura, foi conhecer a técnica de televisionamento direto e Cesar Castanho foi aprender a ser diretor de palco com o escocês Higgy, Zuza Homem de Mello foi se especializar como programador de festival de jazz.

A reportagem acima descreve a primeira noite brasileira em Montreux que, criada por Claude Nobs, se consagrou como das mais concorridas nas edições posteriores do evento, além de se fixar como preciosa vitrine para a música brasileira na Europa.

A importância de Claude Nobs para a música brasileira no exterior foi antecipada pela contribuição que deu aos festivais de jazz no

Brasil, ao associar o Festival de Montreux com nosso primeiro festival. Foi ele quem viabilizou a contratação das estrelas, avalizando a realização do festival brasileiro, então totalmente desconhecido pelos empresários americanos, que lhe deram um voto de confiança ao acreditar em sua palavra.

7.

Disco, a mercadoria milionária do Midem

CANNES — Um sujeito completamente desavisado que chegou a Cannes entre 18 e 25 de janeiro esperando encontrar um ambiente típico do famoso balneário da Côte d'Azur, com iates, gente passeando despreocupadamente pelas suas alamedas neste rigoroso inverno europeu, teve uma enorme surpresa. À frente do Palácio dos Festivais, desfraldando bandeiras e faixas, iluminadas à noite, um colossal movimento de entra e sai dos quase 6 mil participantes do XIII Midem. A mais famosa feira internacional de uma mercadoria que ano a ano se firma como das mais lucrativas no mundo do lazer: a música internacional popular, ou *pop music*, ou música comercial. Um produto tratado, analisado e medido como outro qualquer do universo comercial em que o lucro e a satisfação do consumidor são objetivos bem definidos. A previsão de seu sucesso é semelhante à de um novo modelo de uma marca de automóvel.

Efetuar contatos, expor o produto, seduzir, e transacionar a mercadoria é um lado da medalha. Sair à cata de produtos novos, ouvi-los (embora o produto seja música, só interessa o produto acabado, assim, uma partitura musical é uma forma ingênua e sem sentido no Midem) e "amarrar" o negócio é o outro lado. Foi por perceber as perspectivas de aproximar interessados desse mercado, num curto espaço de tempo, nas mais festivas e organizadas condições possíveis, permitindo transações talvez mirabolantes, que o francês Bernard Chevry se transformou no comissário-geral do Midem, isto é, sua figura máxima. Ele conhece muito bem a força dessa realização e a fraquíssima repercussão de outras iniciativas semelhantes, inclusive nos Estados Unidos, o que cada vez mais estimula indiretamente o Midem. A própria prefeitura de Cannes dobrou-se ante sua exigência de conseguir um auditório maior para a realização dos espetáculos de gala, muito importantes para o sucesso da feira. Por isso, em 1982, um novo, amplo e moderno palácio de festivais, concedido pelo grupo de autores do Royal Festival Hall de Londres, será inaugurado no local onde agora se localiza o cassino, cujo velho teatro, prestes a ser demolido, mal acomoda 660 pessoas.

Ao contrário do que muitos podem pensar, o público não participa da feira, que é circunscrita aos que se inscreveram. Essa grande maioria é formada por editores de pequeno porte ou gravadoras médias e funcionários das grandes editoras e gravadoras. A minoria, os figurões de grandes marcas, já não veem no Midem as oportunidades que existiam anos atrás. "A feira cresceu demais", afirmam eles, relembrando a primeira, quando a satisfação pelos negócios realizados foi tão grande que, no último dia, atiravam discos pela janela para o público nas ruas. Por essa razão, esses diretores mal aparecem nos *stands* do festival, preferindo limitar seus encontros aos bares dos hotéis, onde, sossegadamente, podem fazer negócios ou, mais frequentemente, ter contatos diretos com representantes de editoras e gravadoras ligadas às suas companhias. Contudo, o volume de negócios é estimado neste ano em 23 milhões de dólares entre as 1.340 empresas presentes.

O preço que se paga para se hospedar em Cannes nesta semana é o mesmo do da temporada de verão, em julho/agosto, isto é, 55% a mais que o regular. Ou seja, encerrada a feira, os preços caem automaticamente. Justifica-se o alto preço: foi aqui que vários artistas ou músicos praticamente desconhecidos até então deslancharam suas carreiras de sucesso pelo mundo. Segundo seus organizadores, foi há três anos, no Midem, que Donna Summer deu os primeiros sinais da música discoteca, o que ficou evidente a todos com o estouro, em 1978, do filme *Os embalos de sábado à noite*, que estreou num espetáculo de gala no ano passado. O superconhecido trompetista Herb Alpert, atualmente um vitorioso negociante musical, não hesitou em descarregar sua poderosa artilharia promocional em torno do também trompetista Chuck Mangione, que, recebendo uma divulgação acima do imaginado, tornou-se um dos grandes êxitos mundiais do disco. A imagem de Mangione abraçando sorridente seu flugelhorn (um trompete mais grave) pode ser vista nas ruas, nas revistas, nas vitrines, em todos os cantos da cidade, pois ele é o maior astro dos espetáculos de gala no Midem deste ano.

Em contraste com essa violenta promoção, há frequentes apresentações de gravações de novos cantores, realizadas nos apartamentos alugados pelas gravadoras, onde tudo é feito para que esses desconhecidos sejam olhados como grandes estrelas ou, no mínimo, como promessas de tal. O comportamento dos candidatos a estrela chega a ser cômico, tentando sorridentemente agradar a todos e chamando a atenção para este

Música com Z

ou aquele trecho da gravação, como se aquilo fosse a coisa mais genial da música atual.

A procura do sucesso é, de qualquer maneira, o ponto que une todos, processando-se num clima de alegre comunhão de adolescentes em reunião. Na verdade, é o clima de convenções que define o cenário do Midem, porém a ambientação está mais para babilônica, pois, como sintetizou a esposa do diretor de uma das maiores etiquetas mundiais, "isto parece mais um encontro de *hippies* de meia-idade".

O Midem torna-se mais vantajoso para os agentes independentes, e menos para as grandes multinacionais. Uma prova disso é a decisão da EMI-Odeon, uma potência mundial, que este ano arrendou um pequeno espaço só para sua área editorial. É dos independentes que os grandes parecem estar esperando novas ideias, não muito inspiradas, pois a maioria veio desta vez com música discoteca gravada em inglês na Itália, na França, na Alemanha, no Japão, na Polônia, na Áustria ou na Checoslováquia. Todo mundo comenta que a discoteca, embora continue forte, está com seus dias contados.

O Brasil participa com algumas grandes multinacionais — PolyGram, RCA —, algumas médias — RGE/Fermata, Copacabana, Tapecar, Toptape e outras — e com a pouco conhecida etiqueta Arlequim, que tem no seu presidente Waldemar Marchetti não apenas um dos veteranos brasileiros no assunto Midem, como também um dos mais ativos, fazendo jus ao apelido como é conhecido — Corisco. Seu maior objetivo é "colocar" músicas brasileiras no mercado internacional, e isso ele tem conseguido, principalmente com Jorge Ben, comprovadamente um dos nomes mais comentados na França.

O numeroso grupo da Copacabana, por meio de seu presidente Adiel Macedo de Carvalho, também um veterano no Midem, está satisfeito por ter obtido para sua companhia várias novas etiquetas e artistas a serem editados no Brasil.

Fechar contratos para lançar marcas não representadas, ou em via de terem seus vínculos extintos, é, pois, um dos objetivos das médias e pequenas firmas nacionais presentes. As alterações de representação, aliás, são uma constante no mercado do disco, por razões das mais diversas: descontentamento, mudanças de cúpula nas matrizes, geralmente americanas, razões políticas etc. Exemplos mais recentes: o grupo ABC/Paramount, atualmente representado pela Continental, teve sua política alterada e, com isso, poderá provocar modificações. A marca United Artists deixará de ser da Copacabana. A Motown, que foi um dos selos mais ambicionados, está atravessando um período difícil, pois seu principal artista, o extraordinário Stevie Wonder, não grava há quase 2 anos e, consequentemente, o interesse pelo selo diminuiu.

Em contrapartida, a RSO, que tem os Bee Gees, uma etiqueta sem importância há algum tempo, é hoje uma potência.

Quem quiser conhecer esse mundo mercadológico deverá programar passar os sete dias do próximo Midem em Cannes, inteirando-se sobre as novidades impressas no bem apresentado boletim de mais de 80 páginas, o *Midem News*, distribuído diariamente em todos os hotéis. Deverá ler os folhetos e as principais revistas do ramo, à disposição nos *stands*, e, sobretudo, ouvir as opiniões dos participantes do Midem que correm de um lado para outro, marcando encontros, ouvindo música na sala de um *stand*, tomando cerveja com um companheiro de outro país, sem perder um só minuto, nem tendo tempo de notar que há uma praia em Cannes, barcos ancorados, o Mediterrâneo e casais de velhos despreocupados, passeando na avenida beira-mar. Seus ouvidos estão ligados. Numa transação, podem ficar milionários, e é isso o que lhes interessa. Eles têm mesmo é ouvidos de mercador.

(Publicado em 27 de janeiro de 1979 em O *Estado de S. Paulo*)

Música com Z

8.

Nashville, 55 anos do melhor *country*

NASHVILLE — Alguém duvida que exista no rádio norte-americano um programa de auditório com tamanho sucesso que continua sendo ouvido por milhões de ouvintes em quase todos os estados do país, além do Canadá? Pois não duvidem.

Esse programa ao vivo é uma das atrações do mais movimentado centro musical dos Estados Unidos, a cidade de Nashville. E está no ar há 55 anos ininterruptamente, sendo presenciado por 4.500 pessoas todos os sábados. É o *Grand Ole Opry*, transmitido através dos 650 kilohertz da potente e famosa emissora WSM, e realizado num espetacular e confortável teatro situado no parque Opryland, que inclui um hotel com 614 apartamentos, restaurantes, lojas, parque de diversões, *campings*, auditórios e feiras. Enfim, tudo aquilo que possa complementar o fim de semana dos milhares de norte-americanos e turistas estrangeiros que acorrem avidamente a Nashville para ver, em carne e osso, os ídolos da *country music* tradicional, os astros desse impressionante programa de rádio.

Em novembro de 1925, o então jovem George D. Hay, ao lado de um violinista octogenário, Uncle Jimmy Thompson, apresentava o primeiro programa da mais autêntica música *country*, o *WSM Barn Dance*, que mudou de nome pouco depois, ao ser precedido um dia por um programa de música clássica do Dr. Walter Damrosch, anunciado da seguinte forma: "Vocês acabaram de ouvir uma hora da *Grand Opera*. Agora vamos ouvir a *Grand Ole Opry*". Era a maneira sulista de George D. Hay dizer *Grand Old Opera*. Desde então, tanto o título quanto a linha de fidelidade às raízes do *country* foram mantidos.

Sempre com a presença de público, o programa era, no início, apresentado nos estúdios da emissora, tendo sido depois, sucessivamente, transferido para um grande auditório, no Ryman Auditorium (de 1943 a 1974) e, finalmente, deslocado para o monumental local de hoje.

Durante o verão, a programação completa inclui dois shows nas sextas, sábados e domingos, mas somente o segundo show de sábado é levado ao ar, e as entradas, como de hábito, estão esgotadas com quase quatro meses de antecedência. Por isso, são organizadas excursões de fim de semana, em que os pais vêm orgulhosamente mostrar aos garotos os lendários artistas que cantam ou tocam a mais tradicional *country music* do país.

Quando cada um deles surge no palco para sua apresentação, espocam dezenas de *flashes*, comprovando seu sucesso diante desse imenso público que o idolatra.

O espetáculo obedece ao velho esquema de longos programas de rádio como os de César de Alencar ou Paulo Gracindo da antiga Rádio Nacional do Rio de Janeiro, com sequências de 20 a 30 minutos cada uma, com diferentes patrocinadores, geralmente um produto dirigido para o homem do interior, sendo o mais antigo deles a farinha Martha White. Aliás, fidelidade é a mais forte característica de tudo que envolve a *country music*, seja do público para o artista e vice-versa. Assim, os espectadores confiam que vão assistir a um bom show, com a participação de grandes astros, embora ninguém saiba de antemão quem estará presente. A não ser o programador-chefe, Hal Durham, que durante a semana organiza cada uma das sequências a serem comandadas por um artista de grande projeção e apresentadas por um dos três atuais mestres de cerimônia que substituem George D. Hay, falecido em 1968. Eles ocupam um *podium* lateral do grande palco do *Grand Ole*, decorado como um rancho de fazenda vermelho e branco, ao lado dos músicos efetivos do programa, bem como da área para números especiais de dança e, naturalmente, dos microfones de pedestal, que levam para os mais escondidos cantos do país os sons dos ídolos da *country music*.

Esses ídolos pertencem ao *cast* fixo de aproximadamente duzentos elementos do *Grand Ole Opry* e são escalados em função de seus compromissos fora de Nashville. Quando estão na cidade, nas suas espetaculares residências, que também são atrações turísticas obrigatórias nos *tours*, estão sempre em atividade. A mais importante figura do *Grand Ole Opry*, o King of Country Music, é Roy Acuff, há mais de 40 anos no programa e homenageado com um museu na cidade.

Além dele, outros astros permanentes do *Grand Ole Opry* são o banjoísta Grandpa Jones, Hank Snow, o texano Ernest Tubb, rei do *honky-tonk*, Charlie Walker, os Crook Brothers, o bandolinista Bill Monroe, pai da *bluegrass music* (uma mistura de sons religiosos, de jazz e *blues*) e a rainha da comédia *country*, Minnie Pearl, todos veteranos. Entre os mais novos, a cantora Connie Smith, o guitarrista e compositor

Don Gibson, autor de "Oh Lonesome Me" e "I Can't Stop Loving You", George Hamilton IV, criador de "Abilene", Barbara Mandrell, o cego Ronnie Mislap, a superestrela Dolly Parton e um dos mais novos sucessos, Larry Gatlin.

Esses são apenas alguns componentes desse elenco milionário que movimenta uma das áreas mais ricas, em todos os sentidos, da abastada música americana, a tradicional *country music*. Sim, porque existe também a moderna *country music*, mais conhecida no Brasil por meio de nomes como Willie Nelson, o número 1 do momento, Waylon Jennings (o *outlaw*), Charley Pryde, Crystal Gayle e outros, todos eles dignos sucessores de dois artistas mortos prematuramente e que representam as duas raízes básicas da *country music*: Jimmie Rodgers e Hank Williams.

São artistas simplesmente adorados pelo imenso e leal público que, com muita antecedência, lota o enorme auditório todos os sábados para ver um programa de rádio ao vivo. Mas não um programa qualquer, o grande programa de rádio dos Estados Unidos, provavelmente o mais extraordinário no mundo todo, há mais de meio século no ar, o *Grand Ole Opry*.

(Publicado em 9 de agosto de 1980 em *O Estado de S. Paulo*)

9.

Roberto Carlos no seu mais ousado voo

Depois de 19 de junho, quando chegar ao fim do projeto *Emoções*, Roberto Carlos terá realizado mais um sonho de sua brilhante carreira como maior ídolo popular dos últimos 18 anos na música brasileira; terá conquistado ainda mais fãs entre as 45 mil pessoas que, em média por cidade, estão se emocionando com seus shows impecavelmente apresentados pelas regiões Sudeste, Centro-Oeste, Norte e Nordeste do Brasil. E terá aberto uma trilha para outros astros da MPB, que também almejam correr o país com um espetáculo para ser montado em estádiōs de futebol.

Mas quem poderá repetir o êxito de Roberto Carlos? A pergunta fica sem uma resposta segura. Seu endeusamento em todas as classes sociais e idades parece que fica mais forte a cada cidade que orgulhosamente hospeda o rei.

O Rei é como todos o chamam. Os que consideram repetitivos seus discos remasterizados nos últimos anos e os admiradores irrestritos, como o jovem pernambucano Juarez Ferreira, que na coletiva para a imprensa no Recife, e sob o espanto dos jornalistas presentes, chegou a declarar preferir a própria morte à do seu mito "imortável" (sic); as empregadas dos hotéis que aguardam pacientemente o breve momento de vê-lo passar no corredor para desejar que Deus lhe dê sempre felicidade; a esposa de um militar, que, na primeira fila das cadeiras de pista do estádio de Natal, afirma que viajaria sempre que pudesse, a fim de assisti-lo de perto; o ovacionado dom Helder Câmara, que perto de "seu povo sofrido, das famílias e das crianças" acotoveladas na arquibancada do Geraldão no Recife, inclui-se no "milhão de amigos desse rapaz que tem uma inspiração de Deus para atrair essa imensa multidão"; o radialista que aproveitou a oportunidade de Roberto estar gravando mensagens exclusivas em sua emissora para pedir-lhe, em pleno mês de maio, que desejasse Bom Natal aos ouvintes; o comandante Noronha, um dos que se revezam na condução do Boeing da VASP arrendado para a turnê, que tem tido um contato próximo com essa pessoa carinhosa que é Roberto

Música com Z

Carlos. E, naturalmente, centenas de pessoas que permanecem horas à porta dos hotéis para vê-lo entrar no automóvel, e outro tanto que tenta fazer-lhe chegar pedidos de auxílio financeiro ou favores de todo tipo, como se um messias estivesse em sua cidade. Para todos, ele é mesmo o Rei.

Quem duvida, ainda poderá assistir a um dos espetáculos em Feira de Santana, Itabuna, Vitória, Cachoeiro de Itapemirim, Uberlândia, Goiânia, Cuiabá ou Campo Grande, por onde ainda passará a gigantesca trupe do projeto, que foi desenvolvido quando Roberto viu uma reportagem sobre a excursão dos Rolling Stones pelos Estados Unidos.

"Quando menino, nem me passava pela cabeça um projeto como esse. Em Cachoeiro, eu só queria ser cantor de rádio, depois veio a televisão, e eu, com 15 anos, continuava tentando ser cantor profissional no Rio, mais tarde a Jovem Guarda e coisas assim. Mas essa ideia começou a vir sempre que eu ficava sabendo do que se faz lá fora."

Apesar de toda a infraestrutura que Roberto montou ao longo dos anos para seus shows, o projeto só pôde ser realizado com o apoio de dois patrocinadores, a Haspa e a VASP. Seu *staff* fixo de dezenas de pessoas, comandado por Luiz Fernando Rocha, o discreto diretor de seu departamento de shows, inclui tudo que um grande astro internacional costuma ter. Discrição, aliás, por ser muito forte em Roberto Carlos, é uma característica que acaba sendo transmitida aos elementos que com ele trabalham. Todos, indistintamente, adoram trabalhar com Roberto, que, por sua vez, se considera muito exigente. "Mas eles acabam se integrando facilmente ao nosso clima de trabalho, inclusive músicos que começaram com a gente neste projeto *Emoções*."

E são muito bem pagos para isso.

O trompetista Maguinho, que está com ele há 16 anos e já foi a 26 países das três Américas, Europa e África, afirma que Roberto é também o maior ídolo em outros lugares além do Brasil, como no México e em Portugal.

O responsável pela iluminação, Emílio Sacomani, sente-se realizado como profissional, pois "Roberto respeita o trabalho de cada um e quer sempre dar o melhor ao seu público, sem regatear". No projeto *Emoções*, Sacomani comanda duas torres laterais de cem refletores e seis canhões de 350 *watts*, adquiridos recentemente nos Estados Unidos, muito mais leves e aperfeiçoados que os conhecidos *supertrouper*. Com ele, Genival Barros, o Quem-Quem, também chefia duas equipes: uma de cinco pessoas, responsável pela montagem das 48 caixas e dezoito cornetas, que segue na frente e entra em ação assim que termina cada espetáculo; e a equipe operacional de sete técnicos, que em três ou quatro horas instala os 52 microfones, mesas de som etc. Sempre nas mesmas condições ideais, a fim de evitar ensaios em cada local.

O projeto *Emoções* leva ainda uma equipe de segurança de doze pessoas, uma equipe de venda de programas e camisetas de dez pessoas, que se reveza na montagem do palco. Há dois palcos completos, com camarim anexo, que se alternam de cidade em cidade e seguem por via terrestre em oito caminhões, divididos em frotas de quatro. Assim, os espetáculos podem ser rigorosamente iguais nos mínimos detalhes técnicos, sejam em estádios ou em ginásios cobertos. Até os imprevistos são solucionados com grande agilidade. Em Fortaleza, um laudo técnico de segurança reprovou o Estádio Presidente Vargas e, em menos de 24 horas, tudo foi transferido para o Castelão, com tal eficiência que um público de 60 mil pessoas pôde dirigir-se no dia seguinte para o local certo, tendo à sua espera acomodações com maior conforto, assinala o coordenador de comunicações Marcus Vinicius. No Recife, duas noites no Geraldão não foram suficientes, e mal a delegação chegou à cidade, um esquema para se realizar um terceiro show, no dia que seria de folga, foi imediatamente acionado. Ninguém esboçou desaprovação.

No voo entre as cidades, em que Roberto é sempre o último a chegar, quando o jato está pronto para a decolagem, ele aproveita para conversar descontraidamente com todos os músicos, com a tripulação e pessoas do *staff* que mal pôde ver em terra. "Na viagem, o avião vira a nossa casa", diz ele. "Todo mundo se levanta durante o voo, conversa, brinca sem a preocupação de incomodar os passageiros como num avião de carreira." É verdade. Durante os voos, o esquema de segurança é totalmente desmontado, Roberto vai à cabine de pilotagem, vem conversar com os músicos, faz piadas e, quando o jato aterrissa, aguarda tranquilamente a saída de todos, é o último a sair, acena para o povo que vai recebê-lo e entra rapidamente no automóvel que seguirá para o hotel. Desse momento até voltar ao avião, que, estacionado no aeroporto faz a maior propaganda do show, o esquema de segurança é impressionante, e o pessoal é que traça todos os seus passos. Seu velho amigo Dedé, baterista da época da Jovem Guarda e atual percussionista do RC9, é um dos últimos filtros dessa verdadeira barreira que faz de Roberto Carlos um sujeito praticamente inacessível a quem não o conhece.

"Mas esse esquema todo só acontece durante uma temporada de shows, e não na minha vida normal, quando estou em casa. De maneira que isso não me causa nenhum problema, e eu posso ter condições de compor. Embora em ocasiões como esta eu também componha de vez em quando. Surge uma ideia, eu me fecho, pego o violão e estamos aí. Convivo muito com as pessoas do meu grupo, e tem muita gente. Converso muito com o Zé Tranquilino, que trabalha na montagem do palco, bato um papo com o baiano Agnaldo, com o Quem-Quem, o Emílio, o pessoal do escritório em São Paulo. E com essa relação, além do jornal e da televisão, não fico isolado e tenho as informações necessárias. Mesmo que não possa sair tranquilamente pela rua, não perco o contato com o mundo. Na música, gosto de assistir a shows nos Estados Unidos, vejo alguns no Brasil como o do Cauby, recebo discos que o pessoal me manda e ouço rádio. Acho o rádio importantíssimo no meu trabalho."

Na verdade, uma boa parte de seu trabalho é também tomar decisões sobre o que fazer, o que aceitar, o que negar. Ao ter de emitir uma preferência pessoal, sente que pode às vezes ficar numa situação delicada, ferir uma questão ética. "E aí fica difícil responder, embora eu procure dizer sempre o que sinto. Na verdade, sou cantor e compositor, e me atrever a dar opinião sobre um assunto que não entendo muito bem é uma grande responsabilidade. Acho que cada um deve falar sobre aquilo que tem a ver com ele."

E ter a ver com ele é um bom motivo para não envolver sua imagem ou seu nome em alguma campanha ou produto, embora as propostas não parem de chegar. "Comercial de cigarro, eu não faria nunca; já recusei propostas de parar para pensar mesmo. Também de bebida alcoólica. Mas em outros produtos acho muito delicado um comercial. Pelo número de vezes que é repetido, pode ser perigoso. Por isso, a primeira resposta é não, e em seguida procuro saber os termos da proposta, porque gosto de estar informado sobre essa questão. Na época da Jovem Guarda, participei de um comercial da Shell. Concordaria desde que eles não usassem a minha imagem em movimento. Em movimento, só se fosse desenho animado ou em silhueta com a minha voz para identificar. Aí eles disseram que assim só podiam me pagar a metade, e eu disse que então tudo bem. Eles ficaram surpresos, e assim foi feito. Foi bom para mim também. Eu acho muito importante quando o negócio é bom para os dois."

Nessa época, Roberto era "uma brasa, mora", frase que nasceu espontaneamente no programa, e ficou. "Bidu" e "barra-limpa" eram expressões muito usadas por Jorge Ben, e ele adotou. Nos discos da Jovem Guarda, às vezes ele cantava músicas mais antigas, e agora está pensando em colocar uma delas no novo disco. Não tem ideia ainda, mas gosta muito do repertório de Lupicinio, de Noel e, sobretudo, de Tito Madi, de quem é fã incondicional. Não inclui em seus planos uma gravadora ou um selo próprio. O que às vezes está em seus planos é um teatro, uma casa de espetáculos. Seus momentos de lazer variam bastante. No ano passado, ficou 20 dias em férias nos Estados Unidos, após temporada de shows. No verão é que sempre procura tirar uns 20 ou 30 dias, mas fica pelo Rio mesmo, ou vai de barco para Angra, quando faz o que gosta muito, pescar.

Nos shows, Roberto é sempre um dos primeiros a chegar, geralmente com duas horas de antecedência, pois não gosta de se preparar correndo. "Gosto de ficar calmo, fazer um exerciciozinho de relaxamento, depois faço também um de voz orientado pelo dr. Pedro Bloch, que é bom para aquecer. Sempre faço uma oração, me concentro, gosto de fazer tudo isso com muita calma. Quando me dá fome, como umas bolachinhas, coisa muito leve, muito depois do show é que vou comer, às vezes até jantar. Antes de entrar no palco, tomo meia dose de um traguinho com água." Daí para a frente, tudo que fizer na próxima hora e meia será visto e ouvido por milhares de pessoas. Os músicos já estão acostumados à sua sistemática maneira de fazer tudo com perfeccionismo. Durante a introdução da orquestra, Roberto permanece atrás de um biombo até entrar em cena.

No ano que vem, deverá ser a vez dos estados do Sul. Talvez o mesmo espetáculo, com o mesmo título. "Sempre quis fazer um show com esse título. Aí eu fiz essa composição com Erasmo e pude chamar o show de *Emoções*, e depois veio o projeto. A primeira vez que eu voei nesse avião, quando olhei para fora da janela, senti uma vontade muito grande de agradecer. E agradeci a Deus por todas essas coisas que têm acontecido comigo. Agradeci mesmo. Foi uma emoção muito forte."

(Publicado em 5 de junho de 1983 em *O Estado de S. Paulo*)

Música com Z

10.

O som do Pantanal

A peãozada de Nhecolândia e Paiaguás está "escuitando", desde 9 de novembro, música ao vivo depois da janta com que termina seu dia de lida com gado, na região do Pantanal. Aquelas fazendas todas, ao norte e ao sul do rio Taquari, que divide a Nhecolândia (outrora dominada pelos índios cavaleiros) de Paiaguás (dos índios canoeiros), estão sendo percorridas por uma comitiva integrada por três músicos dotados de férrea vontade de permanecer em total integração com o homem pantaneiro e seu meio. Por isso, não hesitaram em abandonar por três meses suas casas e famílias, em Campo Grande e São Paulo, para seguir vagarosamente em lombo de burro ou a cavalo, ao lado do carro de boi que leva suas tralhas, e, numa segunda etapa, de barco pelos principais rios de uma das mais inusitadas e esplendorosas regiões do mundo.

Antes de dormir nas redes penduradas nos galpões dos peões, depois de comer a farta carne fresca com arroz, feijão e mandioca, e algum mel de abelha "oropa" misturado com farinha, uma deliciosa sobremesa que de vez em quando os deixa cheios de satisfação, eles sempre tocam e cantam. É a Comitiva Esperança, integrada pelos músicos Almir Sater, Paulo Simões e José Gomes. Os dois primeiros são mato-grossenses, e Zé Gomes, ex-integrante do conjunto Os Gaudérios, é gaúcho, mas vive há tempos em São Paulo, como um dos mais afamados violinistas da MPB.

Almir, reconhecido como esplêndido violeiro e uma das maiores expressões da música mato-grossense-do-sul (dois discos gravados e inúmeras participações em shows e discos de Tetê Espíndola, Diana Pequeno e outros), Paulinho (letrista e coautor de "Trem do Pantanal", um verdadeiro hino em Mato Grosso) e Zé ocupam-se em registrar o que veem e ouvem, para elaborar um extenso e inédito relatório de viagem composto de texto e fotografias, que se completam com a filmagem iniciada pela Tatu Filmes esta semana, com o apoio do governo daquele estado, além de um disco que pretendem realizar com o material colhido durante a viagem.

E haverá no Brasil região mais inspiradora para a música que o Pantanal? Os três estão sentindo isso cada vez mais, desde a fase inicial da viagem, quando participaram da condução de uma boiada por mais de 200 quilômetros em 12 dias, ao lado dos ponteiros (que vão na frente tocando berrante e imprimem velocidade à boiada) e atuando eles mesmos como virilheiros (os que guarnecem o gado nas laterais) ou culatras (os da retaguarda).

A inspiração visual e sonora fez Zé Gomes desenhar de novo, e já produziu pelo menos uma linda música de Almir e Paulinho: "*Nossa viagem não é ligeira, ninguém tem pressa de chegar/ Essa estrada é boiadeira, não interessa onde vai dar/ Quando a Comitiva Esperança chega, já começa a festança/ Através do Rio Negro, Nhecolândia e Paiaguás*".

A festança referida na música não é exagero: antes mesmo de chegar em cada fazenda, a notícia de que os "artistas" vêm vindo já correu, e todos se preparam para as noitadas de música que os três oferecem quase como recompensa pela hospedagem sempre acolhedora. Noitada é força de expressão. Apesar da animação, às vezes transformada em arrasta-pé onde mulher dança com mulher, não há bebida alcoólica em hipótese alguma, e, lá pelas 8 e meia, cada um vai saindo discretamente, tonto de sono. Às 9 da noite, não há mais ninguém ouvindo os três. Já foi todo mundo dormir ao som do coaxar dos sapos, do cricrilar dos grilos, do amedrontador urro dos inocentes bugios e de barulhos de toda espécie que atravessam noite adentro, numa estrondosa sinfonia capaz de assustar quem nunca esteve no Pantanal.

Por volta de 4 e meia, com os primeiros raios de luz, a fantástica variedade de pássaros inicia uma outra sinfonia, alegre e intensa, que, misturada aos cantos de galos, anuncia o sol. A peãozada se levanta quieta das redes, prepara-se para o trabalho de gado e, enquanto aguarda o almocinho ou quebra-torto, primeira refeição servida com leite à vontade às 6 horas, liga a sonata (toca-discos) para ouvir suas músicas favoritas.

Não há televisão no Pantanal — por enquanto —, e o que se ouve em rádios ou discos é, sobretudo, o chamamé, um ritmo dançante ternário em 6/8, espécie de rasqueado mais veloz, com melodias semelhantes entre si, geralmente tocado por viola, violão e sanfona com notas prolongadas nos finais das frases, cujos trêmolos e mais a harmonia em terças lhe dá um ar saudoso e triste, apesar do andamento alegre bem marcado. Embora de origem argentina, o chamamé (que também é muito tocado no Rio Grande do Sul e passou a ser comercializado no Brasil nos anos

60) denota a extraordinária força da cultura paraguaia sobre o estado de Mato Grosso do Sul, exemplificada pela predominância do compasso ternário nos vários gêneros musicais mais populares. É comum encontrar-se discos paraguaios (que são ouvidos como se fossem brasileiros) nas casas de retireiros, há um jeito de falar meio puxado para o espanhol, com expressões como bolicho, em lugar de botequim, e todos têm o hábito de tomar tererê (chimarrão com água fria), um costume dos índios guaranis.

Se o chamamé, ao lado do rasqueado, da polca paraguaia e da guarânia, todos ternários, são os ritmos preferidos, Tião Carreiro é um dos artistas quase mitológicos naquela região, onde também são admirados Amado Batista, Gilliard e outros nomes, em geral desprezados no eixo Rio-São Paulo. Tião Carreiro, por ser mineiro, representa o estado que exerce uma das fortes correntes na música e nos hábitos da região. A influência paulista também é evidente, mas a gaúcha, por ser mais singular e coesa, é dominante e constatada a todo momento a partir do intenso relacionamento do homem com o animal.

Enquanto o chamamé impera hoje em dia no Pantanal (quase do tamanho do estado de São Paulo, sem ter rigorosamente nem sequer uma vila em seu interior), quatro cidades de sua periferia, Poconé, Cáceres, Cuiabá e, principalmente, Corumbá, cultivam ainda o cururu e o siriri. O tempo vai exercendo a inevitável pressão para o afogamento dessas danças aborígenes, mas, nas festas juninas, ainda podem ser ouvidos com mais intensidade instrumentos artesanais como o reco-reco de bambu, o tamborzinho conhecido como bumbo e a viola de cocho ou cotcho — de madeira maciça e leve, encavada, tampo sem boca, dois ou três trastes, três ou cinco cordas de tripa de macaco ou nervo de cobra e braço entortado para trás — nos dois gêneros folclóricos mais típicos da zona. Corumbá, a que todos no Pantanal se referem como um xangrilá, é, por sinal, uma das poucas cidades mato-grossenses-do-sul onde o samba é largamente cultivado, pela influência da migração carioca para o arsenal de Ladário por via fluvial através do Prata, que, de acordo com o pesquisador José Octávio Guizzo, exerceu papel importante para que a Cidade Branca (como é chamada) tivesse sua primeira escola de samba em 1933, apenas quatro anos depois de ter desfilado no Rio. E, mais, Corumbá mantém a reputação do melhor Carnaval do estado.

Mas a música que impera mesmo no Pantanal tem ares guaranis, se bem que nos dias atuais em volume bem inferior — quanto à execução ao vivo — ao tempo em que as grandes fazendas, dos pais e avós dos novos donos, ainda não tinham sido retalhadas. Naquela época, com suas dezenas de famílias, além de pequenos povoados como Leque, que hoje não passa de um taperão velho, a peãozada certamente não ficaria, como agora, tão fascinada vendo Zé Gomes tocar violino. A música ao vivo era mais comum e frequente no Pantanal, ao passo que atualmente há um ou outro sanfoneiro, um ou outro violeiro tocando ainda música ligada à região. Mesmo isso, não se sabe se durará muito, pois fala-se cada vez mais na instalação de repetidoras de televisão naquelas paragens tão puras. Daí a importância do que foi recolhido para esse precioso documento pelos músicos da Comitiva Esperança, que têm uma das últimas chances de sentir como são os sons do Pantanal. Depois da televisão, tudo o que está sendo visto e ouvido pelos três se modificará com a mesma certeza com que dois e dois são quatro.

Quem jamais esteve nesse paraíso brasileiro costuma receber, antes de partir, conselhos de que se sentirá chocado com o que vai ver, com a liberdade da natureza, o colorido das plantas e o som dos bichos. Porém, na verdade, o choque se dá na volta. Após alguns dias de vida pantaneira, ao ver as ruas da cidade grande cheias de tênis Nike, ao sentir os ouvidos estourarem com os tum-tuns das rádios, ao retomar o contato com as notícias e o dia a dia de São Paulo, aí é que se dá o monstruoso choque que deixa a gente arrepiado e triste. Com medo, com saudade do chamamé e uma imensa vontade de voltar ao Pantanal. Para sempre.

(Publicado em 18 de dezembro de 1983 em O *Estado de S. Paulo*)

11.

Festival de Edimburgo

EDIMBURGO — Quantos shows você acha que pode ver em uma semana? Cinquenta? Cem? E em um dia? Pois no Festival de Edimburgo seria preciso bater seu recorde. Em quantidade, qualidade e variedade. O ideal mesmo seria poder estar em dois lugares ao mesmo tempo, mesmo que você se interesse apenas por teatro — dramático ou de comédia —, música erudita ou folclórica, jazz, dança, ópera, televisão ou cinema, poesia ou fotografia, pintura e, especialmente, atos de variedades.

Anualmente, desde 1947, durante três semanas de agosto e setembro, o festival é realizado em Edimburgo, uma cidade apropriada para um evento que toma conta de todos os espaços disponíveis para alguma atividade artística. Além de ter o tamanho adequado, de tal modo que é possível ir-se a pé em menos de meia hora a qualquer local do evento, Edimburgo é uma cidade encantadora e única, com o vale central, onde estão a estação ferroviária e os jardins do castelo engastado na rocha desde o século VII, a tradicional Royal Mile, de um lado, e a pitoresca Princess Street, de outro.

Na esplanada do castelo, tem lugar uma das maiores atrações do festival: o espetáculo diário, ao ar livre, da famosa Military Tattoo, possivelmente o máximo no gênero de bandas militares. Além de ter tradição de instrumentistas de sopro, a Escócia é o país das gaitas de fole, que, ao lado dos tambores, produzem a mais vibrante sonoridade para um tipo de espetáculo em que fanfarras e evoluções acrobáticas se misturam com o colorido e a gala, que costumam provocar arrepios de arrebatamento.

No Festival Internacional de Edimburgo, em sua 38ª edição, não faltou programa para quem gosta de música lírica ou erudita: para uns, a nova Orquestra Sinfônica da URSS, o violinista Yehudi Menuhin, a Orquestra Sinfônica de Pittsburgh (sob Lorin Maazel), a Filarmônica de Londres, a Orquestra de Paris (com Daniel Barenboim), orquestras de câmara, quartetos, solistas; óperas como *Pelléas et Mélisande*, de Debussy, ou *The Consul*, de Menotti, para outros.

Para fãs da dança, aqui estiveram Nureyev, dançando com o Scottish Ballet, o balé da Ópera de Paris, entre dezenas de outros grupos. Exposições de várias escolas e estilos de artes plásticas, uma sensacional apresentação de fogos de artifício, outra de balões e a arte básica do festival, o teatro, em que a companhia Renaud-Barrault, o Teatro Nacional da Bélgica e a Toho Company, do Japão (levando *Macbeth*), foram apenas alguns destaques.

Na verdade, esse Festival de Edimburgo de que se falou até aqui é o internacional, com atrações do porte do Circo de Moscou, com o fascinante *clown* Oleg Popov, ou da companhia espanhola Zarzuela, além do que já foi mencionado. Mas, como dizem os *habitués*, o Festival de Edimburgo não é esse. Por incrível que possa parecer. Pois o que se pode ver de realmente original faz parte de um outro festival paralelo que toma de assalto todas as bocas possíveis e imagináveis da cidade. É o Fringe Festival — literalmente, as franjas, isto é, as bordas ou a periferia. Aí sim está o festival dos festivais.

Nos primeiros anos de sua realização, os organizadores constataram que ficaram sem ter onde apresentar, oficialmente, um certo número de grupos que se convidaram por conta própria. Na falta de grandes espaços, tais grupos, originalmente de teatro, procuraram locais que estivessem disponíveis ou pudessem ser adaptados para suas exibições. Assim, começou a nascer, aos poucos, o Fringe Festival, que neste ano conseguiu trazer para Edimburgo, em apenas três semanas, o impressionante número de 1.080 grupos dos mais variados tipos de espetáculo.

Atuando por conta própria, isto é, responsabilizando-se por todos os detalhes técnicos de suas apresentações, inclusive bilheteria, esses artistas amadores, semiprofissionais ou ultraprofissionais encontram a oportunidade ideal para exibir sua arte, insólita na maioria dos casos, em que pouco tem sido investido pelos grandes promotores de espetáculos do mundo.

Voltando a 1947: na época, os poucos grupos que se apresentaram paralelamente, competindo com a programação oficial, tiveram ótimo público e críticas bastante favoráveis. De tal forma que a expressão "Festival de Adjuntos", usada então, foi comentada por um jornalista do *Edinburgh Evening News* como uma "ronda das periferias" ("*round the fringe*"), daí surgindo o termo Fringe Festival.

Desde o início, ficou estabelecido que a organização do festival não se responsabilizaria pela divulgação e nem mesmo ofereceria facilidades para suas apresentações. Mas, aos poucos, graças, no início, ao apoio dos universitários de Edimburgo, os eternos catalisadores das manifestações artísticas, tais participantes começaram a ver suas necessidades serem apoiadas: um programa geral impresso, refeições e acomodações baratas, enfim, o suporte que precisavam para seguir avante.

Os primeiros grupos teatrais tinham uma linha de intenções políticas própria e incomum, baseada em novas experiências. Algo parecido com a imprensa nanica, como se pode imaginar. O certo grau de desprezo com que foram recebidos pelos meios oficiais foi, contudo, transformando-se num relacionamento cada vez mais sadio, pois aos poucos foi se constatando que, em lugar de competir, o Fringe Festival impulsionava o festival oficial. Além de um nível bastante elevado, o Fringe provocava um sentimento de lealdade do público à sua realização e, assim, a sensação de ser um evento adicional foi desaparecendo. Em virtude do horário mais tardio em que iniciavam suas atividades, o público podia assistir a um concerto no Usher Hall, a mais nobre sala de espetáculos em Edimburgo, e terminar a noite numa biboca noturna, vendo, às vezes, um espetáculo muito mais original e com alto grau de profissionalismo.

Pois são esses artistas que podem ser vistos no Fringe atualmente. Embora nem tudo tenha o mesmo nível, é óbvio, existe uma descontração na plateia e no palco que torna tais espetáculos uma atração muito especial. Neles, a participação do público (*audience participation*) é uma das características mais saborosas. Algumas das mais hilariantes situações podem ocorrer quando o artista sabe conduzir os participantes voluntários dispostos a tudo, contagiados pelo ambiente alegre e animado. É como se todos se conhecessem. Uma verdadeira festa. Um festival.

Seria muito difícil destacar todos os grandes sucessos do Fringe Festival deste ano, mas, entre os ultraprofissionais, o grupo dos malabaristas The Flying Karamazov Brothers, que não são voadores, nem russos, nem irmãos, ofereceu espetáculos inesquecíveis para casas completamente lotadas. São cinco norte-americanos ágeis, barbudos, simpáticos e descontraídos que, por meio de sua especialidade circense — o tradicional malabarismo —, misturado com música, improvisação e um agudo senso de humor, apresentam duas horas de um show fascinante.

Entre os profissionais, as três cantoras do Fascinating Aïda, com ótimas composições da pianista Dillie Keane, dão um espetáculo satírico e cheio de *glamour*, dignos de um Noël Coward. O virtuosismo de execução dos cinco componentes do Fine Arts Brass Ensemble, um quinteto de sopros com dois trompetes, trombone, tuba e trompa, em peças "de Händel a Fats Waller" é valorizado pela forma leve e fina de seu humor.

Um bom exemplo de como a música instrumental bem-comportada pode ser acrescida de humor inteligente.

Inteligência e perspicácia é também o que não falta ao cantor-pianista-violonista-compositor Earl Okin, que vestindo-se *à la mode*, de chapéu-coco, colete e polainas, executa Cole Porter, Duke Ellington e suas próprias composições, alcançando notoriedade quando toca trompete e violão ao mesmo tempo. Como? O trompete é uma impressionante e fiel imitação vocal.

Um show típico das ruas das grandes capitais da Europa é o do Vicious Boys, dois ingleses que deixam a plateia frenética com um ingrediente apenas: suas agressivas e dinâmicas versões pessoais dos grandes clássicos do cinema. Como na maioria desses shows, o público é convidado a participar, até mesmo sugerindo filmes, sobre os quais ambos improvisam interpretações satíricas tão criativas quanto as do seu hilariante repertório. Com esse espetáculo *sui generis* e ágil, os Vicious Boys ganharam o prêmio de melhor espetáculo das ruas de Londres em 1984.

Há de tudo nesse Fringe Festival: grupos teatrais em quantidade, música folclórica, mímicos, dançarinas, uma orquestra de garrafas, música indiana, africana, japonesa e até rock. Embora muito pouco.

Pois esse é talvez o aspecto mais atraente do festival. Enquanto as grandes promoções do *show business* mundial gravitam em torno de astros do rock e adjacências, o Fringe é a mostra dos atos de cabaré por excelência.

Há mais ou menos dez anos, esses artistas quase só tinham chance nos *folk clubs* ou onde a música acústica fosse predominante. Nos últimos três anos, porém, especialmente em Londres, esse espetáculo tipicamente alternativo e considerado, *a priori*, obsoleto recomeçou a ter êxito. A comédia, a anarquia, o humor picante ou corrosivo juntaram-se ao que faziam músicos, cantores, mágicos, malabaristas, e nasceu uma nova forma do antigo cabaré, da qual o Fringe Festival é, provavelmente, o ponto máximo atualmente no mundo.

O comportamento demagógico de líderes de movimentos pseudorreligiosos, de políticos e personalidades de mais evidência, do *American way of life*, dos *punks* ou dos moicanos, em grande moda na Grã-Bretanha, tudo é motivo para deliciosas sátiras, que transformam um espetáculo basicamente musical ou dramático num show completo.

O Fringe Festival de Edimburgo é, no momento, o lugar ideal para esse show. Um evento cultural único, triunfal, com quase 300 mil ingressos vendidos, para você assistir a tudo o que possa imaginar em arte. Isto é, assistir a uma pequena parte. Afinal, quem consegue estar presente a 1.080 espetáculos em três semanas?

(Publicado em 15 de setembro de 1985 em *O Estado de S. Paulo*)

12.

Jazz em alto-mar

O estabelecimento comercial do senhor Vicente tem a largura de uma porta de garagem. No seu interior, vestindo um avental azul manchado de graxa, ele trabalha com seus dedos rudes marcados pela atividade de uma vida. Vale-se do martelinho de cabeça redonda, de uma afiadíssima faca de lâmina curta, da turquesa e do alicate, do pé de ferro que apoia sobre o colo e da lixadeira elétrica montada sobre uma bancada junto à parede. São as principais ferramentas de seu dia a dia, que passa sentado sobre um banquinho baixo enquanto se deixa levar pelo embalo dos programas do rádio ligado quase o tempo todo. Atende fregueses e freguesas com o forte sotaque, que não perdeu mesmo após tantos anos de Brasil. Com alguns, fala de ópera, de sua admiração pelo tenor lírico Giuseppe Di Stefano e por cantores brasileiros como Francisco Petronio, talvez o último de uma geração que não existe mais. Nascido em Salerno, uma das pontas da Costiera Amalfitana, no sul da Itália, e morando há anos no Brasil, Vicente é o excelente sapateiro que toca por sua conta a fiel freguesia da Sapataria Itália, no bairro de Pinheiros.

Neste ano, ganhou da filha, obstetra formada pela USP, como presente pelos 45 anos de casado, uma viagem de navio. O casal passou nove dias entre Buenos Aires, que ele conhece bem, pois tem lá o irmão, dono de uma fábrica de calçados, Punta del Leste — "belíssima, pra gente muito rica, vi a casa que o Collor vendeu e ocupa uma quadra inteira, a da Maria Bethânia também" —, Rio de Janeiro, Ilhabela e Santos. Nas fotografias, que mostra apenas aos fregueses mais íntimos, lá estão muito bem-vestidos o senhor Vicente e sua esposa, ao lado do comandante fardado. Outras cenas mostram o distinto casal dançando no salão ou relaxado num banho de sol à beira da piscina.

Toda vez que viaja, para bem mais perto, os últimos gestos de Vicente são abaixar a porta de aço ondulado da sapataria e trancá-la com cadeado, depois de deixar colado bem visível o aviso de quando irá reabrir.

Música com Z

Cruzeiros marítimos como o do sapateiro Vicente e sua esposa representam o mais democrático turismo no mundo de nossos dias. Num transatlântico luxuoso repleto de atrativos, singrando mares por dias seguidos e intercalados com paradas para possíveis excursões em terra, umas tantas mil pessoas gozam as delícias de momentos inesquecíveis. Ainda mais se, por acaso, for um cruzeiro temático. Facilmente se estabelece um elo significativo para ser desfrutado entre pessoas que nem ao menos se conheciam. Respaldados por um mesmo interesse, os passageiros trocam ideias e contam casos com a segurança de quem entende do assunto, deixando as horas passar sem perceber, enquanto a longa espuma branca que se forma na popa vai se desfazendo no rastro macio do barco a navegar suavemente pelas águas azuladas.

Com esse objetivo, o de agregar aficionados de várias partes do mundo em torno de seu tema predileto, os cruzeiros temáticos dos dias atuais atendem aos mais variados gostos: golfe, culinária, enologia, motociclismo, literatura em geral e de mistério em particular, ioga, *country music*, música clássica, enfim, um universo incalculável de variedades para os mais de mil passageiros a bordo de cada navio.

Os primeiros cruzeiros de jazz surgiram há vários anos, planejados por Hank O'Neal, produtor dos discos Chiaroscuro, mas o que se mantém com sucesso até hoje é o Jazz Cruise, nos mares do Caribe desde que foi criado por Anita E. Berry. Em 2001, a dinâmica agente de viagens em St. Louis decidiu que, aos 70 anos, em vez de se aposentar, devia se dedicar à montagem de uma empresa, a Entertainment Cruise Productions, especializada em cruzeiros de jazz. Foi uma segunda vida na sua carreira. Atualmente, um de seus filhos, Michael Lazaroff, é quem cuida com seus dois irmãos do negócio. Aos 80 anos, Anita estava a bordo do seu Jazz Cruise em 2011.

O cruzeiro, que parte no fim de janeiro de Fort Lauderdale, na Flórida, e dura uma semana, oferece uma programação concentrada, no que é chamado de *straight-ahead jazz*. Centenas de fiéis frequentadores, entre diletantes, ex-músicos e profissionais, movidos pelo mesmo impulso, sobem festivamente a ponte que os leva ao navio, onde realizam um sonho, o de ouvir sua música por sete dias seguidos, de manhã, à tarde e à noite, sem se preocupar com os inconvenientes da reserva, do acesso, da eventual fila na entrada, de pagar a conta, enfim, de tudo que é normal em um clube de qualquer cidade, seja Nova York, Londres ou Paris. O sonho ainda tem alguns *plus*: relacionar-se com os músicos, assistir a ensaios e fazer amizade com quem é ligado ao assunto, que, mais que um *hobby*, é o alimento espiritual de seus momentos inquietantes ou de sua rotina profissional. Pode haver melhor? Basta subir ou descer do deque de sua cabine para assistir a um dos espetáculos disponíveis em diferentes horários, num dos ambientes programados, um bar, um *lounge*, à beira das piscinas, num teatro mais intimista ou no grande teatro.

No cruzeiro a bordo do *Noordam* que partiu em 30 de janeiro último, foi celebrado o décimo ano do Jazz Cruise, que, pela quarta vez, teve a direção musical do arranjador/*bandleader* Ken Peplowski, um virtuoso clarinetista de jazz. Embora calmo e gentil, Ken não tinha um segundo a perder, tal a intensidade da programação que se espalhava pelos seis espaços de diferentes conformações, onde várias atrações se apresentavam no horário justo e com som de primeira qualidade.

Lá estiveram, além de outros nove grupos, o *superbe* trio de piano/baixo/bateria liderado pelo baterista Lewis Nash, o surpreendente The Clayton Brothers Quintet, o The Newport Jazz Festival All-Stars, sob o comando do pianista George Wein, os cantores Jane Monheit e Freddy Cole e a Anita's Big Band, que a cada noite participava de um programa diferente. As outras atividades ofereciam sessões comentadas de vídeos, entrevistas com personalidades musicais a bordo, coquetéis, *jam sessions* reunindo músicos e passageiros, um show de *gospel*, outro de pianistas, outro de contrabaixistas, um duelo de clarinetistas, uma festa/baile — uma fervilhante programação montada por Ken Peplowski, que a descreve com o conhecimento de sua experiência: "O sucesso do Jazz Cruise é baseado numa programação consistente do jazz *mainstream*, isto é, do *swing* ao *bop*, ou melhor, um pouco antes do *swing* e um pouco depois do *bop*, mas sempre com essa preocupação. Tratamos de oferecer o que sabemos que os passageiros gostam, mas também oferecemos o que ainda não conhecem e precisam conhecer. Por exemplo, um passageiro mais conservador pode dizer que conhece o veterano guitarrista Bucky Pizzarelli, mas pouco sabe sobre o trompetista Randy Brecker. Quando você os coloca na mesma programação, ele vai ver que não há uma diferença tão grande de um para o outro". Peplowski lembra que, no jazz, há uma linha do tempo em que tudo está conectado. "Duke Ellington fazia isso quando, em seus concertos, combinava o que era conhecido com o que a plateia não conhecia. Dessa forma, seu público podia crescer para poder segui-lo, é assim que nós fazemos neste cruzeiro. Temos modificado sempre, acrescentando algo como um show de gala na noite de abertura, montando a *big-band* de *all-stars*, apresentando cantores com orquestra, criando os depoimentos com um único entrevistador e a novidade dos vídeos históricos do Todd Barkan, que tem uma imensa coleção e é ligado ao Dizzy's Club do Lincoln Center."

Fazer essa programação é um verdadeiro quebra-cabeça, pois não se pode programar uma atração no mesmo espaço em dias seguidos. Eles têm que tocar à tarde num dia, no outro à noite e em espaços diferentes. Isso possibilita ao passageiro que perdeu um grupo num dia, assisti-lo no dia seguinte em outro horário.

Cada grupo é contratado para um mínimo de quatro apresentações durante a semana do cruzeiro. "Não é muito para um músico, que assim tem chance de gozar um período de quase férias. Pode aproveitar para se encontrar com outros músicos, estudar, ler e se divertir."

Não é impossível encontrar passageiros de diferentes níveis profissionais convivendo lado a lado nos ambientes de lazer do navio. São todos movidos pelo que a música proporciona, pela forma democrática que os iguala no momento de um prazer comum. Ken conhece bem o assunto: "Mesmo hoje em dia, você não consegue encontrar nos Estados Unidos público com tamanha mistura racial. É muito bom ver no Jazz Cruise essa convivência entre descendentes afro-americanos e brancos, todos se dão bem, têm o que conversar e se tornam amigos. Adoro que isso aconteça. Mesmo nos clubes de jazz em Nova York a frequência é normalmente dominada por brancos. No Jazz Cruise, isso não acontece, e é lindo de se ver".

(Publicado em 1º de julho de 2011
no Caderno Eu & Fim de Semana do *Valor Econômico*)

13.

Quinze versos na música brasileira

Como selecionar os quinze versos mais bonitos da música popular brasileira? É missão complicada e polêmica. Mas há que se respeitar a regra do jogo. Ou não tem jogo. Entre os versos que ficaram de fora, posso lembrar, por exemplo, os de Assis Valente, "*Em vez de tomar chá com torrada/ ele bebeu Paraty*"; de Ataulfo Alves, "*Quero morrer, numa batucada de bamba/ na cadência bonita do samba*"; de Mário Lago, "*Atire a primeira pedra, ai, ai, ai/ aquele que não sofreu por amor*"; de Aldir Blanc, "*Eu sigo me embriagando de whisky com guaraná/ e um torturante band-aid no calcanhar*"; de Jorge Faraj, "*A deusa da minha rua/ tem os olhos onde a lua costuma se embriagar*"; ou de Abel Silva, "*Nada do que quero me suprime/ do que por não saber inda não quis*". São versos marcantes, que emocionam toda vez que os ouvimos bem cantados.

No entanto, é lendo as letras nos encartes dos discos brasileiros que se pode avaliá-las melhor e entender por que dão ao povo a sensação de coautoria. Alguns versos chegam a ser confundidos com ditos da sabedoria popular, como "*Nem tudo que reluz é ouro/ nem tudo que balança cai*", na marchinha "Pode ser que não seja", de Braguinha e Antônio Almeida, ou "*Levanta, sacode a poeira e dá a volta por cima*", em "Volta por cima" de Paulo Vanzolini.

Na pesquisa que fiz, deparei-me com letras como as de "Águas de março" ou de "Samba de uma nota só", tão integradas como um todo na canção que não é possível isolar apenas um verso. Isto posto, chegamos aos quinze versos. Leiam, ou melhor, ouçam.

Os quinze versos do século XX em ordem cronológica

1. "*Quem acha vive se perdendo*"
Noel Rosa (em "Feitio de oração", de Noel e Vadico, 1933)
Este samba também tem outro verso notável, "*Batuque é um privi-*

légio/ ninguém aprende samba no colégio", evidenciando a descomunal fertilidade de um dos mais admirados compositores brasileiros de todos os tempos. A obra de Noel, criada em menos de dez anos de atividade, é de tal qualidade que dela daria para se extrair facilmente vários outros exemplos preciosos para esta lista. Sem receio de injustiça.

2. *"Tu pisavas nos astros distraída"*
Orestes Barbosa (em "Chão de estrelas", de Orestes e Silvio Caldas, 1937)
Citado como o preferido de Manuel Bandeira, esse verso é parte da letra que retrata um momento de saudade profunda e dolorida pela mulher que se foi. A cena da lua furando o telhado de zinco para criar esse tapete de estrelas no chão do barraco é perfeita para um filme *cult* preto e branco.

3. *"Quem não gosta de samba, bom sujeito não é/ é ruim da cabeça ou doente do pé"*
Dorival Caymmi (em "Samba da minha terra", 1940)
Caymmi fez canções tão perfeitas que parecem criadas pela tradição popular. Como se poderá sintetizar melhor aquilo que o sambista tem vontade de dizer sobre o samba? Na franqueza desses versos tem-se a sensação de que o assunto está esgotado e não se fala mais nisso.

4. *"Quando o verde dos teus olhos/ se espalhar na plantação"*
Humberto Teixeira (em "Asa Branca", de Humberto e Luiz Gonzaga, 1947)
A saga dos nordestinos foi resumida em apenas dois versos memoráveis, em que o anseio do sertanejo pela cor verde se concentra nos olhos da amada. Humberto teve o mérito de dar vestimenta de canção a um tema folclórico, a pedido de Luiz Gonzaga, o maior herói da música nordestina.

5. *"Tire o seu sorriso do caminho/ que eu quero passar com a minha dor"*
Guilherme de Brito (em "A flor e o espinho", de Guilherme, Nelson Cavaquinho e Alcides Caminha, 1957)
Os versos iniciais desse clássico, celebrados pelo renomado cronista carioca Sérgio Porto, são geralmente atribuídos a Nelson Cavaquinho, um dos maiores mestres do samba. Contudo, em suas parcerias com

Guilherme de Brito, este era o letrista, sendo, portanto, ele o autor desses versos de um lirismo angustiado, característico de sua obra.

6. "*A felicidade é como a gota de orvalho numa pétala de flor/ brilha tranquila, depois, de leve, oscila/ e cai como uma lágrima de amor*"
Vinicius de Moraes (em "A felicidade", de Vinicius e Tom Jobim, 1959)
Vinicius foi o poeta de uma geração que dele se serviu para conquistas amorosas decisivas. Foi uma geração que se identificou inteiramente com seus conceitos realistas sobre o amor. E mais, Vinicius foi quem deu *status* aos letristas da música popular do Brasil.

7. "*Quero a alegria de um barco voltando/ quero ternura de mãos se encontrando/ para enfeitar a noite do meu bem*"
Dolores Duran (em "A noite do meu bem", 1959)
Primeira mulher a participar do escrete dos autores de letra e música, Dolores personifica a essência do samba-canção dos anos 50, a música das mesas de bar nas rodas de boemia, centradas no Rio de Janeiro. Extravasando romantismo por todos os poros, ela atinge com doçura o coração dos namorados com suas imagens sedutoras.

8. "*Com a corda mi do meu cavaquinho/ fiz uma aliança pra ela/ prova de carinho*"
Adoniran Barbosa (em "Prova de carinho", de Adoniran e Hervê Cordovil, 1960)
Observador aguçado, tendo quase sempre a cidade de São Paulo como pano de fundo para seus sambas, nosso estimado colega da TV Record tinha a invejável sensibilidade de um artista de circo. Enquanto alguns de seus versos são como diálogos de uma cena de rua, outros refletem uma maneira do brasileiro demonstrar sua ternura.

9. "*Vista assim do alto/ mais parece um céu no chão*"
Hermínio Bello de Carvalho (em "Sei lá, Mangueira", de Hermínio e Paulinho da Viola, 1968)
A sensação de se ver a cidade do morro, tão corriqueira para seus moradores, é um panorama quase inacessível para quem vive na cidade. Essa descrição do morro da Mangueira, captada com invejável inspiração pelo poeta Hermínio, descerra a cortina com uma metáfora digna de Neruda.

Música com Z

10. *"Foi um rio que passou em minha vida/ e o meu coração se deixou levar"*

Paulinho da Viola (em "Foi um rio que passou em minha vida", 1969)

A cena do desfile das escolas de samba, e principalmente o momento inesquecível em que nasce a paixão do torcedor, não poderia ser melhor imaginada. É a homenagem à sua Portela, de Paulinho, o sambista maior do Brasil.

11. *"O Rio de Janeiro continua lindo/ o Rio de Janeiro continua sendo/ o Rio de janeiro, fevereiro e março"*

Gilberto Gil (em "Aquele abraço", 1969)

Gil e Caymmi são os dois artistas mais completos da música brasileira. Gil é um mestre nos achados sonoros. Além disso, sua obra, repleta de toques surpreendentes, é de uma variedade imensa, e ele sempre à vontade. Nesse samba, os versos, mesmo que só declamados, tem o ritmo sincopado de um tamborim.

12. *"A gente se embala, se embora, se embola só para na porta da igreja/ a gente se olha, se beija, se molha de chuva, suor e cerveja"*

Caetano Veloso (em "Chuva, suor e cerveja", 1972)

Na capacidade de jogo lúdico com as palavras, Caetano é imbatível. Maneja com impressionante inventividade a rítmica, a prosódia e combinações tais que cria uma forma de homofonias toda pessoal. Usando essa articulação verbal/musical, Caetano pinta um quadro de folia nesse frevo empolgante.

13. *"Queixo-me às rosas/ mas que bobagem, as rosas não falam/ simplesmente as rosas exalam/ o perfume que roubam de ti"*

Cartola (em "As rosas não falam", 1976)

A delicadeza dos versos de Cartola, latente num de seus três sambas preferidos em torno da flor de sua Mangueira, é encantadora. Com uma simplicidade estonteante, Cartola oferece ensinamentos de sabedoria nos seus sambas lindos e elegantes.

14. *"Como se na bagunça do armário embutido/ meu paletó enlaça teu vestido/ e o meu sapato ainda pisa o teu"*

Chico Buarque (em "Eu te amo", 1980)

Seria bem mais fácil escolher quinze versos de Chico e dar por terminada a questão. Você reclamaria? Herói nacional, segundo Tom, Chico é fecundo, femininamente sedutor, inteligentemente simples, popularmente culto, ilimitadamente criativo. "Retrato em branco e preto", "A Rita", "Quem te viu, quem te vê", "Construção", "Atrás da porta", "Tatuagem", "O que será", "Trocando em miúdos", "Vai passar", "Injuriado"... — em qualquer período ou para qualquer direção. Chico não poderia deixar de ter pelo menos dois entre os quinze versos do século da Música Popular Brasileira:

15. *"Te perdoo porque choras/ quando eu choro de rir/ te perdoo por te trair"*
Chico Buarque (em "Mil perdões", 1983)

(Publicado na revista *Época* em abril de 2000)

14.

Celebração do tango

Certa vez, um jovem americano grosseirão, usando colares abruta-
lhados de metal que se enroscavam nos pelos do peito bem à mostra
através da camisa propositadamente desabotoada, perguntou na sua própria língua ao *doorman* do Hotel Marriott da avenida Champs-Élysées:

— *Where is the nearest shopping center?* [Onde fica o shopping
mais próximo?]

Desconcertado, o francês respondeu-lhe educadamente, na tentativa de entender o que poderia existir na cabeça daquele ser que desco-
nhecia o que há de mais elementar na cidade:

— *There is no shopping center in Paris, sir. What do you want to
buy?* [Não existe shopping center em Paris, senhor. O que deseja comprar?]

O diálogo se evaporou aí. Sem responder, o americano virou as
costas e se foi.

O impulso mais natural de um turista bem informado não é o de ir
a um shopping center em uma capital de nível. Costuma-se ir às compras
num de seus grandes magazines, uma loja de departamentos. Em Paris,
as Galeries Lafayette ou a Printemps, uma ao lado da outra, são geralmente a primeira escolha. Os sofisticados preferem a tranquila e mais
antiga da cidade Le Bon Marché Rive Gauche. Em Londres, vai-se à
"very traditional" Harrods ou à Selfridges, ao passo que os mais exigentes preferem a qualidade de atendimento da elegante John Lewis. Em
Berlim, a Wertheim, bastante sortida, ou a KaDeWe — cujo sexto piso é
preenchido por ilhas dedicadas a finas iguarias para refeições de estilo,
desde uma geladíssima Veuve Clicquot ao imperdível Wienerschnitzel
austríaco com batatas assadas e rodelas de limão — são opções naturais.
Em Tóquio, é impossível resistir a uma visita ao subsolo da Takashimaya,
capaz de deixar um gastrônomo estonteado com um *croissant* do Fau-
chon de Paris fresquinho. Em Nova York, nada mais impressionante que
a variedade disponível em cada seção da Macy's da rua 34, que mantém
funcionando a charmosa escada rolante de ripas de madeira; os mais

chiques e abastados preferem andar algumas ruas para cima, até a luxuosa Saks Fifth Avenue, ao lado da catedral de St. Patrick. Em Madri, uma investida na El Corte Inglés é o que há de clássico, já que sua antiga rival, as Galerías Preciados, não existe mais desde 1995, quando foi incorporada e salva da bancarrota.

Entre as grandes capitais, duas não oferecem mais o atrativo das adoráveis e práticas lojas de departamentos. São Paulo é uma delas. Quantos não se lembram com saudades do Mappin Stores, no mesmo edifício acinzentado que continua de pé diante das escadarias do Teatro Municipal? Fazia parte da vida social paulistana. Depois das compras, ingressava-se no disputado salão de chá, subindo-se por um dos elevadores decorados com peças de latão dourado, impecavelmente polidas, e conduzidos por ascensoristas que caprichavam na inflexão quando anunciavam as seções dos andares antes de puxar a alça da porta que se abria diretamente para o delicioso som da música de salão ao vivo, adequada ao fino ambiente. Na outra extremidade do viaduto do Chá, erguia-se A Exposição, dedicada a trajes masculinos e situada na esquina da praça do Patriarca com a rua São Bento, a poucos metros da Leiteria Campo Belo, onde o prazer de um frapê de coco servido à mesa nunca seria esquecido.

A chegada da americaníssima Sears Roebuck causou um reboliço na cidade, pois foi instalada num edifício próprio, construído na rua Treze de Maio, em pleno bairro do Paraíso. O misto de incredulidade e torcida contra dos que não punham fé no seu êxito, por estar afastada do centro, acabou em frustração. A Sears marcou época pelo tratamento diferenciado, pelos produtos com suas marcas próprias — rádios e toca-discos Silvertone, fogões e geladeiras Kenmore — e pela diversificada e inovadora seção de esportes, integrada, entre outros vendedores, por um loirinho que viria a ser o conhecido jogador de tênis Armando Ferla.

A outra metrópole que desaprendeu as vantagens e delícias de uma loja de departamentos é uma das mais lindas cidades que se conhece, Buenos Aires. Nos anos 50, sua intensa vida noturna era incomparavelmente mais rica e movimentada que a de qualquer capital brasileira. A avenida Corrientes e suas *calles* paralelas e transversais fervilhavam, com teatros e cabarés de fachadas feericamente iluminadas quando a noite apenas despontava. As pistas de boates como Embassy e Le Toucan ficavam repletas de casais que bailavam ao som do repertório, que, por uma lei do período peronista, devia incluir de 80% a 90% de tango. No tempo que sobrava, os músicos arriscavam atacar uma rumba muito sem-

-vergonha que acreditavam piamente estar de acordo com o mais autên-tico ritmo "*del* samba de Rio de Janeiro". Nesses escassos momentos, a euforia dos brasileiros se traduzia numa confraternização um tanto ri-dícula, como se estivessem *muy* distantes da pátria amada e ausentes "*hace muchos años*".

No clube Gong, da avenida Córdoba, a atração era o sensacional guitarrista mulato Oscar Alemán, que aprendeu a tocar cavaquinho em Santos, onde viveu quando menino, antes de se tornar uma atração in-ternacional na Europa e atingir o cargo de diretor musical de Josephine Baker. Sem saber ler uma só nota de música, é bom lembrar. Também na Corrientes, a Broadway portenha, havia uma confeitaria de janelões aber-tos, que permitiam assistir da calçada à grande atração em qualquer noite da semana: Aquilino, "*el mago del sax*", cuja *pièce de résistance* era a espetacular "Dança ritual do fogo" numa levada semidançante. Essas atrações eram bem diferentes das preferidas pelos *tangueros*, que tinham como ídolo o legendário Anibal Troilo, "el gordo Pichuco", qui-çá o maior bandoneon de todos os tempos e, seguramente, o mais influen-te. Piazzolla foi bandoneonista e arranjador de sua orquestra. As grandes orquestras — Pugliese, Di Sarli, D'Arienzo, Salgán — atuavam ao vivo nos estúdios de emissoras, como a Rádio El Mundo, "la LR1", ainda hoje no mesmo edifício em estilo *art déco* da *calle* Maipu, 555. Após as transmissões, era possível ouvi-las nos cabarés Marabú, Tibidabo ou Chantecler, onde se comia, bebia e bailava com estilo e sensualidade. Com sua orquestra típica, o violinista Francisco Canaro, que levara o tango à Europa em 1925, também participava de comédias musicais, enquanto o bandoneonista Osvaldo Fresedo liderava a sua orquestra no elegante e caríssimo Rendezvous Porteño, do qual era o proprietário.

Na Buenos Aires dos anos 50, a fartura das revistas musicais dos teatros era simplesmente inimaginável para um paulistano que tinha à sua disposição um leque de poucos gomos, o Teatro Santana, da rua 24 de Maio, e o Municipal, ali perto, para óperas e concertos. Em Buenos Aires, não se dava conta de assistir ao que havia nos teatros e cabarés. O espetacular Tabarís, na Corrientes, 865, com seus três andares de atra-ções, era o que o mesmo jovem brasileiro só podia concretizar em sonhos delirantes. Em seu palco, o ritmo dos espetáculos era impecável, a des-peito das mutações cênicas que os números de variedades exigiam. Um destaque de primeira linha era o par de dançarinos Alba y Eduardo, que, nos anos 60, deu lugar à *pareja* Gloria (Julia Barraud) y Eduardo (Ar-quimbau). O destino final de uma noitada no Tabarís era o subsolo, quando já se dava por terminada a programação dos shows para dar lugar ao que a noite ainda tinha de exclusivo para oferecer a um cavalheiro sequioso. Dependendo do volume de sua carteira, é claro.

Para amenizar as consequências do dia anterior, restava o programa turístico inevitável em Buenos Aires, ir às compras. Pelo menos em uma das grandes lojas de departamentos era obrigatório bater ponto, o Gath & Chaves, na Florida com Cangallo. O luxuoso interior do início do século XX não existe mais no edifício agora ocupado pelo Banco Meridian. Por fora, no entanto, a fachada é praticamente a mesma: ostenta os originais ornamentos de ferro ricamente trabalhados que sustentam as marquises de placas de vidro fosco com cantos arredondados, bem como o nome da antiga loja em relevo no alto do imponente torreão que se sobressai nessa esquina da Florida com a *calle* Teniente General Juan D. Perón, denominação atual instituída há aproximadamente 20 anos em substituição à do povoado peruano Cangallo, destruído pelos espanhóis. A homenagem prestada pelos argentinos aos que defenderam heroicamente sua independência no Peru foi trocada pelo tributo ao ex-ditador. É um filme bem conhecido entre nós.

Quase no outro extremo da Florida, considerada a primeira rua de pedestres da América do Sul, entre a avenida Córdoba e a *calle* Paraguay, erguia-se a Harrods, a mais conhecida loja de departamentos de Buenos Aires, com uma história repleta de peripécias raras.

Com grande pompa e circunstância, foi inaugurada em 1912, para um período de mais de 50 anos de charme e sucesso, a primeira filial mundial da Harrods de Londres, da qual se desligou comercialmente em 1940, embora mantendo o nome original. Anos mais tarde, a loja inglesa moveu um processo cuja sentença, proferida em 1997, foi fatal para o estabelecimento da Florida, logo depois colocado à venda. Nos últimos anos, já se encontrava em triste decadência, por não conseguir manter seus sete andares com mercadorias dignas da marca Harrods. O magnífico edifício foi fechado e lacrado, sendo vetada ao grupo proprietário suíço-argentino a possibilidade de abrir suas portas. Enquanto seu interior com piso de tacos de pinho-de-riga, lustres gigantescos, vitrais coloridos e decorações em gesso mantinham-se inacessíveis para quem quer que fosse, incluindo turistas brasileiros que costumavam transpor a porta de saída com as sacolas estufadas de roupas e produtos Harrods, suas fachadas — a frontal na Florida e a posterior na San Martín — foram adquirindo o ar sombrio de um deplorável monumento à sujeira e ao abandono. Apesar dessa visão de causar dó, mantém-se intacta a logomarca das sete letras da palavra Harrods acondicionadas num pacote de luxo amarrado por um laçarote, justamente o nó da questão judicial.

No último dia 14 de agosto, o piso térreo da Harrods foi reaberto. O piso de tacos foi forrado com passadeiras de carpete, o suficiente para abrigar a 11ª edição do Tango — Festival y Mundial de Baile, uma iniciativa do Ministério da Cultura e da Prefeitura de Buenos Aires. Com uma decoração dominada pelo solferino do logo do festival, foram montados quiosques para a venda de discos, livros e toda sorte de *memorabilia* ligada à música oriunda de Buenos Aires, um auditório para palestras e exibições de documentários, um palco para os shows e duas pistas de dança animadas por uma trilha sonora especial que, desde às 11 da manhã, gerava o convite para que damas e cavalheiros portenhos se envolvessem no mais sensual dos ritmos dançantes, arriscando as *boleas*, os *ganchos* e os *abrazos milongueros*, passos que se identificam com o tango.

A programação, de 14 a 31 de agosto, foi distribuída em duas partes, a primeira semana dominada por concertos, conferências, projeções, encontros, homenagens, clínicas e outras atividades que constituíam o Festival, e a segunda, pelas exibições de dança de profissionais e amadores que culminaram com o gigantesco concurso internacional cuja final foi realizada no ginásio esportivo Luna Park. A competição, chamada Mundial de Baile, foi disputada por pares de dançarinos da Argentina e de outros vinte países onde a paixão por dançar tango se espalhou desde os primeiros anos do século passado, a partir de pelo menos dois deles, França e Alemanha.

Com a participação de frequentadores assíduos da histórica Confitería Ideal, um monumento da *Belle Époque* de Buenos Aires muito bem conservado desde 1912, foi exibido no festival deste ano o documentário *Tango Salón, La Confitería Ideal*, que mostra a essência dessa dança única e refinada. Seus depoimentos emocionados revelam o apego pela forma bailada que introduziu o abraço em lugar do enlace das danças europeias já existentes.

Os conceitos emitidos são entremeados por empolgantes exibições de *parejas,* que exibem com orgulho sua destreza usada com imaginação e criatividade. Giros e cortes surpreendentes e elegantes nos chamados romances de três minutos, *"el dos por quatro"*, são comuns nos movimentos sincopados que, nesse filme, têm como atração especial o jovem casal Geraldine e Javier. Ambos se movimentam com tal rapidez que mal se consegue acompanhar as evoluções das pernas femininas cobertas de meias negras serpenteando em torno das do elegante parceiro ou dando verdadeiros coices para retornar à postura insinuante da qual ambos não se afastam em momento algum.

O tango é melancólico, como se viu na exibição de um dos maiores bandoneonistas da atualidade, Rodolfo Mederos, que pautou seu repertório executado com maestria e dignidade sobre temas antigos, tal como foram criados, sem se deixar levar pela tentação de retocá-los com um arranjo atual. Outro extraordinário bandoneonista, marcante presença no Festival, foi Néstor Marconi, que, ao dirigir seu quinteto de músicos bem mais jovens — entre eles Pablo Agri, que trilha o mesmo caminho de seu ilustre pai, Antonio Agri —, põe em prática a mesma ideia utilizada durante anos pelo baterista Art Blakey com seus Jazz Messengers. "A única desvantagem é que eles é que ficam com as *chicas*", cochichou ele no meu ouvido.

Ao lado do violino e do piano, o som do bandoneon determina o timbre que identifica o tango. Com o contrabaixo tocado com arco, o bandoneon é o responsável direto pela marcação rítmica e possibilita ainda as filigranas em notas curtas que dão a falsa impressão de que seus *scherzos* possam ser áreas para o improviso. No entanto, os músicos de tango não desfrutam dessa liberdade, ao contrário, seguem a partitura do que está escrito, não tendo, como foi dito pelo contrabaixista Pablo Aslan em sua palestra no Festival, margem para o improviso instrumental. Aslan afirmou que ainda busca um padrão que possibilite o improviso inerente ao jazz, como o que só pôde ser identificado com a música popular brasileira a partir daquele que João Gilberto estabeleceu com a bossa nova, com a qual o samba ganhou o mundo.

Se não existe improviso no tango como música, ele é bastante evidente na dança, quando os dançarinos assumem o papel dos músicos que não têm como expressar a linguagem de liberdade que tanto atrai os mais jovens.

As letras do tango definem uma desilusão, um romance que não se resolve e, se o povo argentino se mostra visivelmente desiludido com o que se passa em seu país nos dias de hoje, o tango é a forma musical que, nascida da crise, representa a fuga e, paradoxalmente, o hino incontestável de exaltação desse povo. Em suma, como disse um dos frequentadores da Confitería Ideal no documentário da BBC, a crise faz bem ao tango.

Apesar dos incontestáveis avanços que teve na forma — principalmente pela sabedoria e obra de seu ainda por vezes controvertido mestre de grandeza maior, Astor Piazzolla —, o tango goza de uma peculiaridade da qual não se afastou até hoje, uma marca registrada, um logotipo sonoro e definitivo: tecnicamente, os tangos terminam todos da mesma maneira, com as duas notas da dominante e tônica nessa ordem. O encerramento de um tango só ocorre quando essas duas notas são emitidas, a ponto de merecer o apelido de "tcham-tcham". Essa é a solução, o ponto-final de qualquer tango. E o mais intrigante dessa forma musical — cuja dança conquistou fidelidade passional como nenhuma outra e fascina misteriosamente os povos a ponto de atrair para Buenos Aires durante o mês de agosto centenas de praticantes e seguidores — é que no âmago de suas entranhas sonoras, embora com resolução musical perfeita, em sua essência, o tango não se resolve.

(Publicado em 11 de setembro de 2009
no Caderno Eu & Fim de Semana do *Valor Econômico*)

15.

O século do jazz

Nenhuma consoante ou vogal é comum a duas palavras que dão nome às cidades de maior apelo cultural no planeta, London e Paris. Ainda que tão próximas, London Town e Cité de Paris são radicalmente diferentes. Abaixo da terra, circula-se no *underground* londrino ou no *métro* parisiense; por cima, dirige-se um automóvel pela esquerda em uma e pela direita em outra; na ilha, como manda a tradição, paga-se em libras, no continente, em euros; entra-se livremente na National Gallery enquanto no Louvre faz-se fila na bilheteria sob a pirâmide de vidro; a forma como se alçam para o alto as duas torres, *landmarks* das cidades, London Tower e Tour Eiffel, nada tem a ver uma com a outra.

Entre ambas, além de terras cultivadas, há os 50 e poucos quilômetros das águas revoltas do canal da Mancha, palco de tragédias e episódios históricos.

Em 1944, ele tragou, em mistério até hoje não detalhadamente elucidado, o pequeno avião que levava a bordo o idolatrado líder das *big--bands* americanas, o trombonista Glenn Miller. Seis meses antes desse fatídico 16 de dezembro, as águas e a neblina do canal haviam sido ultrapassadas pelas barcaças das forças aliadas na glorificada invasão que, detonada a todo risco a despeito do clima adverso, mudou o curso da Segunda Grande Guerra.

Cinquenta anos depois, com a construção do Eurotúnel, o canal da Mancha deixou de ser o empecilho que já fora para os que diariamente viajam de Londres a Paris e vice-versa.

À minha frente, num vagão do trem Eurostar que parte lotado a cada hora da St. Pancras Station ou, em sentido contrário, da Gare du Nord, George Durgin Jr., um americano solícito de 86 anos que reside em Ocala, na Flórida, ex-piloto das fortalezas voadoras B-17, retorna à França, desta vez para participar das festividades dos 65 anos da invasão da Normandia. Ainda sob a emoção de sua longínqua juventude na Air Force, dá detalhes sobre suas missões de bombardeio, quando levantava

Música com Z

127

voo do aeródromo de Debeach, uma das bases das operações militares, situada a uma hora e meia de Londres, onde nas horas de folga ia orar ou se divertir dançando com as inglesas. Ao longo da conversa, regada a champanhe e vinho francês elegantemente servidos no almoço durante a viagem de duas horas e meia, revela-me também que tocava violino em orquestras, executando à primeira vista partes de clarineta gravadas por Benny Goodman. As lembranças musicais de um dos poucos remanescentes do Dia D se prendem a uma época efervescente da história do jazz, a era do *swing*, cujos discos servem como o mais adequado fundo musical para fascinantes relatos da farta literatura disponível sobre o tema Second World War, título de uma das seções da livraria Foyles de Londres.

Foi a época em que o guitarrista cigano de origem belga Django Reinhardt era considerado o maior ídolo do jazz francês. Sua fama era de tal ordem que, em pleno 1943, o Kommandantur convidou-o para uma inconcebível turnê de jazz pela Alemanha nazista, jamais realizada, pois Django fugiu, desaparecendo no interior da França. Posteriormente, em setembro de 1944, consagrava-se no Olympia num espetáculo fechado para os militares aliados que haviam devolvido a Cidade Luz a seu povo. Até os que nada entendiam de jazz ficaram boquiabertos com o *swing* e os improvisos daquele displicente personagem de bigodinho fino que, mesmo sem usar dois dedos da mão esquerda, paralisados num acidente aos 18 anos, tocava como um demônio. Desconhecido para eles, Django era, no entanto, a figura de maior projeção no quinteto do Hot Club de France, com o qual estabelecera uma sonoridade notavelmente singular no jazz sem, imaginem se isso seria possível, um único instrumento de sopro. No jazz! O timbre e o *swing* desse combo de instrumentos de corda — três guitarras, violino e contrabaixo — acabou por determinar um estilo poderoso, que se converteu no único formato reconhecido no jazz que, é fato, não tem raízes em solo americano. Representa, isso sim, uma das duas maiores contribuições dos franceses ao jazz, sendo conhecido como *manouche style*. É o estilo que caracteriza o jazz de Paris, podendo, até hoje, com sorte, ser ouvido nas galerias da Place des Vosges.

Não é, pois, de estranhar que o jazz parisiense tenha sido objeto de uma programação especial realizada no mais novo espaço dedicado à música e às artes plásticas na cidade de Londres, o Kings Place. Localizado às margens de um canal, a 300 metros de uma das mais movimentadas confluências do *tube* londrino, King's Cross, combina um moderno edifício de escritórios com um gostoso bar e um simpático restaurante, cercados de conforto e, o principal, um espaço cultural composto de uma galeria de arte e três salas de concerto.

Um recente destaque na programação musical do Kings Place foi a mencionada série *Paris Jazz*, que trouxe evidentemente um dos astros do *manouche*, o gorducho Biréli Lagrène, bem como o eloquente pianista Martial Solal, colega de americanos do *bebop* que viviam em Paris nos anos 50. Uma palestra sobre o romance, na época escandaloso, entre Juliette Gréco e Miles Davis e suas implicações no existencialismo compôs com os demais concertos um ciclo que ratifica a segunda grande contribuição dos franceses ao jazz: o pioneirismo e a competência dos estudiosos sobre o tema. Afinal, esse vínculo vem de longe: a cidade onde nasceu o jazz chamava-se, até 1803, La Nouvelle-Orléans.

Não foi sem uma certa sensação de saudade de um passado não vivido, o do jazz na Europa durante a guerra, que, ao me despedir do ex-piloto George, sugeri que visitasse o museu onde aquelas duas atuações dos franceses no jazz certamente seriam mais que bem representadas.

Le Siècle du jazz: art, cinéma, musique et photographie de Picasso à Basquiat é o título de uma brilhante mostra que esteve na Itália de novembro de 2008 a fevereiro de 2009, em Paris, no Musée du Quai Branly, de março a junho, e será inaugurada em 21 de julho no Centre de Cultura Contemporània de Barcelona.

O Branly é relativamente recente, de aspecto contemporâneo e dedicado a regiões que não façam parte de Europa, isto é, um museu sobre a Ásia, a América, a África e a Oceania. Seu interior um tanto sinistro abriga um acervo sensacional, além de exposições temporárias.

A mostra *Le Siècle du jazz* expõe a relação das formas, gráficas ou sonoras, próprias do gênero — expressas em capas de partituras, livros, documentos, revistas especializadas, capas de discos de vinil, filmes, *shorts*, clipes, fotografias, objetos e, naturalmente, na música propriamente dita, que é ouvida aqui e acolá — com a pintura e a escultura desse século por meio das obras de um elenco cintilante, que inclui Picasso, Le Corbusier, Otto Dix, Man Ray, Léger, Mondrian, Matisse, Dubuffet, Pollock, Buffet, Tàpies e Basquiat. Ademais, há dezenas de outros nomes das artes plásticas que transmitiram em sua obra a sedução que tiveram pelo jazz de seu século.

No terreno da densidade com que os franceses se entregaram aos estudos de jazz, são expostos livros pioneiros e a primeira discografia de jazz de que se tem notícia, publicada em 1936 pelo privilegiado autor

Música com Z

francês Charles Delaunay, um dos mais ativos dirigentes do Hot Club de France, que ele ajudou a fundar. Associado a outro estudioso, Hugues Panassié, Delaunay editou a revista *Le Jazz Hot* em 1935, apenas um ano após o primeiro número da americana *DownBeat*, promoveu concertos e gravações do legendário quinteto do clube, o tal em que brilhavam Django e o outro solista de que tanto se orgulham os franceses, o longe-vo violinista Stéphane Grappelli — tocou magnificamente até os 89 anos —, disputado pelos italianos pela acentuação no "ppe" em função da sua ascendência e pelos franceses, na sílaba final "lli".

Panassié, futuro desafeto de Delaunay, contrastava seu entusiasmo e dedicação com uma visão obtusa sobre a evolução do jazz. Celebrado pelas promoções de concertos e por seu livro *Le Jazz Hot* (Paris, 1934), é ridicularizado pela ingenuidade que mostrou ao escrever: "Quando Charlie Parker desenvolveu o que era chamado de *bop*, deixou de ser um verdadeiro músico de jazz".

Se Panassié, que foi exaltado durante anos até por Armstrong, de quem se fez amigo, teve essa visão desfocada, outros estudiosos franceses de jazz, nomeados na exposição *Le Siècle du jazz*, produziram obras de referência consistentes e penetrantes, com análises que permanecem res-peitadas: Robert Goffin, de origem belga, que publicou em 1922 o pri-meiro de seus vários livros *Jazz-band*, e André Coeuroy, que escreveu com André Schaeffner *Le Jazz* em 1926, ambas edições francesas. Posterior-mente, a França teve outros excelentes autores sobre jazz, todos mencio-nados na exposição, entre eles André Hodeir, autor do lúcido *Hommes et problèmes du jazz*, em 1954, e André Francis, do elucidativo *Jazz*, editado no Brasil pela Martins Fontes em 1987 com um capítulo extra sobre o jazz no Brasil, de minha autoria.

Outras atrações fascinantes na exposição são um exemplar do *Blue Book*, a brochura editada entre 1915 e 1917 sobre La Nouvelle-Orléans, a capa da partitura original de "St. Louis Blues", de W. C. Handy (1914), exemplares da revista *Jazz*, de capa futurista, editada a partir do final da década de 20, e de outras publicações no período em que o mundo foi tomado de assalto pelas *jazz-bands*, a época que F. Scott Fitzgerald de-nominou de *The Jazz Era*.

Reafirma-se em *Le Siècle du jazz* a arte gráfica que se criou num espaço novo, o das capas dos *long-plays* dos anos 50 e 60, que além de instituir um conceito original de fundo comercial e cultural para a emba-lagem de um disco, tornou-se viável em função da vitalidade das grava-doras de jazz. O grafismo das capas expõe a diversidade de estilos abertos à experimentação, sem tradição e sem restrições, que se abriu a *designers* e fotógrafos no exíguo espaço de um quadrado de 30 centímetros de lado. Reflete o espírito de uma época e de uma música que ainda iria compartilhar com a música clássica as salas de concerto. Entre os grandes nomes contemplados na mostra, estão *designers* como David Stone Martin (vinculado a quase tudo produzido por Norman Granz nas etiquetas Norgran, Clef e Verve) e Reid Miles (que definiu o estilo Blue Note em mais de quinhentas capas), fotógrafos como Bill Claxton, Herman Leonard, Francis Wolff e Lee Friedlander.

Essa arte gráfica esteve ao alcance de quem adquirisse um LP quando ainda existiam lojas de discos ou a quem encomendasse pelo correio um volume das coleções disponíveis nos catálogos dos clubes especializados, como a Jazztone Society, cujas capas remetiam diretamente às linhas geométricas e vivamente coloridas das telas de Mondrian, o autor da célebre *Broadway Boogie-Woogie*.

Fica evidente ao longo da exposição *Le Siècle du jazz* a inquestionável e dupla contribuição da França para o jazz que, ao que se saiba, não recebeu ainda a merecida atenção nos eventos promovidos no ano da França no Brasil. Restará, a quem se dispuser, ver a mostra em Barcelona. Até 18 de outubro. Um honroso *vaut le voyage* no guia Michelin.

(Publicado em 17 de julho de 2009
no Caderno Eu & Fim de Semana do *Valor Econômico*)

III. ENTREVISTAS

Prólogo

Desde que surgiu o gravador portátil, as entrevistas na imprensa passaram, em sua grande maioria, a ser gravadas, apesar de inúmeros jornalistas e escritores preferirem tomar nota a fim de não inibir o entrevistado. Em 26 de maio de 1967, utilizei pela primeira vez um gravador portátil Aiwa, recém-adquirido, para a entrevista com Nara Leão destinada ao meu primeiro livro. Daí em diante, não me recordo de ter feito outra entrevista baseada em anotações.

A gravação permite que se preserve o sotaque e a naturalidade das expressões idiomáticas do entrevistado, desde que não comprometam em demasia, com vícios gramaticais ou construções defeituosas tão naturais em uma conversa informal, a fluência e a elegância do texto.

Ainda assim, algumas das entrevistas desta parte foram transcritas tal e qual, pois têm origem no *Programa do Zuza*, transmitido de segunda a sexta durante os 11 anos em que atuei na Rádio Jovem Pan, de março de 1977 a fevereiro de 1988. Dessa maneira, foi preservado o caráter radiofônico do material, que agora é publicado pela primeira vez.

Também são publicadas aqui pela primeira vez as entrevistas com Charles Mingus e Lee Konitz.

Música com Z

1.

Jorge Veiga e Moreira da Silva

"Você está rindo?" Era o Jorge Veiga me falando no Beco dos Miseráveis ou Beco dos Demônios, uma galeria barulhenta na avenida Rio Branco, sempre cheia de grupinhos. São compositores, candidatos a compositor, cantores, malandros, cantores de segunda classe conversando. E continua Jorge no seu jeito cativante, misto de carioca com português: "O grande compositor está no bolso do freguês. O nego chega com um samba que me bota maluco e diz assim: 'Seu Jorge, qué me dá 20 mil nesse?'. Eu digo: 'Dou, como é que não dou?'. Mete o escrivinhelo aqui, e dou a ele. Que é que há?".

Ou, como confirma Moreira da Silva: "Veja você o que é o negócio do samba pra quem não tá com egoísmo: o Geraldo Pereira, um sujeito que fazia samba à beça, entrou na parceria tranquilamente do Wilson Batista, porque estava precisando de arrecadação, e os dois eram da UBC. E o Wilson cedeu. Assim como o Geraldo entrou numa parceria minha de uma marcha de Carnaval. E uma ocasião, também arranjei uma parceria para o Ismael Silva na Odeon. Nessa aí não houve grana. Mas se eu tenho um samba e o cara quer entrar e não é do ambiente, quer se fazer, a gente toma uma graninha dele, dá o meu aí que eu tô duro. Isso é muito comum, porque já vem desde o princípio da música. Compreenda que grandes autores que a gente tomou conhecimento através da história vendiam suas obras pra se alimentar. Certo ou errado?".

Essa história de comprar, vender, dar parceria e até mesmo surrupiar samba está para a música brasileira assim como as bruxarias naquele dito espanhol: *Yo no creo... pero...* todo mundo sabe que existe. E quem decide apurar a verdade arrisca-se tanto a descobrir muita coisa como a não descobrir nada. Vide o "primeiro samba gravado", "Pelo telefone".

"Nós somos os verdadeiros cantores de rádio", afirma Jorge Veiga. É ponto pacífico que um dos primeiros sambistas de rádio é o Luiz Barbosa, um fora de série, segundo Moreira da Silva. "Não tinha voz, a vozinha era pequenininha, mas tinha muita bossa, bossa quer dizer queda para isso ou aquiloutro. Era um verdadeiro artesão da música popular brasileira. Procure bem, você vai encontrar um crioulo na família dele." Jorge ratifica: "O sambista que teve mais bossa que eu conheci aqui chamava-se Luiz Barbosa. Mas, quando eu cheguei, ele já estava se despedindo da vida. Ele batia num chapéu de palha, era muito magrinho, era irmão do falecido Barbosa Júnior, fez dupla com Silvio Caldas, era cantor de rádio".

Com Luiz Barbosa e seu chapéu de palha, tem início uma espécie de nova era para os cantores brasileiros, ou melhor, uma forma de personalização, já que a influência lírica de então começa a ceder em favor da bossa de Mario Reis, também sambista e contemporâneo de Luiz Barbosa. O rádio forneceu igualmente Moreira da Silva, "O Tal", ou "O Rei do Samba de Breque", que começou em 1931 gravando dois pontos de macumba sob o nome de Antônio Moreira, o mulatinho.

Os sambas de breque vieram depois: "O primeiro breque foi em 1936, quando o Tancredo Silva, que mora até aqui no morro de São Carlos, fez o samba 'Jogo proibido'. Como era um samba muito pequenininho, quadradinho, então eu fui preenchendo os espaços com breques. Quando eu lancei esse samba na praça, fui aplaudido de pé, então eu digo: 'Bom, aqui é que está o petróleo, vamos perfurar e meter a sonda'. E foi aí que fizeram muitos sambas. Os breques eram feitos ou na hora da gravação ou depois de decorar a música. É uma coisa espontânea, de espírito alegre. Não são com a música tocando. São com a música parada. O maestro esperava eu acabar de falar pra dar a entrada da orquestra. Breque. Aí a gente tem que pegar o americano, porque o americano é avançado mesmo, então o breque é uma palavra americana que quer dizer parada".

Diz dele [de Moreira da Silva] o Jorge: "É o sambista mais gracioso que nós temos, ele é engraçadíssimo, é manhoso pra cantar, dá aquela ginga, tira o chapéu". Aliás, chapéu-panamá com terno branco, camisa de seda, botininha de pelica e botões de madrepérola é como se veste o Morengueira.

Outro sambista, Ciro Monteiro, "o cantor das mil e uma fãs": "Um sujeito dócil, bom, nunca estava zangado, era engraçado, só rindo. Botava apelido em todo mundo, era brincalhão, ele me chamava de Joca [ainda é o Jorge Veiga falando], era um sambista excepcional, hoje tem muita gente cantando nas costas do Ciro Monteiro".

Jorge, o "Sambista Notável" ou o "Caricaturista do Samba", é outro que sabe dizer, um legítimo cantor de rádio: "Eu era pra começar em

Música com Z

137

programa de calouro, mas não comecei. Comecei no dia 16 de maio de 1934 na Rádio Educadora do Brasil, levado pelo dono de um armazém. Ele disse: 'Esse cara aqui canta, e eu quero que ele cante no programa', e aí eu comecei a cantar. Era amigo do dono do programa *Metrópole*, o Pedro de Carvalho. Era lá na Tijuca, na rua Marquês de Valença, número 44. Era uma espécie de casa de família, tinha fogão, tinha cozinha, e lá era a rádio. O programa era às sextas-feiras, e eu ganhava 5 mil réis. Eu ia com um terninho de saco de padaria, terninho branco, pela gíria se diz saquinho de padaria. Ainda ontem vi um cara assim com uma roupa, e me lembrei. Esses sacos de padaria de hoje são muito vagabundos, não dá pra fazer um terno. Aqueles davam. Então eu ia todo pachola com meu terninho, cantava meu samba, pegava os cinco mangotes e caía fora. Uma vez por semana. Aí fui acostumando e me arrumaram um programa na Rádio Ipanema, quem mandava era o Duarte de Morais, era muito gozador, conheceu o Duarte de Morais?".

O samba "O guarda e o motorista" é um diálogo entre um zeloso guarda de trânsito e um pseudomotorista de táxi. "É um samba gracioso — conta Jorge Veiga — que eu peguei lá em São Paulo, é como se diz na gíria, um samba paulista. O samba pode ser gaúcho, pode ser do Norte, o cantor que cantar vai dar a bossa dele."

"O solo de cavaquinho é do nosso saudoso Garoto, é uma introdução bonita", comenta Moreira da Silva. "Essa música ["Esta noite eu tive um sonho"], o Wilson Batista antes de morrer, que Deus o tenha no Reino da Glória, ele deu pra mim. Mas em homenagem à família dele, eu sou parceiro dele. Ele fez a música, eu também colaborei com os breques do alemão, aquele negócio *rappelig aus, mein Lieber*, porque um pouquinho de alemão de beira de praia eu conheço. Ele fazia as músicas e entregava à gente assim: vai e faz o que quiser. Ele não gostava de estar caitituando, não se metia nisso. O Wilson dava mesmo parceria, não tinha usura, fazia isso com todo mundo. A maioria dos parceiros dele colaborava muito pouco, ele fazia tudo porque realmente era de uma inteligência invulgar."

"Raul [Marques] foi quem impôs minhas primeiras gravações", conta Jorge. Os sambas e sambistas deste disco estão impregnados de malandragem e de gíria que, no dizer de Moreira da Silva, "é um elo para um diálogo. De repente, o cara se perde, mete uma gíria e pega na frente direitinho".

E a malandragem? Ele continua: "Sempre tive ligação com malandro, desde garoto jogando carta no mato, fui criado na esquina da vida, onde a gente aprende tudo isso. Tenho pouca cultura dos livros, mas sim da vivência, esperando a descida de quem subiu e fazendo confronto entre o malandro pronto e o otário que nasceu pra milionário".

Sambista é isso. Tem seu código, conforme Jorge Veiga: "Ninguém rouba nada de ninguém, esse negócio de fulano vai roubar o samba é conversa. Bom, quando está meio no periguetis, aí são outros 500 cruzeiros. Eu também já dei muito 10 contos, que é que há? Isso é da vida. O grande compositor mora no buraco de pano: é a granoscópia, é o capim-mimoso".

(Extraído do texto para a contracapa do LP
Sambistas de bossa & sambas de breque,
com gravações de Ciro Monteiro, Jorge Veiga, Luiz Barbosa,
Moreira da Silva, Blecaute e Geraldo Pereira,
que produzi para a RCA em 1977)

2.

Charles Mingus

CHARLES MINGUS — Alô, Zuza, e alô para seus leitores brasileiros, certo?

ZUZA — *Onde você está tocando agora em Nova York?*

CHARLES MINGUS — Estou no Half Note Club com um grupo recente, em que incluí o trombone de Jimmy Knepper, Shafi [Hadi] no saxofone e Horace Parlan no piano. E Elvin Jones de vez em quando, pois não temos bateria. Terminamos na noite passada, completando quatro semanas com Teddy Charles no vibrafone e dois violoncelos, é isso.

ZUZA — *E você gosta do grupo?*

CHARLES MINGUS — Tem boas possibilidades, estamos marcando algumas sessões para gravar, assim o público vai se acostumando.

ZUZA — *Você acha que violoncelos podem ter* swing?

CHARLES MINGUS — Você acha que contrabaixo tem *swing*?

ZUZA — *Claro que sim.*

CHARLES MINGUS — É o mesmo. Eles são apenas menores, só tem que entrar na onda, não tem muita diferença. Tinha gente no clube que dizia serem instrumentos de música clássica. Isso é ridículo. Todos eram primitivos da música clássica, muito antes dos músicos de jazz os tocarem.

ZUZA — *No novo grupo, você vai usar violoncelos novamente?*

CHARLES MINGUS — Claro, desde que o dono do clube tenha cabeça para tentar. E também faça propaganda do que será, desde a primeira noite. Um pouco do som dos violoncelos não estava bom, porque eles não estão acostumados a ler peças novas, estão acostumados a Bach ou Beethoven, que eles não tocam com sensibilidade musical.

ZUZA — *Agora umas perguntas que tenho aqui. Primeiramente, o que gostaria de dizer sobre Charlie Parker?*

CHARLES MINGUS — Acho que esse deve ser o título de sua reportagem, quando digo que não importa o instrumento que você toque. Se tocasse outro instrumento ou tivesse sido um sapateador, Parker seria também capaz de se expressar como conseguiu por meio de seu instrumento. E ele fez a cabeça de muita gente porque, quando ele surgiu, estavam acostumados com outra coisa. Não podiam entender nem visualizar a diferença entre o que ele fazia e o que existia do passado, não percebiam. Ele começou de novo e, com seu frescor, fez, num certo sentido, as pessoas repensarem tudo de novo. Preenchendo o espaço com outra dinâmica, uma fartura de novidades e com *swing*. E um novo tipo de sequência de acordes. Ao invés de se limitar às quatro notas básicas do acorde [*a tétrade inferior*], ele se utilizava também das extensões dos acordes em conjunto com as notas básicas, além de sobrepor outras escalas aos acordes. Com a melhor técnica, uma nova técnica. Ele criou o que criou como imaginava criar. Eu poderia falar o dia inteiro sobre Charlie Parker. Se você quiser, falamos de outras pessoas, senão eu não paro nunca.

ZUZA — *Agora vamos falar sobre Bud Powell, uma pessoa muito comentada, sua música também. Que diria sobre ele?*

CHARLES MINGUS — Bem, se ele tocasse o mesmo instrumento de Charlie Parker, pouco se ouviria falar dele, mas, como ele era pianista, você tem que falar. A maioria dos que ouvem Bird sabem que ele era diferente, mas sem perceber que Bud tocava as mesmas linhas de Parker na sua criação. Mas ele foi capaz de criar o seu próprio idioma, o suficiente para ser ele mesmo, o estilo de Bud Powell no piano. Mas, mesmo assim, era Charlie Parker. Se Charlie Parker tocasse piano seria assim que tocaria. Eu o ouvi tocar piano desse jeito. Não estou querendo dizer que Bud não conseguia, ele definiu seu piano fazendo-o soar com as notas ligadas, tal qual um instrumento de sopro. Eu acho que foi Stravinsky quem disse que não gostava de escrever ao piano porque não conseguia fazê-lo soar com as notas ligadas como queria. Bud Powell sabia o que significava o piano como instrumento musical. E encontrou a maneira de dominar o piano. Dessa forma, quando ele ligava as notas do piano como fazia, estava dominando sua própria voz. Mas como conseguiu, não sei, porque não sou pianista.

ZUZA — *E sobre Max Roach?*

CHARLES MINGUS — Huuuummmmm! Um baterista. Do Brooklyn. Pois vou lhe dizer umas coisas pessoais que aconteceram entre nós ultimamente. Eu devo todo o respeito a Max, e se Charlie Parker tocasse bateria seria assim que ele tocaria.

Na última vez que o vi tocar com Miles e Charlie Parker, ele não conseguiu ir atrás de Bird, naquela época o baterista deveria manter o ritmo, sem aqueles fracionamentos no bumbo, sem aquelas acentuações e ornamentos. Ele não conseguia simplesmente manter o ritmo, sempre que podia aproveitava a chance para fazer o que sabia, e isso era o que Charlie Parker esperava de um baterista de *bebop* como ele. Acho que esse estilo começou de fato com Kenny Clarke. É o que dizem. Kenny não era tecnicamente capacitado como Max e, por isso, inseria aquelas quebradas, mantendo o ritmo nos pratos. Max era mais capacitado para manter a fluidez, por isso ficou sendo só ele. Não sei o que dizer, gosto de bateristas que conseguem manter o ritmo e Max, para mim... conseguia. Ao suingar, todos eles suingam diferente. Sim, Max suingava, mas com um *swing* diferente. Quando ele suinga, aí eu gosto demais. Posso dizer que Max é meu baterista favorito.

ZUZA — *Ok, e além dele...*

CHARLES MINGUS — De fato, ele é meu favorito.

ZUZA — *Você me deixa perguntar outra questão?*

CHARLES MINGUS — Qual?

ZUZA — *Quais os seus outros favoritos. Sei que é muito difícil...*

CHARLES MINGUS — O maior arrepio que tive foi tocando com Art Blakey. Já toquei com tantos caras acompanhando o solista, mas a levada de Art é tão intensa que poderia obter o mesmo efeito, sem nem precisar de solista. Não me preocupo em ter um baterista que me ajude quando toca, posso nem ter baterista, mas o meu impulso rítmico está lá, como aconteceu uma vez em que Art se cansou e saiu do palco.

Um baterista tem enorme potência, é como um exército. Ele pode derrubar a banda toda com a barulheira das baquetas nos tambores e pratos, o baterista tem tudo para fazer uma zoeira total. Ele tem uma massa de martelos e, enquanto você está tentando tocar seu instrumento com sensibilidade, não tem como competir com ele no volume. Diziam que Art tocava muito forte, e eu tinha medo. Mas ele acabou sendo um dos favoritos porque respeitava o que eu tocava, querendo ver como eu podia tocar. Se eu fosse gravar e quisesse tocar solos, gostaria de ter Art Blakey. Se tivesse meios de trazê-lo.

ZUZA — *E quais os outros?*

CHARLES MINGUS — Kenny Clarke é um deles, sobre Max já falei. É muito difícil lembrar outros... Ah!, Shelly Manne, gosto muito dele, tem dinâmica, toca com estilo. Também pode tocar forte, mas sabe usar a dinâmica.

ZUZA — *Agora eu gostaria de perguntar e ouvir seus comentários sobre uma figura muito falada, Duke Ellington.*

CHARLES MINGUS — Bom, esse é outro... Provavelmente você vai me pedir para parar de falar. Eu digo que Duke Ellington foi meu pai, você sabe, não no sentido estrito da palavra. Mas foi ele quem começou a me mostrar o que era sua música e o que dizem que é jazz mas não é, e o que deveria ser. Se você estiver interessado, eu posso começar tocando o que ele gravou nos anos 40 e está em algum lugar. Algum dia vou tocar isso para você.

ZUZA — *Gostaria muito.*

CHARLES MINGUS — O que eu tive de mais próximo dele em outros tempos foi quando um cara nos ouviu, um de seus empresários, e foi o que me mudou um pouco, fiquei bem estimulado. Alguém me convocou para uma gravação com meu grupo, que deveria reproduzir o mesmo som dele, me senti tocando com sua banda, vou te contar, um som igual ao de Ellington, isso abriu meus olhos também para Stan Kenton.

ZUZA — *E sobre Stan Kenton?*

CHARLES MINGUS — Todo mundo dizia que ele tinha um som original. Aí eu escrevi um arranjo, e alguns dos trompetistas não trouxeram as surdinas para o som que eu queria, tocaram sem surdina, e soou exatamente como aquelas típicas bandas antigas, fiquei muito desapontado. Desapontado e, num certo sentido, percebi que Kenton não era tão original assim. O que ele fez foi tirar as surdinas dos metais de Duke, não mudou nada, era exatamente igual a Duke. Naquela época, dizia-se que ele era bastante original, mas eu não tenho mais ouvido isso.

ZUZA — *Entendo.*

CHARLES MINGUS — Isso é Kenton. Agora, Duke é outra coisa; quando ele quer ser ele, ele é. Acho que está meio cheio de tocar e o público não o ouvir direito. É o momento de cair fora ou escrever para você mesmo.

ZUZA — *O que você acha de...*

CHARLES MINGUS — Mas seu nome é Duke, ele vive com isso. Se fosse para eu ser visto assim, não sei se gostaria. Para ele, que tem uma longa história, sua música tem classe, é um som que deve continuar a ser ouvido. Eu vi ele num programa de televisão e pensei que fosse um inglês, falando exatamente como um inglês.

ZUZA — *E sobre um pianista muito famoso, Art Tatum?*

CHARLES MINGUS — Tatum tem seu próprio modo de resolver as harmonias. O cara entende, fazendo acorde de sétima menor emendar com um de sétima dominante. Para dar um exemplo, o que ele fez em "I Can't Get Started" nos anos 30. Eu continuo mostrando isso para gente

Música com Z

143

como Tadd Dameron, ele toca tão rápido que você não consegue seguir para entender. Mas ele fez isso, foi além das harmonias que se usava. Isso é só um exemplo. São as coisas que eu disse sobre Charlie Parker. Eu ouvi uma vez Charlie Parker tocando com Art Tatum num clube. Nenhum deixava o outro tocar uma nota!

ZUZA — *Não diga...*

CHARLES MINGUS — Cara, Art corria, e Charlie ia atrás tentando, foi terrível. Eu tocava na banda de Duke nessa época.

ZUZA — *Por quanto tempo você tocou com Duke?*

CHARLES MINGUS — Pouco tempo. [*Em 1953, Mingus substituiu Wendell Marshall na orquestra, atuando apenas alguns dias.*] E o engraçado é que nós não nos entendíamos. Por mais que eu amasse Duke e ele prestasse atenção em mim. É que alguém disse que eu o detestava! Você pode não acreditar, mas foi Juan Tizol [*o trombonista porto-riquenho da orquestra, autor de "Caravan"*]. Foi ele quem provocou tudo. Aconteceu numa noite em que a banda tocava para dançar, depois da cortina se abrir. Tizol tinha uma faca que levava sempre consigo. Eu tinha sido avisado sobre a faca, que ele poderia me atacar. Ele tinha me pedido para tocar um solo que havia escrito. Eu disse: "Isso é muito grave para um solo. Mas se você quiser mesmo o solo, eu subo uma oitava acima e toco para você". Ele não disse nada. Mas o solo ficou prejudicado, parecia o estilo de uma música de Bach. Ele ficou furioso e disse: "Você não pode tocar assim, tem que ser uma oitava abaixo". E falou de uma maneira que não importa eu repetir agora para você. Tizol veio para cima de mim, puxou a faca, e eu peguei uma machadinha de bombeiro ali perto para me defender. Duke não o viu com a faca. Foi o que aconteceu, e Duke me pediu para deixar a banda. Mas o Tizol estava no meio dessa encrenca. O duro é que essa era a minha banda... e continuou sendo por dez anos depois.

ZUZA — *Quando você veio para Nova York?*

CHARLES MINGUS — Deve ter sido há uns sete anos. Mas sempre praticava com o pessoal que tocava clássico. Eu queria tocar um solo de música clássica.

ZUZA — *Já falamos sobre músicos que imagino serem próximos de você. Antes de falar de seus planos, há outros sobre quem você gostaria de falar?*

CHARLES MINGUS — Você pode me perguntar sobre Chico Hamilton ou Buddy Collette. Eu comecei a conhecer jazz em 1941, sobre músicos que provavelmente faziam jazz e os que não faziam, Buddy Collette e

Chico Hamilton, pessoas assim. Eu li recentemente um artigo na *Down-Beat* sobre os que tinham *swing* e os que não tinham. Engraçado como eles sempre escrevem a mesma coisa.

ZUZA — *Ok. Então o que você tem a dizer sobre Chico Hamilton e Buddy Collette?*

CHARLES MINGUS — Para provar isso, eu tenho que tocar um solo de contrabaixo em música clássica, eu sempre ensaio tocando música clássica. Foi bom você perguntar sobre isso. Tem a ver com a briga com Nova York. Se você caminha em Nova York com um sorriso, você pode ser preso ou interceptado para ser interrogado.

ZUZA — *Não diga!*

CHARLES MINGUS — Eu fui uma vítima. Na Califórnia, pelo menos as pessoas dizem "Como vai você?". Eu compreendi assim que voltei para a Califórnia que tinha algo de bom ali, ou pelo menos para os músicos de lá, entre os próprios músicos, é isso que penso. Isso ajuda para que esses músicos toquem um jazz de verão. Mas o que há de errado em tocar um jazz de verão? Eu escrevi num artigo que deveria existir uma maneira de eliminar a palavra "jazz" da música que eles tocam e encontrar outra palavra para essa música diferente. Então Chico pode estar tocando música contemporânea, música contemporânea da West Coast, nem sei como chamar. Mas se eles quiserem chamar de jazz, eu não vou aceitar. Nova York não aceita isso, cara. Não poderia trazer esse grupo para tocar num clube daqui. É muito sutil, Nova York não aceita.

ZUZA — *Você acha que a música de Chico Hamilton poderia ser confinada ao jazz, no conceito tradicional da palavra?*

CHARLES MINGUS — Tem que ser assim, porque Buddy Collette e essa turma é assim, e essa é a diferença do que é jazz. É o ritual da West Coast, e é natural, porque eles tocam com a técnica dos brancos e, com isso, conseguem um som mais agradável e arranjam emprego. [*Aqui, Mingus se refere veladamente ao jazz camerístico do quinteto de Chico Hamilton, com dois negros e três brancos, sendo um destes o violoncelista Fred Katz. Nas entrelinhas de sua declaração, percebe-se uma crítica aos dois negros por aderirem ao padrão do West Coast Jazz, marcadamente branco.*]

Quando ensaiava pela primeira vez na Califórnia, cinco anos atrás, incluindo músicos da Filarmônica, não havia preconceito. Buddy Collette tocava flauta, e o pessoal se admirava por ele estar tocando na Filarmônica. Eu não quero dizer que ele é melhor, digo que ele trabalhou duro, porque depois conseguiu trabalhar em estúdio. Isso não significa que ele deixou de ser um músico de jazz, mas, quando ele volta a tocar jazz, soa um pouco mais leve que os outros... Ele está nessa situação, não está vivenciando os preceitos do autêntico jazz, nos quais existe uma conversa, uma batalha para ser ouvida, isso para ser aceito ou apenas para sobreviver. É o que me parece, a banda não tem nada do que eu encontro nos tempos em que eu não existia, quando King Oliver estava vivo.

ZUZA — *Entendo. Agora queria perguntar-lhe sobre a diferença entre o jazz escrito em partitura e a improvisação. Sei que você tem escrito muitas composições, por isso ninguém melhor para falar disso.*

CHARLES MINGUS — Bem, escrevi num artigo de anos atrás que jazz pode ter *swing* e que músicos clássicos podem ter *swing* se a partitura for escrita corretamente.

Se você escreve no tempo, colocando num compasso somente os quatro tempos definidos, os músicos clássicos parecem ficar presos, restritos. Mas, se você pegar o mesmo trecho e escrever em 12/8 [*subdividindo por três cada um dos quatro tempos, ou seja, uma quiáltera de tercina para cada semínima*], aí eles têm a sensação de estarem tocando a música rigorosamente como foi escrita, não necessitando fazer nenhum esforço extra ou exagerado para tocar com *swing*, e suingam ao máximo. Eu, na verdade, ouço isso em 6/8 na maioria dos casos, e em 12/8 em andamentos lentos.

Penso que é assim que estava escrito nos livros usados por eles. Mas o problema aparece quando você começa a escrever como eles estão acostumados. A música ou as passagens que costumam tocar foram escritas há séculos, e eles acabam tocando praticamente de ouvido, mais do que os músicos de jazz. Músicos de jazz, sabe-se, idealizam músicos clássicos como leitores melhores, com a melhor leitura à primeira vista. A razão é que os músicos de jazz estão sempre vendo música nova, recém-escrita por alguém que não sabe o que está fazendo, mas que faz mesmo assim, e eles têm que aprender a se virar e seguir o que a música pede. Jimmy Knepper, por exemplo, é um que lê à primeira vista melhor que qualquer outro.

Agora estou tentando chegar a esse estágio e acho que encontrei, desde que se tenha tempo para ensaiar como os músicos devem ler as anotações adequadas. Há, por exemplo, um disco de Oscar Pettiford com violoncelo, viola, um violinista...

ZUZA — *Esse pessoal não era jazzista?*

CHARLES MINGUS — O violinista tocou primeiro violino com Charlie Parker. Mas tinha as anotações certas e trabalhou meses antes de tocar, e realmente tem tanto *swing* como qualquer um. Porque ele trabalhou as arcadas do violino para conseguir ter *swing*. Teve que se exercitar em horas extras. Isso ocorre se houver tantos ensaios a ponto de se conseguir que os músicos soem como jazz. Não se pode esperar ter sempre essa disponibilidade. Esse é o ponto em que queria chegar, não importa quem está tocando. Estou fazendo essas experiências ao escrever, porque seria realmente uma perda de tempo já que eu escrevo certo esperando que toquem certo. Senão, por que continuar escrevendo certo? Para que ficar se preocupando se eu escrevi colcheias pontuadas com dois pontos em lugar de uma semínima?

ZUZA — *Sim.*

CHARLES MINGUS — Porque eu coloquei uma pequena fração antes do tempo, você sabe, eu digo que o baixo toca cada um dos quatro tempos [*quatro semínimas*], mas eu quero que os violoncelos toquem um pouquinho antes do tempo de uma semínima. E eu sempre quebrei a cabeça e só ouvia eles tocarem semínimas... Você tem o baixo tocando semínimas como está no papel, e o violoncelo tocando colcheias pontuadas com dois pontos como se fossem semínimas, entende?

ZUZA — *Sim. Quando e como começou como contrabaixista?*

CHARLES MINGUS — Comecei com 17 anos, quando estava na *high school*. Naquela ocasião, eu tocava violoncelo, mas alguns amigos me aconselharam a tentar o contrabaixo, pois achavam que eu, sendo negro, não teria grandes possibilidades.

ZUZA — *Que acha do desenvolvimento do contrabaixo no jazz?*

CHARLES MINGUS — Os músicos de instrumentos de sopro, ou seja, os que são considerados genericamente solistas, acham que o contrabaixo deve ser apenas um suporte rítmico. Se o contrabaixista mantém o *beat* [*pulsação*], o solista tem uma base que o apoia e o ajuda a manter o ritmo. Porém, se o contrabaixista executa frases musicais, ele é obrigado a ter o ritmo na cabeça, o que é motivo para que alguns se percam completamente.

Por outro lado, o público também se acostumou a aceitar o contrabaixo nessas mesmas condições, ou seja, como um suporte rítmico para os solistas. Se, porventura, ele for utilizado da mesma maneira que um pistom ou um saxofone, será considerado pueril. O público deseja ouvir o contrabaixo apenas como um instrumento sem um conceito de criação, que é o que se faz necessário na música.

Os que vão ouvir um grande saxofonista ou um grande contrabaixista o fazem apenas porque ele é considerado um excelente músico. O importante é ouvir aquilo que cada um deles pode criar, não como instrumentista, mas o que seu potencial é capaz de criar. É exatamente essa oportunidade que, já tendo sido dada a outros instrumentos, não foi dada ao contrabaixo. Acho que ele pode ser usado dessa maneira.

Quando eu era menino, não tocava a melodia que vinha à minha cabeça, tocava simplesmente um instrumento dentro das limitações em que ele é situado no jazz tradicional. Dessa maneira, não criava coisa alguma. Agora, acho que poderei ser o músico que desejo, porque penso saber como sê-lo.

Cada instrumento tem suas posições, seus truques e clichês, que foram sendo desenvolvidos numa certa tradição. Porém, as ideias que brotam da mente criadora do músico por meio do instrumento é que são o essencial. Não importa qual seja esse instrumento, pode ser qualquer um, um homem compondo no papel ou mesmo alguém assobiando. O artista deve mostrar sua própria vida, seja ela bonita ou feia. Ele tem que criar um mundo. Assim Deus criou o céu e a terra, e o artista que também deseja ser um criador deve expor ao público o seu céu e sua terra, o seu próprio mundo.

(Entrevista inédita, com exceção das duas últimas perguntas, publicadas na coluna "Folha do Jazz", da *Folha da Noite*, em 3 de julho de 1958)

Notas em 2014

Pode-se considerar que esta entrevista seja excessivamente técnica para a parte III do livro. Fiz questão de mantê-la assim, mesmo que próxima do incompreensível em alguns trechos. Julgo que traduz nas entrelinhas, entre outros aspectos, o embate permanente de Charles Mingus em relação ao racismo.

Nela, Mingus abordou com segurança e propriedade figuras fundamentais no jazz, acrescida da aspereza emitida em seus pontos de vista. Sem papas na língua, em especial sobre a "brancura" do West Coast Jazz, mesmo tendo ele crescido na Califórnia. Naqueles anos 50, percebia-se um nítido desprezo dos jazzistas de Nova York pelos da Califórnia, tendo aqueles ainda que engolir o sucesso internacional do West Coast Jazz.

A entrevista é o resultado do que ainda foi possível aproveitar de uma fita de rolo gravada em duas sessões, realizadas na mesma tarde, em 19 de maio de 1958, em sua residência à época, 331 West 51th Street. Tinha conhecido Mingus alguns dias antes, no Half Note Club, e ele nem sequer hesitou em aceder ao pedido de uma entrevista para o Brasil. Foi de uma gentileza acima do comum. Recebeu-me em seu apartamento trajando uma *yukata* negra, uma extravagância, emprestou-me seu gravador de rolo, pois ainda não existiam gravadores portáteis, e me tratou não como um jovem estudante que tinha acabado de conhecer, mas como um velho amigo. Esse comportamento contrasta radicalmente com o que se dizia, quase sempre com razão, sobre Charles Mingus: um sujeito intratável, beirando o grosseirão, que não perdia tempo com entrevistadores, especialmente se fossem brancos. No meu caso, não foi nada disso.

Se, até a época da entrevista, já tinham sido gravados seus cruciais LPs *Pithecanthropus Erectus* e *The Clown*, com seu grupo The Jazz Workshop, pode-se conjecturar nas entrelinhas o prenúncio do que seria Mingus para a história do jazz. Já era flagrante a genialidade naquele homem desabrido que me recebeu com tamanha gentileza em maio de 1958. De fato, alguns meses depois, em 1959, ele gravaria o álbum *Mingus Ah Um*, que, além de comprovar sua maturidade, causaria uma asserção incontestável em seus propósitos, provocando admiração progressiva pela sua obra. O curso da carreira de Mingus tomaria nova direção, em que o compositor/arranjador superaria largamente o extraordinário contrabaixista que já era.

Pequena parte do material dessa preciosa entrevista, da qual foi extraída uma porção para meu livro *Música nas veias*, havia sido publicada na *Folha da Noite* nos dias 3 e 10 de julho de 1958. Exceto pelas respostas às duas perguntas finais, o restante é inédito, exclusivo para este livro.

Para a árdua tarefa de transcrição da fita, tive a sorte de contar com a inestimável colaboração do excelente saxofonista/flautista, meu querido amigo Rodrigo Ursaia, que não só estudou na Berklee College of Music e atuou em Nova York por dez anos, como se mantém familiar com gírias de jazz que, se naquela época faziam parte de meu dia a dia, acabaram por se apagar de minha memória e igualmente em trechos da própria fita gravada há mais de 50 anos.

Finalmente, sobre a relação entre Mingus e Ellington, certamente seu ídolo maior, deve-se recordar que, em setembro de 1962, seria gravado sem ensaio o histórico LP *Money Jungle*, com o trio formado por

Ellington ao piano, Mingus ao contrabaixo e Max Roach à bateria, aliás, uma formação incomum na imensa discografia ellingtoniana e também rara na de Mingus. Duke escreveria quatro composições específicas para essa singular gravação, transcorrida em clima tenso. Mingus chegou a abandonar o estúdio com seu contrabaixo, mas foi convencido por Duke a retornar. Nada disso parece importar muito no resultado. O *Penguin Guide to Jazz*, que atribuiu 3,5 estrelas ao disco, ressalta que a participação de Mingus, com suas contramelodias emaranhadas, evidencia a diferença conceitual entre essas duas figuras essenciais no jazz. Para mim, tão próximas e tão distantes, o *doghouse beater* Charles Mingus e o *ivory plunker* Duke Ellington.

Dedico este texto aos meus queridos amigos músicos brasileiros, que não só dão vida aos temas instrumentais, como também são personagens fundamentais nas canções.

3.

Itamar Assumpção

ITAMAR ASSUMPÇÃO — Meu nome é Benedito João dos Santos Silva Beleléu, vulgo Nego Dito.

ZUZA — *Itamar, como você começou seu trabalho musical?*

ITAMAR ASSUMPÇÃO — Trabalho profissional mesmo, eu comecei aqui em São Paulo. Não me lembro bem, a partir de 1974, 75...

ZUZA — *Qual era sua atividade nessa época?*

ITAMAR ASSUMPÇÃO — Eu vim para cá em 73, do Paraná. Nasci em Tietê, fui para o Paraná na idade de 11 anos e lá tive uma atividade com música, teatro e futebol. Fui para Paranavaí, meu pai era fiscal do IBC [*Instituto Brasileiro do Café*], na época tinha muito café, e ele era transferido de cidade em cidade, até que fixou sua residência em Arapongas, no norte do Paraná. Aí a gente foi matriculado em escola, eu já fazia o ginásio e comecei a desenvolver o violão, o primeiro instrumento. Os amigos queriam fazer conjunto para tocar iê-iê-iê, aquela coisa de Jovem Guarda, eu me interessei pelo violão e aprendi a tocar de ouvido. Na segunda série do ginásio, a gente fazia teatro, meu irmão fazia uns textos, e eu tentava fazer uns temas. Bem inconsciente ainda, mas alguma coisa movia para esse lado.

ZUZA — *E isso se reflete de uma certa maneira na sua música feita anos depois,* não é?

ITAMAR ASSUMPÇÃO — Exatamente porque, voltando para 74, 75, a coisa foi ficando mais clara. Mas até aí eu já tinha cinco anos de teatro. Teatro amador, participando do Festival Nacional de Teatro em 68, 69, na Aldeia de Arcozelo, promovido por Paschoal Carlos Magno em São José do Rio Preto. Em Arapongas, existia um grupo com um nível muito bom em termos de atores: eu, meu irmão, minha irmã, que é atriz, ela tinha 12 anos na época e veio junto com a gente. Éramos nós três fazendo teatro num ginásio, numa paróquia de igreja, uma coisa natural. Até que uma pessoa chamada Mirtes soube da gente e nos convidou para participar de um grupo de teatro agregado à Universidade de Londrina.

O trabalho de teatro abriu para um outro lado que eu acho muito importante em termos de personagens das minhas músicas.

ZUZA — *Depois de participar do festival de música popular de Londrina em 1971, no qual ganhou o prêmio de melhor apresentação, Itamar Assumpção ganhou o de 72, Arrigo Barnabé o de 73, quando Itamar ficou conhecendo o irmão de Arrigo, Paulo Barnabé, que tocava percussão. Em 73, Itamar veio para São Paulo, tentou várias gravadoras, tentou o programa Silvio Santos, trabalhou em empregos temporários fazendo alguns showzinhos.*

ITAMAR ASSUMPÇÃO — Sei lá, a coisa de mais alento nessa época foi em 75, o festival em Campinas. Chamou minha atenção porque tinha orquestra sinfônica e um conjunto de baile. A orquestra estava à disposição, com [*Benito*] Juarez, isso. Um outro detalhe é que nesse período de 73 a 75 eu realmente comecei a me indagar. Já estava altamente grilado com a minha maneira de tocar, tirava músicas, cantava muito Gilberto Gil, Luiz Melodia, Roberto Carlos, Paulinho da Viola, dava uma outra interpretação. Nas minhas músicas, eu sentia que tinha alguma coisa de errado, não me satisfaziam nem como instrumentista nem como intérprete. Pensando nisso, comecei a ouvir música, a ouvir realmente. Curti muito Jimi Hendrix e percebi que não entendia o que estava acontecendo. Eu ouvia, gostava, tinha uma coisa interessante, mas o que era isso? Com o Paulo Barnabé, que já tocava bateria, a gente ficava ouvindo discos e começou a perceber a formação instrumental, baixo, bateria e guitarra. Uma guitarra solo e uma voz. A partir disso, ouvindo, ouvindo, ouvindo, começou a transa de separar os instrumentos. Pegava guitarra e ouvia só guitarra, pegava baixo e ouvia só o baixo, a bateria, a voz. De repente, começava a perceber a função dos três instrumentos, ou dos quatro de uma vez só, partindo para a estrutura da música. Como começava, o tema, os improvisos, a hora que voltava. Assim durante um ano.

ZUZA — *Vocês fizeram um curso como numa escola, um curso inventado por vocês mesmos.*

ITAMAR ASSUMPÇÃO — A partir disso, discos do Frank Zappa, uma coisa mais tranquila. Comecei a perceber o arranjo e me interessei muito por um instrumento que era o contrabaixo. Eu tirava os baixos, o Paulinho a bateria, e a gente ficava tocando, desenvolvendo o ouvido. Depois, veio esse festival de Campinas em 75, eu botei uma música e ganhei o festival com uma música chamada "Luzia", que está no disco. Em 76, eu conheci o Rogério Duprat, uma peça muito importante nisso tudo, porque foi a pessoa que abriu a parte tecnológica da música. Ele estava na

Vice-Versa [*estúdio paulistano especializado em* jingles], eu tinha dado umas quatro músicas gravadas, ele gostou muito e falou: "Olha, o tempo é nebuloso para gente nova, mas você pode gravar duas músicas aqui no estúdio, vem com a banda e grava". Eu fiquei assim... nossa... estava numa fase de... o que fazer? Batalhar para que lado? Foi um empurrão muito grande. A Vice-Versa com 16 canais, eu nunca tinha entrado num estúdio, nem sabia como se gravava. Quando botei o fone e ouvi o som do violão, fiquei meio assustado, aquelas coisas de principiante mesmo. A gente fez as duas músicas, ele me disse para vir na mixagem, uma coisa que eu também não sabia nada. E o cara me deu os toques. A partir daí, comecei a me interessar pela parte tecnológica, de como usar o que você pensou. Foi muito importante. Aí, em 78, eu conheci Jorge Mautner. Ele já conhecia as músicas e me convidou para tocar em dois shows no [*Colégio*] Equipe. Como músico, pagando cachê. Na convivência dos ensaios, eu cantei algumas músicas e ele disse: "Quando você quiser abrir um show, ou no meio, no fim, você é quem sabe, toca que é o maior barato". Deu a maior força. Toquei três músicas no show, o primeiro espaço em termos de público, e foi muito importante, é claro. Em 78 mesmo, ele fez uma temporada no [*Projeto*] Pixinguinha e falou: "Se você quiser abrir com uma banda, pode abrir, é uma semana". Fiquei eufórico. Montei cinco músicas e foi muito legal em termos de espaço e um alento para o trabalho. Não tinha nada concreto... Sei lá... Será que eu vou virar músico? Aquelas dúvidas. A coisa começou a esquentar por dentro.

ZUZA — *No primeiro Festival Universitário da Música Popular Brasileira, promovido pela TV Cultura, Itamar surgiu como o arranjador das bases para Arrigo Barnabé nas duas músicas, fazendo o mesmo em 1979 para a célebre banda Sabor de Veneno.*

ITAMAR ASSUMPÇÃO — O Beleléu Isca de Polícia é o nome de um personagem musical que poderia ser de novela ou de um filme. No show, ele cria vida, é um personagem que vem de uma realidade, do meu cotidiano, de São Paulo, de vida, não sei...

ZUZA — *Esse é Itamar Assumpção, um dos maiores valores da música popular brasileira surgidos no ano de 1981.*

(Entrevistado no *Programa do Zuza*, da Rádio Jovem Pan, em 1981)

Notas em 2014

É bem possível que essa tenha sido a primeira entrevista de Itamar em uma emissora de rádio de São Paulo. Mal recebi seu primeiro disco, *Beleléu, Leléu, eu & Isca de Polícia*, solicitei ao divulgador da Continental para convidá-lo a meu programa na Jovem Pan. Fica aqui bem clara sua precoce atração pelo teatro, que acabou incorporando de maneira *sui generis* à sua atividade principal, a música.

Depois de nosso primeiro encontro, Itamar participou de outros eventos que dirigi no SESC Pompeia, no Teatro Avenida, de Curitiba, num projeto do Colégio Bandeirantes, entre outros.

Desconcertante em suas intervenções cênicas, Itamar foi dos mais originais criadores da música brasileira, integrando com brilho o grupo do Lira Paulistana, o mais consistente movimento musical alternativo em sua época e se debatendo por um lugar ao sol. Anos depois, foi reconhecido nacionalmente.

4.

Randy Weston

Randy Weston é quase um gigante; deve beirar os dois metros de altura. E é também um verdadeiro *gentleman.*

Possivelmente, poucos no Brasil terão ouvido esse pianista relativamente novo, que grava para a etiqueta Riverside, sem subsidiária em nosso país.

Randy Weston está se firmando ainda, muitos consideram seu estilo idêntico ao de Thelonious Monk, e de fato há semelhanças entre os dois. Ele mesmo declarou: "Sinto ter influência de Count Basie, Duke Ellington, Art Tatum e Nat King Cole; porém a de Monk é a maior de todas".

Havíamos combinado um encontro no apartamento para o qual ele se mudou recentemente. Quando notei a ausência de piano e vitrola, Randy explicou que espera tê-los em breve.

Pedi sua opinião sobre alguns tópicos do jazz em que pudesse expor suas ideias. Sobre os ritmos afro-cubano e brasileiro, declarou: "Não posso dizer que tenha realmente ouvido o ritmo brasileiro; sei, contudo, do que se trata, e já ouvi John Lewis empregar figurações rítmicas de samba em certas músicas. O ritmo afro-cubano é, sem dúvida, muito importante no jazz, está muito mais relacionado com o jazz do que a música europeia. Apesar de Duke Ellington tê-lo empregado há muitos anos, acho que ele foi o único que conseguiu realmente utilizá-lo bem".

Sobre o West Coast Jazz, disse que "o jazz vem do negro; das canções religiosas, das *street-bands*, dos *cry of blues*. Nessas músicas, encontram-se as qualidades básicas que todos os músicos de jazz devem ter; não encontro no West Coast Jazz essas características. Por isso, prefiro ouvir Milhaud ou Stravinsky. Considero Thelonious Monk, por exemplo, muito mais jazz que Shorty Rogers ou Gerry Mulligan. Apesar disso, acho que o West Coast exerce influência no jazz. O que não implica a necessidade de ser apresentado apenas sob essa forma".

Finalizando, afirmou que o jazz e a música erudita são dois campos diferentes. "A música erudita tem recebido ultimamente um grande impulso no setor rítmico. O motivo disso é o jazz. Em outras palavras, o ritmo do jazz foi a causa de sua infiltração na música erudita. A essência do jazz, contudo, ainda é a criação espontânea, e não a técnica."

(Publicado na coluna "Folha do Jazz", da *Folha da Noite*, em 14 de novembro de 1957)

NOTAS EM 2014

Esta breve entrevista, colhida no princípio de sua carreira, revela um Randy Weston aos 31 anos com forte personalidade, ao optar por um rumo anômalo em relação aos pianistas em evidência em 1957. Randy premeditava com profundidade as raízes africanas que ligavam o continente materno do ritmo ao jazz, o que ele próprio iria confirmar a partir de 1961. Foi sobre essa postura que acabou fixando o norte de sua carreira, em que se baseava a matéria que escrevi sobre Randy anos mais tarde, desta vez no *Estadão*, em 9 de abril de 1981:

"Para mim, o mais africanista dos músicos americanos de jazz, pois, com seu jeito afável e tamanho de jogador de basquete, morou muito tempo na terra de origem de sua raça. A ideia de ir para a África, ou melhor, para o continente do ritmo, açulou-o desde logo, mas só em 1961 é que ele a concretizou, quando excursionou à Nigéria na companhia da cantora Nina Simone, do vibrafonista Lionel Hampton, do cantor Brock Peters e do poeta Langston Hughes. Com estes dois, trabalhou na suíte *Uhuru Afrika*, cujo título significa 'Liberdade, África'. Voltou por mais três vezes até ficar em Tânger. No Marrocos, Randy Weston tocou em bares, mas cuidou de viajar por todo o continente, deixando-se impregnar pelo som de seus antepassados, que passou a incorporar a seu trabalho, tornando-o ainda mais percussivo, ao mesmo tempo que seus discos passaram a ter títulos como *Bantu*, *Tanjah*, que obteve o Grammy em 1974, *Blue Moses* ou *Ganawa*, o único lançado no Brasil, em 1973, *Carnival*, uma homenagem a Duke Ellington, *African Cookbook*, *African Nite* e outros. Ainda assim, Randy Weston não é um nome famoso no Brasil, sendo expressivo e respeitado, falando profundamente, por meio do piano, em nome de sua raça numa linguagem de jazz, fortemente temperada com o som da sua própria pré-história."

Uma de suas mais conhecidas composições, "Hi-Fly", é um de meus temas favoritos no jazz.

5.

Earl Hines

A segunda vinda do pianista Earl Hines ao Brasil culminou com a quarta e última parte de um concerto inesquecível no Palácio das Convenções do Anhembi. No palco, quatro dos maiores pianistas do jazz em piano solo, pela ordem, Marian McPartland, Ellis Larkins, Teddy Wilson e, por fim, Earl Hines. Foi em 1974, pouco depois da morte de Duke Ellington, homenageado emocionadamente por cada um deles. O concerto foi a centelha que resultou na formação de um grupo de amigos jazzistas que, a partir de então, passou a se reunir semanalmente para ouvir e discutir exclusivamente Duke Ellington: os ellingtonianos de São Paulo.

Poucos anos depois, em 1981, Earl Hines retornou ao Brasil pela terceira vez para tocar no 150 Night Club, do Maksoud Plaza. Dessa vez, não deixei escapar a oportunidade de ouvir pessoalmente Earl Hines, mas, em lugar de realizar eu próprio uma entrevista, resolvi convocar três componentes do grupo de ellingtonianos para desfrutarmos do convívio com Fatha Hines por umas duas horas, numa conversa informal repleta de histórias. Em 27 de dezembro de 1981, reunimo-nos na sala VIP do Hotel Maksoud Plaza: Earl Hines e seus três músicos, nosso decano de jazz no rádio brasileiro, o engenheiro Rubem Muller, o advogado Tomás de Aquino Martins da Costa e o amigo Armando Aflalo, então crítico do *Jornal da Tarde*. Os três eram companheiros das reuniões semanais que foram minguando à medida que alguns se afastaram do Brasil ou deixaram nosso convívio. Nesta entrevista, está presente o espírito investigativo que nos movia: saber cada vez mais sobre os músicos de jazz que tanto admirávamos. Earl Hines era um de nossos ídolos e, de certo modo, um patrono involuntário do grupo de ellingtonianos de São Paulo.

ARMANDO AFLALO — *Estamos certos que ficaremos sabendo muita coisa sobre jazz esta tarde. Para começar, como foi, em linhas gerais, o desenvolvimento do piano no jazz?*

EARL HINES — Havia uma coisa chamada síncope antes do jazz; depois do jazz, veio o *swing*. Minha forma de interpretar era muito dife-

Música com Z   157

rente da maioria. Sempre toquei com o coração. Nunca fiz questão de ter arranjo para piano, para não ter que tocar a mesma coisa, sempre igual. Eu toco aquilo que vem ao meu coração na hora. Por isso não posso dizer muito sobre esse desenvolvimento do piano, porque acho que cada um tem que ter sua própria maneira de sentir a coisa quando está tocando jazz. É isso que eu procuro nos outros.

ARMANDO AFLALO — *Poderia então citar alguns dos maiores pianistas?*

EARL HINES — Olha, eu conheci bem só alguns, como Art Tatum, Fats Waller, Ellington, que tocava muito piano, Fletcher Henderson, Lucky Roberts, Willie "The Lion". Esses os que eu acho muito bons, que tinham ideias próprias.

ZUZA — *Entre os pianistas surgidos depois dos anos 60, quais os que mais chamaram sua atenção?*

EARL HINES — Realmente não presto muita atenção a pianistas. Nunca considerei nem eu mesmo como solista de jazz. Não procuro compará-los, porque todos têm sua reputação individual. Houve só um Art Tatum, com sua interpretação de jazz, um George Shearing, um Erroll Garner, todos tocavam diferente e tinham seu próprio estilo, porque tinham algo que o público queria, por isso nunca faço comparações.

RUBEM MULLER — *Você exerceu influência em Teddy Wilson, Erroll Garner, Nat Cole, Art Tatum, Bud Powell, Oscar Peterson e até Jess Stacy. Quem influenciou Earl Hines?*

EARL HINES — Ninguém. Houve dois músicos que eu admirava: Jim Fellman, na mão esquerda, e Johnny Watters, na direita. Johnny tocava a melodia, e Fellman, com uma esquerda muito suave, tocava em décimas. Quando eu ganhava 15 dólares por semana, costumava pagar um drinque de um dólar e meio para eles me mostrarem como usavam a mão esquerda e a mão direita. Depois de aprender o que pude, achei a minha maneira de tocar. Muitos acham que eu só prestava atenção em Fats [*Waller*], a gente costumava tocar junto às vezes, mas, na verdade, não tive influência de ninguém.

TOMÁS DA COSTA — *Li em algum lugar que, em 1940, você se recusou a tocar com Benny Goodman, quando ele lhe deu um emprego na banda. É verdade?*

EARL HINES — Não é bem assim. Benny não sabia direito o que desejava. Ele andava atrás de mim, mas eu estava no Grand Terrace Café, em Chicago, com minha banda. E eu não ia largar tudo só para tocar com Benny Goodman.

ZUZA — *Falando em bandas, quais as qualidades para ser um grande líder?*

EARL HINES — Você tem que ser experiente, tem que estar sempre disposto, os músicos da banda têm que gostar de você. Você tem que provar quem é, que você pode tomar conta de si próprio, não pode pedir-lhes o que não for capaz de fazer. Sempre procuro pessoas honradas. Agora, na parte musical, verifico a entonação, se eles sabem ler bem. Assim, tive poucos problemas com músicos em geral. E, claro, já tive que xingar uns que saíram da linha, mas fazia isso fora do hotel, e ninguém via.

ARMANDO AFLALO — *Em sua opinião, quem deu novos rumos ao jazz? Quais os acontecimentos que mudaram a história do jazz?*

EARL HINES — Não sei, depende da maneira que você sente. Tive trompetistas em minha banda que tocavam estilos diferentes naquela época, como Dizzy e Walter Fuller, mas nenhum deles estava fazendo mudanças propriamente. Eu usava Dizzy para os números rápidos e brilhantes, como Charlie Parker. Também tinha músicos para solos, mas nenhum deles estava forçando uma mudança de estilo, e sim tocando em seu próprio estilo. Eu penso que foi assim.

ARMANDO AFLALO — *Charlie Parker tocou com você dez meses, mas nunca gravou, por causa da greve da época.*

EARL HINES — Houve uma gravação que nunca foi editada. Fizemos um disco em Los Angeles com Dizzy, Charlie e todo mundo. Mas as matrizes nunca foram achadas. Um sujeito ligado ao cinema fez as gravações e nunca mais se encontrou nada, temos que esquecer o assunto.

ARMANDO AFLALO — *Então poderia nos contar sobre Charlie Parker, quando estava começando?*

EARL HINES — Bom, Charlie veio daquela orquestra de Kansas City do Jay McShann. Nós estávamos em Detroit, eu ouvi Charlie, gostei e disse que, se ele precisasse de trabalho, eu gostaria de utilizá-lo. Quando estourou a guerra, meus músicos foram chamados, o sax-tenor Scoops Carry saiu, aí eu chamei Charlie Parker, que tocava sax-alto. Mas me disseram que ele tocava sax-tenor também. Basie e eu fomos vê-lo num *after-hours* em que todos os músicos iam tocar já de manhã. Eu perguntei se ele tocaria tenor, ele disse que sim, mas não tinha instrumento. Tive que comprar um tenor. Ele tocava tenor tão bem quanto alto, apesar de, nas *jam sessions*, só tocar alto. Era um sujeito muito acima da média, a gente ensaiava duas ou três músicas novas e, quando íamos tocar à noite, eu dizia: "Charlie, pegue a sua parte". Ele respondia: "Eu já sei". Ele

Música com Z

sabia todo o arranjo de cor sem precisar ler a música. Nunca entendi isso. Ele era um homem muito inteligente, até que perdeu o controle de si próprio. É isso que eu acho.

RUBEM MULLER — *Coleman Hawkins deu a primeira voz de sax--tenor no jazz. E você deu ao piano direitos, privilégios e responsabilidade, como qualquer outro solista na banda. É verdade que, para tornar o piano audível numa orquestra, você inventou uma maneira de frasear, como os sopros, para completar com o resto da banda?*

EARL HINES — É verdade. Meu pai tocava corneta. Eu também queria tocar corneta. Mas, quando comecei no piano, queria colocar no instrumento o que imaginava para a corneta. Acontece que, nas orquestras, eu não conseguia ser ouvido. Não havia amplificação, ainda usavam megafone para o cantor. Assim, tive que dar um jeito, e o melhor foi esse tal estilo de trompete, que era em oitavas, imitando o trompete de meu pai. Depois vi que Louis Armstrong também tocava assim; o que ele tocava no trompete, eu tocava no piano. Assim, acabamos ficando muito amigos.

ZUZA — *Numa noite destas, no 150, havia uma cantora estreando. Eu estava conversando com você no bar e, quando ela começou a cantar, você parou de conversar para prestar atenção, o que me deu certeza de como você é ligado a cantoras. O que você ouve numa cantora?*

EARL HINES — Eu presto atenção ao vibrato de sua voz. Não gosto de vibrato muito lento, pois parece disco fora de rotação. Também reparo na enunciação, na maneira de pronunciar as palavras. É preciso eu entender claramente o que ela diz, algumas vezes a voz vem do estômago, outras vezes, da garganta, eu reparo nesses detalhes. Nas notas graves, você tem de usar o estômago, nas agudas, você usa a cabeça, como Louis fazia com seu trompete. Eu observo isso o tempo todo, porque costumava ensinar canto. Lois Deppe foi o primeiro que eu ensinei, foi ele quem me colocou no *show business*, era barítono, tinha aula e, quando o professor não ia, eu ensinava. Ensinei Eckstine, Herb Jeffries, Arthur Lee Simpkins, Johnny Hartman, mostrava-lhes como chegar às notas mais agudas. Acho que sempre tive grandes cantores, posso estar enganado, mas acho que tive.

ZUZA — *Como você conheceu a cantora Ivie Anderson?*

EARL HINES — Ivie cantava um número muito bonitinho no show do Grand Terrace, mas não gostava que prestassem atenção nela. Duke Ellington precisava de uma cantora, havia uma outra muito clara, mas eles não quiseram, queriam uma negra mesmo. Foi a primeira grande banda negra que tocou no Chicago Theatre, e então mandaram uns representantes procurar uma cantora. Tentaram pegar a Ivie, mas ela não queria ir. Eu disse que era uma grande oportunidade, falei com o namorado dela, mas ela nem queria fazer teste. Como eu conhecia o pessoal do Balaban & Katz, pedi-lhes que a encaixassem numa matinê do Regal Theatre, na parte sul de Chicago. Ela cantou e deixou todo mundo de queixo caído. Assim, mais segura, Ivie foi contratada para a orquestra de Duke Ellington. [*Ivie Anderson é considerada a maior cantora da história da orquestra de Duke Ellington.*]

ZUZA — *E Sarah Vaughan?*

EARL HINES — Sarah era uma garota que cantava em Nova York, em um programa de calouros do Apollo Theater. Havia um sujeito chamado June Clark que tocava trompete e guiava meu carro nessa época. Nós fomos ouvir Ella Fitzgerald no Apollo, com um quarteto de rapazes; eu já tinha ouvido um disco dela que me chamara a atenção. Mas antes, apresentaram uma outra cantora, que tinha ganho o prêmio de melhor caloura uma semana antes e estava cantando no show como prêmio. Ela começou a cantar "Body and Soul". Eu olhei para o June e perguntei: "Ela está cantando ou sou eu que estou bêbado?". Ele disse: "Não, ela está cantando mesmo". Depois, conversamos atrás do palco, ela estava sentada numa caixa de Coca-Cola. Perguntei se ela queria entrar para a banda, ela respondeu meio indiferente, e eu fiquei cabreiro. Ela pensava que era brincadeira, mas aí viu que era sério mesmo. Foi assim que consegui Sarah.

ZUZA — *Qual é o segredo para você manter seu estado físico com quase 76 anos?*

EARL HINES — Bom, é que costumo sair com garotas de 14 anos... Não! É só uma questão de fazer exercício e cuidar do físico, é só isso. Claro que, na minha idade, não faço o mesmo que fazia antes, mas continuo com alguns exercícios. Tentei até convencer os rapazes de fazer um pouco aqui no Maksoud. Willis fez uma vez, mas, no dia seguinte, não conseguia andar. Eric fica só fazendo charme. Mas eu faço desde menino, acho que é preciso manter os músculos em atividade. Uso vaselina depois do banho. Não gosto de muita água no rosto, porque a água seca e a pele enruga. Também não uso sabão ou creme de barba, faço a barba com Noxzema e sem água. É bom para a pele.

ZUZA — *Você costuma lutar boxe?*

EARL HINES — Não, fui só amador. Meu pai tinha um clube de boxe e me ensinou a me proteger. Lutei um pouco e fui um bom amador.

Música com Z

Quando Joe Louis era campeão, eu costumava ir ao seu campo de treino, em Pompton Lakes, Nova Jersey, para me exercitar. Sempre gostei de lutar, mas agora fico só nos movimentos.

ZUZA — *Como era a situação de Chicago no auge do gangsterismo?*

EARL HINES — A gente não sabia o que se estava passando. Havia muitas gangues à volta, mas se a gente fosse prestar atenção, acabava nem tocando de tanto medo. Um dia, no Grand Terrace, dois caras do Al Capone apareceram e disseram: "Nós queremos 25%". O dono era um judeu e perguntou: "O quê? Por quanto tempo, por três anos?". Mas não adiantou nada, eles ameaçaram seus dois filhos, e ele teve que concordar. Aí, todas as noites, ficava um homem ao lado do caixa, dois na porta da frente e dois nos cantos do salão. O pessoal do Al Capone nos ordenou: "O negócio é o seguinte, vocês não ouvem nada, não enxergam nada, não sabem de nada". Assim era, a gente não prestava muita atenção e, apesar de ter muito pistoleiro na casa, nunca houve tiroteio. Os garçons todos tinham revólver.

ZUZA — *Algum músico usava revólver?*

EARL HINES — Alguns tinham, eu nunca vi, mas sabia que tinham. Billy Eckstine tinha uma faca para se proteger.

ARMANDO AFLALO — *Voltemos ao presente. Você viajou muito. Conte alguma coisa dos países que visitou.*

EARL HINES — Bom, conheci o rei Gustav, da Suécia, jogamos tênis juntos. Também tive a honra de uma audiência com o papa, conheci muitos reis e rainhas, é muito bom ser reconhecido fora de seu país. Por isso, Louis e eu fomos considerados embaixadores do jazz. Já dei três vezes a volta ao mundo. É uma coisa que eu gosto, mas já viajei tanto que agora me sinto cansado.

ZUZA — *Como você adapta seu repertório tocando num país estranho?*

EARL HINES — Eu não adapto. Tenho ótimos músicos, isso é evidente. Amo-os. Quem tem bons músicos não tem que se preocupar com o país em que toca. O povo sabe que você é um artista. Quando o músico não sabe o que está tocando, tem que inventar um jeito de fazer os outros acreditarem que ele é bom. Como um médico charlatão ou um falso advogado. Por isso, nós podemos tocar aqui o mesmo programa de Cuba ou da Austrália. O público percebe que a gente sabe tocar.

RUBEM MULLER — *Como o público jovem reage, quando você toca um* blues *lento?*

EARL HINES — Nunca temos público só de jovens, a não ser em escolas. Mas os estudantes sabem o que querem quando nos contratam. Eles sabem o que vai ser tocado, sabem o que vão ouvir e por isso gostam.

ZUZA — *Agora uma pergunta a Willis Kirk: o que você sente quando toca com Earl Hines?*

WILLIS KIRK — É uma honra para mim, é como tocar com uma legenda. Tocar com Earl Hines é um privilégio, é como estar bem no centro do universo do jazz.

ARMANDO AFLALO — *Você também é o criador de um método para vassourinhas. Queria saber de sua experiência no assunto.*

WILLIS KIRK — Sempre gostei de vassourinhas. Toquei com um pianista que morreu em 1958, Carl Perkins, que me pediu para não usar nem baqueta nem surdo. Assim, usava vassouras na caixa e no prato. Tive de inventar um jeito de fazer aquilo ficar atraente, pois não havia nem contrabaixo. Ficamos juntos muito tempo e, assim, desenvolvi uma técnica de vassourinhas. Um dia meu filho me perguntou por que eu não escrevia um livro sobre essa técnica, e assim surgiu esse método, com ilustrações.

ZUZA — *Agora Jim Cox: Fatha orienta você dizendo o que deve fazer ou deixa-o tocar livremente?*

JIM COX — Earl sempre nos dá liberdade de tocar à vontade, a não ser em trechos em que é necessário ser de uma determinada maneira.

ZUZA — *Earl, muita gente costuma dizer que, quando se estuda, se perde a espontaneidade e que é melhor não estudar música. O que você acha disso?*

EARL HINES — Só se você não estiver mesmo interessado em música, porque se você tem interesse, não pode perder o que já sabe. A música tem bases, seja a clássica ou a popular. É preciso começar dessas bases. Se você conhece as estruturas dos acordes, vai saber o que está fazendo. Quando você consegue tocar sem conhecer, você acerta por sorte. No mundo atual, é preciso saber para chegar aonde se quer.

TOMÁS DA COSTA — *Quando você acha que atingiu seu melhor momento como solista, tocando com grupos pequenos como o de Armstrong ou o atual, ou com sua big-band?*

EARL HINES — Não faz diferença. Você tem que ter bons músicos, tive sempre a sorte de arranjar bons substitutos para os que saíram. Já tive trinta músicos, dezoito, quatro, seis no grupo *dixieland*, e só trio, todos grupos diferentes. O importante é que eu conhecia o piano.

ZUZA — *É verdade que, na época em que você tocava com o grupo dixieland, em São Francisco, quase desistiu da música?*

EARL HINES — É verdade. Eu não estava sendo considerado como devia, não conseguia encontrar um bom agente, todos queriam levar vantagem, e eu não queria ser tratado como outros artistas. Pagava minha porcentagem aos empresários e eles é que tinham de trabalhar para mim, não eu para eles. Depois que fiz aquele espetáculo no Little Theatre, em Nova York, eu disse a Stanley Dance que desejava tocar o que eu sabia, e o resto não interessava. Assim, eu pude voltar, senão teria parado.

ARMANDO AFLALO — *Você, Eric, jovem, toca essa música porque prefere ou porque acha que é básico para depois partir para uma música mais moderna?*

ERIC SCHNEIDER — O tipo de música que eu toco com Earl é basicamente *mainstream*, *swing* com alguma coisa de *bebop* pelo meio, mas esse é o estilo que eu toco normalmente, mesmo sem Earl. Acho que o caminho natural é tocar primeiro *dixieland*, depois o repertório *swing*, depois o *bebop* e depois, então, entrar na música mais contemporânea.

ARMANDO AFLALO — *Mas você pretende tocar música moderna?*

ERIC SCHNEIDER — Pretendo tocar todo tipo de música. Toco *dixieland* ou *bebop* em Chicago, já toquei com o acordeonista de Lawrence Welk, toco o que for necessário na ocasião.

EARL HINES — Eu queria dizer que Eric é muito versátil.

ZUZA — *Fatha, você acha importante que um músico de outro país fora dos Estados Unidos toque jazz, mesmo que não pretenda só ficar no jazz?*

EARL HINES — Todos os grandes músicos de jazz morreram. Antes, nós nos reuníamos, trocávamos ideias sobre o mesmo tipo de música. Agora, não tenho com quem trocar ideia, nem me interesso em procurar outras pessoas, não ligo muito para o *bop* ou para o rock. Não há lugar para o piano no rock, e nunca gostei muito do *bop*. A juventude tem a sua própria música e não está interessada em *big-bands*, eles só conhecem rock. Quando eu comecei, também não estava muito interessado no que o meu pai tocava. Não culpo os jovens, só acho que eles devem ser o melhor possível, independente do estilo que toquem.

ZUZA — *Como você pretende passar seu aniversário em São Paulo?*

EARL HINES — Vamos deixar isso em segredo por enquanto.

ZUZA — *Queremos agradecer a você essa oportunidade única e desejar um feliz aniversário.*

EARL HINES — Muito obrigado, gostei muito.

RUBEM MULLER — *E que você viva para sempre.*

EARL HINES — Bom, isso eu também gostei.

(Publicado em 27 de dezembro de 1981 em O *Estado de S. Paulo*)

NOTAS EM 2014

Quatro dias após a morte de Earl Hines, em 21 de abril de 1983, voltei a escrever sobre o nobre músico de jazz com quem estivéramos pouco mais de um ano antes:

"Solitário, mas ainda ativo... Foi-se com sua jovialidade desafiadora. Dizia mesmo que já nem tinha mais com quem conversar. Com seu inseparável charuto e muito bem-vestido, como sempre foram todos os membros da dinastia, ele deixa saudades em todos os lugares por onde passou. No Brasil, esteve três vezes, sempre em São Paulo, aonde veio em 1969 com seu quarteto, apresentando-se na extinta TV Excelsior, ao lado do grande cartaz, Oscar Peterson. Mas quem foi ver Peterson viu Earl Hines... Esse sentido de modernidade foi o que lhe valeu para intuir como o piano poderia passar de um instrumento de acompanhamento dos primeiros conjuntos de jazz para a condição de solista.

Naquela noite (1974), viu-se como ele dignificou o piano no jazz. A terceira vez foi a mais longa de todas, quando ele mostrou sua tarimba de *bandleader* e de estimulador de músicos e cantores... No 150 Night Club, do Maksoud Plaza, ele comemorou o Natal, seus 76 anos e passou o *réveillon*. O velho pai do piano moderno ainda era capaz de façanhas: criou em São Paulo o ambiente mágico do mais autêntico clube de jazz nova-iorquino."

6.

Milton Nascimento

Na entrada do mais famoso clube de jazz de Copenhague, o Montmartre, há uma galeria com fotos dos grandes artistas que pisaram naquele palco. A maioria, americanos como Miles Davis, Dizzy, Charles Mingus. Em grande destaque, uma foto colorida de um brasileiro queridíssimo na Dinamarca: Milton Nascimento. "A Dinamarca é uma coisa mágica na minha vida, sempre teve alguma coisa me chamando para lá, mas era uma coisa íntima. Um dia, recebi um relatório e vi que era o lugar que mais vendia meus discos. Não era possível, como, com aquela população? Até que vieram três pessoas de lá querendo me levar. Foi uma loucura. Às quatro da tarde, já tinha uma fila imensa na porta. Recebi um carinho tão grande, uma das melhores coisas da minha vida, parecia um conto de Andersen. Uma pessoa põe um barco na minha mão, e eu vou navegando pelo Mar do Norte. Sinto-me um pouco *viking*, costumo dizer no meio dos amigos que sou dinamarquês, tenho uma paixão desesperada por aquele lugar."

Muita coisa mudou na vida de Milton Nascimento nestes últimos cinco anos em que tem feito shows, anualmente, na Europa e nos Estados Unidos: ele é um dos artistas mais admirados atualmente, uma das mais evidentes influências na música de Pat Metheny e Al Di Meola. O som de Milton está por trás deles todos. Na Suécia, na Inglaterra, na França, nos Estados Unidos, o nome Nascimento traz a força de um som novo para a música de todo o mundo. "É mesmo, está acontecendo uma coisa muito interessante, muito comovente. Nesses lugares, as pessoas vão, sentam e prestam uma atenção total. E com aquele silêncio, a gente tem mais espaço entre uma frase e outra, posso deixar minha voz ecoando, eu fazendo eco da minha própria voz, é uma experiência que me emociona de tal maneira que aí saem coisas impressionantes. Quando acaba o show, a gente está suado, um suor de emoção, muito forte. Bom, você falou que era pra falar sem modéstia: depois do show, vem gente e me pergunta 'O que eu vou fazer depois disso que ouvi?'. Mas são muitas pessoas, em vários países de línguas diferentes, em praças de touros, em ginásios,

166   Zuza Homem de Mello

praças abertas, na ópera de Frankfurt, é uma viagem que eles fazem. Isso está sendo muito importante na minha vida. Fico conhecendo os artistas e o folclore desses países, castelos e cidades do tempo que o Brasil nem sonhava em ser descoberto, e vou aprendendo. Isso me dá uma bagagem que eu ainda não tive tempo pra começar a soltar. O que está guardado aqui dentro já não está cabendo, estou quase explodindo."

De fato, até o comportamento de Milton Nascimento no palco, em shows pelo Brasil, modificou-se nestes anos. Agora, ele não precisa mais de muletas, "bebida, por exemplo".

Essa fase de uma criatividade intensa se reflete nos seus últimos discos. *Encontros e despedidas*, que está sendo lançado estes dias, é o mais sério candidato a melhor do ano e um dos melhores discos de sua carreira. Sua voz emocionada está esplêndida nos agudos, como em "Caso de amor", e nos graves, como em "Noites do sertão"; é a voz de um homem claramente de bem consigo. O letrista de "Morro velho" está de volta em seis músicas, com diversos parceiros, cada uma melhor que a outra. Regrava "Raça" com o saxofonista Steve Slagle, canta a definitiva versão de "Encontros e despedidas", com a flauta de Hubert Laws, grava com Pat Metheny "Vidro e corte", convida artistas que admira para encontros que ficarão memoráveis: a cantora Clara Sandroni, em "A primeira estrela", e os grupos Vissungo e Uakti. "Quero continuar trabalhando com o maior número de pessoas possível, chilenos, argentinos, cubanos, como já fiz, e agora o Uakti, uma coisa fantástica, com aquele som por outros caminhos, que pode ser juntado ao eletrônico. Pretendo levá-los para a Europa e dar um presente para meu ego quando eles forem famosos."

Faz dois anos e meio que Milton gravou ao vivo no Anhembi o LP que continha "Coração de estudante". "Desde então, a gente tem feito só shows, que são uma escola incrível. Levo pra dentro do estúdio aquela imagem do show, a vibração vem comigo e com os músicos. Esse negócio de um disco neste ano, outro no ano que vem, para mim não funciona. Não é por falta de inspiração ou de repertório. Se eu não tiver músicas para um LP, tenho parceiros com quem posso escrever letras; se não tiver músicas nem letras, que é coisa que não acontece, sigo meu caminho para o ato de cantar. Vou buscar na música popular brasileira um repertório que eu também canto, e se não tiver nem música brasileira, canto música estrangeira. E, ultimamente, tudo está muito forte por causa do que está acontecendo na minha vida, aqui e no exterior. Faço as coisas na hora que eu acho certo."

Música com Z

O fato é que essa nova grande fase de Milton Nascimento ficou muito nítida desde que ele voltou para Minas. "Começou por uma coisa muito íntima, precisava estar num lugar onde tivesse mais tempo para mim, menos papo e mais ação. Retomei meus contatos com Belo Horizonte, revi Diamantina e, em cada bar, em cada esquina, tinha um violão ou alguém cantando, um coro ou uma flauta. Aí reunimos quatro pessoas, eu e o Wagner mais dois amigos, e resolvemos fundar uma escola para que esse lance não ficasse perdido. Não é de jazz nem de rock, é de música popular brasileira, mas para quem quiser sair tocando o que quiser. Desenvolve habilidades motoras na criança, está um barato. A gente resolveu fazer também um programa de rádio semanal, grátis, para 35 cidades que cobrem praticamente o estado todo. Uma vez por mês, vai uma entrevista com um grande nome da MPB, e eu atuo como locutor. O rádio foi um dos meus primeiros empregos, desde 14 anos que eu fazia programação e falava, tocando de tudo, música espanhola, latina, americana, tango, bossa nova, parecia um baile. Agora estou de volta."

São Paulo também ocupa um lugar muito especial em sua vida. "Passei dois anos tentando a vida, apanhando muito, mas não queria voltar para Minas de jeito nenhum, vencido não voltava. Quando a gente está numa pior, aparecem mil coisas que podem perverter, envolver você com coisas pesadas, drogas, e nunca me envolvi. Ao mesmo tempo, quebrei vários preconceitos, muitas coisas passaram a ser normais, inclusive a fome, nunca tinha passado fome em minha vida. Em dois anos, vivi 20 anos. É uma cidade que me ensinou demais, tenho uma grande paixão por ela. Se não fosse São Paulo, eu saberia muito menos e teria muito menos força." E uma das forças da música de Milton está no seu ritmo livre, em que ele altera com a maior naturalidade divisões complexas, quase indecifráveis. "Sabe, a única maneira que eu posso falar é que as coisas se passam na minha cabeça como num filme, realmente não sei explicar. Mas tem uma coisa que o Wayne Shorter me falou uma vez. Quando fiz 'Ponta de areia', e íamos gravar, sentei ao piano e comecei a tocar. A música é muito simples. Agora, vai passar para a pauta para ver, tem mudanças de ritmos, de compassos, e eu não programei isso. Então ele virou para mim e disse: 'Você faz música igual criança'."

Desde que se entende por gente, Milton queria ser maquinista de trem, só brincava com comboio, desenhava trenzinhos nos cadernos de escola. Por isso a marca Nascimento, como nesse novo LP, é um trenzinho. "Que sempre me leva a algum lugar. E, quando vou para outros países, me comovo ao ver como eles tratam as coisas deles, fazem tudo para preservar. Fico impressionado e, ao mesmo tempo, fico triste pensando no nosso país, porque no Brasil uma pessoa vai te mostrar um lugar e diz: 'Aqui tinha isso, aqui era assim, agora não é mais'. Este é o país do 'aqui era'. Aí você vê, cada estado tem sua comida, seu artesanato, as tendências de música que não acabaram ainda porque são muito fortes. A gente tem essa sensação fora do Brasil, quer voltar e dizer para as pessoas abrirem os olhos. Cabe muito a gente falar, não são só as pessoas que estão no poder. A gente também é responsável. É uma musicalidade que existe por esse Brasil afora, e, cadê? É a terra da gente. A gente viaja pelo mundo, mas só se sente inteiro aqui. E não estão deixando a gente ser inteiro. Porque o país está em frangalhos. É triste."

(Publicado em 7 de novembro de 1985 em *O Estado de S. Paulo*)

7.

Bobby Short

Glamour e elegância. Vinho e traje a rigor. Fumaça e música. Caviar e champanhe. Canções muito conhecidas e quase desconhecidas. Um frequentador do café do hotel Carlyle, em Nova York, saberá reconhecer nesses pares de expressões o perfil que simboliza a figura máxima de cantor de *saloon*. E, por se tratar de um superclube de Nova York, como não há em Londres nem em Paris, onde se encontram personalidades do mundo inteiro, esse cantor é, por extensão, o *top*, o *in*, o *must*, Bobby Short.

Durante seis meses do ano, cinco dias por semana, sempre impecavelmente a rigor, Bobby Short realiza a *performance* mais desejável da noite de Manhattan. Desde abril de 1968, quando o pianista George Feyer resolveu tirar umas férias de duas semanas, ele tornou-se efetivo no Carlyle. E 14 anos no mesmo lugar é um bom sinal da lealdade desse pianista, que começou menino, como o rei em miniatura do *swing*. "Acho que há uma certa lealdade por estar lá há tanto tempo. Mas também tem sido muito bom negócio para mim. Sempre tive bom-senso em negócio, acho que é importante na vida. Por isso me convém ficar tocando em Nova York, e no Carlyle. É mesmo, eu sou leal, já me fizeram outras ofertas, mas a primeira escolha é sempre o Carlyle. Embora lealdade seja diferente de fidelidade. Nem sempre a fidelidade é possível. A lealdade, sim."

Como bom virginiano, Bobby é também um perfeccionista: "É um hábito terrível, que não desejo a ninguém. Deixa a gente nervoso, sem dormir e sempre frustrado, porque a perfeição é muito difícil de alcançar. Tenho consciência disso, mas sou assim mesmo: quero que tudo seja exatamente perfeito".

Tão exigente com suas roupas confeccionadas em Savile Row, ele também é assim com seu imenso e incrível repertório. Uma nova canção tem em princípio que atraí-lo. Depois, ele pergunta: "Será que vai bem comigo? Vai funcionar se eu a cantar? Aí estão os dois pontos na escolha.

Os amigos costumam me mostrar músicas, às vezes foram até os compositores que eu tive a honra de conhecer que trouxeram músicas para mim, Cole Porter, Richard Rodgers, Noël Coward".

A capacidade de Bobby Short em desencavar velhas canções dos anos 20 e 30 e transformá-las em verdadeiros *hits* que se propagam no circuito internacional de seus admiradores também se aplica a artistas, mas ele nega: "Nada disso, eu não redescobri Alberta Hunter. Ela diz isso, mas não é verdade. Alberta morava em Nova York há muito tempo, e, em certa ocasião, a cantora Mabel Mercer ia voltar a cantar na Inglaterra pela primeira vez depois dos anos 30. Resolvi dar-lhe um bota-fora e, quando fizemos a lista de convidados, ela pediu para incluir Alberta Hunter. Um dos meus convidados disse: 'Essa é a Alberta Hunter que cantava há muito tempo?'. Ele ficou entusiasmado, encaminhou-a a um empresário, e sua carreira foi reatada. Aliás, Alberta também é uma pessoa muito leal e diz que eu a redescobri. Não é uma ótima história?".

O carinho de Bobby Short por velhas canções é tão grande como por antigos ídolos do *show business* norte-americano. Por isso, ele foi o perfeito mestre de cerimônias de uma noite inesquecível no Festival de Jazz de Newport de 1979, "Black Broadway 1900-1945", quando os legendários Eubie Blake, o único pianista de *ragtime* ainda vivo, o sapateador Honey Coles, John W. Bubbles, o intérprete original de Sportin' Life, de *Porgy and Bess*, Nell Carter, que participou do musical *Ain't Misbehavin'*, e outros foram ovacionados no Avery Fisher Hall. "Foi uma noite gloriosa. Também cantei músicas escritas em 1902, 1905, e, quando Adelaide Hall entrou no palco, a orquestra tocou 'Creole Love Call', que ela gravou magistralmente com Duke Ellington. Num vestido longo e com uma estola branca, ela cantou 'I Must Have that Man', e o poderoso George Wein, organizador do festival, chorou como criança."

Nova York é a cidade de seu coração, onde se abriram as avenidas de sua carreira. Lá, ele é o cantor de *saloon*. "O *saloon* é um lugar onde há muitos elementos para atrapalhar um artista; a pessoa vai para tomar um drinque e distrair-se, ou então encontrar um amigo, ou desfrutar uma companhia, ou apreciar o ambiente, ou discutir política ou até fazer amor. Como parar todo mundo para vê-lo e ouvi-lo? O cantor tem de possuir um sentido muito agudo e especial, é muito diferente de um palco, onde todos estão na plateia para assistir ao show. No *saloon*, o artista tem de descobrir o carisma para obrigar o público a prestar atenção em você. Não é fácil. Às vezes, é dificílimo. Além disso, manter-se em forma como cantor no ambiente de *saloon* também é muito duro. A arte do cantor é uma amante muito ciumenta que tira tudo de você, governa o que se deve comer e beber, o que vestir, tudo. E o público em geral não tem mais tido muito tempo para encarar seriamente a música popular nem refletir sobre o que diz a letra. Há grandes sucessos hoje em dia em que nem se consegue ouvir direito a letra, quanto mais entendê-la; há casos de uma frase repetida dezenas de vezes, o que está muito distante do trabalho artesanal de Cole Porter e Ira Gershwin, apesar de existirem ainda alguns grandes letristas em atividade: Stephen Sondheim, Larry Grossman, Cy Coleman, Adolph Green, Carolyn Leigh, Burton Lane, Alan Jay Lerner, Jule Styne. Mas eles não estão fazendo *hits*. Com exceção de Sondheim, nenhum deles teve um sucesso nos últimos dez anos."

Dos compositores que são chamados de cinco grandes, Irving Berlin, o único vivo, é para Bobby Short um vovô da música norte-americana. "Impressiona-me muito sua produção, os variadíssimos estilos em que ele compôs; alguns ficam até surpresos ao saber que ele é o autor de certas músicas. Irving Berlin, que não conheço pessoalmente, compôs durante quase todo o século XX, sempre elegante, sempre lindo. Cole Porter eu conheci pessoalmente: um *gentleman* da mais refinada educação, um homem que conhecia profundamente a língua inglesa, como se percebe nas letras de quase mil músicas; eu canto muitas delas. Como Irving Berlin, ele fez letra e música, isso acontece de vez em quando. Só que Cole Porter estudou música, e Irving Berlin, não. Mas foi um dos primeiros a apoiar Cole Porter no início da carreira. Porter teve muita dificuldade em vencer em Tin Pan Alley [essa expressão representa o mundo da música popular americana de 1900 a 1935 e designa o trecho da 7ª Avenida entre as ruas 48 e 52, onde se negociavam as edições de música]. Porter teve de descobrir sua marca, pois era jovem, rico e petulante, e enfrentou muitos problemas, inclusive porque, naquela época, ser compositor popular não era muito bem-visto na alta sociedade de onde ele vinha. Sua mulher, Linda, queria que ele fosse um compositor clássico, um Chopin, por exemplo. Duke Ellington foi meu primeiro ídolo, como músico e como indivíduo. Um homem de talento, sofisticadíssimo e que trabalhava loucamente; até o último dia de vida. Como sempre foi ligado aos *blues*, Ellington reescreveu-os sem conta e deu-lhes nomes diferentes. E suas canções são muito difíceis de cantar. Uma vez escolheram 'Sophisticated Lady' como teste de um show na Broadway."

Sobre duas cantoras pouco conhecidas no Brasil, mas não para Bobby Short, ele diz: "Adoro Lee Wiley, pela colocação de voz fácil e natural. Era inegavelmente elegante, muito engraçada, uma senhora imprevisível. Tenho muitos discos dela. Frances Faye? Conheço-a desde que tenho 12 anos, é muito amiga minha, toca piano e canta, ninguém tem aquele ritmo, aquela garra. Esse tipo de cantora é raro hoje em dia, de vez em quando aparece alguém corajoso como ela. Frances Faye é uma cantora de *saloon*, podem acreditar, ela sabe cativar o público".

Bobby Short fica no Bar 150 até 2 de outubro. Estreou quarta-feira, 15 de setembro. "É muito engraçado, mas 15 de setembro é um dia em que se programa muita coisa. Não sei por quê, são contas que vencem, nos Estados Unidos reiniciam-se as aulas, os aluguéis têm de ser pagos, é um dia em que as coisas acontecem. E eu nasci nesse dia. Já comecei uma temporada no Carlyle no meu aniversário, já estreei no Fairmont Hotel de São Francisco nesse dia. E, este ano, comecei no Maksoud Plaza também no meu aniversário. Só porque é dia 15 de setembro."

(Publicado em 19 de setembro de 1982 em O *Estado de S. Paulo*)

8.

Chico Buarque

O ano de 1966 projetou nacionalmente Chico Buarque de Hollanda como um dos maiores compositores da música popular brasileira. Foi há 20 anos que ele compôs e cantou "Madalena foi pro mar", "Olê, olá", "A Rita", "Tem mais samba" e "Tereza tristeza", que hoje fazem parte de qualquer reunião em que role um violão e alguma bebidinha. Em 1966, aquele jovem de 21 anos e olhos claros foi colocado desde logo na galeria dos grandes, comparado frequentemente a Noel Rosa. Foi há 20 anos que ele ganhou, empatado com Geraldo Vandré e Theo de Barros (autores de "Disparada") o famosíssimo festival da TV Record, com "A banda". O "Carioca" do Colégio Santa Cruz, filho do ilustre Sérgio Buarque de Holanda, começou a ser Chico Buarque.

"Nunca faço um balanço de minhas músicas antigas, não ouço, há uma certa rejeição mesmo, essa recusa do que já foi feito é um assunto até para ser tratado pela psicanálise. Comecei com um conhecimento muito primário de música e harmonia, era uma coisa de ouvido, e eu vim me aprimorando bastante nesse tempo todo. A parte literária também, imagino que sim. Tenho impressão que vim seguindo uma linha ascendente em termos de qualidade. Espero estar com a razão. Mas não posso responder se me decepciono ou me entusiasmo com o que fiz naquela época. Às vezes, eu escuto sem querer, no rádio, levo um certo susto ou mudo de estação, fico um pouco perturbado, parece que esse tempo passou rápido demais. Quando você me fala em 20 anos, fico com uma certa dúvida, e são mesmo 20 anos de música, mas eu não estou com vontade de encarar."

Apesar disso, talvez por uma questão de saudosismo, há quem prefira o Chico de "Quem te viu, quem te vê", de 1967, que o sambista Roberto Ribeiro regravou em seu novo LP com a participação do próprio Chico. "Claro que a gente tem uma ligação afetiva com a juventude. Quando eu fiz 'Quem te viu', tinha 20 e poucos anos, e imagino que os que ainda sabem essa música de cor, também. Devem ser meus coetâneos. Mas pertence a um passado já sepultado. Por minha conta, não regravaria, e se cantei no disco do Roberto foi porque era o trabalho de um amigo. Para regravar essas músicas, teria que fazer um balanço, reescutar tudo, e isso no momento seria muito doloroso. Posso mudar de ideia daqui a algum tempo, mas isso não está nos meus planos."

O ano passado resultou em dois trabalhos, lançados quase na mesma época: os LPs com músicas do filme *Ópera do malandro* e da peça musical *O corsário do rei*. "Acho que o ano passado foi o meu recorde de produção: compus nove músicas para o filme e escrevi catorze letras, com Edu Lobo, para a peça. Como comecei a trabalhar pra valer em maio e terminei em outubro, foram cinco meses muito intensos. Agora a gaveta está vazia. Em princípio, ia utilizar quase todas as músicas originais no filme, mas como foram introduzidos novos personagens, outros cresceram, então havia necessidade de umas cinco composições novas. Depois, fui substituindo algumas músicas, até pelo prazer de ter algo novo: substituí o 'Folhetim' por 'As muchachas de Copacabana', para dar uma movimentação; cheguei a compor uma para o lugar de 'Pedaço de mim', que acabou não entrando; foi me dando vontade de fazer porque o processo de trabalho é embriagante. Por mim, teria feito mais ainda. A trilha sonora ainda vai sair num álbum duplo com as mesmas canções desse disco que acaba de ser lançado, mas cantadas pelos atores; alguns coincidem, como a Elba Ramalho e o Ney Latorraca, mais uma música que não deu tempo de entrar no disco; algumas canções já muito conhecidas, como 'O meu amor' e 'Uma canção desnaturada' e as músicas incidentais. O álbum vai sair com o filme, em maio."

Assim, o trabalho mais recente de Chico Buarque é bem diferente das canções soltas que ele próprio cantou ou entregou a outros intérpretes para seus discos. Há uma função desta ou daquela música para esta ou aquela cena, detalhe importante em sua análise. Talvez aí esteja a razão da suposta inferioridade em relação a composições de anos atrás, que tem sido comentada por alguns. Poderá haver um certo esgotamento na produção de Chico? "O que acontece com muita frequência é o compositor parar cedo, ao contrário de outras atividades da cultura, como escritores, autores de teatro, pintores. Eu também tenho medo disso, porque pode acontecer comigo. A gente, quando começa, parece que tem na cabeça uma bagagem de tantos sons, tem tanta vontade... Em minha adolescência, eu chegava em casa, pegava o violão com uma voracidade e poderia fazer três músicas por dia. Vai correndo o tempo, você começa a conhecer os caminhos todos, a grande angústia é essa, parece que você vai se repetir, e não quer. Então é um desafio danado."

Música com Z

E Chico vai além: "Um pouco por causa disso estou enfrentando esses desafios, o de ser obrigado a fazer, porque eu mesmo me encomendando, é uma provocação. Se eu não fosse obrigado, talvez também já estivesse entregando os pontos, sinto isso. A música popular corre esse perigo porque é uma faca de dois gumes. É um pouco como o jogador de futebol, que com 30 anos já é quase um veterano. Antigamente, os compositores tinham um certo estilo, não se exigia deles grandes mudanças, hoje há caminhos estreitos e dirigidos para uma só praça, numa tentativa de igualar tudo. É a vitória, não sei se definitiva, da indústria do disco sobre a música. No disco, existem tecnocratas que entendem o que vai vender, como deve ser vendido, é um outro tipo de talento. Eu sou de uma geração que conheceu outro método de trabalho, que não tem tática nenhuma para estar seguindo a onda. Do lado do público, vejo que os adolescentes estão ouvindo muito pouco para a capacidade de audição e de assimilação própria da idade. O que será deles daqui a 20 anos? Vão ter saudade do rock, vão ficar com mais de 40 anos e serem saudosistas da *disco music*, como quem ouviu 'Quem te viu, quem te vê'?".

O fato é que, com o passar do tempo, ocorre uma mudança de posição na avaliação dos discos de Chico: trabalhos mal recebidos no início são mais tarde elogiados. "Eu já percebi isso também. Em 1984, saiu uma crítica contra o disco da capa vermelha, que tinha 'Vai passar', e se referia elogiosamente a *Almanaque*, que tinha sido maltratado. No momento, isso não me afeta, porque estou muito seguro. Reconheço que é difícil desligar a figura do autor de sua obra, na medida em que você toma atitudes na vida, principalmente políticas. Cria-se uma antipatia natural que vaza para a crítica musical. Em alguns jornais, cuja chefia é extremamente antipática à minha pessoa, existem críticos que escrevem de encomenda, partem para um ataque duro e pessoal e se esquecem de falar do trabalho. A 'Ilustrada' da *Folha* faz agora o mesmo que fez com relação a 'Vai passar', foi uma das coisas mais engraçadas, o sujeito não entendeu, falava de exilados quando a música fala de outra coisa. Isso não me magoa, mas é como você estar andando na rua e te jogarem uma laranja podre, sem motivo algum."

Chico considera seu trabalho com parceiros — ultimamente Edu Lobo e Francis Hime, em que há a separação ortodoxa do Chico letrista e do Chico músico — muito enriquecedor e distinto das composições em que ele faz letra e música. "É muito mais fácil falar de letra. Gostaria que eles entendessem que é uma coisa integrada, o verso está ali por causa da melodia. Um verso solto pode ser muito bonito, outro pode não ser tão bonito, é às vezes frágil, mas sustenta a música, porque a melodia pede aquilo, é o verso certo para aquele clima. É um casamento que se fica divorciando o tempo todo, fazendo análise literária, como se fossem poemas."

E a volta ao palco, tão reclamada há anos? "As pessoas me cobram muito isso, mas os espaços estão todos tomados, e eu teria que me programar por muito tempo. Se num dia me dá uma coceira de voltar ao palco, pode ser que na semana seguinte me dê o contrário. Eu teria que assumir um compromisso para daqui a três ou quatro meses, e isso me perturba um pouco, é uma decisão grave para mim. Naquele show da Argentina com Toquinho aconteceu exatamente isso; voltei para cá com meio show ensaiado, banda ótima, e aí resolvemos fazer o Canecão, uma ideia óbvia. Poderia até ter topado, porque nem o filme nem a peça tinham sido 'fechados'. Mas saíram os dois contratos ao mesmo tempo; se tivesse topado, estaria frito. Agora não estou com nenhum compromisso maior, mas também não quero nada ainda. Como cantor, estou livre, cumpri meu contrato com a Ariola e o natural seria gravar um disco este ano. Posso produzir e entregar para uma fábrica distribuir, posso assinar com uma gravadora para um único disco, há vários caminhos para tentar. E talvez, nesse embalo, eu posso tomar coragem e fazer um show."

(Publicado em 12 de janeiro de 1986 em *O Estado de S. Paulo*)

9.

Chet

"Não moro em lugar nenhum atualmente. Eu e minha mulher estamos pensando em arranjar um apartamento em Roma, apesar de ser um pouco ao sul demais da Europa. Paris é muito cara, e os parisienses, muito ríspidos. Talvez Luxemburgo. De qualquer forma, não faz sentido morarmos na Califórnia. Trabalho a maior parte do tempo na Europa."

Esses são os planos de um dos músicos mais maltratados pela vida: Chet Baker, o James Dean do jazz. Após uma ascensão vertiginosa, na qual se tornou o trompetista favorito dos leitores da revista *DownBeat* de 1953, a vida aprontou-lhe uma sucessão de tropeços quase fatais, do envolvimento com drogas à prisão, deixando marcas profundas no seu corpo magro e frágil. O rosto desse homem meigo positivamente não é o de um homem de 54 anos. Chet Baker parece ter no mínimo dez anos mais. Entretanto, atravessa uma fase bonita de sua vida, cercado pelo carinho de sua mulher, que o abraça constantemente pelos salões e pela piscina do Hotel Nacional, onde tocará hoje, na noite de encerramento do Free Jazz Festival. Seu grupo, formado no Brasil, inclui o flautista/ saxofonista italiano Nicola Stilo, e a cozinha tem os brasileiros Sizão, baixista de São Paulo, Rique Pantoja, tecladista do Rio e grande amigo de Chet, e Bob Wyatt, baterista americano radicado no Brasil. Com esse time, Chet deverá também se apresentar duas noites em São Paulo, ainda no mês de agosto.

"Tenho trabalhado com regularidade desde 1973 em concertos, festivais e clubes. Gostaria de tocar todos os dias. Na época em que fazia o serviço militar, tocava sem parar. Na banda, durante o dia, depois descansava, acordava à meia-noite para tocar num clube à 1h00, e varava a noite. Dormia um pouquinho, porque tinha que dar o toque da alvorada."

Chet Baker foi uma das mais fortes influências entre os músicos brasileiros que se projetaram nos anos 50, quando ele era considerado o trompete mais *cool* do famoso movimento West Coast Jazz. "Minha maneira de tocar foi criada num envolvimento natural. Costumava ouvir Dizzy, Miles, Lee Morgan, Kenny Dorham e Clifford Brown, que era um monstro. Eles eram tão bons que eu achei que nunca tocaria como eles. Tinha que encontrar meu próprio caminho. Um dos primeiros trabalhos foi com Charlie Parker. Um dia, encontrei um telegrama debaixo da porta participando que ia haver um teste para tocar com Bird num clube de Los Angeles. Fui e, quando me acostumei com a escuridão, vi que todos os trompetistas da cidade lá estavam. Charlie havia perguntado quando eu chegaria. Fiquei uns cinco minutos, e ele me chamou, tocamos só duas músicas. Aí ele disse para todos que o teste estava terminado, e eu fui contratado para tocar três semanas no Tiffany. Alguém gravou uma fita nesse clube em 1952 e me deu de lembrança. Uns dez anos depois, emprestei essa fita a um cantor em Nova York, e, de repente, esse cara me aparece com uma história que outra pessoa é que tinha dado. Dois meses depois, foi lançado esse disco na praça. Uma gravação muito ruim."

Uma discografia de Chet Baker, feita na Dinamarca, relaciona mais de 130 *long-plays* gravados até hoje. "Não recebo nada. Nunca recebi dinheiro algum dos discos que fiz. Tinha um empresário em Nova York chamado Richard Carpenter, que assinava cartas em meu nome dizendo que o dinheiro dos direitos de meus discos deveria ser depositado em sua conta. Ele me roubou o tempo todo. Tentei acioná-lo, mas ele sumiu. Fiquei procurando esse cara para matá-lo."

Quando surgiu no jazz, em 1952, Chet deixou meio mundo de queixo caído. Seu trompete tinha um lirismo e uma suavidade jamais ouvidos anteriormente. E nada de vibrato. Era o antagônico de Armstrong ou Harry James. Foi chocante. Chet Baker fazia parte do célebre quarteto sem piano do saxofonista Gerry Mulligan, com quem gravou os discos que tinham aquelas duas linhas melódicas de sax e trompete se entrelaçando num contraponto nunca ouvido antes. Era puro *cool jazz*.

Um novo impacto aconteceria em 1954, quando gravou *Chet Baker Sings*. Uma interpretação macia, precisa e econômica. Cantando estritamente o necessário que a canção pedia. Sem firula de espécie alguma. Esse foi o som que atingiu em cheio um outro magistral cantor brasileiro: João Gilberto. "Não. Não tinha nenhuma ideia que esse disco tivesse sido tão ouvido no Brasil. Mas agora vejo que é verdade. Nesse disco, cantei sem vibrato o tempo todo. Só uso vibrato no final de uma nota. Aprendi a cantar antes mesmo de falar, com 18 meses. Quando tinha uns 12 anos, mamãe costumava me levar naqueles programas de calouros, mas nunca ganhei prêmios. Só vim a cantar quando fiz esse disco: o produtor Dick

Bock soube que eu costumava cantar depois que formei meu grupo. Na verdade, no quarteto de Gerry Mulligan, já havia algumas partes cantadas, mas sem palavras, em *My Funny Valentine*. Aí fizemos esse disco, e depois mais um."

Chet nunca foi primeiro trompete em orquestra. "Nunca. Muita responsabilidade", diz ele, mal tendo uma exata ideia de sua condição de ídolo de uma verdadeira geração de músicos e cantores pelo mundo inteiro, especialmente no Brasil. "Prefiro ser terceiro trompete para aprender melhor a harmonia. Nunca estudei música, mas toquei muito: de 1948 a 1951, tocava sem parar todas as noites, depois tive meu grupo e parei de tocar em 1970-71. Certa vez, eu ia de carro de São Francisco para Nova York e, quando parei em Denver, Dizzy estava lá tocando. Ele fez contato para mim, e logo depois recebi um chamado para tocar no Half Note, de Nova York. Foi assim que recomecei em 1973. Ganho o suficiente. Meu preço é bem razoável. Não costumo cobrar muito que é para trabalhar bastante, pois o que quero mesmo é tocar. Todas as noites, se possível."

(Publicado em 11 de agosto de 1985 em *O Estado de S. Paulo*)

10.

Moacir Santos

Bem que Vinicius de Moraes cantou no seu "Samba da bênção": *"A bênção, maestro Moacir Santos, que não és um só, és tantos como o meu Brasil de todos os santos"*. Com seu jeito tranquilo de quem tem todo o tempo do mundo para suas histórias repletas de detalhes, o corpulento e lendário músico que vive em Los Angeles há quase 20 anos — "são 19, mas já digo 20 porque é mais fácil" — é respeitado como uma espécie de santo enrustido da música popular brasileira.

Seu trabalho, a série de temas denominados "Coisas", composto há 20 anos, tem sido gravado mais amiúde agora do que na época, quando muitos músicos sentiram que aquilo era meio avançado para a média. "Quando cheguei àquele grau em que se é considerado um bom músico, que lê bem, toca bem, eu vim para o Rio de Janeiro, em 1948. Vim com minha esposa, casadinho de novo, e o primeiro emprego que tive foi no Brasil Danças, mas três meses depois fui para a Rádio Nacional. Já compunha e já arranjava, mas um companheiro me disse: 'Moacir, você deve estudar, o maestro Guerra Peixe aceita alunos, fale com ele'. Eu sempre fui um pouco avesso a estudar com professor, tinha medo dessa coisa de intervalos, diminutas, achava muito matemático, eu aprendia mais com a natureza, juntando os sons pelo sentimento, com a minha forma. Mas aí fui me aprofundar e vi que a teoria era muito simples. Logo depois, o professor Guerra teve que ir para o Nordeste, e liguei para o primeiro da lista que ele me deu, o professor Koellreutter, fui um aluno tão aplicado que me tornei assistente dele e fiquei muito ligado à música erudita. Mas como sou músico de origem popular, eu a compreendia desde pequeno, plantou-se um desejo em mim de fazer música erudita, que é catalogada em opus nº 2, nº 5, nº x. Quando fui gravar um disco com Baden Powell, ele perguntou o título e eu disse: 'Isso é uma coisa'. Tive que gravar outras, e como também não tinha título, eu cataloguei: 'Coisa número 1', 'Número 2' até 'Número 10'."

O disco das *Coisas* foi justamente o seu primeiro disco no Brasil, na Forma, "Coisa nº 5" é "Nanã". "Eu estava no Parque Guinle, onde Vi-

Música com Z

nicius morava naquela época. Eu gostava muito de lá, era um parque recôndito, com as sombras daquelas árvores, aqueles ribeirõezinhos de água correndo, estavam muito em harmonia com minha natureza. Certa vez, comecei a cantar essa música, eu tinha a informação que Nanã era a mãe d'água, e a música foi inspirada, não é minha, fui só o mensageiro. Comecei a cantar torará-torarirará..., e fui por aí. Depois, em casa, terminei o quadro com a técnica. O arranjo daquela gravação do Sergio Mendes, que era meu aluno, com o Bossa Rio, foi feito por mim na hora."

Moacir adora contar histórias de suas músicas, tratando cada uma como uma mãe trata um filho, lambendo-o. Fala pausadamente com sua voz gutural e grave, com seu sentido de observação, sobre um tema gravado recentemente por Cesar Mariano e Nelson Ayres: "Eu estava em Nova York quando o pessoal de uma gravadora chamada Roulette quis ouvir meu material. Eles ficaram muito entusiasmados, no mesmo dia me deram uma sala para compor, e eu saí dali muito contente, cantando uma coisa assim. Essa coisa era 'April Child'. Foi esperança, alegria, essas linhas são muito africanas, são os negros alegres. O africano é primitivo mesmo e abraçou uma escala primitiva, a eólia. Cantando 'April Child' agora, eu vejo que ela é toda na escala eólia. Só no final dou um relativo maior, um dó maior. Não quero nem saber por quê, eles é que sabem por que me fizeram terminar assim".

Esse "eles", Moacir Santos explica assim: "Você sabe, a coisa do artista depende muito da inspiração, é um clique. O artista pode ter uma boa técnica, mas, se não tiver inspiração, talvez o sucesso dele não tenha aquele brilho. A coisa acontece quando há o casamento da técnica com a inspiração. Isso aconteceu comigo, lembro-me bem de ter feito música que tinha aquela coisa. Gosto muito dessa expressão, 'coisa'. Posso sintetizar tudo como uma coisa. Sou adepto do renascimento, estudo duas horas de piano por dia, estudo música porque acredito piamente que o homem não pode concluir sua evolução vivendo 100 anos. Com as experiências que um indivíduo acaba tendo, só vivendo muitas outras vezes. Por isso, vou vivendo com otimismo, vamos supor que isso não aconteça. Eu não perco nada em ser entusiasmado, estudar, pensando que vou continuar. Se não fosse assim, quando morrer, acabou-se, *that's it*".

Com o corpo plantado no chão como um tronco de árvore frondosa, quase sempre usando um chapéu de aba larga, o místico Moacir Santos aproveitou sua vinda ao Brasil como um dos dois homenageados do Free Jazz Festival (o outro foi Radamés Gnattali) para rever amigos músicos de tantos anos atrás. Em vez de hospedar-se no hotel, preferiu ficar na casa de um deles, o trompetista Barreto. A cada dia ficava algumas horas com um amigo. "Fiquei bastante emocionado com a homenagem que recebi. Essa coisa vem de longe, desde o convite que me fizeram nos Estados Unidos, fiquei vibrando, meu estado de alegria não foi tão completo porque quase não acreditei. Por isso não vibrei mais."

Logo que chegou aos Estados Unidos, Moacir Santos foi *ghost writer* de um *ghost writer*. É o arranjador fantasma, cujo nome não aparece, o substituto dos renomados arranjadores quando estes não conseguem vencer o trabalho solicitado. Moacir trabalhou para Benny Golson, que por sua vez era *ghost writer* de Oliver Nelson e Lalo Schifrin. Estudaram a Bíblia juntos e tornaram-se grandes amigos.

Apesar de sua forte dose de brasilidade, de seus amigos e admiradores, que o colocam no mesmo plano de importância dos maiores nomes da música popular brasileira, como um dos estruturadores básicos do que se fez, Moacir não sabe se volta para o Brasil em definitivo. "O Brasil é uma terra invejada por quem não vive aqui, o Brasil tem uma coisa que ninguém tem. Aí junta-se o meu coração com minha maneira de ser. Agora, o vir para cá, o voltar, eu não sei, entrego à natureza. Acho que estou lá fazendo alguma coisa que eu devia estar fazendo. Planto uma coisa importante na alma de meus alunos, lhes digo: 'Não fiquem indo na onda desse pessoal que não quer nada, não quer se concentrar, não quer estudar e responde a tudo, *Who cares?*'. Infelizmente não se pode só cuidar de salvar a própria pele. Por isso estou lá, cumprindo uma missão."

(Publicado em 25 de agosto de 1985 em *O Estado de S. Paulo*)

11.

Carmen McRae

Papo de músico é das melhores coisas da vida. Fica-se horas e horas ouvindo casos, um atrás do outro, com comentários aguçados. Três divertidíssimos papos com a cantora Carmen McRae mostram que ela pertence ao mundo dos músicos.

"Tenho um grande amigo na Califórnia, o último guitarrista do King Cole Trio, John Collins. Ficamos no telefone rindo, conversando sobre música e músicos, eles são louquíssimos, como os brasileiros, e ele conta casos dele e do mundo. A gente se diverte, fala dele, fala do saxofonista Marshall Royal. Eu sou desse jeito. Falamos horas e horas no telefone, apesar de morarmos relativamente perto um do outro. Ficamos nos telefonando e rindo o tempo todo. Os músicos são assim. Acho que são iguais no mundo inteiro.

Acho que pertenço muito mais a esse meio do que ao dos cantores. A maior parte de meus maiores momentos de prazer acontece quando não estou trabalhando e quando ouço música. Não costumo ouvir cantores. Ouço músicos porque me divirto muito mais com certas passagens, fico imaginando como é que eles puderam inventar coisas tão maravilhosas. Eu toco de novo, repetindo várias vezes, e isso me enche de prazer. De maneira que conheço mais sobre músicos que sobre cantores."

Carmen tem agora 64 anos. Ella, 66. Sarah Vaughan, 60. Billie e Dinah já se foram. Quem vem por aí? "Não sei, não. Não tenho ouvido ninguém que possa lhe dizer 'Preste atenção, porque daqui a alguns anos essa vai ser uma grande cantora de jazz'. Tenho conversado com Sarah, com Ella, e a conclusão é que pertencemos a uma raça em extinção. É muito triste. Não pretendo cantar o resto da minha vida. Talvez mais alguns anos, enquanto estiver em forma e a voz aguentar. Depois dou o lugar a alguém, mas não consigo encontrar. Talvez Sarah ou Ella conheçam. Eu não. Espero que elas tenham alguma, porque eu não consegui."

Mas Carmen reage favoravelmente a três nomes de cantores surgidos nos Estados Unidos: "James Ingram é maravilhoso: grande voz, linda

Zuza Homem de Mello

interpretação e é contemporâneo. Um dos melhores. Nem sei dizer se há outro de quem eu goste mais. Quem é o segundo? Bobby McFerrin? Bom, ele está justamente no caminho do jazz. É uma extensão do que já aconteceu. É um dos que vai ficar e durar muito tempo. Devia ser usado como modelo. Já trabalhamos juntos na Europa e no Festival de Newport. Mas acho que preciso conhecer melhor o trabalho dele. Do Lionel Richie, gosto do que faz na linha mais rock, acho que ele compõe muito bonito, não me entusiasmo muito com ele cantando. James Ingram cantando o mesmo tipo de música é muito melhor. Mas Lionel compõe baladas que eu até gostaria de cantar. Gosto do Stevie Wonder, escreve músicas muito bonitas, também não é jazz, mas é música boa. E eu gosto de boa música, sempre cantarei música boa. Não precisa ser rotulada de jazz. Sinto que as pessoas não aproveitam bem o que ouvem se não conseguem rotular o que é. Se for uma coisa nova, a primeira pergunta que fazem é: que tipo de música? Não devia ser assim. Quando ouço rock, tenho a impressão de que todas as músicas são iguais. Você só ouve bateria e guitarras improvisando melodias esquisitas, não se consegue ficar relaxado. Tenho a sensação de precisar tomar pílulas depois de ouvir essa música. É tão ruim, mas tão ruim. Agora que eles têm o vídeo então, meu Deus! Acho que estou ficando muito velha, que minhas ideias estão ficando limitadas por causa da idade. Mas sou uma pessoa melódica, adoro uma bonita melodia, não importa em qual andamento. Estava ouvindo hoje de tarde algumas músicas dos primeiros discos do Djavan, que ele regravou em andamentos mais rápidos. E o andamento não tem a menor importância, é muito bonito porque as melodias de Djavan são bonitas, e isso é o que eu chamo de brilhante, o que você pode cantarolar e que deixa você muito feliz. Não sei dizer qual é o futuro da melodia, não quero dizer nada, só posso rezar e esperar. O que sei é que a única coisa que dura para sempre é a boa música. Tudo que você ouve hoje em dia vai ser esquecido. No ano que vem, ninguém vai conseguir mais cantar essa música. Quem vai se lembrar? Tudo um lixo, uma droga, todas são exatamente iguais. As produções ficam complicadíssimas, com dezenas de pessoas, e o resultado é cada vez pior. Elaboradamente ruim. São minhas melhores palavras para isso".

Sobre o trabalho do pianista Herbie Hancock, que serve como exemplo a jazzistas e que, por questões financeiras, se decidiu por uma linha voltada para o *funk*, Carmen não sente a menor atração. Ela mesma já teve muitas vezes pedidos para mudar, mas jamais conseguiria viver fazendo aquilo em que não acredita. O essencial em sua vida é cantar. "Não sou alérgica a dinheiro, mas não faria o que colocasse em risco minha integridade. Se me deixarem uma grande herança, fico com ela, mas não vou ser uma falsa com Carmen. Até esse assunto de massagista, acupuntura, psicólogo antes do show é frescura. Talvez eu até devesse pensar sobre isso, mas não gosto de ninguém me rodeando. Quero minha cabeça leve, relaxar antes e durante o show, porque é o show em si que me faz ficar à vontade. Cantar para quem veio me ouvir me deixa relaxada. Não preciso de ninguém à minha volta antes do show, a não ser para me trazer uma caipirinha, ok? Esse é meu relaxamento. Não pretendo agradar a todo mundo. Se houver trezentas pessoas me assistindo, e eu conseguir agradar a dez, já é ótimo. Acima de dez, é divino. E, além disso, é o máximo na vida. Se começar a me preocupar com o que deseja cada pessoa, não serei capaz de fazer o que eles querem. Prefiro cantar para o público do que num estúdio, acho que sai melhor, sinto uma reação na plateia que me faz cantar melhor. Cantando para o público, há a reação imediata, e você não vai pensar em mudar uma frase. Uma vez, fui gravar um disco e, assim que entrei no estúdio, me deram um par de fones com a seção rítmica já gravada. Eu me recusei a gravar. Quero seres humanos no estúdio, tocando comigo. Veio a seção rítmica, eu cantei, e depois é que colocaram outros instrumentos, Freddie Hubbard, Grover Washington Jr. Assim, não me importo. Acho admirável que outras cantoras consigam gravar com fones e sem os músicos. Eu não consigo. Meu quinteto ideal? Como baterista, fico com Kenny Clarke, Klook, com quem fui casada três ou quatro anos. Foi um erro de nós dois, mas continuamos muito amigos. Estávamos apaixonados, mas na época errada. Ele é um craque nas escovinhas, e os cantores adoram bateristas tocando com escovinhas. Assim, eu incluiria no quinteto ideal, Kenny Clarke, Dizzy Gillespie no trompete, Thelonious Monk no piano, Charlie Parker no sax e Oscar Pettiford no baixo. Eles foram os responsáveis pelo jazz progressivo. Foram brilhantes, e sempre fico intrigada, porque naquela época eram contra, achando que era uma vagabundagem, mas, se você ouvir, vai ver que foram feitos os melhores discos até hoje. Eles soam como se fossem de hoje. Para os músicos, eram os melhores. Dizzy Gillespie é simplesmente o melhor trompetista de jazz progressivo do mundo. Ainda hoje. E tem 67 anos. Ele está perfeito. Você acha que esses carinhas do *rock and roll* vão durar tanto quanto Dizzy? Você acha que daqui a três ou quatro anos alguém vai ter uma ideia do que está sendo tocado na música de hoje? Daqui a três anos, vão ser substituídos por outros bobocas, tocando as mesmas coisas e com o pessoal dizendo como gosta deles.

Acho que eles gostam porque não sabem como entender boa música. É preciso ter inteligência, e acho que eles não têm.

A primeira vez que ouvi música brasileira foi quando Lena Horne me deu uns discos de Dorival Caymmi, nos anos 60. Fiquei muito impressionada e não conhecia outros brasileiros na época. Logo depois disso, fiz uma turnê pela América do Sul com um empresário argentino. Deveria fazer uma apresentação em São Paulo, mas fiquei doente, e foi cancelada. Mas o último concerto foi no Rio, e resolvi ficar mais uns dias. Pensei que poderia ouvir boa música brasileira em qualquer lugar, mas me levaram onde nada era verdadeiro. Voltei muito decepcionada. Nesse meio-tempo, apareceu nos Estados Unidos a música de Tom Jobim, que eu achei muito bonita. Depois, João Gilberto e Astrud, que é simpática, mas não acho que canta muito bem. Tenho a impressão que não foi ela quem resolveu ser cantora, mas que alguém disse para ela cantar. Depois, voltei à Argentina e teria um dia livre no Rio. Dessa vez, conheci Pepê Castro Neves, e aí eu ouvi a verdadeira música brasileira. O que eu gosto nesse povo é que, de repente, vem todo mundo em volta do piano ou do violão e vai cantando. Foi assim que conheci Djavan, Ivan Lins, Sueli Costa, e isso se multiplicou. Aí sim eu conheci a música deste país. Não pude acreditar, era indescritível, tão lindo, tão original. Como não se ouve isso nos Estados Unidos nem aqui no Brasil? Voltei outra vez num Carnaval e foi maravilhoso. Djavan tocou suas músicas com violão, e também não pude acreditar quando ouvi Sueli Costa. E pensei comigo: como talentos assim parecem estar sendo desperdiçados no Brasil? Há também músicos bons, mas parece que eles gostam mais de tocar como os americanos, é muito comercial. Quero ouvir a música original daqui. Não acredito que algum americano queira vir para cá para ouvir música americana. Tenho mostrado nos Estados Unidos muitos cantores brasileiros. Exceto Nana Caymmi e talvez Leny Andrade, acho que a maioria das cantoras soa igual. É muito difícil distinguir bem, a não ser ouvindo demoradamente. Mas os homens são diferentes. Assim, depois de Nana, minha favorita, e depois de Leny, prefiro ouvir os homens. Como Dori Caymmi, que tem uma lindíssima voz. Não sou muito ligada na voz de Ivan Lins, mas soube que ele não começou realmente como cantor e foi obrigado a cantar suas músicas. Mas Djavan me derruba completamente no chão. Ele é fantástico. Sei que Milton é um grande artista, sempre ouvi dizer isso. Mas, para mim, sua música não é tão agradável quanto a de Djavan. Ele compõe muito diferente. É muito original, o que é bom, mas há certas coisas que você gosta mais que outras. Dorival Caymmi é maravilhoso, tenho três ou quatro discos dele e ouço-o muito. Ele é doce. Não o conheço pessoalmente, conheço dois de seus filhos, mas espero um dia conhecê-lo para dizer-lhe como amo sua música.

Acho muito difícil escrever a linha melódica brasileira, é o jeito dos músicos pensarem. Talvez não faça muito sentido o que estou dizendo, mas é uma música que eu não encontro em nenhum outro lugar do mundo, a não ser neste seu país. Também se compõem linhas melódicas na América, mas é diferente. A direção é outra. Cada um segue um caminho diferente, e elas se encontram em algum lugar. O ritmo das duas vem definitivamente dos negros. Não existe nenhum ritmo no mundo que não tenha vindo da África, do povo africano ou de seus descendentes, que não esteja no sangue. Isso é o que a música brasileira tem, está no sangue. De geração em geração. Jazz é negro. Seus sambas são negros. Tenho muito orgulho de ser negra quando penso em música. Não porque outras raças também não consigam cantar excepcionalmente. Há exceções. Também nem todos os negros têm ritmo. Mas acho que não faria o que faço se não fosse negra. Falei à beça desde que cheguei ao Brasil. Não sou de falar muito, falo só quando gosto. Sou sincera, porque é a única maneira de não se errar, todos sabem exatamente quem você é. Ao mentir, você tem que ter muita memória."

(Íntegra da entrevista publicada parcialmente em 23 de novembro de 1984 em O *Estado de S. Paulo*)

12.

Morris Albert

Você já imaginou viver o resto de sua vida às custas dos direitos autorais de uma única música? Já imaginou receber todo fim de mês vários mil dólares sem precisar fazer mais nada? Já imaginou viajar para onde quiser e sempre ouvir no rádio, num clube ou num restaurante, em qualquer lugar onde se toque música, a canção que você compôs um dia? Existe um homem que pode se dar o prazer de viver assim. Sua música tem centenas de gravações, dos intérpretes mais ilustres aos mais obscuros em todos os cantos do mundo. Essas incontáveis gravações são o maior triunfo desse compositor brasileiro de 30 anos. Seu nome é Maurício Kaisermann. Ele é Morris Albert, o autor de "Feelings".

ZUZA — *Maurício, praticamente você pode viver a vida inteira só às custas dessa música, não?*

MORRIS ALBERT — Acho que sim... Meus filhos, meus netos, acho que dá tranquilo, se eles souberem empregar direitinho, acho que vai seguir, né?

Quando eu compus "Feelings", eu estava morando em São Paulo, eu estava tentando... Era um batalhador, tinha um disquinho gravado no Rio de Janeiro, de onde sou, com um grupo de lá, chamava-se "Feel the Sunshine". Fui a todas as rodas no Rio de Janeiro, e ninguém acreditava em mim, recebi um não de todas as gravadoras. Então resolvi fazer o disco por minha própria conta, foi lá por 1972 se não me engano, foi em 1971. Gravei na Somil, um amigo que tinha uma companhia de discos prensou o disco para mim, contratei um divulgador e pedi que ele fosse com o disco nas rádios. Foi bem interessante, porque as rádios começaram a tocar esse disco, sabe? Mas o diretor de uma rádio no Rio resolveu telefonar para a Beverly aqui em São Paulo, falou com o diretor artístico, que depois mandou que eu fosse à rádio. Fui até lá, conversei com ele e, para converter a história curta, eu viajei a São Paulo, entreguei o disco à Beverly e o disco foi lançado em São Paulo com o selo Charge Records.

Fiquei compondo, estava esperando a hora certa e, quando foi em 1973, compus a música como tinha composto várias outras, era mais uma música para o meu caderno. Comecei com violão e depois dei uma guaribada com o piano. Eu morava numa casinha perto do aeroporto, era de noite, eu estava quase dormindo, e tinha uma linha melódica que estava enchendo minha cabeça.

Resolvi acordar e fazer alguma coisa com aquela linha melódica, e aquilo foi relativamente rápido, uma hora e meia, duas horas, a música estava pronta, e fui dormir sossegado. No dia seguinte, dei uma olhadinha e tal, liguei o gravador e vi como é que estava. Com letra, tudo junto. Coloquei numa gaveta, oito ou dez meses depois eu gravei num LP, em 1974. Foi quando saiu meu primeiro disco.

ZUZA — *Quando você gravou essa música, tinha por ela alguma predileção ou era mais uma?*

MORRIS ALBERT — Olha, Zuza, eu tenho uma preferência por uma música quando eu acabo de compor. Componho e acho que aquela é a música, depois componho e já é outra. Mas eu gostei muito de "Feelings" naquele disco. Ironicamente, não foi a música trabalhada, saiu do lado B, e a primeira do lado A é que foi trabalhada, tinha por título "Woman". Mas alguém descobriu "Feelings" e começou a tocar. Minha música preferida do disco era "Feelings" por outras razões, mas eu não tinha absolutamente visão do que ia acontecer, nem um décimo do que aconteceu, mas, para responder à tua pergunta, eu não tinha preferência.

ZUZA — *Aí a música estoura no Brasil, e depois, como é que ela vai passar para o exterior?*

MORRIS ALBERT — Começou a estourar no Brasil, o sucesso foi grande e repercutiu nos países vizinhos, na América do Sul e foi diretamente ao México, onde eu recebi meu primeiro disco de ouro. Do México, ela foi para a Europa, tomou conta totalmente da Europa, passou para a África, da África para a Ásia, para o Oriente Médio e, por último, chegou aos Estados Unidos. Deu uma volta incrível, quando bateu nos Estados Unidos, já era meados de 1975, dois anos depois dela ter sido feita.

ZUZA — *Qual foi a primeira gravação no exterior que você... a primeira que te chegou às mãos?*

MORRIS ALBERT — Andy Williams. Porque eles descobriram a música nos Estados Unidos, e a CBS resolveu lançar um 45 [*disco* single *de 45 rotações*]. É muito difícil uma pessoa como Andy Williams ou Johnny Mathis lançar um 45. Eles têm que ter super, hiperpretensões de estourar aquele disco, para eles a música tem que ser muito importante. O Andy Williams gravou "Feelings" na mesma hora em que o meu disco estava começando a entrar no mercado e ser aceito. Então começou uma briga incrível entre RCA e CBS, a RCA a me lançar. Você abria a *Billboard*, e era uma página com Morris Albert e uma página com Andy Williams com a mesma canção. Inclusive tiveram que retirar o disco do Andy Williams do mercado porque não deu jeito, mas foi a primeira gravação de um grande nome.

ZUZA — *Porque você fez a letra em inglês, você pensou em português e passou para o inglês, como é o seu lance nesse negócio?*

MORRIS ALBERT — Eu fiz a música em inglês como eu já tinha feito várias músicas anteriormente, pensava em inglês. Era meu costume. Desde 1964, vinha tentando, comprei guitarra, essa época era daquela febre de conjunto musical, eu tinha influência de discos de Ray Conniff de meus pais e meu irmão mais velho, da música americana, Trini Lopez, Johnny Rivers, Herman's Hermits, os Beatles me influenciaram. Em 1967, eu tinha um conjuntinho no Rio de Janeiro tocando em festinhas, e meu primeiro emprego profissional musical foi no início do Canecão do Rio de Janeiro, como um dos conjuntos da casa. Depois um faleceu, outro se casou e se mudou para outra cidade, eu fui o único que ficou na música. Quis ficar porque tinha uma meta, se estava agradando ao público perto de mim cantando músicas dos outros em inglês, porque não tentar fazer a música deles com a minha criatividade brasileira, fazer a música deles... para eles. Se a música deles entrava aqui, porque a nossa não podia entrar lá? Não custava nada tentar, acho que deu certo.

ZUZA — *Morris Albert, nos Estados Unidos você é reconhecido como um compositor do Brasil?*

MORRIS ALBERT — Olha, eu acho que sou mais reconhecido como brasileiro lá do que aqui. Qualquer revista que fale de mim, *People Magazine*, *Billboard*, *Jazz Photos* e *Rock Roll*, eles falam, "Brazilian composer", "Brazilian songwriter", eles falam, é brasileiro. E em todo show que eu vou, foi sempre assim, desde o início...

ZUZA — *E como você vive em Los Angeles? Você tem o que lá? Imagino que você tenha uma renda para poder viver bem lá. Como é a sua vida?*

MORRIS ALBERT — Vivo tranquilo, vivo bem, sempre compondo. Eu moro num morrinho perto da praia, a cidade chama-se Laguna Beach, ao sul de Los Angeles, tenho uma casa simples, tem uma piscininha, tenho meu automóvel, meu aparelho de som, o aparelho de trabalho, meus amigos, eu vivo simples, Zuza, vem de berço. O sucesso não modificou nada na minha vida. Graças a Deus sempre tive o que quis, cresci num bom ambiente, meus pais eram bem..., a única coisa que modificou foi que eu conheci mais, sofri mais, apanhei mais na vida do que teria apanhado se não fosse artista. Mas vivo tranquilo, esperando a hora certa de mudar para o Brasil.

ZUZA — *Você pretende voltar ao Brasil?*

MORRIS ALBERT — Definitivamente pretendo voltar ao Brasil se conseguir todas as metas que eu tenho em mente. Acredito que no máximo dentro de três, quatro ou cinco anos voltarei e ficarei no Brasil.

ZUZA — *Há quanto tempo você mora lá?*

MORRIS ALBERT — Cinco anos e meio.

ZUZA — *Em 1974, depois que "Feelings" se tornou primeiro colocado nas paradas de sucesso de 49 países do mundo, Morris Albert começou a viajar muito pela Europa. Mas ainda não tinha ido aos Estados Unidos.*

MORRIS ALBERT — Só fui para os Estados Unidos quando recebi aqui o convite para participar do Grammy. Eu tinha quatro nomeações, apavorei. [*Na verdade, Morris Albert teve três indicações ao Grammy: novo artista, melhor vocalista masculino e canção do ano, por "Feelings"; a quarta indicação foi para o People's Choice Award, ao prêmio de canção favorita.*] Foi em janeiro de 1976, eles tiveram o People's Choice Award e, em fevereiro, tiveram o Grammy Award. Fui nomeado para os dois, os maiores prêmios nos Estados Unidos para disco. Fui por uns dois dias, fiz três ou quatro programas de televisão, fiz o show e tive que sair correndo para representar o Brasil no Festival de Sanremo. Voltei para o Brasil e tive que voltar de novo em fevereiro. Aí é que eu vi a potência que estava deixando de lado na América do Norte. Sem trabalhar o disco nos Estados Unidos, eu estava esperando quatro Grammys. Vi que deveria dar assistência ao mercado americano. Cheguei ao Brasil em março e me decidi. Aí fui e me concentrei nos Estados Unidos. Estou lá desde então, março de 1976.

ZUZA — *Afora a sua, de todas as gravações de "Feelings", qual a que você mais gosta?*

MORRIS ALBERT — Gosto de muitas. Gosto muito da gravação de Percy Faith, que morreu, gosto muito da gravação de Johnny Mathis, por ser Johnny Mathis, Sarah Vaughan, Ella Fitzgerald, o pessoal de jazz...

ZUZA — *Você conheceu esse pessoal?*

MORRIS ALBERT — Conheci, sim. O mais gratificante é que eles ficam surpresos como eu, do Brasil, pude ter escrito e gravado em inglês. Uma música que, para eles, é americana, mas eles dizem, eu escuto isso deles, é uma música que "has the Brazilian feeling", que tem um sentimento brasileiro, uma coisa que eu não escuto aqui. E eu fico louco, Zuza, eu fico louco com essa terra. Dói viu? A gente precisa ir lá pra fora para eles gostarem porque a gente é brasileiro...

Você sabe que "White Christmas" era a música mais regravada do mundo. No início de 1978, foi provado que "Feelings" ultrapassou "White Christmas". Hoje é a música mais gravada na história do disco e tem sido também a mais tocada na história do disco.

(Entrevistado no *Programa do Zuza*,
da Rádio Jovem Pan, em 8 de dezembro de 1981)

Notas em 2014

Durante anos, Morris Albert vendeu mais de 160 milhões de cópias em mais de 50 países de seu disco "Feelings". A canção foi gravada por centenas de cantores, entre os quais Andy Williams, Ella Fitzgerald, Nina Simone, Frank Sinatra, Engelbert Humperdinck, Elvis Presley, Shirley Bassey, Sarah Vaughan, Johnny Mathis, o grupo The O'Jays, além das orquestras de Percy Faith e dos músicos Milt Jackson e Joe Pass.

Foi incluída na trilha de *A força do destino* (*An Officer and a Gentleman*) em 1982, *Susie e os Baker Boys* (*The Fabulous Baker Boys*) em 1989, e *Café da manhã em Plutão* (*Breakfast on Pluto*) em 2005.

Em 1981, Morris Albert foi acionado pelo compositor francês Loulou Gasté, alegando que a canção era plágio de sua "Pour toi", escrita em 1956, com letra de Albert Simonin, para a cantora Line Renaud, com quem se casara em 1950. A Suprema Corte da Califórnia declarou a ação procedente em dezembro de 1988, e os direitos de "Feelings" passaram a ser divididos entre ambos. Na minha opinião, uma decisão injusta na comparação com a gravação de "Pour toi" com Line Renaud, que não teve grande sucesso. A semelhança se dá nos dois primeiros compassos, mas "Pour toi" segue caminho melódico e harmônico diferente de "Feelings". Em vídeo de 1999, bem após o julgamento, a cantora Muriel Robin espertamente alterou sua melodia no intuito de assemelhá-la a "Feelings", sob o olhar de uma Renaud vertendo lágrimas de crocodilo. Gasté ganhou bastante dinheiro, mas o sucesso de "Feelings" pertence a Morris Albert.

13.

Toots Thielemans

Algumas semanas antes do II Festival de Jazz de São Paulo de 1980, no mesmo dia em que assinava o contrato no seu apartamento de Bruxelas, Toots Thielemans recebia vários telefonemas. Num deles, alguém em Estocolmo queria que ele participasse de outro festival, na Suécia. Outro era de Nova York, onde iria ser gravado um *jingle* de uma famosa cerveja americana. A proposta incluía passagem de primeira classe, hospedagem e alguns mil dólares para que ele gravasse apenas uns compassos, para uma propaganda de 30 segundos. Assim, enquanto o contrato para o Brasil foi acertado e assinado, Toots fechou mais dois ótimos negócios por telefone. Na maior tranquilidade e batendo papo.

Para chegar a essa posição, de ser um dos gaitistas mais respeitados e mais solicitados do mundo, o belga Jean-Baptiste Frédéric Isidor "Toots" Thielemans, que fará 63 anos ainda este mês e que está em São Paulo neste fim de semana, toca desde menino, chegando, quando lhe dá na telha, a ficar o dia inteiro soprando sua pequena gaita de boca. Seu segundo instrumento é a guitarra e, se há um terceiro, é um que ele inventou com grande repercussão entre os músicos americanos dos anos 50, uma combinação de guitarra com assobio em uníssono, mas com sutis diferenças de fraseado entre os dois sons.

Por ser um grande guitarrista de jazz, ele se tornou, com o violinista dinamarquês Sven Asmussen, o primeiro músico europeu a ser contratado após a guerra para tocar com americanos, em 1950; o clarinetista Benny Goodman andou de namoro com o *bebop* e resolveu montar uma *bop band*, requisitando Thielemans na Bélgica. Tempos depois, ele voltou aos Estados Unidos para substituir Chuck Wayne no celebérrimo quinteto do pianista George Shearing, com quem ficou seis anos. Aos poucos, foi se tornando conhecido como compositor ("Bluesette", com centenas de gravações, é seu mais famoso tema), como gaitista e, sobretudo, como um refinado músico de extrema sensibilidade. Nos anos 60, começou a tomar parte destacada nas produções de Quincy Jones em trilhas sonoras de filmes, como *Perdidos na noite* (*Midnight Cowboy*, 1969), em festivais de jazz e gravações, suas ou como convidado; com Bill Evans, por exemplo, gravou o maravilhoso LP *Affinity*, tornando-se o criador do estilo atual de se tocar a harmônica de boca.

Antes dele, a gaita era um instrumento quase de *vaudeville*, na linha do pioneiro Larry Adler, um inglês virtuose que ainda se exibe, embora raramente. No Brasil, Fred Williams e Edu da Gaita seguiam seu estilo, a partir de lances de efeito, com o uso das mãos em concha. Toots foi o primeiro a usar as mãos para segurar apenas a gaita e um microfone, tocando com um fraseado muito mais jazzístico, no que foi seguido no Brasil por Maurício Einhorn, Clayber e Rildo Hora.

Toots acaba de gravar no Rio de Janeiro um disco muito parecido com o que fez com Elis Regina, em 1969. Agora, em dupla com Sivuca, para a gravadora sueca Sonet, tocou "Imagine", "Out of Nowhere", num ritmo de bossa nova lento, "Vai passar" e outras.

Ele é um velho admirador da música brasileira: "Comecei a conhecê--la só depois da bossa nova, uma verdadeira revolução, comparável ao que fizeram no jazz Charlie Parker, Monk e os criadores do *bop*. Da mesma forma que eles começaram no Minton's, um bar do Harlem, os da bossa nova iam tocar no bar do Plaza. A concepção musical da bossa nova teve influência no jazz: Chick Corea é um dos muitos músicos americanos a provar que eles já estavam preparados para receber de volta a influência jazzística que havia sido enviada e absorvida pelos jovens Tom Jobim, João Gilberto e outros. A música foi-se transformando nessa maravilhosa sopa que mistura *blues*, MPB e jazz. São as flores do jardim da música popular. De vez em quando, surgem umas pedras, umas tempestades, mas as flores voltam sempre, e não adianta querer que elas se transformem em grandes árvores. Fui ver o show de Ivan Lins, que admiro e de quem gravei 'Velas içadas'. Gostei muito da parte lírica, mas acho que estão preocupados demais em vender discos, e isso não é tão importante quanto fazer aquilo em que realmente se acredita".

E Toots vai além: "O que torna a música brasileira fascinante é a combinação única de melodia, harmonia e ritmo, e, se alguém segue na direção do rock, deve saber que há campeões de rock fazendo só isso há anos. Veja Miles Davis. Ok, ele está ganhando um bom dinheiro e fazendo bons contratos. Mas, ainda assim, não é nada comparado com o que os Rolling Stones ou Michael Jackson conseguem. Eu nunca vendi milhões de discos, mas tenho amigos. Amo meus amigos, continuo trabalhando bastante e sou feliz. Quando fui falar com o pianista cego do bar do hotel, no Rio, comentando que ele tocava muito bem, disse meu nome, e ele parou de tocar na mesma hora, levantou, abraçou-me e começou a tocar 'Bluesette'. Isso é que me dá felicidade, não é vender milhões de discos".

Para ele, Stevie Wonder é sua maior influência. "Ele não toca muitas notas nem é extremamente rápido. Sabe exatamente o que fazer, não precisa daquela técnica toda, faz o instrumento cantar com espontaneidade. Depois de ouvi-lo, comecei a me concentrar em tentar passar a mesma mensagem com menos notas, dizer mais com menos palavras. Em vez de dizer 'querida, você é linda e maravilhosa, sinto um grande amor por você', eu digo 'te amo'. Está dito tudo. Stevie não toca de mais nem de menos. Como Wes Montgomery. Eu tinha uma tendência de querer provar o que sabia fazer. Era uma espécie de complexo por tocar um instrumento tão insignificante, fazendo coisas que pouca gente consegue. Depois de um tempo, comecei a pensar: 'Bom, acho que eles já sabem o que eu sei tocar'. Aí, todas essas notas extras me pareceram inúteis. Stevie Wonder é assim. Antes de vir ao Brasil, fui gravar uma trilha sonora no Japão, e lá compus um tema, 'The Dragon'. Mandei uma cópia para Quincy Jones, quem sabe Stevie faça uma letra, e a gente grave junto. Sua música também tem um pouco da brasileira. Faz parte dessa sopa maravilhosa que deixa as pessoas descontraídas e felizes."

Toots Thielemans é um artista tranquilo, feliz e, pode-se dizer, único. Quando alguém precisa de um gaitista para um pequeno *jingle* ou um grande concerto, o primeiro nome da lista é sempre o desse belga bonachão e carinhoso, que usa suspensórios. Basta ligar para um de seus telefones, o de Nova York, onde também tem um apartamento residencial, ou o de Bruxelas. Ele virá, sossegado, com sua gaitinha de boca, para fazer o que só ele faz, tocar como ninguém. Com profundo amor.

(Publicado em 21 de abril de 1985 em O *Estado de S. Paulo*)

14.

Joan Manuel Serrat

MONTEVIDÉU — A capital uruguaia teve um significado muito especial na 16ª turnê do consagrado compositor e cantor espanhol Joan Manuel Serrat pela América Latina, que termina este mês em Buenos Aires com um show no estádio do Vélez Sarsfield. É que todas as músicas de seu disco mais recente, *El Sur también existe*, foram feitas especialmente pelo grande poeta uruguaio Mario Benedetti, exilado de seu país por mais de 12 anos, durante a ditadura militar. Agora que Mario voltou, os dois se reencontraram publicamente no impressionante espetáculo realizado no Estádio Centenário no dia 1º de fevereiro.

Essa turnê envolve também um novo projeto na carreira de Serrat, que já teve três LPs lançados no Brasil: dia 24, ele desembarca no Rio de Janeiro, onde permanecerá 15 dias cuidando da gravação de um disco em português, na companhia de artistas brasileiros. Fagner, que desde 1981, com seu LP *Traduzir-se*, do qual Serrat participou, tem solidificado a ponte de origem moura entre a música brasileira e a espanhola, já está acertado para interpretar "Cantares", aquela que diz: "*Caminhante não há caminho/ o caminho se faz ao caminhar*". Outras cantoras para músicas como a romântica "No hago otra cosa que pensar en ti" também deverão estar no estúdio para esse disco.

Serrat, o bardo que defendeu a língua catalã na música popular desde o início de sua carreira no movimento da Nova Canção, se mostra muito cuidadoso com a repercussão que o trabalho possa ter. Afinal, do ponto de vista de artista atuante, ele está léguas de distância à frente de outro espanhol que "vive nas Bahamas, longe de sua gente", e costuma gravar em português: Julio Iglesias, provavelmente o *cantante* mais bem promovido no mundo inteiro. Mas como criador de uma mensagem musical de conteúdo, que é entusiasticamente admirada pela juventude dos países de língua espanhola (sua entrevista coletiva em Montevidéu reuniu quase trezentos participantes), Serrat reconhece que a divulgação de um disco exige tanto investimento quanto a própria gravação.

Música com Z

"Existe uma crença de que, após um grande investimento na fase de estúdio, as demais etapas caminham sobre rodas. Um grande erro. Se um produto não é colocado em condições competitivas no mercado, é muito difícil que chegue a funcionar. No disco, isso é muito comum quando um artista que procura maior independência da gravadora, por achar que não está recebendo a atenção devida, realiza um trabalho impossível de se colocar no mercado. Assim, muitas obras boas acabam sendo mal vendidas e até maltratadas. E há o caso contrário, produtos vazios que só se aguentam devido a fortes campanhas de promoção, uma fraude ao comprador, e que só beneficiam as gravadoras."

O investimento em *El Sur también existe* começa com a inteligente constatação dos dois criadores, Serrat e Benedetti, que funciona como ponto de partida para um trabalho destinado ao sucesso: "O Norte é sempre o poder, o Sul é aquele que luta contra a injustiça. O Norte é o dinheiro, o Sul, a fome. O Norte é o passado, o Sul, o futuro. O Norte é o medo, o Sul, a esperança. O Norte é a força, o Sul, a astúcia. O Norte tem pressa, o Sul, paciência". Serrat previne que "não existe um Norte que está acima e um Sul abaixo, e sim um Norte que oprime e um Sul oprimido. Os negros que vivem no Bronx, em Nova York, são Sul dentro do Norte, e o general Pinochet é Norte".

Um verdadeiro ídolo da juventude latino-americana, Serrat está proibido no Chile e já esteve 8 anos impedido de ir à Argentina e ao Uruguai. "Em muitos países do Cone Sul, a defesa dos valores culturais está arraigada em sua juventude. Em compensação, na Espanha, como no Brasil, temos esse problema da proliferação de um tipo de rock nacional. Creio que nisso há uma certa responsabilidade dessa espécie de coalizão entre as filiais das multinacionais, que decidem fazer seus próprios produtos, e os meios de comunicação locais, que colaboram. Lamentavelmente, vivemos numa época em que a moda é o mau gosto. A estética daquilo que pretende ser progressivo ou revolucionário é muito feia, é uma estética que não tem estética. Não sei se ela corresponde a alguma vontade de os indivíduos manifestarem-se externamente, mas vejo que há caminhos demarcados e percorridos por certos grupos que se juntam justamente para dar uma certa proteção uns aos outros. Creio que, em termos estéticos, esses sons que tenho ouvido são mecanismos de defesa de quem tem medo do que realmente acontece, fabricando essa forma de aparência. Se você espetá-la, vai ver que não tem nada por dentro."

A carreira e a postura artística do catalão Serrat têm muito em comum com as de Chico Buarque, a quem conhece desde a época da temporada forçada de Chico em Roma, no início dos anos 70. "Ao contrário de Chico, que produziu músicas fora do Brasil, quando estive exilado um ano no México não escrevi nada, me senti muito vazio. Acho injusto dizer que, depois da abertura, faltou motivação no que ele produziu. Seus trabalhos mais recentes são de primeira linha. Chico Buarque é um dos pilares da música popular na América Latina, onde não há mais que dois ou três compositores de seu nível. Ocorre que há uma direita que quer vê-lo crucificado, porque lhes incomoda. Na Espanha, isso também aconteceu com vários companheiros meus. Quando um homem toma uma atitude, provoca amor e ódio, solidariedade e oposição. Esse é um risco que se assume e que pode resultar numa crítica artística pouco objetiva. Estou de acordo com Chico Buarque que as coisas sejam assim, mas isso não me causa nenhum tipo de frustração maior com a crítica do que aquela que já tenho naturalmente."

Joan Manuel Serrat é um artista vitorioso que trabalha quase dois meses por ano nos países da América Latina, exibindo-se só em estádios ou ginásios cobertos, tal a sua popularidade. Na presente excursão, desloca-se com uma eficiente equipe espanhola de 25 pessoas, em que se destaca o esplêndido pianista Ricardo Miralles, seu diretor musical e autor dos arranjos que serão ouvidos nesse LP a ser gravado na RCA entre 3 e 9 de março, no Rio. Sob certo ângulo, um artista com tamanha força enraizada nos países de língua espanhola poderia estar se arriscando demais nessa investida no Brasil, onde o comodismo da juventude transforma-a em presa fácil para a invasão cultural e a perda de identidade, que se casam com os objetivos mercantilistas que efetivamente têm vingado no país. Todavia, Serrat tem os pés na terra: "Ter êxito e não ter êxito são duas coisas perigosas. De qualquer forma, tem de se ir atrás do êxito, porque é uma forma de comunicação, de atingir objetivos. Mas ele é eventual, traidor e pode deixá-lo de repente de pernas para o ar. Deve-se vigiar bem e não acreditar muito no êxito".

(Publicado em 8 de fevereiro de 1986 em O *Estado de S. Paulo*)

15.

Joe Pass

Tranquilo e delicado como o som de sua guitarra, com a qual espalhou um verdadeiro bálsamo musical nos dois primeiros espetáculos do Free Jazz Festival, no Anhembi, Joe Pass é um músico amado e admirado, especialmente por guitarristas sensíveis como Heraldo do Monte, seu companheiro de instrumento na edição carioca do evento.

"Em alguns festivais, a gente não sente nenhum motivo para estar lá", declara Joe Pass. "Não é o caso deste Free Jazz Festival. Gosto de tocar para a plateia brasileira por isso. Quando não sinto esse clima, acabo sendo mais duro no instrumento, e, tocando muito duro, o músico acaba se perdendo."

Joe Pass, um dos guitarristas de jazz com maior número de discos nos últimos dez anos, com boas opções de edições brasileiras, acaba de gravar mais um LP, lançado esta semana em Los Angeles, em que incluiu músicas de Milton Nascimento, "Tarde", e de Ivan Lins, "Daquilo que eu sei". "É praticamente um disco brasileiro. Eu escolhi as músicas porque acho que os compositores do Brasil são, do ponto de vista de linha melódica, os melhores criadores do mundo inteiro hoje em dia. Vocês têm a melhor música que se faz atualmente. Pelo menos eu acho isso. Mas eu sou só um guitarrista, não um estudioso, ligo-me nas harmonias, nas melodias, naquilo que fica em você, coisas que se poderá ouvir daqui a 20 anos e reconhecer. É bem diferente do que é feito hoje nos Estados Unidos; lá está tudo saturado, como o baixo Fender que ouvi agora há pouco no rádio, fazendo 'ding-dong'. Não gostei, o som era artificial, mecânico, não tinha calor."

Ele acha que a eletrônica mudou o som da guitarra, não é mais guitarra, é só eletrônico, e não dá mais para distinguir se é som de guitarra ou de teclado. Aliás, Joe Pass toca a guitarra elétrica com tal delicadeza que parece mesmo um violão acústico, como ele de fato gostaria de tocar, naturalmente. Certa vez comprou uma parafernália de equipamentos eletrônicos para experimentar e não aguentou. Não se deu bem com os botões — que seu filho gosta. Suas preferências entre os guitarristas de jazz estão entre Django Reinhardt, "único, sem seguidores", e Wes Montgomery, "deixou o estilo das oitavas, e eu considero o melhor guitarrista que o jazz produziu". Não costuma planejar o repertório e arremata: "Não toco inteiramente para mim nem para a plateia, mas para que exista uma comunicação entre mim e ela. É um equilíbrio que deve existir, que começo a sentir quando chego ao palco, não sei muito bem o que é".

Joe Pass, na mansidão de seu jeito de expor ideias, é um homem com mais dúvidas do que certezas. Não gosta de falar do passado, pelo qual tem um bloqueio, não pensa mais nisso. Quando precisou, teve ajuda para poder sobreviver.

Para ele, Norman Granz é o único apoiador do jazz nos Estados Unidos, é quem tem sempre a disposição de gravar. "Ele gravou tudo. Aqueles treze discos de Art Tatum, por isso é que se tem o piano de Tatum para quem quiser conhecer um dos maiores músicos do jazz. O rock é um negócio. Vendem tudo o que conseguirem vender para a plateia jovem. É o som jovem, dos sintetizadores, com muito volume para atrair as massas. Mas se tocassem mais jazz que rock nas rádios, o público gostaria mais de jazz. Não me preocupo com isso; e nem sei se há algo a fazer, mas também reajo."

Joe Pass tem dado aulas de guitarra em Los Angeles e, até agora, é o mais procurado no Rio para os *workshops* que serão dados no MIS-RJ, durante o festival. "O sistema educacional de música nos Estados Unidos evoluiu muito, e hoje um guitarrista pode tocar praticamente tudo o que quiser, com uma técnica apurada, pois dispõe de vídeos, gravadores, discos e uma massa de informação que não tínhamos antes. Mas acho que os músicos jovens têm menos *feeling*, por falta de experiência. Em Los Angeles, deve haver mais de trezentos guitarristas bons, mas sem muita experiência. Para se projetarem, usam outros elementos que não têm muito a ver com a música. Por exemplo, quem toca mais rápido. Às vezes, eu me espanto e pergunto se essa é também uma forma de arte da atualidade, pois qualquer um, com um pouco de ouvido e talento, pode conseguir. Acho que o jazz é uma forma de arte. Uma forma basicamente americana, porque tem características da mais pura cultura musical americana, como o *swing*, essa relação entre o ritmo escrito e o tocado. O jazz tem isso e também é fundamentalmente inspirado nos *blues*, uma forma de arte americana. É verdade que hoje em dia muitos músicos de outros países tocam jazz tão bem como os americanos. O baixista Niels

Pedersen, que é dinamarquês, por exemplo. Assim, o jazz se espalhou pelo mundo, embora continue uma forma de arte dos Estados Unidos. Mas eu não sou nenhuma autoridade, nunca pensei sobre jazz, em termos filosóficos ou psicológicos. Toco o que gosto e falo do que gosto e do que não gosto. Sou apenas um guitarrista."

(Publicado em 4 de agosto de 1985 em O *Estado de S. Paulo*)

16.

Canhoto, Dino e Meira

Os três grupos de músicos reunidos neste disco têm uma curiosa interligação, além do fato de se constituírem em três casos dos mais expressivos do choro brasileiro: é que, gravando sob diferentes denominações, eles se prolongam um no outro. Isto é: a formação básica do grupo que acompanha a dupla Pixinguinha e Benedito Lacerda é a mesma do que seria algum tempo depois o regional do Canhoto; e que também estaria presente em numerosas gravações de Jacob do Bandolim. Essa, digamos, base de sustentação, aliás, a mais sólida base harmônica e rítmica do choro brasileiro, é constituída por músicos que continuam vivos e em atividade: Dino, violão sete cordas; Meira, violão seis cordas; Canhoto, cavaquinho; Gilson e/ou Jorginho, pandeiro. Essas eminentes figuras da música brasileira tocavam juntas no regional de Benedito Lacerda, considerado tacitamente o maior flautista brasileiro de sua época.

O próprio Canhoto me contou como foram se juntando as peças:

"Em 1932, eu entrei para o conjunto Gente do Morro, do Benedito Lacerda. Nós fizemos uma viagem para Campos em 1934 com Noel Rosa, e lá o pessoal começou a perguntar se a gente não andava de tamanco — sabe como é, gente do morro, tu já viu, não é? Aí, quando voltamos pro Rio, o Benedito resolveu mudar o nome do conjunto. Bobagem botar Gente do Morro. Nessa época, o conjunto era assim: no violão, Macrino, que já morreu há muito tempo e não era um violão muito forte. O outro era mais fraco ainda, porque era comediante, o Coringa, um mulato. Em 1935, eles saíram, e entraram o Carlos Lentini e um violão do Rio Grande do Sul, o Ney Orestes, que já morreu, e mais o Russo do Pandeiro. Nós inauguramos a Rádio Tupi em 1935 e, em 1936, fomos à Argentina com o Chico Alves e a Alzirinha Camargo. Foi no mês de agosto, e ninguém tinha coragem de tomar banho frio nem de dia. Eu ficava num apartamento com o Benedito. E esse gaúcho, o Ney, ficava no outro com o Russo e o Lentini, que bebia bem. Quando volta-

Música com Z   203

mos em setembro, o Ney já estava doente, com os dois pulmões afetados, e eu o internei no Hospital de São Sebastião em fevereiro. Foi quando o Dino veio para o conjunto: fevereiro de 1937. Em julho, o Lentini saiu, e aí veio o Meira, que já tinha trabalhado na Casa de Caboclo com o conjunto do Jararaca e Ratinho. O Gilson pandeirista veio na época dos discos do Pixinguinha.

A ideia da dupla Pixinguinha e Benedito Lacerda foi do Benedito, porque o Pixinguinha já estava esquecido, ninguém mais falava nele. As músicas eram só do Pixinguinha. E o Benedito combinou com ele: fazia os discos, mas entrava nas parcerias. Muitas pessoas meteram o pau no Benedito, mas não tinham razão, ele foi franco. O Pixinguinha tinha comprado uma casa de uns alemães em Ramos, tinha dado cinco contos e nunca mais deu nada. Eles iam tomar a casa do Pixinguinha. Aí o Benedito foi no Vitale [*Irmãos Vitale, editores de música*], arranjou dinheiro para acabar de pagar. Os discos foram feitos de bossa. Não tinha nada escrito.

Em 1949, naquela campanha do governador de São Paulo Adhemar de Barros, o Benedito e o Herivelto Martins viviam por lá fazendo a campanha dele. Eles tinham até um avião do Adhemar. Aí, o Benedito não aparecia mais no programa, e eu disse pra turma: 'Olha, vamos cair fora daqui, vamos aproveitar que o Gilberto Martins é o diretor da Mayrink Veiga e é muito amigo meu'. Foi em junho de 1950, o contrato terminava em 31 de dezembro. O diretor artístico da Tupi era o Almirante. Eu disse pra ele:

— Vamos deixar o Benedito.

— Mas você está maluco?

— Olha, eu vou até vender banana, mas não fico assim, não. Ele, que é o dono do conjunto, não aparece, é multado.

Eu estava de olho no Altamiro, que tocava no conjunto do Rogério Guimarães, e vi que ele ia longe. Falei com Altamiro, que veio para o conjunto, e o Gilberto convidou o Luiz Gonzaga. Nós já tínhamos gravado com Luiz Gonzaga no tempo do Benedito. Foi o Luiz quem trouxe o Orlando Silveira de São Paulo; ele tocava no regional do Rago. Aqui, quando ele veio, não se usava flauta com acordeom.

Nós tínhamos um programa na Mayrink Veiga que era muito ouvido: *Noites de brasileiros*. Nessa época, o diretor artístico da RCA era o falecido Vitório Lattari, e eu assinei um contrato com ele para gravar. Nós estreamos na Mayrink em março de 1951 e gravamos o primeiro disco em 13 de abril, com 'Gracioso' e 'Meu limão, meu limoeiro', em que eu fiz o arranjo da segunda parte. O Orlando é que geralmente fazia os arranjos.

Em 1955, o Altamiro saiu, formou uma bandinha, e entrou um flautista chamado Ataíde, que ficou só um ano, porque na hora de tocar dava uma tremedeira nele; eu fiz tudo para ele, gravamos choros dele, mas ele tremia. Aí me apresentaram o Carlos Poyares, que tem um ouvido de ouro, mas não sabe música e não quis aprender. Ele ficou no conjunto até 1965, quando a Rádio Mayrink Veiga fechou. Hoje, estão todos aposentados pela Mayrink: eu, Altamiro, Meira, Dino. Nós também participamos de muitas gravações do Jacob. Quando ele formou o Época de Ouro, depois que a Mayrink Veiga fechou, o Dino foi fazer parte do conjunto, mas muitas das gravações foram feitas antes, ainda no tempo da rádio aberta: 'Doce de coco', 'Turbilhão de beijos', 'Tenebroso', 'Gostosinho', 'Vale tudo'.

O primeiro violão de sete cordas que conheci foi o Tute, que tocava no conjunto do Pixinguinha. Depois de uns tantos anos no conjunto é que o Dino botou a sétima corda. Acho que foi em 1955. Ficou muito melhor, com mais um baixo. O Dino é o maior violão de regional. Olha que eu trabalhei com muitos violões, com Gorgulho, Jacy Pereira, Ney Orestes, mas como o Dino não teve."

O próprio Dino me disse depois: "Comecei a sentir necessidade de incluir notas mais graves que não tinham no violão seis cordas. Achei que ia ficar muito mais bonito. E pensei: se o falecido Tute tocava, acho que posso tocar também. E assim comecei a usar a sétima corda. Por necessidade. E ficou muito melhor".

Perguntei ao Meira, que se chama Jaime Florêncio, a razão desse apelido: "É que meu pai me chamava carinhosamente de Jaimeira. E como meus irmãos menores não sabiam falar direito, diziam só Meira. E assim ficou".

O conhecido "Brejeiro" está apresentado como convém a esse tanguinho com resquícios de polca: bem amaxixado. A certa altura da primeira parte, há uma invulgar variação de Jacob para o modo menor. Um procedimento às vezes usado por certos arranjadores. Cesar Camargo Mariano, por exemplo.

A mais antiga composição deste disco é "Flor do Abacate", numa versão diferente da do LP *Assanhado*. Aqui, é possível distinguir melhor o trabalho dos violões em breques precisos. Jacob faz uma sensacional passagem de preparação para o retorno à primeira parte.

Música com Z

A presente gravação do célebre "Noites cariocas" não é a mesma do LP *Era de ouro*. Esta é uma versão em que a parte do acordeom é executada por um trombone, Nelsinho. Depois que foi formado, em 1966, o conjunto Época de Ouro manteve basicamente a seguinte formação: Jacob, bandolim e líder, Dino, violão sete cordas, César Faria, violão seis cordas, Jonas, cavaquinho e Gilberto e/ou Jorginho, pandeiro/ritmo.

> (Editado a partir do texto para a contracapa do LP
> que produzi para a RCA em 1977, *Os choros dos chorões*,
> com gravações de Pixinguinha e Benedito Lacerda,
> Jacob do Bandolim e Canhoto e Seu Regional)

NOTAS EM 2014

Não fosse a entrevista com Canhoto centralizada nesse grupo de capital importância, certamente o nível de detalhamento sobre tantas alterações de seus componentes seria motivo para uma edição bem mais rigorosa, a fim de poupar o leitor da citação cansativa de músicos que nem chegaram a se projetar no cenário.

Todavia, o regional de Jacob do Bandolim, antecessor do Época de Ouro, assim como os grupos da mesma origem que o antecederam, isto é, o regional de Benedito Lacerda e o de Canhoto, são praticamente uma instituição nos alicerces da música popular brasileira, quer seja na execução do significativo gênero instrumental, o choro, quer na atividade de acompanhar toda a gama de cantores de rádio em centenas de gravações.

Pode-se até dizer que, durante anos, na impossibilidade de se contratar uma orquestra para executar arranjos de Pixinguinha ou de Radamés Gnattali, a única solução, consideravelmente mais em conta, era convocar o regional do Canhoto ou quaisquer das denominações do grupo básico para dar conta do recado. Sua célula fundamental, constituída pela dupla Dino e Meira completados pelo cavaquinho de Canhoto e por Jorginho no pandeiro, era garantia da excelência harmônica e rítmica, além de padrão de execução. E mais, desconheço qualquer outra descrição tão detalhada sobre as alterações desse grupo nos seus anos de atuação. Esta é a justificativa para a manutenção de tantos dados, o registro da gênese dessas formações.

17.

Dizzy Gillespie

NOVA YORK (via Varig) — "Você toma o *subway*, desce na Roosevelt Avenue e depois me telefona de novo que eu explico o resto no caminho." Foi assim que Dizzy Gillespie me ensinou pelo telefone como ir à sua casa em Nova York.

Havia preparado doze perguntas cujas respostas, simples e breves, poderiam conter a essência do que pensa sobre o jazz. Algumas questões estavam relacionadas com sua viagem ao Brasil no ano passado.

Estava no jardim jogando uma partida de xadrez com um amigo. Dizzy é extremamente simples, e pudemos conversar à vontade. Mais tarde, mostrou-me algumas gravações em fita realizadas no Brasil; uma delas, gravada no Rio com músicas e ritmo brasileiros. Será incluída num de seus próximos LPs.

Foram duas horas na companhia de um dos grandes músicos de todos os tempos, Dizzy Gillespie:

ZUZA — *Entre todas as bandas que você ouviu até hoje, qual a de maior* swing?

DIZZY GILLESPIE — A orquestra Savoy Sultans, dirigida pelo sax-alto Al Cooper.

ZUZA — *No início de sua carreira, quem foi o seu ídolo e o músico que mais o influenciou?*

DIZZY GILLESPIE — Roy Eldridge.

ZUZA — *Onde você gosta mais de tocar:* night-clubs, *teatros ou estúdios de gravação?*

DIZZY GILLESPIE — *Night-clubs.*

ZUZA — *Que acha do* rock and roll?

DIZZY GILLESPIE — Nada de novo para mim; durante toda minha vida ouvi essa música.

ZUZA — *Está havendo festivais de jazz em demasia?*

DIZZY GILLESPIE — Sim.

ZUZA — *Quais as diferenças entre a sua banda atual e aquela com a qual visitou o Brasil há um ano?*

DIZZY GILLESPIE — A banda está ficando melhor, pois tem um ano a mais.

ZUZA — *Você tem recebido propostas para visitar o Brasil novamente?*

DIZZY GILLESPIE — Nenhum convite até agora.

ZUZA — *Que significa a palavra "progressive" no jazz?*

DIZZY GILLESPIE — Eu nunca a uso.

ZUZA — *Qual a sua melhor recordação do Brasil?*

DIZZY GILLESPIE — O Pão de Açúcar.

ZUZA — *O que é essencial para ser um bom músico de jazz? É o que você nota quando ouve um músico pela primeira vez?*

DIZZY GILLESPIE — O ritmo. Sim.

ZUZA — *Que gostaria de dizer sobre Charlie Parker?*

DIZZY GILLESPIE — A maior força do jazz até agora.

ZUZA — *Se fosse possível chefiar um sexteto com músicos de todas as épocas, quais os cinco elementos que escolheria?*

DIZZY GILLESPIE — Charlie Parker (sax-alto), Oscar Peterson (piano), Charlie Christian (guitarra), Jimmy Blanton (contrabaixo) e Sid Catlett (bateria).

(Publicado na coluna "Folha do Jazz", da *Folha da Noite*, em 3 de outubro de 1957)

NOTAS EM 2014

Apesar da singeleza das perguntas, próprias de um estudante de 23 anos, as respostas de Dizzy têm um conteúdo de revelações a ponto de chamar a atenção do editor da revista *DownBeat*, meu estimado amigo Dom Cerulli, falecido oito anos após a visita que lhe fiz, em maio de 2004. Ele transcreveu na seção "Music News" um extrato da entrevista, sob o título "Dizzy Talks Turkey" ("Dizzy fala com franqueza"), publicado na página 12 da edição de 14 de novembro de 1957. Recordo-me que, nas respostas de Dizzy, o que surpreendeu Dom foi a inclusão de Peterson como o pianista de seu sexteto ideal.

Depois de 1956, quando veio pela primeira vez ao Brasil e trouxe sua *big-band* de *bebop*, Dizzy Gillespie retornou ao país mais sete vezes, com diferentes formações. Em julho de 1961, tocou no Teatro Record com um sexteto em que o argentino Lalo Schifrin era o pianista; em 1963, veio com outra formação; retornou em 1971, quando gravou batucada com escolas de samba no Rio e em 1974 com Al Gafa, Earl May e Mickey Roker para gravar em São Paulo um LP com o Trio Mocotó, lançado no Brasil em 2009. Em setembro de 1978, com seu novo quarteto, tocou e cantou no Anhembi numa apoteótica apresentação no I Festival Internacional de Jazz; em dezembro de 1979, Dizzy voltou para uma desastrosa temporada que resultou em cancelamento de shows, retenção em hotéis por falta de pagamento em meio a situações vexatórias causadas pela desonestidade do empresário brasileiro responsável pela turnê. Já abatido pelo câncer, ele retornou em setembro de 1991 liderando a United Nations Orchestra no Free Jazz Festival. Foi sua última viagem ao Brasil que ele tanto amava. Dizzy Gillespie faleceu em 1993.

18.

Lee Konitz

Mantendo ainda certa timidez, provavelmente bem maior quando era jovem, o quase octogenário Lee Konitz é um músico ativo que se levanta às seis e meia para caminhar e nadar nos hotéis onde passa grande parte de sua vida. Em São Paulo, onde esteve no início de outubro como convidado para um espetáculo, não pôde caminhar por falta de opção no bairro de Vila Olímpia. Quando está em seu apartamento de Nova York, vai ao Central Park, onde caminha diariamente.

Lee ainda prefere tocar no primeiro sax-alto que ganhou em 1945 do pai, dono de uma lavanderia em Chicago. Teve dezenas de instrumentos, mas o preferido é o velho Selmer, que custou 120 dólares.

Tímido e também sarcástico, ao descrever esse músico de intrigante personalidade é forçoso aduzir que ele não faz concessão para se promover. Ao contrário de todos os grandes nomes do jazz, não toca com seu próprio grupo. Prefere aceitar convites para tocar com músicos de outros cantos do mundo, postura que lhe possibilita conhecer novos talentos. O senhor Konitz tem a experiência de sua idade, e Lee, a sede musical de um jovem.

Lee Konitz era o primeiro sax-alto no célebre noneto de Miles Davis que gravou para a Capitol Records os discos que foram depois batizados de *The Birth of the Cool*. Rigorosamente, esse não foi o nascimento do estilo *cool*, que acabou sendo identificado com a bossa nova. Lee descreve o estilo *cool* como uma postura voltada para a introspecção, uma atitude.

ZUZA — *Lembro-me de ter visto Lionel Hampton e Doc Cheatham, com mais de 90 anos, em plena atividade no palco. Na sua opinião, como certos músicos conseguem realizar* performances *brilhantes com tal idade?*

LEE KONITZ — Em primeiro lugar, eles se cuidaram. Obviamente, sua saúde é bastante boa para que possam viajar, tocar trompete, bateria ou piano. Tem que se estar em boa forma.

ZUZA — *É o seu caso?*

LEE KONITZ — Estou em forma, o suficiente para poder viajar. Neste ano, estou fazendo mais viagens do que nunca. Ainda sou capaz de criar diferentes grupos de notas. Consigo reorganizar as doze notas que herdamos de uma forma tal que me mantém motivado.

ZUZA — *Não é surpreendente que um homem aos 80 anos esteja trabalhando mais do que nunca?*

LEE KONITZ — É uma bênção. Eu me sinto muito privilegiado por ser capaz de fazer isso. Na verdade, nunca fiz muitas concessões em relação à minha música. Na maioria das vezes, eu toco para mim mesmo e para as pessoas que tocam comigo. E, se tudo corre bem, as pessoas da plateia podem curtir. Assim a coisa fica completa. Porém, se eu me sinto bem, se a banda com a qual toco se sente bem, mas as pessoas vaiam, digo: "Pior para vocês. Vocês é que são muito bons".

ZUZA — *Você se lembra daquela noite no Bourbon Street quando, acredito eu, foi seu aniversário de 70 anos, e levei o bolo para você no palco?*

LEE KONITZ — Ah... é mesmo! Sim! Com quem eu tocava?

ZUZA — *Não me recordo, mas foi a primeira vez que você veio ao Brasil. As pessoas esperavam que você viesse primeiro com a banda The Rebirth of Cool. Você foi anunciado em nosso festival, mas, por alguma razão, não pôde vir. Muitas pessoas que estavam esperando vê-lo ficaram desapontadas. Contudo, dois ou três anos depois, você veio com seu próprio grupo.*

LEE KONITZ — Foi melhor. A banda The Rebirth of Cool era basicamente um grupo de câmara. Sempre fico muito agradecido que as pessoas se lembrem que eu fazia parte da original. Essa, porém, era uma banda de um arranjador, não uma banda de um solista. Os solos eram acidentais.

ZUZA — *Na verdade, Wallace Roney estava no lugar de Miles nesse grupo.*

LEE KONITZ — Sim, ele é perfeito para isso. Ele é um herdeiro vivo de Miles, na minha opinião.

ZUZA — *Ele esteve no Brasil recentemente.*

LEE KONITZ — Ouvi dizer que não se portou muito bem. Alguém me disse. Ele estava muito zangado e arrogante.

ZUZA — *Muito. O grupo dele também.*

LEE KONITZ — Isso é muito errado. Eles aplicam as leis de Jim Crow ao contrário. Algo assim. Nós, músicos, de alguma forma, temos um

Música com Z

certo poder. Quando saímos mundo afora, é de esperar que nos tornemos embaixadores, como Louis Armstrong e Dizzy Gillespie — embaixadores dos EUA, pela falta de um termo melhor. Ainda assim, Charles Mingus já saiu por aí gritando com todo mundo e dando escândalo. Outros também, fumando e não se portando dignamente. Isso é embaraçoso.

ZUZA — *Nos anos 50, Norman Granz organizou uma sessão famosa que ficou registrada em dois LPs. Ele reuniu um grupo com Oscar, Ray... Não consigo me lembrar dos outros nomes, mas ele tinha três sax-altos: Charlie Parker, Benny Carter e Johnny Hodges. Acho que foi a única vez em que eles tocaram juntos em uma sessão.*

LEE KONITZ — Sim.

ZUZA — *Você pode dizer qual seu ponto de vista em relação ao estilo de cada um dos três saxofonistas?*

LEE KONITZ — Johnny Hodges e Benny Carter foram minhas primeiras influências nesse instrumento. Quando Charlie Parker apareceu, ele os fez soar antiquados. Quando os três se reuniram, cada um deles tocou bem, inspirados uns pelos outros, mas, quando Charlie tocava, era brilhante. Assim é a história da evolução da música. Às vezes, as pessoas chegam a pisar juntas no mesmo palco, e isso pode virar uma demonstração bem dramática de diferenças.

ZUZA — *Na minha opinião, Norman esqueceu você.*

LEE KONITZ — Que bom! Eu adoro Charlie Parker, mas não gostaria de tocar ao lado dele.

ZUZA — *Agora nos fale sobre as sessões de* Birth of the Cool, *em 1949. Quais são as lembranças que você tem daquelas sessões?*

LEE KONITZ — Eu me lembro de estar cercado por um grupo de amigos, músicos muito brilhantes na época. Gerry Mulligan... ah... acabei de esquecer o nome do sujeito que compôs "Israel"... John Carisi!... John Lewis, Gil Evans, eram todos... e Miles...

ZUZA — *Max...*

LEE KONITZ — E Max. Eram todos sujeitos que tentavam coisas novas na época, e eu me sentia satisfeito em fazer parte dessa cena. Eu também estudava e tocava com Lennie Tristano, que foi muito importante para mim. Tudo isso foi interessante.

ZUZA — *Você tinha a impressão de que aquela sessão seria tão importante?*

LEE KONITZ — Não. Nunca sentimos isso quando estamos fazendo um projeto. É só um projeto. Esperamos que ele seja bom e que as pessoas gostem. Só isso. Não pensamos sobre a aceitação futura ou coisas assim.

ZUZA — *Quem, na sua concepção, tem mais importância no estilo* cool *dentre os responsáveis pelos arranjos? Quero dizer, Gerry Mulligan estava entre eles. Gil Evans também estava. John Lewis também. Ou, como dizem na maioria das vezes, Miles é o ícone do* cool?

LEE KONITZ — Miles tinha um som que todo mundo queria incluir e ele era mais habilidoso do que a maioria em conseguir shows. Assim, ele foi eleito o cabeça. "Consiga um show para a gente!", falávamos. Todos eram parte do trabalho colaborativo. Colaboração é o nome do jogo. Se a colaboração é boa, o produto é bom, mas não sei se conseguiriam fazer tudo sozinhos.

ZUZA — *Esses três arranjadores — Gerry, Gil e John — tinham mais ou menos o mesmo estilo?*

LEE KONITZ — Eles eram três indivíduos que adoravam a música uns dos outros e compartilhavam informações e experiências, assim como Debussy e Ravel faziam. Eles se encontravam, conversavam sobre o que estava em voga, saíam atrás das garotas e coisas assim.

ZUZA — *Na sua opinião, quais são as características principais do* cool jazz? *Como você definiria o* cool jazz?

LEE KONITZ — Não penso nele como o oposto de um jazz negro ou um *jazz hot*. Acho que podia ser *cool* quando Louis Armstrong tocava um grande solo, era *cool* quando Charlie Parker tocava "Don't Blame Me". Quando Lester Young tocava "Dickie's Dream", e aqueles solos lindos com Count Basie, ele era o mais *cool* de todos. Ele era o nascimento do *cool*, eu acho. Não eram Miles Davis e os demais.

ZUZA — *Quais as características? Como você o definiria?*

LEE KONITZ — Há o mínimo do *show business* envolvido. Não há nenhuma *performance* que seja feita para se exibir. É música pura. Isso é o *cool* — música pura. Nem contida nem liberada. *Cool* quer dizer que é pensada, é pura.

ZUZA — *E o vibrato?*

LEE KONITZ — Qualquer coisa que seja feita para torná-lo expressivo é boa. A falta de vibrato frequentemente deixa o som da nota muito morto para mim. Deve existir o tipo certo de vibrato. Dizem que Lester Young não usava vibrato. É mentira. Ele usava um vibrato bem rápido depois de praticamente toda frase.

ZUZA — *E a harmonia do* cool — *você via alguma diferença em termos de harmonia?*

Música com Z   213

LEE KONITZ — Tristano e todos nós envolvidos tentávamos avançar mais um pouco. Herdamos isso de Charlie Parker, de Lester Young, de Roy Eldridge, de todos eles.

ZUZA — *Você vê alguma relação entre a bossa nova e o* cool jazz?

LEE KONITZ — Bossa nova é uma música bonita e suave, com melodias ótimas de Jobim e dos seus amigos. Eu a adoro, mas é como... Temos uma estação de rádio para o que chamam de... Do que chamam aquilo? Não é *cool jazz...*

ZUZA — *Música leve?*

LEE KONITZ — É... Algo assim... Não consigo me lembrar da palavra certa. Chamam isso de *cool*, mas misturam com Kenny G e coisas que são mais da música de entretenimento. Tristano foi citado em um livro lançado recentemente. Ele dizia: "Músicos que se proclamam *entertainers* não deveriam se proclamar músicos".

ZUZA — *Você mora na Alemanha há muitos anos, creio eu.*

LEE KONITZ — Agora não moro lá. A enteada de minha mulher ficou com esse nosso apartamento. Temos uma casa na Polônia. Em uma pequena comunidade de fazendeiros onde minha mulher nasceu, quando ainda estava sob o domínio alemão. E mantenho meu apartamento na cidade de Nova York.

ZUZA — *Você vê alguma diferença no jazz da Europa? Qual era o panorama do jazz nos anos 50 e hoje em dia?*

LEE KONITZ — Nos anos 50, as pessoas estudavam, e havia problemas para se conseguir uma seção rítmica. Tínhamos que ir para lá sozinhos. Fui em 1951 e conheci um grupo em Estocolmo, na Suécia, que tinha estudado nossa música. Foi uma recepção muito gentil para eu poder tocar, mas a seção rítmica não era lá muito boa. O tempo passou, e agora há instrumentistas brilhantes em todos os países. Aonde quer que eu vá, consigo ouvir e tocar com músicos ótimos. Sou frequentemente criticado por tocar com qualquer um. Não tenho uma banda própria há muitos anos. Se ninguém me convidasse para tocar junto, eu estaria no meu quarto praticando todo o tempo. Aprecio isso, mas sou motivado por músicos jovens que são sérios e ficam inspirados quando podem conhecer minha experiência. Não gosto de ensinar, como Lennie Tristano e Warne Marsh, por exemplo, e Sal Mosca, o pianista que faleceu recentemente — todos eles dedicaram suas vidas ao ensino e não saíam muito para tocar. E é tocando que se ensina: tocando diante das pessoas. É assim que elas aprendem o que é música boa, e não dizendo a elas: "Pratiquem as escalas, e os acordes e tudo o mais".

ZUZA — *Você se recorda de algum nome do jazz europeu que você considera bom?*

LEE KONITZ — Martial Solal. Toco muito com ele. Tocarei com ele daqui a uma semana mais ou menos. Ele é um pianista brilhante. Na Itália, há um monte deles: Enrico Pieranunzi, Franco D'Andrea...

ZUZA — *Então você acha que uma das diferenças é que, se nos anos 50 havia músicos que tentavam tocar como os norte-americanos, agora, na Europa, você vê instrumentistas de jazz europeus que tocam do jeito deles e não tentam imitar nem seguir os norte-americanos?*

LEE KONITZ — Todos eles ainda estudam bons instrumentistas norte-americanos. Esse é o nome do jogo: ouvimos e aprendemos com as pessoas de grande talento. Sentado em um museu, um pintor ainda pode copiar Picasso ou Rembrandt e aprender alguma coisa nova sobre o processo. Então os pianistas vêm estudando Brad Mehldau com muito cuidado, e surgem com uma versão diferente da música dele. É assim que a evolução acontece. Martial é o maior nome por lá. Tem sido assim há muitos anos na França.

ZUZA — *Por que você acha que as lojas de discos colocam rock, pop e tudo o mais juntos em um espaço, mas música clássica e jazz juntos em outro?*

LEE KONITZ — É isso o que *pop* quer dizer: popular. Há mais compradores de música popular e há os esotéricos, por assim dizer, e os amantes do jazz, e pessoas que amam Lutoslawski e Dutilleux e compositores de música clássica mais modernos.

ZUZA — *Então você acha que, no que diz respeito ao público, a música clássica e o jazz combinam de certa forma?*

LEE KONITZ — Há uma pequena porcentagem nas vendas desses tipos de música. Me parece que é só 3%, ou algo assim. É escandaloso, mas é verdade, acredito eu.

ZUZA — *Você acha que o jazz está se aproximando do* pop, *com interferências de certos acessórios ou certos instrumentos que o* pop *usa?*

LEE KONITZ — Sim, todo mundo quer pagar o aluguel e fazer o possível para conseguir trabalho para que possa sobreviver. Tudo que me importa é se o que fazem é bom, sendo inteligente, com influência da *world music*, a fusão, a confusão e tudo o que vem com eles. Se eles aparecem com um resultado interessante... E aí vem a longa conversa que tivemos ontem. Alguém perguntou: "Como Charlie Parker soaria se ele não fosse um *junkie*? Nunca saberemos, mas, graças a Deus, temos os

Música com Z

discos de Charlie Parker. Essa é a realidade, acredito eu. Ele viveu até os 34 anos.

zuza — *Como Mozart.*

lee konitz — Exatamente.

zuza — *Você se sentiria confortável com um DJ no palco durante uma apresentação?*

lee konitz — Como assim?

zuza — *Um DJ tocando.*

lee konitz — Não, eu não permitiria. À propósito, um livro meu acabou de ser lançado. Não é uma biografia nem uma autobiografia. É apenas uma entrevista com 350 páginas feita por um inglês muito legal, que teve a ideia. Ele a fez originalmente para uma revista, e depois continuamos a conversa por alguns anos. Finalmente, o livro saiu alguns meses atrás.

zuza — *Qual é o título?*

lee konitz — É *Lee Konitz: The Art of the Improvisation*. Algo assim [o título do livro é *Lee Konitz: Conversations on the Improviser's Art*].

zuza — *E o autor?*

lee konitz — Somos eu e Andy Hamilton, na verdade.

zuza — *Vamos falar sobre duas pessoas importantes na sua vida: Warne Marsh e Lennie Tristano.*

lee konitz — Para mim, Warne Marsh foi um dos melhores e mais puros improvisadores no jazz. Sinto que foi o melhor. Lennie foi um grande instrumentista. Ele era também bastante crítico em relação às pessoas que faziam concessões demais e, como resultado, as pessoas ficaram críticas em relação a ele. Ele nunca foi reconhecido, e acho que era um homem muito infeliz quando faleceu. Muito amargo, de uma certa forma. Contudo, ele foi um dos grandes pianistas. Ele simplesmente tocava com uma linha original, uma outra concepção de ritmo avançada, uma outra concepção harmônica, com um brilho técnico. Todos os ingredientes da receita de uma música verdadeira. Ele era um verdadeiro instrumentista.

zuza — *Fui para a School of Jazz em 1957, e ele nos deu uma palestra. Tive essa impressão de que ele era bem contrário às ideias de agentes e empresários.*

lee konitz — Totalmente. Ele era cego e, obviamente, tinha dificuldades para viajar, mas ele simplesmente não gostava do *music business*.

ZUZA — *Você foi um dos primeiros que, em vez de iniciar o tema e depois improvisar, passou a começar a música direto na improvisação.*

LEE KONITZ — Sabe, acho que se as pessoas ouviram bastante "All the Things You Are", eu não tenho que mostrar novamente. Em vez de escrever um tema e tocar, eu começo no improviso, "Du, du-du-du, du--du-du...". É o que gravamos no disco e chamamos de outra coisa, pois não tocamos a melodia. Gravar a estrutura harmônica da canção não acarreta em *copyrights* [*royalties*]. É uma coisa legítima. Eu sempre dou crédito a Jerome Kern, dizendo: "Agora quero tocar uma música que compus com Jerome Kern". Não é bem assim, mas pelo menos é respeitoso. Acho que, sem Jerome Kern, eu estaria no ramo das lavanderias. Meu pai era do ramo das lavanderias.

ZUZA — *Você se sente muito confortável ao fazer isso. É o que você passa às pessoas. Sentimos que você fica feliz com a improvisação desde o início.*

LEE KONITZ — Eu não adorava muitas das minhas *performances* nos anos 50. Eu puxava um fuminho e me sentia menos tímido quando tocava, mas eu não gostava de muitas das coisas que fazia. Agora eu sinto que sou mais capaz de cortar um pouco do excesso. Durante a apresentação. Eu ouço mais o que as pessoas estão fazendo ao meu redor e toco com as pessoas em vez de ter toda a atenção voltada para mim. A improvisação demanda 100% de concentração. Sempre se está buscando cada nota a cada instante. Contudo, também tem de se lidar com um pianista, um baixista e um baterista. Se a gente faz isso, a inspiração nunca acaba. Os solos dão sugestões do que fazer. É um processo bonito, e sinto que aprendo todo o tempo. Eu tento evitar um estilo. Isso é uma armadilha que prende as pessoas, dessas que necessitam agendar lugares de primeira classe nos voos ou coisas do tipo. Assim, sou capaz de mudar com cada situação. Um pouco aqui, um pouco ali. Assim eu vou.

ZUZA — *Posso ver em seus olhos que você se sente muito bem com sua carreira hoje em dia e com as coisas que você fez.*

LEE KONITZ — Sim, é ótimo!

ZUZA — *Você tem alguma preferência de literatura?*

LEE KONITZ — No momento, estou lendo um livro fascinante, *A Short History of Nearly Everything* [*Breve história de quase tudo*], escrito por um sujeito chamado Bill Bryson. Ele discorre sobre quase todos os fenômenos conhecidos no mundo, da estrutura celular até a Era do Gelo. Tudo. É fascinante.

ZUZA — *E nas artes plásticas, você tem alguma preferência?*

Música com Z

217

LEE KONITZ — Um de meus amigos queridos, um sujeito chamado Kenneth Noland, é um dos grandes artistas dos EUA. Agora ele está com 83 anos. Tomamos café da manhã juntos num dia desses. Ele está quase completamente cego e quase totalmente surdo. Ele está pensando em uma nova maneira, uma nova técnica para que consiga fazer uma nova pintura com a pouca visão que tem. Fui ao MoMA duas semanas atrás, e lá estava uma de suas grandes pinturas pendurada na parede.

ZUZA — *Se você fosse um banqueiro, um diretor de um banco, em qual área da cultura você investiria o dinheiro do banco?*

LEE KONITZ — Na área do jazz, que provavelmente é a menos patrocinada das artes. As óperas e as sinfonias têm sua fatia merecida. Acho que os bons escritores também são beneficiados. Basicamente, eu ajudaria o pessoal do jazz.

ZUZA — *Há alguém da cena atual que você diria estar no caminho para ser um dos maiores?*

LEE KONITZ — Isso é difícil de dizer. Conheço apenas as coisas que ouço e curto pessoas jovens diferentes. Vejo Herbie Hancock gravando com artistas *pop*. Acho isso uma vergonha, porque de alguma forma ele desistiu de seu maior talento. Não acho "Watermelon Man" sua melhor música, mas é a que mais deu dinheiro a ele, o que é bom também. Contudo, quando ele faz um disco sem os artistas *pop*, um disco musical com Wayne [*Shorter*], ou algo parecido, sempre fico interessado em ouvir. Adoro o trio de Brad Mehldau, e pessoas que ouço aqui e ali, e gosto muito. Às vezes, Mark Turner, o saxofonista-tenor. Ouço as pessoas que me inspiraram pela primeira vez e ouço muita música clássica. Nesta manhã, antes de descer, eu cantava as suítes para violoncelo de Bach. É uma música gloriosa e dá para cantá-la. Com o registro do violoncelo, consigo alcançar a maioria das notas.

ZUZA — *Quem era o violoncelista na gravação?*

LEE KONITZ — Pierre Fournier. Tenho muitas versões dessa música, e essa é uma das boas.

ZUZA — *Sim, definitivamente. E entre os músicos e a música em geral no Brasil?*

LEE KONITZ — É claro que Jobim e Elis Regina são dois de meus favoritos. Não conheci muito das outras pessoas, mas adoro essa música suave.

ZUZA — *Mas você veio várias vezes ao Brasil...*

LEE KONITZ — Na verdade, não muitas vezes. Acho que três vezes, talvez.

ZUZA — *Você é tão admirado que achei que tivesse vindo mais vezes. Você já gravou aqui?*

LEE KONITZ — Ah! Gravei no Rio.

ZUZA — *Com músicos brasileiros?*

LEE KONITZ — Sim. Eu não sabia que as melodias eram de um trompetista judeu muito talentoso, cujo nome não me recordo agora, mas ele era casado com a filha do sujeito que compôs "Strangers in the Night". De qualquer forma, conheci as melodias quando entrei no estúdio pela primeira vez. A seção rítmica era muito boa, e gostei de tocar. Ouvi o disco e não parecia que eu tinha tocado, na minha opinião. Descobri que eles tinham achado que eu tinha tocado um pouco agudo demais, então ajustaram a frequência. Não soava como se fosse eu. Costumo tocar com um nível bem alto da frequência, às vezes até acima do pico, infelizmente, mas se consegue mais brilho quando se toca com níveis altos. Alguém recentemente escreveu sobre mim em uma resenha: "Belo instrumentista, mas tem uma tendência constante em tocar desafinado". Eu disse: "Eu preferiria morrer a tocar desafinado". O que esse crítico poderia escrever se nem percebe isso?

ZUZA — *Em um dos shows em que tocou em São Paulo, você esteve acompanhado de um músico que vive na cidade. Acho que ele era um violoncelista ou um trombonista. Um sujeito da Europa que mora aqui.*

LEE KONITZ — Um violoncelista grego? Dimos [*Goudaroulis*]. Um grande violoncelista!

ZUZA — *Ele foi maravilhoso! Ele é grego, sim. Ele ainda mora aqui. Como você o descobriu no Brasil?*

LEE KONITZ — Bem, acho que meu amigo Ohad o tinha descoberto. Ohad Talmor e eu trabalhamos juntos há alguns anos [*Talmor foi o saxofonista no espetáculo em São Paulo*].

ZUZA — *Então você mora em Nova York agora?*

LEE KONITZ — Moro em Nova York e moro na Polônia, quando consigo estar lá. E também moro em Colônia, quando consigo estar lá. E vivo em muitos hotéis.

ZUZA — *Se você pudesse encontrar um vizinho ideal em seu lar favorito?*

LEE KONITZ — Sophia Loren, talvez. Ela é uma *lady* bem especial.

ZUZA — *Há alguma coisa que você gostaria de acrescentar?*

LEE KONITZ — Só dar uma palavra de coragem às pessoas mais jovens. Primeiro de tudo, fiquem vivos por mais tempo que puderem e continuem a ser verdadeiros consigo mesmos nesta música. Vai dar certo

Música com Z

no final das contas. Levou esse tempão para eu ser capaz de trabalhar tanto assim e me sentir um improvisador profissional, mas tive um reconhecimento merecido através dos anos e sou muito agradecido.

ZUZA — *Há muitos admiradores seus no Brasil.*

LEE KONITZ — Sempre que converso com alguém que diz que tem esses ou aqueles discos, fico sempre bem grato de ouvir. Você toca?

ZUZA — *Eu tocava baixo. Estudei com Ray Brown na School of Jazz, mas isso foi há muito tempo. Mas estou envolvido com música desde então, desde criança.*

LEE KONITZ — Bem, precisamos um do outro.

(Entrevista inédita realizada em
3 de outubro de 2007 para a revista *Trip*)

NOTAS EM 2014

A gravação mencionada por Lee Konitz foi realizada em 1989 no Estúdio Synth, no Rio de Janeiro, e resultou no disco *Lee Konitz in Rio*, com produção do trompetista dinamarquês Allan Botschinsky e produção executiva de Marion Kaempfert, filha de Bert Kaempfert, o autor de "Strangers in the Night". Foram gravados sete temas em que Lee executou sax-alto ou soprano, sendo acompanhado por Luiz Avelar (teclados), Victor Biglione (guitarra), Nico Assumpção (baixo), Carlinhos Bala (bateria) e Armando Marçal (percussão). A gravação foi mixada em Londres, no Mayfair Studios, por John Hudson.

19.

Casé

Esse é o primeiro "teste da cabra-cega", iniciando assim uma série que pretendemos realizar com vários de nossos músicos profissionais ou amadores.

É inspirado no *blindfold test*, da revista *DownBeat*, em que um músico é convidado a ouvir algumas faixas de discos, sobre as quais não lhe são fornecidas informações de espécie alguma. Após a audição, ele deve tecer comentários e expor seu ponto de vista crítico, sua reação diante da música e tentar reconhecer os instrumentistas principais, atribuindo uma nota que varia de zero a cinco ao que ouviu.

Além da mera curiosidade do teste, há outros pontos sobre os quais gostaria de chamar a atenção do leitor. Por meio dele, pode-se ter uma impressão das preferências do convidado, avaliar sua capacidade auditiva, verificar quais os músicos que ele está mais acostumado a ouvir, apreciar seu senso crítico e estabelecer um perfil de sua personalidade musical. O teste servirá também para avaliar os músicos de jazz prediletos dos brasileiros.

As faixas são escolhidas de acordo com as tendências e o instrumento de cada músico. Porém, não são incluídas somente gravações de uma determinada época ou estilo, ou que se julgam desconhecidas pelo candidato; em outras palavras, não utilizo as muito óbvias. As respostas são anotadas na íntegra.

Interessante notar que, muitas vezes, as respostas apontam o músico errado, mas que influenciou ou foi influenciado pelo verdadeiro executante, o que sugere que o candidato saiu-se bem no teste.

O primeiro "cabra-cega" é com o saxofonista Casé, um dos maiores músicos brasileiros da atualidade. José Ferreira Godinho Filho, como se chama, atua no momento na orquestra de Sylvio Mazzucca e tem estado em grande evidência graças a dois discos de jazz que gravou recentemente na Columbia. Sua família é formada quase somente por músicos. Casé é modesto, muito calado e possuidor de enorme talento. Já excursionou pela Europa e pela Ásia.

Música com Z

Casé não recebeu qualquer tipo de informação sobre o que ouviria, antes ou durante o teste. Eis o resultado:

1) *Lee Konitz: "If I Had You"; Art Taylor, bateria.*
Reconheci o saxofonista: Lee Konitz. Não gostei muito. Acho que ele está querendo fugir de seu estilo, sem contudo conseguir. Nota 2. Na seção rítmica, gostei somente do baterista. Não gosto do disco de modo geral.

2) *Charlie Parker Quintet: "Merry Go-Round". Parker, sax-alto; Miles Davis, pistom. Gravado entre 1947 e 1948.*
É Charlie Parker, quem mais poderia ser? Um disco bom para a época; eu acho que deve ser do tempo do *bop*. O pistonista é muito bom; penso que seja Fats Navarro. Boa seção rítmica. O disco é muito bom. Nota 3.

3) *Lester Young and the Kansas City Six: "I Want a Little Girl". Young, clarinete; Buck Clayton, pistom. Gravado em 1938.*
Acho que o pistonista é Armstrong. Os demais não consigo identificar. Não gosto desse estilo de maneira alguma; acho o clarinete bom dentro de seu estilo; tem bastante sentimento e é um tipo Orlando Silva. Não gosto do disco. Nota 0. [*Nota: este é um dos raros discos em que Lester Young toca clarinete e não sax-tenor.*]

4) *Horace Silver and The Jazz Messengers: "Hippy". Silver, piano; Art Blakey, bateria; Kenny Dorham, pistom; Hank Mobley, sax-tenor; Doug Watkins, contrabaixo.*
Muito bom. Acho que Max Roach é o baterista e Bud Powell, o pianista. Não identifiquei o contrabaixista. O pistom deve ser Clifford Brown; o tenor pode ser Wardell Gray. Nota 5. Este som está completamente de acordo com meu gosto. Gostei do solo do sax-tenor; destaca-se mais que os outros músicos.

5) *Stan Getz Group: "Potter's Luck" (autoria de Horace Silver). Getz, sax-tenor; Roy Haynes, bateria.*
É um tema que merece especial atenção pela beleza. O conjunto está muito bem, especialmente o baterista. Isso sem falar no saxofonista-tenor, que é Stan Getz. Gosto muito dele e o considero o sax-tenor mais completo. Nota 5. É um disco muito bom.

6) *Johnny Hodges Group: "Day Dream". Johnny Hodges, sax-alto; com elementos da banda de Duke Ellington.*

Que vou dizer disso? É da época em que comecei a tocar; nesse tempo, gostava desse saxofonista, que julgo ser Benny Carter. Graças ao grande progresso do jazz, acho que agora é impossível se ouvir um disco como esse. Não reconheço os demais. Nota 1, somente por causa do solo do sax-alto. Espero que não haja mais dessas músicas no teste.

7) *Paul Desmond Quintet: "Jeruvian" (com arranjo de David Van Kriedt). Desmond, sax-alto; Dick Collins, pistom.*

O disco em si é bom, com um arranjo benfeito. Reconheci somente o sax-alto, Paul Desmond. Cheguei a gostar bastante dele na época em que surgiu com o quarteto de Dave Brubeck, atraído por seu estilo diferente. Mas esse foi um período curto; acho que Desmond tem um estilo cansativo e um pouco enjoado. O solo de flugelhorn também é muito bom, embora eu não possa reconhecer quem seja. Nota 3.

8) *Sonny Rollins Quartet: "Blue 7". Rollins, sax-tenor; Doug Watkins, contrabaixo; Max Roach, bateria.*

Disco muito bom graças à seção rítmica. Acho que o contrabaixo é Ray Brown; o baterista, penso que seja Max Roach. Esses dois são muito bons e têm bastante *swing*. Quanto ao saxofonista, achei-o muito excêntrico, com os solos muito cortados e um pouco sem nexo. Não reconheço quem seja, nota 4.

(Publicado na coluna "Folha do Jazz", da *Folha da Noite*, em 31 de outubro de 1958)

Notas em 2014

"Teste da cabra-cega" foi a expressão que melhor me pareceu em língua portuguesa para definir o *blindfold test*, da *DownBeat*.

Os que conheceram pessoalmente o retraído Casé podem bem avaliar o desafio de convencê-lo a aceder à minha proposta num formato sobre o qual não sabia de antemão. Com seu jeito acanhado e avesso a conceder depoimentos, o que na época era bem raro para um instrumentista, foi ele de uma gentileza sem par. Acredito até que essa tenha sido uma das primeiras entrevistas que concedeu em sua carreira, o que fez com a seriedade que o acompanhou na música por toda a vida.

Deve-se mencionar, a título de esclarecimento sobre sua intimidade com estilos de músicos de jazz, que Fats Navarro era da mesma escola *bebop* do início da carreira de Miles Davis; que mesmo um especialista dificilmente identificaria Lester Young no clarinete ao invés do sax-tenor em que se notabilizou; que Horace Silver foi influenciado por Bud Powell e Kenny Dorham, por Clifford Brown; que Johnny Hodges e Benny Carter tinham estilos relativamente próximos; e que Art Blakey e Max Roach procedem da escola *bebop*.

20.

Candeia

ZUZA — *Candeia, qual é sua impressão sobre episódios ocorridos ultimamente na escolha dos sambas-enredo, especialmente no caso de sua querida Portela em que sambas como o do Noca da Portela foram relegados pelo de Evaldo Gouveia?*

CANDEIA — Vou transmitir não só a minha surpresa como a da maioria dos portelenses. Falo isso com convicção para mim e da maioria. Foi algo que nos surpreendeu, porque o samba do Noca era mais samba na estrutura de samba-enredo, tinha mais características de samba no chão, enquanto o que ganhou tem uma característica diferente, reúne uma melodia e harmonia mais própria do estilo com que os próprios autores estão identificados, ou seja, serestas, boleros. Não tem aquela garra de samba-enredo, por isso nos surpreendeu o fato deles terem ganho. Mesmo porque não consideramos ter sido muito correta a forma e o método que usaram para ganhar.

Mas, para a Portela, é um fato consumado e, mesmo sob protesto, o jeito é aceitar no momento atual e lutar pela escola da melhor maneira possível, protestando contra essa infiltração de falsos valores, o que já vem ocorrendo. Já foge à nossa possibilidade rever o assunto, que é muito complexo, é o processo do mercado de consumo que obrigou as escolas a fazer concessões. Com isso, se aproveitaram e se infiltraram, e eu acho que a situação é um tanto irreversível, o jeito é aprendermos e tirarmos lições para esperar que no ano vindouro a diretoria ponha a cabeça no lugar e procure valorizar a prata da casa. A Escola de Samba Portela possui a melhor ala de compositores, eu disse a melhor sem medo de errar e sem nenhuma pretensão, pois tem nomes como Zé Keti, Paulinho da Viola, João Nogueira, a Velha Guarda da Portela, que é maravilhosa, com Manaceia, Francisco [*Santana*] e toda aquela gente boa que tem um lastro e participação muito grandes.

O que cabe fazer na escola no ano que vem é ir ao encontro do corpo da escola, do pessoal que canta e samba, esse pessoal é que deve prevalecer na hora de um julgamento. Sua voz e preferência não foi consi-

Música com Z

derada nesse ano, por isso houve um choque total. A massa de portelenses se viu contrariada naquilo que queria. Agora é aceitar o fato, tirar uma lição, para que no ano que vem não venha a ocorrer de novo.

ZUZA — *E em outras escolas, têm ocorrido fatos semelhantes?*

CANDEIA — Às vezes de maneira diversa. Ocorre muita coisa atualmente no samba-enredo e, para que os ouvintes possam entender rapidamente o que vem ocorrendo, vou tentar resumir dizendo o seguinte: há coisa de 10 anos passados, o que existia no samba-enredo era o espírito de amadorista, o compositor fazia o samba, queria colaborar com a escola; eu falei *colaborar* com a escola. Hoje em dia, o compositor quer ganhar de qualquer maneira, então o ambiente mudou muito, criou-se um clima de guerra. O espírito de comunidade que existia deixou de existir, porque as editoras, as gravadoras, a própria associação das escolas de samba aderiram, a princípio até bem-intencionadas, mas de bem-intencionados o inferno está cheio. A associação passou a dar prêmios em dinheiro de 5 mil cruzeiros, as editoras começaram a disputar o prêmio em cima dos compositores, cercando-os com contrato, as gravadoras prometendo isso e aquilo, a própria associação já faz um contrato com a gravadora, monopolizando a coisa. Tem escola que está devendo prestação de serviços até 1981, já recebendo adiantado por cumprimento de contrato. Nesse clima todo, em que eu não tenho meios nem dados para esmiuçar, você verifica o que quero dizer, é que houve uma infiltração no nosso ambiente, que era espontâneo, era puro, era sadio e, de uma hora para outra, se viu diante do que nos impuseram, tirando aquele espírito de colaboração acima de tudo, de amadorista. Então se criou um clima em que o elemento não quer mais o melhor para a escola, ele quer ganhar porque é um investimento que está fazendo, é o lado financeiro, o lado comercial, não é o lado artístico.

O que ocorre é o seguinte, sabe Zuza, esses elementos podem ganhar até dez sambas-enredo, mas eu tenho certeza que, na consciência de quem acompanha o samba, eles jamais serão considerados bambas à altura de um Paulo da Portela, de um Silas de Oliveira, de um Mano Décio. Eles jamais terão seu nome colocado na galeria desse pessoal, que é o da autenticidade. Por mais que forcem, porque você sabe que isso tudo é forjado, é uma situação momentânea na posição atual.

(Entrevista para o *Programa do Zuza*,
da Rádio Jovem Pan, em 30 de abril de 1977)

Notas em 2014

Quem primeiro me levou a uma roda de samba na casa de Candeia foi o grande amigo da música Armando Conde, que implantou e patrocinou a pioneira *Enciclopédia da Música Brasileira*. Na companhia de vários sambistas, como Noca, do caricaturista Lan e da autoridade Haroldo Costa, ambos casados com duas das três reluzentes irmãs Marinho, que levaram tanta gente a ser salgueirense, meu caso, tivemos uma noitada inesquecível, na qual pude sentir de perto a autoridade, a vitalidade, a inteligência, a capacidade de liderança e a luminosidade de Candeia, um dos mais devotados sambistas, que perderíamos no ano seguinte ao dessa entrevista.

Seu sonho não se concretizou. Sambas-enredo chegaram a ter parceria montada por meia dúzia de nomes, sem a mínima linha adequada a uma composição digna. O processo de escolha foi deturpado, e o resultado dessa colcha de retalhos sem pés nem cabeça tomou um novo rumo que nunca se recuperou. Na Portela, a ala dos grandes sambistas não teve mais vez nos sambas-enredo.

Mestre Candeia nos legou o tesouro de sua obra e a firmeza de sua atitude, que comprovam a postura nobre de seu amor pelo samba. Está na galeria para sempre.

Música com Z

21.

Capitão Furtado

"Morre o Capitão Furtado, um gigante da música sertaneja." Esse é o título da matéria feita por José Nêumanne Pinto no *Jornal do Brasil* de hoje com uma síntese muito benfeita sobre a vida de Ariovaldo Pires, que nasceu em Tietê em 1907 e morreu sábado passado em São Paulo [10 de novembro]. Capitão Furtado, que foi o responsável pela área sertaneja na *Enciclopédia da Música Brasileira*, era considerado o maior entendido no assunto em todo o Brasil. Um amigo de quem aprendi a gostar porque tínhamos pelo menos um ponto em comum: gostar do interior e entender sua música. Conversamos muitas vezes sobre a música da região de Botucatu, zona da Sorocabana, que ele conhecia a fundo e onde ficava a fazenda de meu pai.

Vou reapresentar para vocês a entrevista na Rádio Jovem Pan, feita em janeiro deste ano com esse querido amigo que fará grande falta para a música sertaneja, o Capitão Furtado.

ZUZA — *Como está atualmente a situação da música sertaneja na música brasileira? Anos atrás ela tinha uma posição, agora ela tem outra. Você acha que mudou, que continua a mesma, como você vê o tema?*

CAPITÃO FURTADO — Olha, a música sertaneja tem uma força tão grande que ninguém consegue destruí-la, mesmo quando é malfeita, mesmo com programadores incompetentes e até desonestos. Mesmo assim, a força do sertanejo resiste a tudo e vai levando no peito muita coisa, vai vencendo e ganhando terreno cada vez mais. Eu apenas lamento que não seja mais benfeita e que o número de quem entende, de quem tem capacidade e, acima de tudo, tenha honestidade, seja relativamente pequeno.

ZUZA — *Tempos atrás, a música sertaneja não era discutida por quem poderia se chamar de elite cultural. Hoje em dia, isso já ocorre, embora não muito amiúde. Isso tem algum significado?*

CAPITÃO FURTADO — Para responder, eu dividiria em duas: a da música que eu não chamaria de sertaneja, e sim de rural. Sertaneja, pela lógica, seria a música do índio que vive no sertão. A música que chamam de sertaneja é a de ambiente rural. Esta, antes de Cornélio Pires, antes de 1929, era inspirada em motivo sertanejo e composta por grandes músicos, com versos de poetas muito inspirados. Era muito comum teatrólogos escreverem para teatro motivos sertanejos. Então você ia ao teatro ou circo com bom elenco, sua música ia pro disco, e o disco penetrava pelo interior do Brasil.

Cornélio Pires foi o único a ter coragem de ir buscar o autêntico, ninguém acreditava nele. Para conseguir gravar, teve que fazer o que se chama no nosso meio de matéria paga. Foi a Piracicaba e outras regiões, trouxe a turma, comprou e pagou em dinheiro vivo e adiantadamente o exigido pela gravadora, a Columbia, para apresentar sem retoque. Antes, o trabalho era quase que de laboratório, e ele trouxe sem polimento o genuíno. Por isso digo que Cornélio Pires dividiu em duas etapas a música composta na cidade e levada para o interior e a que foi buscar o elemento no seu *habitat*, trazendo-o para a capital para depois devolver ao interior, nos discos.

ZUZA — *E de lá para cá houve alguma alteração nas emissoras de rádio? Os programas que divulgam a música rural diminuíram. Isso teria influído no que ocorre atualmente ou você acha que continua o mesmo?*

CAPITÃO FURTADO — Não, modificou-se muito. Mercantilizaram não apenas a música, mas o material humano também. Então digamos que quem conseguiu junto à direção de uma rádio um espaço para programar a caipirada começou a explorar os que queriam ser artistas. Muitos destes não eram e faziam seu disco por vaidade, pagando ao programador. Quando, ao contrário, tinham vocação, pagavam também ao programador, arranjando anunciante e abrindo mão de sua comissão de corretagem, deixando-a para ele. Esses parasitas em número bastante elevado exploram o elemento que quer fazer carreira.

ZUZA — *Capitão, esses programadores costumam anunciar produtos que habitualmente não são anunciados em outras emissoras. Sabe-se que tais programas são regiamente pagos, pelo menos é o que consta, produzindo um alto faturamento para a emissora. Pergunto: esses produtos pagam realmente o patrocínio desses programas ou é um pouco de fantasia?*

CAPITÃO FURTADO — Pode haver fantasia, mas, na realidade, como a emissora não quer programa caipira, tem vergonha, então cobra mais caro. Exige pagamento adiantado, impondo condições para afastar o caipira. Mas a força tremenda do caipira chega ao anunciante, aquele que sabe ser nosso homem do interior, principalmente os de sítios e fazendas, o melhor consumidor de qualquer produto quando anunciado de boa-fé. O anunciante inteligente prefere pagar mais caro sabendo que seu anúncio está tendo muito mais possibilidade para um comprador de seu produto.

ZUZA — *E esses programas são de qualidade? Representam o que há de melhor da música rural brasileira?*

CAPITÃO FURTADO — O que há de melhor eu já disse. Lamento esse modo de explorar o elemento vaidoso e que nem sempre tem capacidade. Quem está na direção da gravadora ou de um programa e tendo força suficiente afasta o bom elemento, porque um compositor de categoria não se sujeita a participar do que se chama de jabaculê, nem dar parceria, nem pagar para aparecer. O que tem qualidade quer que se reconheça o seu valor. Às vezes tem valor, mas acaba se acomodando, se sujeitando a essas imposições, porque de outra maneira seria uma luta muito dura, muito difícil vencer.

ZUZA — *Como você, veterano da nossa música caipira, vê certos hábitos na área de vestimentas, de instrumentação, na área rítmica de alguns cantadores ao utilizarem recursos que não são originários do interior?*

CAPITÃO FURTADO — Aí, até certo ponto, é natural, porque basta ver que o caipira dos Estados Unidos tem, como o daqui, um grande público. E vem com filmes de bangue-bangue e músicas. E o caipira daqui acha bonito, tem que apelar com esses recursos, coisas mais vistosas, procurando imitá-los. Alguns imitam mexicanos, que têm indumentária mais vistosa. No Brasil, o gaúcho tem a sua indumentária, e o nordestino também. O nosso daqui, infelizmente, não tem uma roupa própria nem rica. Quando Monteiro Lobato recebeu a encomenda de criar uma figura doentia que tomasse remédio para curar de amarelão, foi procurar um tipo doente, esquelético, sem recursos, e criou o Jeca Tatu. Então a região mais rica do Brasil tem como símbolo o caipira mais pobre do Brasil.

ZUZA — *Capitão, você poderia situar geograficamente qual a região do Brasil onde essa música é cultivada?*

CAPITÃO FURTADO — Qual o tipo? Deste nosso violeiro?

ZUZA — *Aquilo que se chama de música caipira.*

CAPITÃO FURTADO — Acho que o Brasil tem três tipos característicos de homem do campo. Do Paraná para baixo, é claro que o sulista tem aquelas milongas, xotes, aquela maneira de cantar sua poesia bem característica do Sul. Da Bahia para cima, diz-se que é tudo baiano, eles têm também até dueto típico de nortista, diferente do dueto de paulista, mineiro, goiano etc. Então os três tipos seriam o guasca do Sul, o tabaréu nordestino e o nosso caipira. Cada um deles tem, tanto na roupa como nos costumes, palavreado, nas melodias, até psicologia, na comida, cada um tem uma feição definida, embora todos se entendam e se apreciem mutuamente, fazendo uma mistura de músicas do Sul, do Centro e do Norte. Você encontra público nas três regiões características do Brasil. O bloco que gosta desse determinado gênero caipira seria São Paulo, Minas, Goiás, Mato Grosso, com influência do Paraguai, e o norte do Paraná, porque o sul do Paraná recebe aquela influência do gaúcho. No Rio de Janeiro e mesmo em Minas, pegando a Rio-Bahia, apreciam coisas de outra maneira.

ZUZA — *Agora vamos falar um pouco sobre você mesmo.*

CAPITÃO FURTADO — Bem, eu estreei como compositor procurando logo um tieteense como eu, Marcelo Tupinambá. Minha intenção era procurar estar ao lado dos bons, dos competentes. Tupinambá fez uma toada com a simplicidade, a pureza e a singeleza do nosso homem do interior, e eu consegui fazer uma letrinha. Januário de Oliveira foi o criador, depois ela entrou como tema do filme *Fazendo fita*, e o Silvio Caldas cantou essa toada, "Coração".

ZUZA — *E fora da área sertaneja, como você começou?*

CAPITÃO FURTADO — No Carnaval de 1936, ao lado do maestro Martinez Grau, fiz uma letra, pusemos no concurso. Para surpresa de muita gente, Ary Barroso pegou segundo lugar e a nossa marchinha "Alerta, alerta, vamos fazer revolução" pegou o primeiro prêmio, de modo que essa marcha de Carnaval foi a chave que me abriu a porta do Rio de Janeiro. Com esse dinheiro, eu fui para o Rio. Alvarenga e Ranchinho já tinham ido uns dias antes, e a Odeon pediu-me para indicar uma dupla de violeiros para gravar a minha moda de viola "Itália e Abissínia". E essa dupla foi Alvarenga e Ranchinho.

No Rio de Janeiro, gravei meu primeiro disco na Odeon e ganhei um prêmio pela opereta *O tesouro do sultão*, orquestrada pelo maestro Radamés Gnattali.

No Rio, foi publicado pelos irmãos Pongetti meu primeiro livro *Lá vem mentira*, que era um diálogo de um caipira mentiroso com um locutor que fazia um homem da cidade, o Manoel Barcellos, na *Hora do Guri*, na Rádio Tupi. Após a primeira edição, eu anunciava que não procurassem em livraria, porque só eram vendidos para ouvintes do programa. A vendagem foi um sucesso.

Os meus afilhados foram batizados com esse nome Tonico e Tinoco porque eu sempre fui inimigo de ridicularizar alguém. Pus Tonico e Tinoco depois que eles venceram o concurso do *Arraial da Curva Torta*, na Rádio Difusora. Eram os irmãos Perez, e, apesar de haver um compromisso de gravar com os vencedores do programa, a gravadora não quis gravar. Eles eram chamados de Nhô Ruim e Nhô Pior. Gravaram quatro anos depois de vencerem. O diretor da Continental me pediu para testar uma dupla no novo gravador que haviam recebido. Quando levei Tonico e Tinoco, levei um estrilo. Justifiquei dizendo que eles cantavam mais agudo que outros. Se o gravador aguentasse, estaria aprovado. Gravaram um cateretê na prova. Não deu outra, todo mundo queria o disco completo de Tonico e Tinoco.

ZUZA — *Como você vê o futuro da música sertaneja brasileira?*

CAPITÃO FURTADO — A minha esperança é a sugestão que fiz ao governo, é o Disco Cultura. Acredito que a possibilidade esteja na execução daquilo que já foi aprovado na nossa reunião dos pesquisadores no Rio.

(Trecho da entrevista para o *Programa do Zuza*,
transmitido pela Rádio Jovem Pan em 9 de dezembro de 1979)

NOTAS EM 2014

O intrincado mundo das duplas caipiras, que pela primeira vez foi oficialmente esmiuçado pelo Capitão Furtado, revelou-se uma surpresa depois que o procurei para ser o responsável pela área na *Enciclopédia da Música Brasileira*. Trabalhava no escritório da Fermata da avenida Ipiranga, onde ocupava uma modesta mesa na sede da editora.

O quebra-cabeça tinha origem na alteração do nome que o componente de uma dupla estabelecida assumia quando esta se desfazia. Ele se associava a outro elemento, formando nova dupla, e adotava nome artístico diferente do que tinha com seu antigo parceiro. Por isso, duplas já estabelecidas desapareciam do mapa sem deixar pista. Somente o Capitão Furtado, que tinha tudo catalogado, era quem de fato sabia dessas mudanças não registradas. Os primeiros verbetes que redigiu relatando tais manobras eram uma barafunda que só ele entendia. Desfazer essas dúvidas e colocar em ordem os novos "casamentos" das duplas caipiras foi a hercúlea tarefa cujo resultado veio à tona pela primeira vez num vasto rol de informações.

A obra do Capitão para a *Enciclopédia* serviria, daí em diante, como guia mestra do assunto. Modesto, trabalhador e profundo conhecedor, o Capitão era talvez a única autoridade viva para levar a cabo essa tarefa, o que fez com precisão. Capitão conhecia as modas e os estilos, foi a boia salvadora de muitas duplas caipiras em seu programa na antiga Rádio Difusora PRF3, o *Arraial da Curva Torta*, que eu ouvia com prazer quando menino, no antigo aparelho de rádio da saleta. Capitão Furtado foi um grande esteio e o mais ativo defensor da música sertaneja de sua época.

Nossa amizade prosperou de tal forma porque ele talvez jamais imaginasse que um jazzista fosse se interessar com afinco pelo mundo da música caipira. Foi com ele que, em nossos bons momentos de convivência, travei conhecimento de sua sabedoria matuta, expressa na dedicatória feita na contracapa de um disco seu, que me comove a cada vez que a leio: "Zuza, amigo de seu quilate prestigiando um caipira septuagenário como eu é rejuvenescedor. Muito obrigado pela felicidade que você me dá com sua atuação. Ariovaldo Pires (Capitão Furtado), São Paulo, 30/1/78".

22.

Alberta Hunter

"Eu trouxe o sol para São Paulo. Eu sei disso. Estou felicíssima de estar no Brasil, em São Paulo. O povo é alegre e bonito. Quando eu era bem jovem, não viajava e não sabia nada do Brasil, nem da França nem da Itália. Depois fui sabendo mais da América do Sul, conheci gente daqui e comecei a desejar vir um dia para cá. Por isso estou tão feliz.

Não sei mesmo por que dizem e escrevem que agora canto melhor que há 50 anos, gostaria de saber por quê. Talvez por causa da experiência. Não é experiência de vida, não sei muito sobre a vida, porque sou muito sozinha.

Sempre fui sozinha. Não tenho convivência social, nunca tive. Já fui casada com um homem finíssimo [*Willard S. Townsend*]. Casei-me de repente, por um impulso de mulher quando olhamos um para o outro. Mas senti que ele devia estar se aborrecendo porque não tive uma educação formal como gostaria de ter. Percebi que ele poderia ser um grande homem, que tinha inteligência para isso e não queria atrapalhá-lo, por isso arranjei meus papéis e uma noite, quando ele pensava que eu estava voltando para casa depois do show, eu estava a caminho da Europa. Fui sem falar com ele, senão ele iria tentar me persuadir a não ir. Mas eu queria ir para ele ser um grande homem. Depois ele foi para o Canadá, diplomou-se em vários cursos e foi um grande homem. O primeiro negro no grupo de executivos do CIO [*Congress of Industrial Organizations, central sindical norte-americana*]. Um dia nos cruzamos: eu indo para Tóquio e ele para Yokohama. Mas ele me escreveu uma carta agradecendo o meu gesto. Eu estava em Londres, trabalhando no Drury Lane Theatre, em *Show Boat*, e era uma carta de felicitações para uma mulher que venceu. Tenho a carta até hoje. Fomos amigos até ele morrer.

Show Boat era um show lindo, uma das maiores peças feitas até hoje, com música autêntica. Paul Robeson foi um dos maiores cantores que existiram, um cavalheiro como eu nunca vi igual. Eu estava cantando no Knickerbocker, em Monte Carlo, e Noble Sissle, sabendo que eu estava querendo entrar em Londres, me mandou uma carta dizendo que tinha havido uma inundação e que se eu fosse por conta própria para a Inglaterra, cantar em benefício das vítimas da inundação, poderia dispensar o visto de trabalho. Fui direto para o London Pavillion participar do espetáculo beneficente. Cheguei no palco e cantei duas músicas: 'Just Another Day Wasted Away', minha canção favorita, e 'If You Can't Hold a Man You Love, Don't Cry When He's Gone'. Não, o título era 'If You Wanna Keep Your Daddy Home'. Leslie Hutchinson tocava piano, e como tocava!

Na plateia, estavam *Sir* Alfred Burt, Oscar Hammerstein II, Florenz Ziegfeld Jr., Jerome Kern, Edith Day e Paul Robeson procurando alguém para fazer o papel de Queennie. Ninguém me falou nada, mas no dia seguinte fui chamada para ir ao Drury Lane Theatre. Eles me pediram para cantar alguma coisa, e eu cantei. Eles já tinham testado Ethel Waters e havia também uma mulher chamada Maze Ailin, que era igualzinha a Tess Gardella, que tinha feito Queennie na Broadway. Uma mulher alta, linda, e como cantava! Cantei de novo, mas nem se comparava com ela, eu era muito pequena. Depois eles me pediram para ir ao escritório e disseram: assine seu contrato. Eu quase desmaiei. Claro! Depois dela cantar daquele jeito. Mr. Oscar Hammerstein II e Mr. Jerome Kern me disseram: ela é uma grande cantora, mas o que queremos está em Alberta Hunter. Saiu a fotografia no jornal e eu tenho guardada também. Paul Robeson ficou muito contente. Ele era bem grande, e eu me sentava no seu colo. Foi um tempo maravilhoso em *Show Boat*.

Quando compus 'Downhearted Blues' tinha uns seis ou sete anos, nem sabia o que estava fazendo. Não sabia nada da vida, de briga de homem com mulher, não sabia nada de música, nenhuma nota musical. Não é estranho isso? Não ganhei nenhum *penny* com a gravação de Bessie Smith. Hoje de manhã eu estava pensando: sabe que não ganhei nada quando gravei o primeiro disco em Nova York em 1921? Havia 75 dólares para cada lado, para quem já fosse conhecido como eu era em Chicago. Não é incrível? Como roubaram a gente tantos anos? Mas Deus está lá em cima. Quando eu era mocinha e era roubada desse jeito, eu não imaginava que algum dia fosse ter essa idade para compreender o que fizeram comigo. Não estou me vangloriando, senhoras e senhores. Só digo que Deus é justo e, no seu tempo, você recebe o que merece. No tempo de Deus, não no tempo do homem. No tempo Dele.

Eu não sabia nada de música e ela [*Bessie Smith*] escreveu as notas do que eu cantava para ela. Ela não fez a música, Alberta Hunter é a compositora de 'Downhearted Blues'. Mas ela poderia ter me roubado, música e letra, se fosse mau-caráter. Por isso, foi justo que ela ganhasse alguma coisa como parceira. Não me importo. Isso acontecia. Ela mereceu o que recebeu.

Minha favorita era Sophie Tucker. Não havia nenhum cantor de *blues* na minha época, só cantoras. Problema racial. Eles não queriam ter homem lá em cima. Mulher sim, mulher sempre esteve em cima. Os grandes homens amaram grandes mulheres. Isso é história.

Joe 'King' Oliver, que trompetista! Um grande trompetista. Ele e Freddie Keppard tinham umas coisinhas, não deixavam ninguém aprender. Por isso, punham um lenço em volta da mão direita do pistom e não se podia ver o que estavam fazendo. Ninguém tocava por música, não havia arranjo. A gente começava a cantarolar, dizia como iria cantar, e a banda ia toda atrás, e aí acontecia uma música que deixava todo mundo boquiaberto. Não é incrível? Eram grandes músicos. Nessa época, tinha Lil Hardin, que depois se casou com Louis Armstrong, Sidney Bechet, que tocava aquela clarineta, hoje não se toca mais tanto clarineta, não é? Os irmãos Dodd, Wellman Braud, que depois tocou com Duke, e o trombonista que eu chamava de Pop, nem sabia o nome dele, era Honoré Dutrey. Eu era tão jovem, nunca pensei que um dia fosse ter de contar sobre esse pessoal todo, por isso não prestava muita atenção em saber quem era quem. No Dreamland Café, ficamos sabendo de um jovem trompetista que tocava em Nova Orleans. Naquela época, chamava-se cornetista. Aí eu disse para Mr. Bill Bottoms, dono do Dreamland: 'Por que você não chama esse moço de Nova Orleans?'. Ele mandou, e foi assim que Louis veio para Chicago e tornou-se conhecido. Veio como segundo *cornet* de Joe Oliver. Lil começou a sair com ele, e a mãe dela não gostava, dizendo: 'Ele não é suficientemente bom para Lil'. Você sabe como era naquele tempo. Esnobismo. E eles acabaram se casando, apesar da mãe achar que ele fazia uma música dos diabos. Sim.

Fui a primeira cantora negra a gravar com uma banda de brancos, os Original Memphis Five, de Phil Napoleon, em 1923. Sob o pseudônimo de Josephine Beatty, nome da irmã dele.

Mr. Supper foi quem arranjou meus discos, não era como se diz hoje em dia, um *soul brother*, como era o que roubou meus *royalties*, Mr. Williams, que acabou doente em Chicago. Deus faz justiça. Mr. Supper me arranjava dinheiro sempre, era um bom sujeito.

Quando gravei com Fats Waller, ele costumava me acompanhar ao órgão. 'Sugar' e 'Beale Street Blues'.

Você sabe qual a razão de eu estar tão orgulhosa? Uma mulher com 88 anos vivendo para contar. Meu Deus, isto é história. Quando eu saí de casa, diziam que eu tinha 11 anos. Minha professora tinha um passe livre escolar do trem para Chicago de uma outra menina de 8 anos.

Eubie Blake. Estive com ele no seu aniversário. O homem mais generoso que conheci. Todo mundo que ele pôde ajudar, ele ajudou, porque havia muita briga. Seu parceiro de show, Noble Sissle, tinha complexo de cor, mas Eubie era um homem maravilhoso. Ele veio à minha festa de aniversário no ano passado, e eu fui à dele.

Eu tinha trabalhado como enfermeira 20 anos e já estava aposentada, estava na casa de meu amigo Jimmy Daniels, e ele me disse para ir à festa de Bobby Short nem que fosse à força, uma das grandes personalidades que conheço. Lá havia um convidado que trabalhava nos festivais de jazz. Ele me convidou para voltar ao *show business*, que precisava de pessoas como eu, e eu disse que não estava interessada. E não estava mesmo. Ele me disse: 'Mas você deve voltar, a gente precisa de pessoas como você'. Eu respondi que não, e ele me disse para chamar Barney Josephson, que tinha o Club Cookery. Eu disse que não queria. No dia seguinte, ele falou com Barney Josephson, que me ligou. Eu disse: 'Não estou interessada em *show business*'. Nós conversamos mais três minutos e, nesse tempo, eu decidi que iria trabalhar para ele. Comecei a cantar sem ensaio, sem ele me ouvir, nem eu tinha me ouvido em 20 anos e não sabia o que ia sair, eu nunca canto em casa. Ele disse: 'Você vai ficar cantando seis semanas'. Não é uma loucura? Ninguém sabia o que ia acontecer. Aí, na noite da estreia, eu abri a boca, senhoras e senhores, isso é verdade, eu não sei o que me aconteceu. Eu abri a boca, e você podia me ouvir na esquina da rua 30 com a 7ª Avenida. Minha voz estava tão forte! Meu Deus! Cantava como um cavalo. Minha voz tão firme, e eu tão contente. Mas ainda não sabia se estava cantando afinada. E assim, aqui estou. E estou cantando há seis anos.

Nunca substituí Bessie Smith, nunca trabalhei no Apollo em minha vida. Na peça *How Come*, Bessie Smith foi tentar o papel, e eles não aceitaram. Ethel Waters também tentou e não foi aceita. Nem Trixie Smith. Bill Robinson, o grande sapateador Bojangles, tinha me chamado e tinha pedido para eles me ouvirem, eu vinha de Chicago. Quando cheguei ao teatro, cantei uma música, e eles me contrataram. Os livros exageram um pouco, não? Já disseram que eu sou de Chicago. Eu nasci em Memphis, Tennessee, em 1º de abril de 1895, na High Street. Essa é a verdade. Na primeira noite do *How Come*, estavam na plateia Sophie

Tucker, Bell Baker, uma cantora que nunca recebeu o que merecia. Quando acabei, o público aplaudia muito, e eu tive que voltar à cena, e aí achei que estava fazendo alguma coisa certa. No dia seguinte, os jornais disseram que, apesar da orquestra ter sido hostil, que tentou me derrubar, eu fui a única que fez do *blues* uma canção. Fiz do *blues* uma canção. Aí eu comecei a ficar conhecida, a trabalhar em muitos lugares.

Cantava 'A Good Man Is Hard to Find', na qual eu pus uma outra letra, 'Someday Sweetheart', e aí fui seguindo. Quando Josephine Baker saiu do Casino de Paris para o Folies Bergère, eu fui para o Casino. Os europeus adoram o *blues*, eles não entendem direito o que quer dizer, mas gostam da emoção. Fiz discos com Jelly Roll Morton, ele tinha aquela força nas mãos, todo mundo tentava imitá-lo, mas ninguém conseguia. Um pianista maravilhoso, uma grande pessoa, cheio de vida, adorava dar risada, tinha umas mãos enormes, como Eubie. Era alto, elegante. Nunca trabalhei com Duke Ellington, mas com a banda de Elmer Snowden, onde ele tocava piano. Trabalhei com ele no Hollywood Club, rua 49 com Broadway. Uma pessoa maravilhosa de se trabalhar.

Muita gente tem um conceito errado de *blues*. Pensam que uma mulher só canta *blues* quando é maltratada pelo homem dela ou então quando está apaixonada por um homem que a trata como cachorro. Eu nunca fui tratada como cachorro em minha vida porque não deixo. Eu posso amar até morrer, mas se ele não quer saber de mim, eu deixo ele ir embora. *Blues* é isto: você pode ter *blues* se tiver fome, querido. É isso. Ter fome e não ter dinheiro para comprar comida, você vai sentir o *blues* da fome. Você tem o *blues* quando chega o fim do mês e não tem o dinheiro para pagar o aluguel. Você vai sentir o *blues* da sua casa. Há diferentes tipos de *blues*. Nem todos os *blues* falam só de homem e mulher. Os *blues* são de qualquer coisa. Se você pensar: como eu gostaria de ter uma televisão. Você está sentindo o *blues*.

Fletcher Henderson. Gravei meu primeiro disco com Fletcher Henderson ao piano em 1921, *He's a Darned Good Man*. Um grande homem, muito suave e fino. Me lembra esses meus dois músicos maravilhosos que tocam comigo. 'Oh, meu Deus, minha mãe me disse para não dizer essas coisas': Fletcher tinha *finesse*. E conhecia música. Fez muitos arranjos para Benny Goodman. Goodman nunca gostou de agradecer aos músicos negros. Só Lionel Hampton. Por que nunca mencionou Teddy Wilson e outras pessoas? Eu acho que as pessoas devem ser tratadas direito. Como Freedie Keppard. Ninguém menciona ele. Foi um grande músico. Não se esqueça de falar dele.

238   Zuza Homem de Mello

Você sabe, o melhor homem está lá em cima, as crianças me pedem para rezar, eu sei que Deus toma conta de mim. Eu tenho tanta certeza que não preciso me preocupar. Apesar do meu advogado dizer que vai botar esse pessoal que me roubou na cadeia, nada me fere. Eu me sinto como quem tem um milhão de dólares, alto-astral, tudo. E aqui estou com vocês, gente maravilhosa, gente fina, tudo é maravilhoso. E eu estou extremamente feliz. Sublinhe essa palavra: *extremamente*."

(Íntegra da entrevista realizada em 29 de setembro de 1983, publicada parcialmente em 2 de outubro de 1983 em O *Estado de S. Paulo*)

23.

Maria Bethânia

Qual é o qualificativo mais justo para Maria Bethânia? A diva? A que cresce no palco? A que perde nas gravações? Com o lançamento de seu 50º disco, *Oásis de Bethânia*, a mais refinada intérprete da música popular brasileira está muito acima de considerações singelas demais para sua grandeza. De branco, muito elegante, com luz alegrando seus cabelos grisalhos a entrar pela janela na sala da sede da gravadora Biscoito Fino, no Rio, Bethânia abraça um velho amigo despejando carinho e felicidade. Calma e delicada, Bethânia sabe receber.

A conversa que se segue não tem, a rigor, o caráter de uma entrevista, embora cheia de recordações pessoais e reflexões amadurecidas em respostas sem evasivas da artista brasileira que arrebata legiões de admiradores por onde quer que vá. É uma conversa de amigos que não escondem a admiração mútua.

ZUZA — *Que lembranças você tem de sua meninice em Santo Amaro da Purificação?*

MARIA BETHÂNIA — As melhores, sempre as melhores. Santo Amaro é muito forte na minha vida, sempre foi e a cada dia essa memória vem com mais intensidade e, se eu não tomar cuidado, fico indo muito para lá. Eu me pergunto quantos dias tenho entre uma coisa e outra, fico atraída. É uma memória saudável de uma casa bem estruturada. Havia um amor como nunca vi, de meu pai com minha mãe, um amor fraterno, raro, só em algumas famílias eu consigo assistir a algo próximo ao que eu vivi. A cidade está muito decadente arquitetonicamente, sabe como é, o dinheiro vai entrando, e vão botando puxadinhos, lajes, vão derrubando os frontispícios, os grandes sobrados somem, as praças são modificadas, asfaltam a cidade. O que, para quem mora lá, é útil, porque facilita a vida deles. Mas eu, que fico com aquela lembrança, quando chego, tudo me dói.

ZUZA — *Qual é sua relação com o mar? [Bethânia parece se surpreender, dando a impressão de que vai falar sobre o que lhe diz muito. Faz uma pausa e começa.]*

MARIA BETHÂNIA — Sou humana, mas tenho uma guelra, é no mar que me sinto em casa. Pé no chão, para mim, é estranho. Quando estou numa embarcação, na água, no mar, tenho mais naturalidade. Sou enlouquecida por mar. Conheci o mar pequeninha. Quando nasci, só podíamos sair de Santo Amaro para Salvador de navio ou de motriz. Santo Amaro é porto, a foz do rio Subaé é dentro da cidade, chama-se O Conde, é um mar aberto. Passávamos dezembro, janeiro e fevereiro em Itapema, que é a primeira praia, 20 minutos, e faz parte de Santo Amaro. Santo Amaro tem praia, é no interior, mas tem mar. É um mar diferente. Conheço o mar do Caribe, aquele deslumbramento, tudo lindo, mas não me comove nem um terço do de Santo Amaro, que tem aquele mar meio de palha, do fundo da baía de Todos os Santos, quente, meio lago e de repente onda. É o paraíso.

ZUZA — *Quando éramos bem mais jovens, eu com 35 e você com 22 anos, fiz a primeira entrevista com você, em 13 de dezembro de 1968, num apartamento na Bela Vista. Foi para meu primeiro livro, que foi publicado com uma foto sua de julho de 1967 vestindo minissaia e tocando guitarra elétrica.*

MARIA BETHÂNIA — Achava que a guitarra tinha mais a ver como resposta sonora pelo que ela significava naquela época, era romper com o estabelecido. Achava o que Caetano [*Veloso*] devia fazer quando brotou aquela coisa do tropicalismo. Adorava, assistia ao programa *Jovem Guarda* do Roberto Carlos e achava lindo quem tocava guitarra em vez de violão. Cresci ouvindo Gilberto Gil, [*Dorival*] Caymmi, João Gilberto, Dori [*Caymmi*], toda hora tocando violão. Adorava ver aqueles garotos lindos, aquelas meninas de minissaia, e me apaixonei. Fiquei apaixonada por um dos cantores da Jovem Guarda. Nessa foto do livro, estava cantando uma canção dele, foi a única vez que eu cantei um rock brasileiro da Jovem Guarda. É do Jerry Adriani. Foi a única vez que eu causei inveja à Nara. Jerry Adriani tinha um carro lindo e meio que saía comigo, a gente se encontrava, jantava junto. Fomos ver um espetáculo no Teatro Opinião, e eu cheguei com ele, muito bonito. Era um gato, cantava com uma personalidade... A Nara disse: "Eu não acredito!". Eu me vesti de minissaia, botei bota e até toquei guitarra.

ZUZA — *Você foi das primeiras cantoras que trabalhou com diretores de teatro. O que isso lhe deu a mais em sua carreira?*

Música com Z

MARIA BETHÂNIA — Me deu tudo. No começo, ficou nítido que precisava de uma orientação teatral, era uma necessidade minha, porque sou intérprete, mais do que cantora. O teatro me dá um alicerce melhor, é a base do ator, da atriz. A cenografia, a iluminação, o teatro conduz para você entregar uma história. Cada música, para mim, é como uma pequena peça, um texto para eu interpretar. Sou fascinada pelos estilos diferentes dos diretores de teatro. É lógico que meu mestre é Fauzi [*Arap*], para sempre, foi com quem mais trabalhei. Bibi [*Ferreira*] me ensinou coisas que nunca poderia imaginar. Bibi é dona da arena, nasceu, se criou, vive na arena. Sabe ensinar. E Fauzi é a coisa do misterioso, do poético, a magia do teatro. E os outros todos pela sua modernidade, pela sua leitura regional. Esses dois e [*Augusto*] Boal, meu primeiro diretor, amigo, mas o espetáculo era dividido com João do Valle e Zé Keti e fui substituir Nara.

ZUZA — *Algumas das suas interpretações, como "Camisola do dia", fazem parte de um repertório considerado cafona, mais tarde brega, e perfeitamente de acordo com o que cantavam Dalva de Oliveira, que você ama, ou Isaurinha Garcia ou Linda Batista, diferentemente de Elis Regina e Gal Costa. Mesmo assim, você nunca foi associada ao mundo de cantoras cafonas, nunca escreveram que você é brega. Como explica?*

MARIA BETHÂNIA — Adoro Dalva, Isaurinha, Linda, Dircinha. Não sou do time das grandes cantoras, sou intérprete. Dalva foi a melhor voz que aconteceu no Brasil. Depois de Dalva, Nana Caymmi. A facilidade e o entendimento musical de Elis são extraordinários, além de ter uma voz linda e uma noção rítmica incomum. A Gal, com um cristal na voz, é de uma leveza, é translúcida, até escrevi uma canção para ela, "Caras e bocas", que fala disso, do cristal da garganta. Essas, sim, eram as cantoras. Eu venho do palco, do teatro, e já vim com a vontade de interpretar. E tem mais uma coisa: nasci com uma rebeldia, nada agressiva, mas gosto do que não está estabelecido. A coisa que mais amo é a liberdade. Quando cantei "Carcará", que foi sucesso nacional, fiquei feliz, mas não sou só isso e fiz um show para quebrar. Mas, ao mesmo tempo, era a intérprete de Caetano, de Chico [*Buarque*], de [*Gilberto*] Gil, de Milton [*Nascimento*], de Vinicius [*de Moraes*], de Tom [*Jobim*]. Também gosto de outras coisas e tenho o direito de cantar o que quiser. Sempre cantei. Você disse que nunca escreveram que sou brega. Escreveram sim. Quando eu gravei "É o amor" escreveram. Quase me crucificam.

ZUZA — *Você gravou "Sonho meu", em 1978, com Gal, depois "Alguém me avisou", com Gil e Caetano. É a cantora mais identificada com a obra de Dona Ivone Lara, mas não é sambista.*

MARIA BETHÂNIA — Não sou. Tive uma sorte grande de conhecer Dona Ivone através de Rosinha de Valença, que era violonista e tinha um elo com esse pessoal de samba. Um dia ela disse: "Vamos lá em casa para conhecer Dona Ivone, que tem uns sambas lindos para cantar para você". Fui, e ela cantou a tarde inteira. Adorava aquelas tardes que sempre terminavam em moda de viola. Era João Gilberto, Tom Jobim, Dona Ivone Lara, Zé Keti, no radinho de pilha, e, quando todo mundo saía, ela ficava tocando viola caipira. Daí é que vem minha paixão, foi como aprendi moda de viola. Dona Ivone mostrou sambas lindos, sambas-enredo. Aquela mulher foi a primeira compositora de uma escola. Para mim, o que tem de nobre na cidade do Rio de Janeiro, no samba, é Dona Ivone com Cartola, com Nelson [*Cavaquinho*], meus dois amores. Passamos horas cantando, ela se despediu muito elegante com aquele porte, foi saindo e cantarolando uma música. Lá-rá-lá-lá. Eu disse:

— Repete, Dona Ivone, o que a senhora está cantando aí.

Ela falou:

— É um samba meu.

— Venha cá, que eu gostei dessa melodia.

Era "Sonho meu".

— Dona Ivone, me dá, pelo amor de Deus.

— Dou, minha filha, tenho outras coisas.

— Mas eu quero esse.

Aí eu fui fazer o *Álibi*. Gosto de ter participações e pensei: vou convidar alguém para cantar essa música comigo, pode ser bonito, abrir voz, fiquei pensando. O óbvio era "Sonho meu" com uma sambista. E resolvi inverter. Convidei Alcione para a música de Chico e Gal, com sua voz aguda em contraste com a minha, grave. Dona Ivone adorou e passou a me dar canções. Ela me deu "Alguém me avisou", e convidei Caetano e Gil. Em seguida, me deu "Sereia Guiomar". Foram três anos seguidos, ficou um pouco a marca, como se eu fosse a intérprete dela. A intérprete dela é ela.

ZUZA — *Carismática e diva são expressões tão usadas na imprensa que estão se vulgarizando cada vez mais. O que é ter carisma?*

MARIA BETHÂNIA — Ai, meu Deus, isso é situação que você me bote, Zuza? Primeiro, não gosto dessa palavra. Não acho bonita. E também não sei o que é isso, fulano tem carisma, um político tem carisma. Não sei, acho que as pessoas existem, são do seu jeito, as verdadeiras atingem porque a verdade atinge, quer dizer, chegam aonde você pretende que ela chegue. Quando canto, se não minto, eu te toco. Carisma parece vir das pessoas que nascem com uma asa meio embutida. Não sei quem tem carisma, mas, para mim, Chico Buarque é o homem mais forte. Caetano é outro, Vinicius atingia o que quisesse, se quisesse daqui do Rio atingir uma mulata linda da ilha de Marajó, ele atingia. Quando Chico pensa, já comove.

ZUZA — *A outra expressão é diva.*

MARIA BETHÂNIA — Acho que fica bonitinho usar diva para Maria Callas. No pessoal do lírico fica bacana. São essas mulheres que parecem irreais. A voz é um dom de Deus, tão alucinante, tão fora do comum, que você tem que chamar aquilo diferente do resto. No erudito, diva carrega uma certa reverência. Agora tudo é diva, tudo é estrela, vira moda.

ZUZA — *Tivemos uma noite divertidíssima na entrevista de 6 de agosto de 1996, quando a convidei para a série* Ouvindo Estrelas, *no SESC Pompeia, onde você nunca tinha cantado. Foi um dos maiores êxitos da história do SESC Pompeia, que ficou abarrotado, com gente saindo pelo ladrão. E eu fazia uma entrevista antes do show, com você, uma grande amiga de tantos anos.*

MARIA BETHÂNIA — Nós pintamos na entrevista. A gente morria de rir, tivemos crises de rir, e o público caía junto.

ZUZA — *Antes do show, vi seu camarim inteiramente preparado como se fosse para um ritual. Qual é sua relação com o misticismo?*

MARIA BETHÂNIA — É grande, sou atraída, sou baiana, e a coisa do camarim eu vou te dizer como é. Acho o palco um lugar sagrado. Demoro para me afastar da minha vida real de conversas sobre banalidades, obrigações, dinheiro, obas e olás, roupa, namoros, o que for. Demoro um pouquinho para me afastar e fico duas horas no camarim antes de entrar em cena. Sempre. É como a preparação de um atleta, que faz aquecimento. Aquilo é um rito meu, mas tem Deus na conversa. Porque subir no palco é maluquice, é para maluquinha. Preciso de um tempo, e esse lugar é um rito. É um modo de presentear o público, de reverenciar, de mostrar respeito por alguém.

ZUZA — *Você conseguiu controlar a produção de seus discos sem se submeter às imposições de gravadoras e sem que isso afetasse sua carreira, mantendo-se com impressionante independência. É complicado, sobretudo quando as* majors *estão em fase difícil?*

MARIA BETHÂNIA — Trabalhei em todas as casas multinacionais do Brasil, com alegria em todas elas. Fui feliz, em algumas mais que em outras, mas sempre respeitada, sempre compreenderam que grilhão comigo não cola. Se tentarem me aprisionar, não funciona. Como eles queriam resultados, respeitavam isso friamente. Mas a Biscoito Fino apareceu e, com essa luz, é uma casa luminosa, especializada em música popular brasileira, que abriu um mundo instrumental. E assim o artista não é número, venda ou não venda, é seu talento, sua criatividade, seu espaço, seu tempo.

ZUZA — *Fale um pouco sobre o novo disco* Oásis de Bethânia.

MARIA BETHÂNIA — Meu oásis é o sertão brasileiro. A capa do meu disco é uma estrada do sertão, uma estrada seca, com céu azul e branco, não chove, mas é o meu oásis. É o que sinto dentro de mim. Anteriormente, queria que o disco chamasse *Maria de Bethânia*, mas tem essas ciências interessantes que viram modismos, como numerologia, e iam dizer "esse '*de*'..., tem alguma coisa aí". Ia dar confusão, consultei Fauzi, meu mestre, e ele falou "é lindo". Queria *Maria de Bethânia* porque fui conhecer a cidade Maria de Bethânia, no deserto em Israel. Fui à casa dela, Maria, irmã de Marta e Lázaro. Meu pai registrou meu nome Bethânia com "H" por conta da cidade, porque somos todos católicos. E Caetano quis botar o "Maria Betânia" de Nelson Gonçalves, sem "H". Como a cidade de Bethânia é um oásis no deserto, ficou *Oásis de Bethânia*, a cidade, que por acaso é meu nome.

ZUZA — *Como se desenvolveu o trabalho?*

MARIA BETHÂNIA — É um disco solitário, em que eu mudo completamente a maneira de sustentar minha voz. Quis fazer solos, quis que cada grande instrumentista convidado assinasse, fizesse o que quisesse, o que achasse que era importante para a minha voz. Alguns amigos foram chegando...

ZUZA — *As canções de Roberto Carlos são aparentemente muito fáceis de cantar, o que não é verdade. Ele é o maior intérprete dele mesmo. Você gravou um disco inteiro e me convidou para escrever o* release. *Talvez ninguém tenha conseguido cantar tão bem Roberto Carlos, embora diferente.*

MARIA BETHÂNIA — Como Roberto é um cantor fora do comum, conhece o que escreve e quer cantar, é estudioso, se ocupa em como passar melhor aquele verso, aquela ideia. É tão forte, é irresistível. Não conheço uma ala que não caia de quatro no show dele. Fui pela interpretação que difere um pouco, isso é, que me deu uma leitura diferente e razoavelmente boa e sincera da obra de Roberto e Erasmo.

ZUZA — *O que é melhor de viver, amor ou paixão?*

MARIA BETHÂNIA — Um sem o outro não fica legal. Acho que o amor sem paixão não tem graça, é amizade. Paixão, para cantora, é imprescindível, você tem que subir no palco apaixonada, não tem jeito. Se entrar amando, você fica querendo que termine o show. Billie Holiday só tinha paixão, coitadinha, tão linda.

ZUZA — *Eu vi Billie Holiday duas vezes. No Central Park e no Carnegie Hall.*

MARIA BETHÂNIA — Aaah, não posso crer. Que enjoado. Ai, ui. Ela era fora do comum. Não tive essa felicidade, mas essas mulheres do jazz... A Ella [*Fitzgerald*] não. Ella era uma mulher que amava a música, era outra praia. A Sarah [*Vaughan*] já não é, era uma louca. A Billie era uma criança apaixonada, tinham essa diferença, era muito frágil, uma volúpia.

ZUZA — *Você é apaixonada por Paris. Viu* Meia-noite em Paris?

MARIA BETHÂNIA — Sou apaixonada por Paris e não gosto de Woody Allen. Não gosto de ir ao cinema. Vejo cinema em casa, quando vejo. Paris é uma cidade que me comoveu muito num período. Acho linda, mas não é a mesma paixão como é Santo Amaro. Gosto porque acho que Paris parece Santo Amaro. Não sei, ela tem o jeito de Santo Amaro. Queria gravar o "Chão de estrelas" na Torre Eiffel, com ela acesa de noite é lindo, não? Queria que o chão de estrelas fosse ela... Bonita ideia, não? Mas já não sei se quero, também não gosto muito de viajar. Gosto de ir para Santo Amaro, Paris eu gosto, gosto de ir para Lisboa, gosto de Portugal, tem lugares de que gosto, gosto de passear, mas avião eu detesto, aeroporto eu detesto, trânsito detesto, já era caseira e estou ficando em casa cada vez mais. Para viajar, tem que me atrair com muitas coisas. Não gosto mais, viajo, trabalho, mas como eu fazia, passar três meses em Paris, só para curtir Paris, não gosto mais.

ZUZA — *Muitos artistas brasileiros se queixam dos diretores de marketing de grandes empresas patrocinadoras que decidem sobre o que deve e o que não deve ser apoiado, agindo como se tivessem* bits e bytes *em vez de glóbulos, hemácias e plaquetas no sangue. Muitos deles já enfrentaram essas pessoas com esse poder de decisão sem se importar com o mal que podem provocar à cultura brasileira. Comente isso.*

MARIA BETHÂNIA — Comigo nunca rolou nem rolará. Acho que, do mesmo modo que você permite que alguém interfira no seu repertório, você vai permitir que um chefe, um patrocinador o oriente sobre o que ele não tem o menor conhecimento, não foi formado para isso. Se for predisposta a ouvir e atender esse tipo de apelo, você está caindo na maior cilada. Alguns artistas gostam disso, conheço artistas que gostam, acham "ele sabe mais que eu". Para o tipo de artista que eu sou, nem pensar. Não tem nem assunto. Mas sei que as pessoas têm tanto medo da concorrência, e tem muita gente que aceita, senão já teriam parado há muito tempo. Você tem muita coisa massificada, as rádios com dificuldade de execução de boas músicas, discos extraordinários, como o de Nana, coisas lindas que não tocam, ninguém sabe por que já está dirigido para aquele esquema. Massifica na Bahia, no sertanejo, no forró, na música popular, no samba, na MPB... Você sabe, Zuza, nem penso mais nesse tipo de coisa. Acho que, se você ficar pensando nesse assunto, perde tempo. Em vez de usar o tempo pensando nessa coisa, que uma hora termina ou esvazia ou perde a força, você usa esse tempo: escreve bobagem, canta uma canção, ouve um disco, dá um telefonema bom, namora um pouquinho, usa o tempo melhor. Um pouco afastado da banalidade, do vulgar que não traz nada, é o vazio. Gostou do meu disco, Zuza?

ZUZA — *Adorei.*

MARIA BETHÂNIA — Mande sua mulher ouvir, quero no mínimo 101 vezes, como foi com o do Chico Buarque.

(Publicado em 5 de abril de 2012 no *Valor Econômico*)

24.

Sonny Rollins

Em agosto de 1959, Sonny Rollins decidiu repentinamente parar de tocar em público. Tomou todas as providências práticas e teóricas para isolar-se completamente, apesar de, nessa altura de sua vida, com 30 anos, ser considerado o mais notável tenorista do jazz moderno. Parou de estalo para estudar, conhecer melhor a técnica, a sonoridade e as possibilidades de um instrumento que, para todos os críticos e para o público, ele conhecia melhor que qualquer outro, o saxofone. Rollins já era o "Saxophone Colossus".

Dessa vez, foram dois anos. Tempos depois, uma nova ausência de 5 anos, para refletir e observar. Essa espantosa capacidade de saber olhar para si próprio tem levado Sonny Rollins aos mais apoteóticos momentos que um músico pode desejar. O que se viu em seus dois espetáculos no Free Jazz Festival, o de sexta-feira, no Hotel Nacional, e o de domingo, na Catacumba, no Rio de Janeiro, deixa uma marca de emoção profunda causada por aquela figura inesquecível, o mais perfeito exemplo da combinação de um músico e um instrumento. "Já me falaram disso e no meu caso não faço nada para forçar; é totalmente natural em mim. Recentemente, Al Jarreau disse que eu e o instrumento éramos uma coisa só, uma só pessoa. É bom saber, mas é que de uma certa maneira eu também sou o instrumento."

Apontando o saxofone para cima e para baixo, atravessando o palco de lado a lado, sempre soprando, Sonny Rollins deu uma das maiores exibições de jazz até hoje vistas no Brasil. Certamente a mais inesquecível. Fora do palco, onde é um verdadeiro deus, ele é um negro de pés enormes, chapéu enterrado, óculos escuros, de fala mansa, um ser suave e vívido. "Embora tenha recebido manifestações muito fortes onde já toquei, fiquei particularmente feliz vendo que o público daqui gostou muito, porque sei que este é um país muito alegre, é o Brasil. Com essa grande música que vem daqui, eu tinha de tocar muito bem mesmo, para que vocês me aceitassem. Foi um show muito especial. Gostaria de tocar mais tempo aqui novamente. Desta vez, infelizmente, nem tive tempo de ouvir direito os grandes músicos brasileiros."

Rollins fala com clareza num ritmo agradabilíssimo. "Quando eu era garoto, costumava tocar no quarto de vestir de mamãe. Era o único lugar onde podia tocar à vontade, sem incomodar as pessoas. Mas sempre me senti capaz de gerar um tipo de som e de ritmo tocando sozinho. Você sabe, acabei fazendo discos com trio de baixo e bateria, com Ray Brown e Shelly Manne, ou duo, com Philly Joe Jones. Há duas semanas, gravei um concerto no jardim do Museu de Arte Moderna de Nova York, um LP só com solo de saxofone. Não foi a primeira vez que isso aconteceu, pelo menos um dos lados daquele disco *Picasso*, do Coleman Hawkins, era assim. Mas esse foi o primeiro concerto e LP completo de solo de sax."

Em 1956-1957, Sonny Rollins fez parte de um dos mais célebres quintetos do jazz, o Clifford Brown & Max Roach Quintet. "Um dos períodos favoritos de minha vida, gosto muito de falar dele. Clifford era um anjo, uma pessoa maravilhosa. Aprendi muito tocando com ele, e ele influenciou os rumos de minha vida pessoal, porque era um *gentleman*. Foi uma revelação para mim conhecer alguém que tocasse bem daquele jeito e que fosse também uma pessoa tão bondosa. Cheguei à conclusão de que você pode ser um grande artista e, ao mesmo tempo, ser simples, como é o povo. Não é sendo arrogante que você se torna grande. Quando ele morreu, naquele acidente de automóvel, foi o dia mais triste de minha vida. Acho que chorei para o resto da vida. Não entendo até hoje: por que Clifford?"

Sobre os tempos em que parou de tocar em público, Rollins também fala com muita tranquilidade: "Sou um músico meio autodidata, fiz isso para estudar música, e só poderia atingir o que queria saindo de cena completamente. Fiquei tocando sozinho debaixo da ponte (Brooklyn Bridge), estudei com um professor e comecei a desenvolver algumas técnicas novas no instrumento. Sabia que, quando voltasse, seria um músico melhor e iria ganhar novos admiradores. Em outra ocasião, fiquei interessado na filosofia oriental e quis ir para a Índia estudar. Um músico geralmente tem medo de ficar tanto tempo separado de seu instrumento, mas nunca me preocupei com isso, porque estava fazendo o que realmente queria, e foi muito bom para mim".

A energia constante e inesgotável com que Sonny Rollins se apresentou no Free Jazz Festival deixou a plateia alucinada. Ele dá boas risadas quando é lembrado e diz: "Devo admitir que tenho muito jazz dentro de

Música com Z

mim, amo tocar essa música, tenho um forte sentido rítmico desde menino e preciso me expressar para botar isso para fora. É uma parte de minha personalidade, algo de que necessito. Acho que agora sei mais sobre música que há 10 anos. Com a idade, você passa a ter uma certa limitação física, mas tento aplicar o que tenho aprendido para minimizar o desgaste físico tocando, como um jogador que faz menor esforço à medida que vai envelhecendo e consegue o mesmo resultado, até melhor. Gosto de música simples, no bom sentido, pois, se for simples demais, ninguém vai gostar. A música pode ser muito intrincada dentro de si, porém será muito melhor se for simples, direta. Se eu puder tocar três notas que signifiquem muito, é melhor de que tocar dez que também signifiquem muito. As grandes coisas são sempre as mais simples, as mais difíceis de se conseguir".

(Publicado em 14 de agosto de 1985 em *O Estado de S. Paulo*)

IV. A NOBREZA DA MÚSICA BRASILEIRA

Prólogo

Rever comentários sobre discos e shows de anos passados traz a grande probabilidade de se cair no *déjà vu*, de se revolver o esquecido, o que já não vale mais a pena.

Tantos anos depois, que interesse pode despertar o texto sobre um show do Projeto Pixinguinha dos anos 80? Ou sobre o terceiro vinil do então quase desconhecido Djavan?

Além do sério risco de desmotivar a leitura, pode dar a impressão de certa veleidade do autor, tentando mostrar que, àquela época, tinha olho clínico para sacar o que ainda iria acontecer. Ou pior, mostrar como o crítico não soube perceber valores positivos na obra ou no personagem em questão, enganando-se redondamente. A inexorável passagem do tempo é que pode dar a palavra final. Equívoco ou percepção? Certo ou errado?

Não obstante tal risco, os 27 comentários selecionados para esta parte propiciam divisar um panorama da música popular brasileira dos anos 70 e 80, representado pela nobreza de vários de seus nomes mais expressivos, os que surgiram após o pôr do sol dos cantores de rádio e na alvorada da televisão que, desde a Era dos Festivais, passou a ser o novo meio de divulgação das canções, assumindo o papel que já fora nos anos 30 do teatro de revista.

É a constatação de como a fartura de espetáculos e discos mantinha agitado, e em alto nível, o cenário musical, cercado de dinamismo e criatividade que o tempo ajuda a esquecer e talvez até a convencer que não tenha existido.

Deixo a critério do leitor tentar encontrar, nos dias de hoje, quem possa ocupar o lugar daquela gente bronzeada que já mostrava o seu valor.

1.

Dona Ivone Lara

Até algum tempo atrás, ingrato e quase indigno era o destino das mulheres que decidiam ser compositoras no Brasil. Chiquinha Gonzaga comeu o pão que o diabo amassou com atitudes consideradas doidas na época, ao assumir o estado de direito de artista. Foi a primeira heroína da história do Brasil na área da música popular. Teve que se casar com quem seus pais quiseram, abandonou o marido aos 18 anos e logo se separou novamente de um engenheiro, participou com muita antecedência do movimento de libertação dos escravos e enfrentou a ira popular por suas múltiplas e bem-sucedidas atividades musicais.

Por muitos anos, nenhuma compositora teve glória sequer comparável à das intérpretes, como Carmen Miranda, cujo êxito fulminante praticamente fez nascer a gravadora Victor no Brasil, e Elis Regina, que, se analisarmos bem, fez quase o mesmo para a Philips. As duas foram verdadeiros ídolos, como Francisco Alves, Orlando Silva e Roberto Carlos, na turma dos marmanjos.

Os novos ares só chegaram recentemente para as compositoras, bem depois de Dolores Duran, Maysa, Vera Brasil, uma melodista de ricas criações, e suas raras companheiras. Chegaram, e em condições normais, pode-se dizer, para Lecy Brandão e Sueli Costa, por exemplo, apesar de que, por uma ainda insolúvel distorção da nossa música popular, são elas muito mais conhecidas como intérpretes do que como autoras. E chegaram agora, embora nas mesmas condições, para essa personalíssima melodista negra, gorda, que parece a barca de Niterói chegando mansamente quando está no palco: Dona Ivone Lara da Costa, dona, sim senhor, e com muito orgulho, como Count Basie e Duke Ellington.

Ei-la em seu primeiro LP individual — *Samba minha verdade, samba minha raiz*, Odeon, produção de Adelzon Alves —, que agora está sendo lançado. Ei-la que chega depois de algumas vicissitudes, de ter, por exemplo, que esconder a autoria de seus sambas a fim de não se indispor com os preconceitos da época — década de 40 —, atribuindo-os a seu primo, o compositor Fuleiro, Antonio dos Santos.

Depois de se filiar à Escola de Samba Prazer da Serrinha, e pertencendo à ala dissidente que fundou o G.R.E.S. Império Serrano, a enfermeira especializada em práxis de terapia ocupacional destacou-se como uma das frequentes atrações das inesquecíveis noitadas de samba às segundas-feiras no Teatro Opinião do Rio. Compôs com Mano Décio da Viola, "Agradeço a Deus", com Silas de Oliveira e Bacalhau, "Os cinco bailes da história do Rio", e desde 1972 compõe com seu atual e excelente parceiro, o ex-corretor Delcio Carvalho. A produção de ambos, que se iniciou com "A morte de um sambista", composta em 20 de maio, quando morreu Silas de Oliveira, e "Alvorecer", percorreu várias lindas melodias, como "Acreditar" e "Liberdade", e afluiu em seis músicas neste disco, básico para quem gosta de samba e, sobretudo, para quem pensa que gosta de samba.

Essas músicas têm a marca do compositor, uma espécie de selo de garantia que o identifica facilmente. Em "Espelho da vida", samba muito lindo desde a introdução, nos versos *"meus desenganos"* e *"aprendo a errar"*, Dona Ivone altera a melodia na segunda vez, como que purificando aquilo que já era tão belo. Tem a linha poética, sincera e natural da vida que ambos tiveram em "Minha verdade", em que o autor diz que, no bom samba, de que é escravo, seu sonho menino se concretizou. Tem a sempre desejável acentuação rítmica, produto do bom casamento entre letra e música, como em "Samba, minha raiz", nos versos *"ginga na cadência que é vida/ apesar de tão sofrida/ faz o mal se afastar"*. Na melodia "Aprendi a sofrer", o acompanhamento do saxofone choroso de Abel Ferreira valoriza sua voz. E as demais faixas têm também a pureza de sua interpretação: "Andei para Curimá", "Com ele é assim" e "O império tocou reunir", de 1962. Há ainda a participação especial do bamba mestre Alcides da Portela, o "Malandro Histórico", que nos transporta para os terreiros luminosos do samba. E o disco tem, acima de tudo, essa verdadeira sambista Dona Ivone Lara.

(Publicado em 9 de abril de 1978 em O *Estado de S. Paulo*)

Notas em 2014

Este foi meu primeiro texto para o *Estadão*. É indispensável informar que foi por um convite de meu grande amigo, o jornalista Adones de Oliveira, que ingressei no grupo de colaboradores de *O Estado de S. Paulo* no início de 1978. Embora houvesse um respeitável e competente time de colaboradores nas diversas áreas culturais, entre eles Clovis Garcia, Ilka Marinho Zanotto, Mariângela Alves de Lima, Rubens Ewald Filho, Pola Vartuk, Sheila Leirner, Léa Vinocur Freitag e Ricardo Ramos, não existia no jornal um especialista em música popular brasileira e internacional, o que aconteceu a partir desse convite.

Por vários anos, e sob a competente orientação da editora Cremilda Medina e do subeditor Federico Mengozzi, nossas matérias sobre arte e cultura eram publicadas no caderno principal do jornal, quase sempre sem ilustração fotográfica, como era habitual no período em que o grupo esteve atuante, até 1986, quando novas diretrizes foram adotadas, e entrou em cena o Caderno 2.

Das reuniões de pauta desse grupo, do qual muito me envaideço de ter integrado, restam boas lembranças; a admiração por cada um de meus colegas era um forte motivo para corresponder ao elevado nível de sua competência em favor da arte e da cultura brasileira.

Ao ingressar oficialmente como colaborador do jornal, pretendi escrever meu primeiro artigo sobre alguém que me parecesse marcante para a música popular brasileira. Aprovada por Cremilda, a matéria escolhida para a estreia foi sobre o primeiro disco de Dona Ivone Lara.

2.

Djavan

Alguns estudiosos costumam chamar de Época de Ouro aquela em que o rádio brasileiro tinha programas ao vivo com cantores como Chico Alves, Emilinha Borba, Orlando Silva, enfim os que floresceram nos anos 40 e em parte de 50.

No entanto, na década de 60, outra geração, a de Chico, Gil, Caetano, Vandré, Edu, Elis etc., suportava o que havia de mais importante em termos de MPB, só que na televisão. Não seria então uma nova Época de Ouro?

E o que dizer do presente, em que a música popular ocupa espaços jamais sonhados nos anos 30? Pois um Gilberto Gil na capa de revista é sinal de boas vendas; um show ao ar livre do A Cor do Som movimenta a garotada toda; um festival no interior assanha toda uma região. E acima disso tudo: a renovação, ou melhor, a criação de novos espaços para que um grande valor da MPB possa incorporar-se aos já consagrados é um fato que só pode ocorrer numa música muito forte. É essa a riqueza, o ouro da música popular do Brasil, gerando artistas como este autor/compositor/cantor/músico/arranjador que também veio das Alagoas: Djavan.

Seu terceiro LP, *Alumbramento*, também título de uma das faixas, composta com seu convidado Chico Buarque, é um disco arrebatador, como aliás era previsível pelo seu trabalho anterior.

Capaz de emocionar profundamente como cantor, ele atinge com inata intuição o âmago da canção. Possuindo uma extensão vocal que lhe permite aproximar-se da área feminina com a mesma capacidade emocional, como em "Meu bem querer", Djavan é um cantor repleto de sutilezas do maior bom gosto. Nas músicas balançadas, como "Aquele um", parceria com Aldir Blanc, ele ginga irresistivelmente com uma divisão toda própria, que, a poder de síncopes, alongamentos, contrações e quebradas, traz o ritmo do samba à tona.

Sua linha melódica é rica e insinuante, entrando macia e saindo vitoriosamente, como é o mais recôndito desejo de todo compositor. Ouça-se, por exemplo, "Dor e prata", uma brilhante demonstração da sinuosidade de seus caminhos melódicos. Nesse aspecto, ele é desses compositores que, como Milton Nascimento, traz uma música pronta, com os encadeamentos harmônicos completos e nos lugares certos, sem ter nada a acrescentar ou tirar.

Djavan é também um letrista inusitado e intrigante, que utiliza versos enxutos e a sonoridade das palavras, muitos substantivos, poucos verbos, quase nenhum adjetivo.

Louve-se também o esmero que a gravadora Odeon teve em fazer esse disco, desde os arranjos, todos da maior competência, inclusive do próprio Djavan, até a capa prateada. Com tudo isso e mais o principal, que é o verdadeiro gozo que se tem ao se ouvir o LP *Alumbramento*, Djavan pula para uma posição de astro de primeira grandeza nesse céu iluminado, ofuscantemente iluminado, da música popular brasileira.

(Publicado em 30 de março de 1980 em *O Estado de S. Paulo*)

Notas em 2014

Quatro anos mais tarde (24 de maio de 1984), escrevi novo comentário sobre Djavan num espetáculo do Anhembi. Foi quando o compositor havia enveredado por outros caminhos, e o cantor evoluiu por novas direções. Escrevi para o *Estadão* que Djavan estava "vivendo uma fase de transição em sua carreira artística: de um grande músico, o que ele é, para um grande ídolo, como ele pretende". De fato, "jogando o corpo para os lados numa ginga super-rítmica, mas um pouco forçada, sente-se um artista que está buscando uma forma própria de atuação no palco, que possa defini-lo, que possa marcar seu estilo numa área em que sua experiência é muito mais recente que a do músico: palco das grandes plateias. Aquele cantor sossegadinho, compenetrado, quase tímido, ficou para trás".

Nesse show, uma canção mais palatável como "Lilás" iniciava sua trajetória que o aproximava da juventude para se tornar um ídolo nessa faixa etária que ele conquistaria para sempre.

3.

Paulinho da Viola

Ele aparece solene na penumbra do palco, como um sambista filósofo que vai dar suas lições de vida. Uma luz azul, e ele, de terno e sapatos brancos. Como convém ao recado que daí para a frente será dado por Paulinho da Viola em *Zumbido*, um espetáculo que não pode ser perdido, ainda em cartaz esta semana no Teatro Pixinguinha.

Depois que entra, Paulinho tira o chapéu, pendura o paletó, preparando-se para mostrar aos presentes suas duas especialidades: o samba e o choro, que ele aprendeu desde menino. O primeiro, nas rodas de bambas em Jacarepaguá e depois na Portela; o segundo, no bairro carioca de Botafogo, onde nasceu e cresceu sob as vistas do pai, César Faria, violonista respeitado por Jacob do Bandolim, Pixinguinha e outros bons. Por sinal, o pai também vai estar mais tarde no palco, ao lado do filho, com o mestre Copinha na flauta e no clarinete. Mas só mais tarde.

Por enquanto, Paulinho da Viola, sentado calmamente na cadeira, ora com o cavaco, ora com a viola, vai mostrando alguns de seus sambas, que falam da vida, do que viu passar, dos amores, das paixões, de malandros e de lutas. São histórias que ele canta sempre com aquela tranquilidade de quem sabe, com aquela clareza de quem pode garantir.

No palco, compondo lindamente o ambiente, aparecem os rostos dos respeitados negros que ele admira: Wilson Batista — sambista, verso até na apresentação; Valzinho, de quem poucos sabem o quanto fez; Ciro Monteiro, o que sabia cantar; Candeia, o líder lutador; Geraldo Pereira, Paulo da Portela, Heitor dos Prazeres. De cada um, Paulinho da Viola mostra alguma coisa. Assim se entende melhor por que ele próprio se tornou esse sambista que pode dizer as verdades que diz, que pode fazer um show tão despojado e rico, com uma linguagem direta e sincera. Um espetáculo digno de todos esses criadores que mandaram, percebemos claramente, procuração para que ele os representasse e chegasse mesmo a neles se transfigurar.

Não é o Paulinho da Viola que está no palco do Pixinguinha. São as figuras dos próprios sambistas: é o próprio Heitor dos Prazeres, que ele viu uma vez dançando em Cabo Verde, que agora arrebata a todos com os passos do miudinho.

Só mesmo esse negro alto e elegante, fala e andar mansos, poderia fazer esse show inesquecível. Só Paulinho da Viola, a quem se juntam os grandes sambistas brasileiros, para mostrar a energia e a arte de todos eles, novos ou velhos, que já estão naquela galeria dos ilustres. Seu show tem aquele som dos quintais, das calçadas com gritos de meninos, das árvores, das cores, da fala e do violão que se ouve sem se ver. Aquele som da gente do Brasil.

(Publicado em 21 de junho de 1980 em *O Estado de S. Paulo*)

Notas em 2014

Não consigo esconder a emoção ao ouvir Paulinho da Viola, cujos discos têm a rara propriedade de se manter vivos e atuais como registros de uma obra fecunda. Dois anos após meu comentário sobre seu show, voltei a escrever sobre ele, desta vez sobre o disco de 1982, *A toda hora rola uma história*, produzido por Fernando Faro e dedicado ao saxofonista Copinha. Destaco dois trechos desse comentário, publicado em 22 de setembro no *Estadão*:

"O mais admirável na carreira de Paulinho da Viola é sua integridade à toda prova, como artista e como ser humano. Seu trabalho, em show ou em disco, é apenas, para quem não o conhece pessoalmente, uma certificação dessa qualidade, cada vez mais rara até mesmo entre grandes e respeitados ídolos da MPB. Paulinho não dá bola para a tietagem, não atende aos modismos sempre infrutíferos numa carreira artística, não se deixa manipular nem ilude a si próprio tentando justificar suas ações."

"Estão perfeitamente de acordo com suas próprias composições os sambas tradicionais, que mantêm a proximidade com as escolas, os que mostram uma filosofia de vida e os metafóricos, que já se tornaram frequentes em sua obra. São achados poéticos entrelaçados a melodias diretas e sem firulas. São interpretações emocionantemente simples, em que o conteúdo vem à tona com a naturalidade de uma boia que sobe à flor d'água. Paulinho da Viola não desperdiça seu talento, valoriza ao máximo as oportunidades que a vida artística tem lhe dado."

4.

Hermeto e Egberto

A incrível facilidade de adaptação e domínio que Hermeto Pascoal tem por qualquer instrumento que lhe caia nas mãos — o mais recente é o bombardino — ou a extraordinária e criativa capacidade de juntar certos sons jamais imaginados em alguma concepção musical parecem ter dado lugar a uma crescente obsessão em exagerar cada vez mais a decantada anarquia que já se espera dele.

A impressão que se tem no atual espetáculo do Cultura Artística é que aquele toque de imprevisível e de audacioso que tem marcado a atmosfera musical sem paralelo de suas apresentações anteriores se tornou, em vez de um caminho natural, uma obrigatoriedade a ser atingida de qualquer maneira. Mesmo que seja para iniciar o espetáculo berrando desaforadamente com o técnico de som, pedindo mais volume num microfone ou reclamando de excesso em outro, como se esse ajuste fosse um assunto do qual o público também devesse participar, o que é inadmissível para quem pagou sua entrada. Mesmo que seja para reclamar da luz, dos instrumentos, das taxas de importação, chutar o violão, pegar um instrumento para tocar um pouquinho, pegar outro e largá-lo, falar com seu assistente, enfim, mesmo que seja para ficar mais tempo andando de lá para cá do que tocando. Assim, a não ser que tudo seja mudado, o que no caso de Hermeto é perfeitamente possível, quem for ao show pode preparar-se, porque ele não toca nem em 50% do tempo, a ponto de uma garota ter até reclamado alto.

Sua participação não chega a embalar em momento algum, embora várias vezes parecesse que iria acontecer em alguns temas — frevo, choro, maxixe, xaxado etc. —, marcas de uma fertilidade fora do comum que germina no cérebro desse músico nato. Mas, de repente, como um menino *blasé* que logo se enfada do brinquedo, ele começa a rodear sem desenvolver, ou então passa a bola para outro músico, e nada do que se espera na área musical acaba acontecendo realmente.

Quem tem sede de ouvir os sonhos musicais, as nuvens sonoras multiformes que povoam sua cabeça — *Lagoa das nuvens* é o título do espe-

Música com Z

táculo — até pode ficar parcialmente satisfeito. Mas quem conhece os horizontes desse grande músico fica decepcionado e, principalmente, meio triste de ver tanto amadorismo num tal profissional.

Profissionalismo do mais alto nível, num espetáculo impecável e imperdível, é o que está, também neste fim de semana, no Teatro Municipal, e que se poderia subintitular: a música popular brasileira sente-se honrada em ter um artista como Egberto Gismonti.

Aliás, a par de sua atuação individual, não se pode isolar Egberto de seu grupo, tradicionalmente chamado Academia de Danças, com a atual formação há pouco menos de um ano: Zeca Assumpção (contrabaixo), Nenê (bateria, percussão e piano) e Mauro Senise (saxofones e flautas). Atuando com solista principal e líder do quarteto, Egberto conseguiu dar-lhe uma sonoridade própria que, além de rica em timbres, pela multiplicidade de instrumentos executados e pelas preciosas combinações de baixo/piano ou piano/flauta, está de tal forma amarrada que a individualidade musical de cada componente pode ser percebida a qualquer instante com uma nitidez cristalina, sem que se perca a brilhante dinâmica do grupo, num resultado coletivo em que a precisão já é uma fase superada. O requinte é que passa a ser o fruto do trabalho desses quatro músicos no estágio atual.

Além disso, nos momentos em que atua sozinho, ao piano ou violões, Egberto oferece uma visão das mais densas e deslumbrantes da arte musical essencialmente brasileira, com contornos extraídos de uma vivência penetrante nos sons que flutuam nos ares deste país. A capacidade de traduzir esses sons por vezes singelos, quase pueris, num material tão refinado é que parece ser a grande virtude desse músico em plena maturidade.

Além de utilizar as mais conhecidas peças de seus premiados discos gravados no Brasil e no exterior — *Dança das cabeças*, *Nó caipira*, *Corações futuristas*, *Circense*, *Solo* —, Egberto acrescentou ainda material a ser lançado, embora já registrado, como a peça "Quixote", que fará parte do álbum duplo *Sanfona*.

O arremate foi para atender a aplausos pedindo sua valsa "Palhaço". Egberto e a Academia de Danças voltaram a seus instrumentos e, com a mesma leveza, fizeram todo mundo voltar em torno da música, essa amante etérea e gentil, que nesses momentos toca tão a fundo o ser humano.

(Publicado em 4 de abril de 1981 em *O Estado de S. Paulo*)

5.

Hermeto Pascoal

Se é para dar ao leitor uma antecipação do que ele poderá ver, continua sendo perfeitamente inútil descrever um show de Hermeto Pascoal. Tudo pode ser mudado a cada noite.

Contudo, nas suas apresentações da semana passada, que continuam no TUCA até domingo, há pelo menos dois aspectos inegáveis. Primeiro: ele é o centro irradiante de tudo o que acontece no espetáculo, comandando às vezes com os olhos, com um leve meneio da cabeça ou até mesmo de fora do palco os solos dos músicos e as intervenções de todo o grupo nas pontuações, passagens e marcações rítmicas improvisadas no miolo de cada tema. Segundo: as brincadeiras musicais que ele inventa com todo tipo de imprevisto (num momento de excesso de volume, por exemplo, ele parou de tocar flauta e, como se fosse parte da música, começou a zumbir exatamente na mesma nota grave do *feedback*) são uma coisa; e outra é a parte séria, como a exposição dos temas, geralmente para dois sopros (ele e Carlos Malta), ou sopro e teclado, exemplarmente executada, a despeito de dificílimas passagens por notas rápidas, colcheias e semicolcheias, com um acabamento que só pode ser atingido após dezenas e dezenas de horas de ensaio. Seu show é, então, um produto desses dois aspectos, a brincadeira e a seriedade, partindo sempre de um vértice que é ele próprio.

Seu ótimo grupo de cinco músicos, em que o baixista Itiberê e o tecladista Jovino já têm vários anos de convívio e o velho companheiro do legendário Quarteto Novo, o extraordinário violonista Heraldo do Monte, participa como convidado especial, atua como uma máquina de som em que o ritmo e os timbres inventados pela mente sonora de Hermeto parecem não ter limites.

Para os espetáculos desta temporada, ele trouxe também um repentista e, numa das noites da semana passada, convidou o saxofonista Roberto Sion, na plateia, para participar do mundo louco e sério que inventou para povoar a cabeça da gente. E essa gente, ao contrário do que se

Música com Z

263

possa imaginar, é dominada por uma juventude ardentemente interessada na sua música viva e em constante agitação, consciente de estar diante de um músico nato, criativo, que não conhece fronteiras para sua arte fundamentalmente sonora. E, como bom show, há também muita criatividade visual. O final de tudo é provavelmente o único lance repetido todas as noites e, em consequência, o que se poderia descrever aqui. Esse formidável final do show de Hermeto Pascoal é o seguinte... Não. Não convém contar. É tão bem bolado que seria o mesmo que dizer que o assassino do filme é o pai da moça.

(Publicado em 14 de abril de 1983 em *O Estado de S. Paulo*)

6.

Roberto Carlos

Antes de mais nada, é bom lembrar que há dois Roberto Carlos. O primeiro é o cantor querido e admirado em todo o Brasil, além de boa parte da América Latina; a figura magnética quando no palco ou até mesmo numa foto em preto e branco; o intérprete romântico e fervoroso que, a exemplo de Orlando Silva, é um assombroso conquistador de todo tipo de ouvinte, do analista exigente ao coraçãozinho derretido da fanzoca incondicional. É um artista de primeira grandeza na história da música popular brasileira, um cantor que emociona, que sabe descobrir o segredo de uma canção e cantá-la sem o menor esforço, independente de suas dificuldades pouco aparentes, realizando gravações definitivas impregnadas de ardente simplicidade. Esse Roberto Carlos, mais uma vez o grande astro do seu LP deste ano, se projeta em várias músicas deste disco: "Simples mágica", de Regininha, "Doce loucura", de Maurício Duboc e Carlos Colla, "Olhando estrelas", de Eduardo Lages e Paulo Sérgio Valle, e "Eu preciso de você", dele e do parceiro Erasmo.

O outro Roberto, o compositor e zelador da carreira do cantor, tem tido, nesses quase 20 anos de profissão, alguns lances surpreendentes, mas a atitude genérica está sempre visando a manter seguro o sucesso do primeiro, protegendo-o sempre com muita antecedência de qualquer possível surpresa. Nada de arriscar-se experimentando fórmulas não testadas, nada de cair na tentação de ceder aos que investem contra a qualidade de sua obra. Esse Roberto Carlos compositor/zelador não é um déspota, mas a cada ano achata mais uma figura de tamanha importância para a MPB, que é o Roberto Carlos cantor. De tal forma que as músicas mais recentes da dupla Roberto e Erasmo podem ser embaralhadas e trocadas de discos, que nenhuma diferença fará.

Há procedimentos musicais semelhantes, há a procura de uma repetição, que absolutamente não é uma coincidência ou uma característica de linha de composição. No disco deste ano, "Ele está pra chegar" é do tipo "Fé" (1978), na linha "Aleluia"; "Tudo para" tem trechos da melo-

Música com Z   265

dia, da divisão e do arranjo de "Na paz do seu sorriso" (1979); o refrão de "Cama e mesa" lembra demais o de "Lady Laura" (1978); "Emoções" corresponde ao foxtrote "Amante à moda antiga" (1980) ou "Música suave" (1978), uma de suas melhores canções, com frases completas das melodias ou encadeamentos harmônicos praticamente análogos. Há também clichês de ideias poéticas, como a do tipo ecológica, em "As baleias", que rescendem a um processo semi-industrial de criação, o que não é compatível com a sensibilidade e a grandeza desse artista que é Roberto Carlos.

O cantor está virando um prisioneiro do zelador/compositor, e, embora o segundo assegure com seu domínio o pique de vendas e de execução do primeiro, a música popular brasileira está perdendo, a cada dia, momentos irrecuperáveis de um artista fenomenal.

(Publicado em 10 de dezembro de 1981 em *O Estado de S. Paulo*)

NOTAS EM 2014

Como se pode recordar, era sempre no final do ano que cada disco do Rei era lançado com grande estardalhaço, após um cerco de mistério da CBS que todo *disc jockey* ou jornalista tentava furar como o grande feito de sua carreira. Os discos anuais de Roberto eram alvo de comentários em todos os jornais do país. No *Estadão*, a tarefa cabia a mim, como o comentário acima de 1981 e como os de 15/12/1983, 29/11/1984 e 15/12/1985, cujos trechos são citados a seguir. Cada matéria me custava muito para descobrir o que de novo havia, sem remeter ao que já escrevera no ano anterior. A começar pelas capas, praticamente iguais em azul.

"Haverá algum cantor de música popular do mundo que faça questão de manter as capas de seus discos, ano após ano, praticamente iguaizinhas umas às outras? Pois Roberto Carlos faz. Para começar, a cor azul predomina logo depois do *long-play* de 1978, 'coincidentemente' um dos mais felizes, o que tinha 'Café da manhã' e 'Força estranha'. Mas de 1981 para cá, há elementos comuns que devem deixar um artista gráfico boquiaberto: os cinco últimos discos do Roberto têm capa dupla e filetes de contorno azul ou brancos na frente; têm sua foto na frente, no verso e internamente vestindo jaquetas, blusas, camisas e bonés azuis ou brancos;

as letras estão em tipos também azuis, no mesmo local, com a mesma disposição. Os dois últimos discos, então, são de espantar: o título, no alto e à esquerda, há margens brancas e, nas fotos da última capa, ele está exatamente na mesma posição, com a mesma pulseira, que também aparece desde 1981, e a mesma fivela do cinto com uma águia."

Sua aversão à cor marrom era outro exemplo que chegava a ser motivo de chacota e que iria aumentar gradativamente ano após ano, chegando a um verdadeiro paroxismo. Seriam esses os sintomas do transtorno obsessivo-compulsivo que, ao ser detectado, foi tratado cientificamente?

"Mas, ano após ano, discute-se o LP de Roberto, ou melhor, bate-se nas mesmas teclas.

Em outro ângulo, a crítica mais atenta reconhece nele um fenomenal intérprete romântico, que vai fundo naquelas canções agradáveis e superficiais quanto à melodia, de letras triviais, como é trivial o dia a dia do seu público. Esse é o aspecto que, se de um lado unifica cada vez mais esse público, coloca a crítica sempre espantada ante sua incontestável permanência no pedestal de maior ídolo do Brasil.

É que aquela voz anasalada, o vibrato penetrante e a facilidade de atingir a sensibilidade popular abrigam um dom que nunca poderá ser objeto de estudo algum, como a crítica gostaria. É a extraordinária capacidade de Roberto Carlos perceber o que deve cantar e como cantar. Esse dom, que seguramente nem ele mesmo conseguirá explicar perfeitamente, é o que completa, no rosto que o Brasil inteiro conhece, a figura desse ídolo.

Por esse dom de atingir o homem comum é que se torna meio inútil apontar, por exemplo, que 'O côncavo e o convexo' segue durante vários compassos o antigo bolero 'Três palavras'; ou que 'No mesmo verão' tem a mesma fórmula de composições anteriores típicas da dupla Roberto e Erasmo; ou que o fox 'Perdoa', com um ótimo solo de flugelhorn, é a faixa destinada a ser dançada, romanticamente, com os dois juntinhos e enlaçados. Estes são temas concretos que músicos e estudiosos podem debater. O que não se consegue esclarecer perfeitamente é esse dom que Roberto tem, esse poder abstrato de agradar em cheio ao homem comum, essa capacidade de cantar a música que o homem e a mulher comum querem ouvir. Unidos ou separados, deitados na cama ou de mãos dadas, durante a semana ou no domingo. Qualquer dia, em qualquer situação. Esse, o dom do ídolo, que vem embalado, ano após ano, sob a forma do LP do Roberto."

Música com Z

No comentário do LP de 1984, tentei abordar algo ainda inédito:

"'Caminhoneiro' pode ter sido um bom exemplo de dilema para Roberto Carlos em sua carreira como cantor e compositor. Para sua imensa legião de seguidores, para quem sempre foi e continuará sendo o 'nosso Rei', uma certa surpresa, que pode variar de um leve espanto à quase revolta pela sensação de que, ao enveredar pela estrada, na cabine de um caminhão, e não no luxo do carrão ou no desconforto do calhambeque, Roberto Carlos estaria a traí-los. Uma errônea sensação de abandono para essa legião que está sempre de braços abertos para o mesmo Roberto.

Para a crítica, a constatação de que, mais uma vez, o extraordinário intérprete sabe descobrir o segredo de dar o recado, malgrado o repertório repetitivo. Nessa música em particular, com aquele clima de viagem à noite, numa melodia pertencente à linha de 'Sentado à beira do caminho', isto é, com a primeira parte quase que inteiramente construída sobre a mesma nota (a dominante), aliás, uma técnica frequente na *country music* (ouçam 'Gentle on My Mind', de John Hartford, com Elvis Presley), para se abrir de uma vez na segunda parte, neste caso com o salto de uma oitava, de tônica a tônica. Detalhes excessivamente técnicos, talvez, mas que exemplificam um procedimento tão típico, que vale a pena ser descrito.

Tratar com música de estrada não é nenhuma grande novidade na carreira do compositor, a novidade está na embalagem simples e benfeita, no uso de uma segunda voz em terça, também típico do sertão e da *country*, com uma letra que inegavelmente mexe com qualquer um.

Finalmente, para Roberto Carlos, 'Caminhoneiro' representa um passo importante para conquistar mais uma camada de público, sem correr o risco de se meter em negócio que não entende. Desse tipo de música, como se viu acima, ele entende e muito. Embora a decisão de fazer algo tão flagrante deva ter sido, além de quase um dilema, super--repensada, ele sabe ter sido acertada. Quem ainda duvida, aguarde alguns meses.

E o restante do *long-play*? Um trabalho relativamente fácil de se descrever. Considerações iguais às dos anos anteriores e uma preponderância de canções sossegadas exatamente na época do 'cabritismo', que alucina os jovens maldotados para o senso rítmico. Sossegadamente, ele canta duas versões, 'Love Letters' e 'And I Love Her', três composições de seus habituais sócios na arrecadação de direitos autorais, uma canção de fé, 'Aleluia', outra de amor, 'Coração', com uma forte interpretação crescente ao final, e 'Lua nova', com uma interessante segunda parte, em que rimas próprias de principiantes denotam um descuido de profissionais como Roberto e Erasmo.

Mais alguma coisa? Sim. O pôster, sério, com camisa azul sobre fundo azul. E, naturalmente, o sucesso permanente que continua sendo seu mais espantoso feito."

7.

Bezerra da Silva

A filosofia do malandro não tem rodeios: vai direto ao assunto. A primeira impressão pode ser a de um raciocínio primário. Mas depois vê-se que é lógico, tem sabedoria, está bem-acabado e não há nada mais a acrescentar. "Malandro é malandro mesmo, e o otário é otário mesmo."

O mundo da malandragem foi, é e continuará sendo o berço de muitos sambistas. O mundo da malandragem, no qual o revólver e o dedo-duro, bocas quentes e pagodes, cabritos e crioulas de fé produzem um rico material para se fazer sambas populares, é o mundo de Bezerra da Silva. O 11° *long-play* desse ídolo das periferias e da marginália tem na capa sua fotografia com olhar provocante, o boné branco na cabeça, um revólver na mão direita e uma apresentação digna de um dos maiores astros da gravadora: "A RCA orgulhosamente apresenta Bezerra da Silva em *Malandro rife*". Pois o pernambucano, que muitos pensam ser carioca, incorpora com grande sucesso um sotaque rítmico e até breques da linha Jackson do Pandeiro aos sambas e partidos de autores que ele descola pelas "bocadas" de morros cariocas, e produz mais um verdadeiro documento musical da arte popular deste país. Bezerra da Silva mostra, na escolha de seu repertório, pelo menos duas qualidades que o colocam acima de outros sambistas da atualidade: uma tremenda consciência política e um especial bom gosto para melodias. Bezerra toca nas pretas, como se diz.

O samba "Malandro rife", por exemplo, de Otacílio e Ari do Cavaco, tem um refrão típico das mais notáveis criações de Monsueto: a mesma frase repetida três vezes, com ligeira alteração melódica, e, por fim, a conclusão, "*eu quero essa mulher assim mesmo*", equivale, assim, a "malandro é malandro mesmo". Curiosamente, um esquema parecido com o dos *blues*.

Certamente poucos saberão quem são alguns dos compositores que ele escolheu. Mas seus pseudônimos e seus sambas são altamente reveladores: Cláudio Inspiração compôs "Bicho feroz"; Embratel do Pandeiro, "Zé Fofinho e Ogum"; Pedro Butina, "Saudações às favelas"; Zé Dedão do Jacaré, "No meu barco"; Crioulo Doido, "Vítimas da sociedade". Já os mais conhecidos, como Noca da Portela ou Romildo, compõem, por meio da interpretação safada, sinuosa e leve de Bezerra da Silva, um universo que não toca em rádio FM do eixo Rio-São Paulo, evidentemente. Toca em porta de loja de bairro pobre, onde Bezerra é reconhecido e saudado.

Os sambas de Geraldo Pereira e Wilson Batista têm uma diferença básica em relação aos de Noel Rosa: vão direto ao assunto, sem disfarces, deixando uma imagem crua e realista. Assim também é o samba que o artista Bezerra da Silva canta nesse estupendo disco, desde já para a lista dos melhores do ano. Assim também é o homem Bezerra da Silva: um malandro que não é de "quais-quais-quais", é um malandro rife. Isto é, superior.

(Publicado em 13 de junho de 1985 em *O Estado de S. Paulo*)

Música com Z

8.

Arrigo Barnabé

Depois daquele criativo primeiro show de 1980, no defunto Teatro Pixinguinha, depois do bem mais convencional espetáculo do ano passado, no Cultura Artística, Arrigo Barnabé retoma com empolgante ímpeto e novamente muita criatividade o posto que foi conquistando após as vaias nos primeiros festivais e extensas discussões posteriores em torno de sua música. Arrigo reafirma sua posição de um dos únicos inovadores da música popular. A bem da verdade, o certo é mesmo dizer inovador dos espetáculos de música popular, no que ele e Itamar Assumpção dão cada vez mais a sensação de serem os dois que merecem o adjetivo.

Quem quiser tirar a limpo o que agora é reconhecido sem muita divergência, assista ao atual show de Arrigo, *Tubarões voadores*, que caiu como uma luva no SESC Pompeia, em seu especialíssimo palco com duas plateias, na frente e atrás, e os balcões nas laterais. Essa disposição de público e artista, considerada um grande empecilho, é superada de forma tão inteligente e criativa pelo cenógrafo Guto Lacaz e pelo iluminador Abel Kopanski que o mesmo show, se assistido uma segunda vez de outro lugar, resultará em outros efeitos plásticos, dando um novo e surpreendente sabor à bem trabalhada reunião de músicas soltas com um sentido de enredo.

No trabalho musical propriamente dito, além da precisão dos ótimos instrumentistas, Duda Neves (bateria), Paulo Patife Barnabé (percussão), Geraldo Vieira (baixo), Tonho Penhasco (guitarra) e Bozó Barretti (teclados), este último também compositor e arranjador de destaque, estão as duas figuras predominantes do espetáculo: o próprio Arrigo e a cantora Vânia Bastos. Em *Tubarões voadores*, Vânia confirma abertamente o que já fora detectado no ano passado: ela é uma grande revelação feminina entre as cantoras brasileiras da atualidade, com sua dicção, sua projeção sonora de ampla extensão, seu timbre, sua clareza e sua segurança nas melodias atonais de Arrigo.

Por sua vez, o mestre de cerimônias/músico/compositor/personagem/arranjador Arrigo Barnabé constrói com seus tipos — Kid Supérfluo, o consumidor implacável, o garotinho que vira travesti, o conquistador do automóvel, a manicure-pedicure, a distinta dama —, com suas composições de ritmo quebrado, com suas valsas líricas, um universo de fantasia que é crítico, atualíssimo, musical e flagrantemente superior àquilo que saltitantes *big stars* estão fazendo pelos palcos brasileiros. Essa fantasia de formas, cores, ação, palavra e música, executada com exemplar limpeza, é o que Arrigo Barnabé apresenta. É o provocante motivo que pode fazer você sair de casa para ir ao SESC Pompeia. É um espetáculo!

(Publicado em 2 de junho de 1984 em *O Estado de S. Paulo*)

9.

Luiz Melodia

Toda atividade profissional exige obediência a um código de relacionamento institucional caso se almeje atingir os benefícios do mercado. É o padrão de conduta estabelecido. Uns o adotam e se condicionam com docilidade; outros convivem razoavelmente com ele sem se violentar; e há aqueles para quem essa convivência é extremamente difícil, pois se julgam de tal maneira tolhidos em sua atividade vital que se sentem afogados. E rebelam-se, fogem, caem fora do esquema, convictos de terem sido vítimas. Mas o prejuízo acaba sendo dos dois lados.

Pois então, como se explica que um artista, com o talento e a originalidade de Luiz Melodia, tenha gravado apenas quatro discos em dez anos, em três gravadoras diferentes, senão por essa dificuldade de convivência de ordem prática?

Aqueles que quiserem testar a invulgar capacidade criativa desse carioca do Estácio, com andanças pela Bahia e uma carreira constantemente atravessada, não devem perder seu show deste fim de semana no Teatro da Fundação Getúlio Vargas. Não que o espetáculo seja um primor de apresentação. A partir de certa altura, nem parece haver roteiro. À medida que vai esquentando com a dança e uns goles de vinho, Luiz Melodia vai deixando o barco correr, atendendo a pedidos e cantando com sua voz notavelmente agradável, tanto suas composições como as que ele gosta.

O ótimo grupo que o acompanha, Bando Baiano, sabe manter o clima fortemente rítmico para suas originalíssimas criações, onde não há um gênero predominante: ele se dá bem num foxtrote americano ou num *reggae* jamaicano, num samba-canção ou num afoxé baiano. Com essa incrível versatilidade, Luiz Melodia não perde uma só vez o fio de sua linha mestra como compositor, mantendo um excepcional nível de qualidade e uma regularidade produtiva, o que reforça o espanto ante sua carreira tão fragmentada.

Pois "Estácio, holly Estácio", "Vale quanto pesa", "Juventude transviada", "Pérola negra", "Mistério da raça", "Dores de amores", "O morro não engana" são obras de um compositor de primeira grandeza da música brasileira, um autor que tem uma bagagem respeitável e primorosamente constituída. Mais ainda, o autor dessas músicas é também um conhecedor do palco, onde dança como um gato — ele próprio gravou "Negro gato", da época da Jovem Guarda, por achar que a letra o retratava —, meio agachado, gingando e se requebrando com suas longas pernas e seu corpo magro, jogando os braços num movimento rítmico instintivo e extraordinariamente bem equilibrado, envolvendo com um tentador *swing* o público, que participa dessa dança e abre espaço para recebê-lo quando ele pula felinamente à plateia para dançar.

E, finalmente, o autor dessa obra é um cantor que não se limita a mostrar suas músicas, mas também as interpreta igual ou melhor que os que ousaram gravá-las. Aí está o último motivo do espanto: por que só Gal Costa, Maria Bethânia e Zezé Motta ousaram gravar Luiz Melodia até agora?

(Publicado em 9 de abril de 1983 em *O Estado de S. Paulo*)

Música com Z

10.

Ney

Que importa o sucesso ter custado tanto? Chegou no momento em que Ney Matogrosso, como se viu na esplêndida entrevista do *Canal Livre* há dois domingos pela TV Bandeirantes, se revela absolutamente seguro de si, um conhecedor do caminho que decidiu traçar para sua singular e abrangente carreira artística.

Quem diria que aquele tranquilo magricela, como ele se descreveu, levemente agressivo, o que pode ser interpretado como efeito de sua timidez, quem diria que ele é o mesmo Ney que, no palco do Anhembi, faz um show daqueles? Considerando o conjunto do que se vê e o que se ouve, dificilmente São Paulo assistirá a algo igual a *Ney Matogrosso* nesta temporada.

Impecável em todos os detalhes, desde a iluminação, em que não acontece aquele tolo pingue-pongue de cores ao ritmo da música, que alguns pretensos iluminadores ainda julgam genial; desde os figurinos, assinados por W. Ribeiro e A. Frebet, mas com o evidente toque da *finesse* de Ney; à coreografia, também com seu toque; à *performance* da banda dirigida por Jorjão; à participação na dose certa dos três bailarinos, que representam os Secos & Molhados; à cenografia de Marcos Flaksman; à direção de Amir Haddad; às entradas e saídas de cena; ao ritmo. Enfim, em cada elemento que compõe um espetáculo, encontra-se a criatividade e o esmero de execução que o rigor destilado de Ney Matogrosso exige para si e para seu público.

Afinal, em que consiste o show de Ney: dança com música ou música com dança? Aí é que está: na fortíssima projeção que assume no palco, com gestos, requebros, voos e expressões, ele consegue embaralhar com total dignidade o nu e o vestido, o masculino e o feminino, o estranho e o comum, o claro e o escuro, o metal e o couro, a voz e o movimento, ou seja, como consequência de tudo, embaralha a música com a dança, sem jamais sequer beirar o mau gosto. Ney tem uma proposta enfeitada com brilhos de anéis e pulseiras, ondulações de corpos nus e franjas, que é plenamente atingida do primeiro ao último momento do espetáculo.

Naturalmente as músicas mais aplaudidas são os grandes sucessos de seu disco atual: dá uma nova concepção a "Deixa a menina" — quem diria que é do Chico Buarque? —, prende a plateia diante do foco único no seu rosto em "Viajante", esbalda-se em "Folia no matagal" e arrasa em "Homem com h". Claro que há muitas outras inventivas interpretações, como "Cubanacan", pois com aquela voz e sua particular ética de enfocar uma canção, Ney, quando se mantém sereno, é um artista único no Brasil, de longe o que mais consegue transfigurar-se no palco.

Mas seu espetáculo pega o espectador na fantasia que ele consegue, e vejam só como, por meio de seu físico. Aí, provavelmente, a razão que faz o público ficar enfeitiçado, vendo e ouvindo Ney Matogrosso, na verdade, por ele alçado à fantasia. Ney faz o melhor show de sua carreira, um *must*, como se diz na gíria mundana.

(Publicado em 29 de agosto de 1981 em O *Estado de S. Paulo*)

11.

Cartola de novo, para alegria geral

A mais ilustre figura da música popular brasileira, aquela que, com segurança, figura ao lado dos imortais, continua em plena atividade para júbilo geral.

Em consequência, toda e qualquer manifestação, proveniente desse que é não apenas um dos mais legítimos repositórios do samba, mas também uma geratriz artística da mais alta linhagem, deve ser grata e orgulhosamente recebida por todo o povo brasileiro.

São Paulo havia recebido no final do ano uma recente manifestação sua, quando ele apresentou emocionantes shows na inauguração do Ópera Cabaré. Após o Carnaval, surge seu aguardado quarto LP: o novo disco do Cartola. Do Angenor de Oliveira, um dos fundadores da Mangueira em abril de 1929, o que escolheu suas cores verde e rosa; o que foi selecionado por Villa-Lobos para o time que gravou no navio *Uruguay* um dos célebres discos intitulados *Native Brazilian Music* para Leopold Stokowski, em nome da Columbia americana; o compositor que passou sumido quase toda a década de 50 e, felizmente, foi redescoberto pelo cronista carioca Sérgio Porto lavando automóveis; o companheiro de Euzébia Silva do Nascimento, a Dona Zica, com quem abriu um dos mais ativos e importantes redutos do samba, o restaurante Zicartola, na rua da Carioca; o sambista que teve seu primeiro LP gravado com 66 anos, em 1974, por iniciativa de Marcus Pereira, com produção do Pelão, o segundo em 1976, com produção do saudoso e insubstituível Juarez Barroso, e o terceiro com produção do dedicado e vitorioso pesquisador Sérgio Cabral.

Agora que os marcos foram devidamente registrados, deve-se ouvir e ruminar esse disco *Cartola 70 anos* (RCA), que acaba de ser lançado, de novo com produção de Sérgio Cabral. A grande marca do intérprete Cartola está na expressividade de sua voz pequena. A densidade emocional que consegue concentrar a partir do que viveu é teoricamente insuperável; intérpretes ideais são os criadores, principalmente quando expressivos, caso de Cartola. Daí por que o passar dos anos não afeta sua interpretação, ou melhor, afeta no sentido de acrescentar, de tornar mais encantadora a simplicidade de seus versos. Essa a razão desse curioso, mas não único fenômeno que, aos 70 anos, é muito mais fértil que aos 50.

Cercado basicamente pelo mesmo grupo de músicos dos discos anteriores — Abel Ferreira (sax), Nelsinho (trombone e arranjos), Neco (violão), Luizão (baixo), Waldir (sete cordas) e os ritmistas Marçal, Eliseu e Gilberto D'Ávila —, ele nos traz sete novas composições e mais "Feriado na roça", "Senões", "Mesma história", "Bem feito", homenagem à sua filha Regina, e "Ciência e arte", samba-enredo rejeitado pela Mangueira em 1949. Como já é hábito, há versos para uma antologia, sendo pena que o disco não venha acompanhado de um encarte com as letras, complemento indispensável no caso de Cartola.

Com esse LP, a música popular brasileira tem sua retaguarda garantida na pessoa simples desse artista que observa e registra poeticamente lições de vida sob a tocante forma musical que são os já falados e cantados "lindos sambas do Cartola".

(Publicado em 17 de março de 1979 em *O Estado de S. Paulo*)

12.

Moraes Moreira

Quando a intenção maior de um espetáculo é ser obrigatoriamente uma festa, o público fica saracoteando forçado, enquanto o show marcha compelido, com uma barreira invisível a separar quem está de um lado de quem está do outro. Justamente a integração livre entre palco e plateia congregando o verdadeiro espírito de festa não existe, pois o enfoque está desvirtuado. Nos shows de Moraes Moreira, não. Dançar não é uma imposição a que cada um se obriga. Dançar no show de Moraes Moreira é um impulso natural, é uma de suas marcas, e, aí sim, o espetáculo torna-se naturalmente uma festa.

O show atual, que ficará por dois fins de semana no Pixinguinha, tem ainda outra particularidade: pela primeira vez, e no momento certo, Moraes aborda musicalmente o tempo dos Novos Baianos, em que já era o componente que mais se destacava. É que 1981 tem sido um ano muito gratificante para Moraes: há músicas suas que são êxitos por outros intérpretes, e, por outro lado, sua estatura artística firmou-se na posição de grande cartaz, portanto um degrau acima da fase construída desde que iniciou sua carreira solo, em 1976. Agora, pode-se dizer: Moraes Moreira é um dos grandes nomes da MPB.

Por isso, a primeira parte do espetáculo é apropriadamente dedicada à retrovisão, que inclui os conhecidos "Ferro na boneca", "Preta pretinha", "Acabou chorare" e outros sucessos daquele original repertório em que o timbre agradável e personificado da voz de Moraes se casava tão bem com seu violão e com o ritmo impulsivo dos Novos Baianos.

Os afoxés, gênero que Moraes tem desenvolvido com frequência, estão quase por inteiro na segunda parte, quando também canta suas composições que são sucessos de Ney Matogrosso, "Vida vida", e de Gal Costa, "Festa no interior".

Moraes mantém o pique do seu violão, que já mexia com a gente no "Brasil pandeiro" dos Novos Baianos e que descende em linha direta de outros primordiais violonistas baianos, como Dorival Caymmi, João Gilberto e Gilberto Gil. Mantém também sua voz agradável pelo timbre, pela clareza e dicção, também herança dos baianos. E desenvolve sua prosódia torta (a expressão é de Caetano), em que, de vez em quando, as palavras, ao receberem música, parecem que trepam umas nas outras, criando um tremendo impulso rítmico sincopado e uma curiosíssima mistura sonora, que, à primeira vista, dá a impressão de serem termos inventados.

No meio da vibração e alegria, do espírito aparentemente desconexo que caracteriza a personalidade da música de Moraes, é que está a força que o leva a manter vivas suas memórias, nas quais se combinam raízes negras, as serestas e as vozes do rádio, a dança contagiante, o *punch* do trio elétrico e a batida de bossa nova. Tudo misturado com incessante criatividade, numa coqueteleira de sons musicais, da qual se pode sorver um drinque saboroso da arte de Moraes Moreira, condimentada com o gosto e as cores do Brasil.

(Editado a partir de dois comentários,
o primeiro publicado na revista *Som Três* em outubro de 1980,
e o segundo, em 14 de novembro de 1981 em *O Estado de S. Paulo*)

Notas em 2014

Um dos mais eloquentes símbolos da potência da cultura popular na canção brasileira, Moraes Moreira infunde em sua obra um verdadeiro alto-falante da região nordestina. E ainda irradia uma capacidade de atingir em cheio os ouvidos mais simples e os mais exigentes com a mesma intensidade.

A facilidade com que sabe inventar na medida certa aquilo que o povo quer ouvir é descomunal. Tão descomunal que o carnavalesco Moraes foi capaz de revolucionar o frevo na Bahia, dar os passos definitivos ao afoxé, embutir linguagem brasileira no rock nacional e manter intactas as raízes na bossa nova, segundo o evangelista mestre. Uma combinação desse naipe soa como improvável numa mesma pessoa, que no entanto é, como de fato é, um símbolo raro de músico de rua, músico de palco e músico de baile. Penso não cometer exagero algum se descrever os shows de Moraes Moreira como os mais contagiantes a que se pode assistir no Brasil.

13.

Alceu Valença

A cidade vive outro fim de semana de intensa movimentação nos espetáculos musicais. Enquanto o Anhembi, que abrigou Alceu Valença na semana passada, recebe agora Caetano Veloso, o Ginásio do Ibirapuera passa a ser, hoje e amanhã, o novo palco de Alceu, num dos mais infernais e concorridos shows do ano: o *Anjo avesso*, um título muito oportuno para o artista que é um demônio em cena.

Com abundante energia, na sequência de quinze músicas, treze delas de sua autoria, Alceu Valença percorre as mais genuínas manifestações folclóricas de Pernambuco, apresentadas também folcloricamente pelo Mamulengo Querubim, um fantoche popular do Nordeste, animado pelo encenador, que aproveita o disfarce visual e a mudança de voz para dizer tudo o que pensa, sem peias na língua. É por meio desse mamulengo que ele próprio se apresenta, sendo ovacionadíssimo pela plateia sequiosa por sua figura amalucada, ligeiríssima e, mais do que nunca, com absoluto domínio sobre tudo o que ocorre no palco.

Sempre imprevisível e divertido, Alceu não se limita neste show a mostrar sua impecável nova safra musical de danças pernambucanas — frevo, maracatu, caboclinho —, mas envereda, com a segurança do competente ator que é, na personificação do pançudo Veio Quiabo, um bedegueba de pastoril que se espalha em alegres obscenidades, em meio às figuras de pastorinhas hipotéticas. Uma preciosa herança popular que remete o espectador ao velho teatro de revista, aos antigos programas de rádio em auditório e, modernamente, aos da televisão vividos por Chacrinha e suas chacretes. Nessa figura ridícula e safada, Alceu reconstrói o humorismo caipira do Nordeste, representado por Jararaca e Ratinho, por exemplo, enriquecendo o show ainda mais que os anteriores.

Aliás, a figura de Alceu está fortemente enriquecida no momento por suas esplêndidas composições no novo LP, das quais "Anunciação" tem todas as condições de fixar-se como seu mais novo clássico. O povo sabe-a de cor e a cena de seu canto em uníssono, com o apoio instrumental do esplêndido grupo em que Zé da Flauta e Paulo Rafael (guitarra) são os destaques, tendo a voz de Alceu Valença em primeiro plano, é apropriada exatamente para o bis exigido a um dos artistas que mais merecem a expressão "popular" no Brasil.

(Publicado em 7 de outubro de 1983 em *O Estado de S. Paulo*)

14.

Fagner

Quem for interrogado sobre qual o artista da música popular brasileira em mais rápida ascensão à posição de ídolo, pode responder com segurança: atualmente é Raimundo Fagner.

Antes de seu segundo espetáculo na temporada de apenas três dias, realizada esta semana no Teatro Municipal de São Paulo, já não havia mais ingressos à venda, e o clássico "lotação esgotada" foi estampado no cartaz de entrada. Um público jovem, quase ofegante, embriagou-se e aplaudiu as músicas interpretadas pelo mais bem-sucedido cantor do grupo que participava de um programa na TV Ceará até 1970 e que incluía Belchior e Ednardo, além de outros que não se projetaram tanto quanto esses três. Dentre eles, Fagner tem motivos para se destacar.

Afora sua figura de legionário, aproveitada com percepção ou instinto pelo reforço de uma boina que nunca abandona, ele tem no palco uma postura desprendida, gesticulando os braços quase infantilmente. Pouco lhe importa dar as costas para o público enquanto ajusta uma introdução com seu grupo, que inclui um dos maiores talentos do Ceará, o violonista Petrúcio Maia. Ou sair do alcance do microfone por mais tempo que o normal para ajeitar o som dos instrumentos.

Contudo, essa informalidade não soa falsa nem forçada, apenas tão descontraída como os amigos ouviriam se reunidos em sua casa. Tanto que a atuação de seu grupo instrumental não vem burilada. Em certos momentos, assemelha-se ao acompanhamento dos antigos programas radiofônicos de calouros: ele dá a saída, sem contagem e sem regência, e os outros vão atrás. E, em boa parte do show, ele se acompanha sozinho ao violão.

A maior força de Fagner está em sua personalíssima e influente maneira de interpretar a canção. Não é exagero afirmar que ele é um dos mais originais cantores surgidos na música popular dos últimos tempos. A seu estilo, submete com a mesma liberdade um samba do Cartola, "As rosas não falam", ou seu grande êxito nacional, "Revelação", dos irmãos Clodo e Clésio, do Piauí. O canto de Fagner tem uma evidente influência moura, marcado pelo uso constante de trinados, de melismas e interferências nas pausas das melodias originais. Suas variações sobre frases inteiras da composição têm mais a forma de contracanto que de um simples adorno.

A tendência em dramatizar, que imprime invariavelmente nas interpretações, poderia resultar em monotonia; porém, a julgar pela reação do público, isso não ocorre. Pelo contrário, a plateia ansiosa estava acesa, reconhecendo, cantando e aplaudindo suas canções desde o início. Algumas delas foram até entoadas com as mesmas passagens e variações próprias das gravações de seus discos. Seus lamentos cortantes criam um êxtase, significativo de sua indiscutível popularidade.

Um novo ídolo que, apesar de alguns tropeços nesses seis ou sete anos de carreira, mostrou um estilo influente para ocupar em definitivo um lugar na constelação de estrelas de primeira grandeza da música brasileira? Ou um sucesso passageiro, produto da maciça divulgação que as novelas de televisão oferecem a quem tem uma música selecionada pelo capricho do doutor sonoplasta? Resposta: não percam os próximos capítulos de "O homem que confia em si mesmo".

(Publicado em 9 de junho de 1979 em O *Estado de S. Paulo*)

Música com Z

15.

Elba Ramalho

Poucos segundos depois de entrar no palco, Elba Ramalho tem toda a plateia nas mãos. É a mais rápida conquista de um artista no Palace desde sua inauguração, em abril. Uma conquista bem ao estilo de Elba: fulminante e, ao final, arrebatadora. Não se viu nesses oito meses entusiasmo e participação tão contagiantes como no último grande espetáculo do ano, cujo sucesso fará com que a estrela volte em janeiro.

Estrela, não. Grande estrela é o que Elba é. Estrelinhas da MPB há várias outras, que cumprem rigorosamente todos os itens do regulamento, menos o principal, a coerência e a responsabilidade de um artista. Elba é uma cantora popular que entoa a música de seu povo com tal firmeza de postura que compensa amplamente os oportunismos e as irresponsabilidades dos que se trancaram nos seus ricos castelos indevassáveis, perdendo completamente a direção de seu trabalho. No fundo, não passam de asteriscos.

O show da grande estrela Elba Ramalho abre-se nostalgicamente, nas nuvens dos carnavais passados, com belos pierrôs e colombinas, transformando-se, a partir do impacto de sua esfuziante entrada em cena, num desenrolar de hábitos e costumes brasileiros sob a forma de música, por meio de um exemplar roteiro de Braulio Tavares, da eletrizante Banda Rojão, com notável atuação do professor Severo da Sanfona e destaque do percussionista Cidinho, dos cuidadosos vestuários e adereços e da iluminação. Detalhes técnicos que compõem um show simplesmente inesquecível.

Elba percorre os maracatus e caboclinhos, que não se caricaturaram no Carnaval pernambucano como os sambas-enredo do desvirtuado Carnaval de passarela do Rio; fala do infindável aproveitamento político da seca do Nordeste na comovente "Canção da despedida" e, num desafio antológico, propõe a divisão entre o Nordeste independente e o resto do Brasil, o mais inspirado momento musical que se viu em palco neste ano. Depois, Elba penetra como uma profissional segura e experiente na imprevisível situação de lidar com o público, a partir da sequência dominada por sua provocante sensualidade em "Se eu fosse teu patrão", revivendo momentos culminantes das grandes vedetes brasileiras. Finalmente, no último bloco, entrega-se ao irresistível poder de dança e ritmo do forró, numa evidente demonstração de sua admiração pelo grande mestre Jackson do Pandeiro, tanto por alguns de seus passos relembrarem as inesquecíveis umbigadas com Almira Castilho quanto pelos breques em "Som da sanfona", que são dignos do que de melhor inventava o saudoso rei do ritmo.

O final apoteótico, público de pé a pedir mais, é uma festa para a música popular brasileira. Uma consagração para os sons, que neste ano foram tão destratados como o próprio povo. Elba Ramalho, com sua transbordante energia para a arte popular, tira de dentro da gente o desejo de proclamar que existe uma música criativa, forte e brasileira.

(Publicado em 22 de dezembro de 1983 em O *Estado de S. Paulo*)

16.

Elizeth Cardoso

Há grandes artistas que alcançam, em certos momentos de sua carreira, os chamados pontos culminantes. Para os cantores, são determinados discos ou shows que a gente nunca mais esquece. Se forem discos, sempre é possível ouvi-los para que nossa memória se avive e, sobretudo, nossa sensibilidade volte a eriçar os pelos. Se forem shows, quem teve a chance de os ver, tudo bem. Senão, não adianta descrever, não adianta tentar mostrar. As lágrimas são uma coisa da gente. Quem viu, viu.

A carreira de uma grande cantora popular, como Elizeth Cardoso, tem vários desses momentos. A década de 50, quando fez alguns shows em dupla com Silvio Caldas, foi um deles. As canções que Tom e Vinicius ensinaram naquelas tardes a Elizeth *"na rua Nascimento Silva, cento e sete"*, e que estão no disco *Canção do amor demais*, são outro. O show do Teatro João Caetano com Jacob do Bandolim e o Zimbo Trio, felizmente também gravado, deixa, mesmo para quem não viu, a certeza de ter sido mais outro desses momentos. E certamente ela própria saberá contar mais alguns de sua vida de cantora.

Quem viu ou vai ver o atual espetáculo de Elizeth Cardoso no Maksoud Plaza Music Hall, saiu ou vai sair com essa sensação: a de um show inesquecível, um dos momentos culminantes na carreira de uma grande cantora popular. É esplêndido o roteiro musical, em que ela passa por várias músicas cujas versões definitivas só ela cantou: *"Saudade, torrente de paixão..."*, verso de "Canção de amor", seu primeiro marco; *"Momentos são..."*; *"Magnífica..."*; *"Olha, esta mulata quando samba..."*, *"Quem da solidão fez seu bem..."*. As músicas são ordenadas exatamente *comme il faut* e têm a participação fundamental e irretocável dos arranjos de seu diretor musical, Sérgio Carvalho. Além dele, ao piano, também estão esplêndidos o guitarrista Hélio Capucci e o baterista Wilson das Neves. Os três, e mais Maurício Scarpelli (baixista), Nei (percussão), Bijou (sax e flauta) e Maurílio (trompete), mostram como deve ser um grupo que acompanha o show de uma cantora. Só por esse aspecto, já é uma recomendação.

Agora, que dizer de Elizeth, que, aos 62 anos, brilha desse jeito? Sua exemplar respiração, a classe na postura, seus vestidos, a limpeza vocal, a versatilidade tanto para as canções românticas como para os sambas altamente rítmicos, como "Olhos verdes" e "Samba da partida". Até mesmo para novidades em seu repertório, caso de "Meu bem querer", de Djavan, ou do inspirado choro de seu padrinho musical, Jacob do Bandolim, o "Doce de coco", que, após anos de existência, ressurge agora com a letra que lhe escreveu Hermínio Bello de Carvalho. Oxalá as novas cantoras cheguem à sua idade cantando assim.

Para esse show, qualquer adjetivo da coleção que lhe deram ajusta-se como luva: a enluarada, a mulata maior, a meiga, a magnífica, a divina e outros mais. Elizeth, ou melhor, a grande cantora verdadeiramente popular que é Elizeth Cardoso, está cantando como nunca. Ela está no Maksoud Plaza Music Hall até o dia 19 de setembro. Quem viu, viu.

(Publicado em 14 de agosto de 1982 em *O Estado de S. Paulo*)

17.

João Gilberto

Mais da metade das pessoas, convidados em sua maioria, estava incrédula. Até um dos sócios da casa tinha suas dúvidas: "Só Deus sabe". Informações de cocheira diziam que o homem tinha chegado do Rio às sete da noite e que já estava na "Caravela". Enquanto os microfones eram ajustados à frente de um cortinado vermelho, os convidados entretinham-se comentando: "Será que ele vai cantar aqui?".

Foi mesmo uma surpresa quando João Gilberto apareceu naquela plataforma elevada, supostamente o palco do Latitude 3001, autointitulada, sem nenhuma modéstia e completa ignorância do ridículo, de "melhor casa de espetáculos da América Latina". Céus! Assiste-se de pé, com o pescoço duro, como um teatro de João Minhoca, naquele ambiente de uma bizarria ilusoriamente *kitsch*.

De terno e gravata como sempre, ele sentou-se, fez-se um silêncio respeitoso, e João voltou a cantar, começando exatamente com "Voltei a cantar", de Lamartine Babo, com seus sustenidos e bemóis, terminando no tom menor. O violão executado com uma precisão rítmica micrométrica, a dicção claríssima, a voz brilhando de polimento, a rigorosa fidelidade de repertório e o balanço irresistível do samba.

O samba do Brasil foi o grande mote desses 50 minutos em que João desencavou preciosidades que, para alguns, eram lembranças de uma infância longínqua, quando se ligava o rádio para ouvir música. E ouvia-se. João recriou impecavelmente, com sua compreensão musical de mestre, "Emília", interpretada por Vassourinha em 1941, "Abre a janela", por Orlando Silva em 1937, "Pra que discutir com madame", pelos Trigêmeos Vocalistas em 1945, "Preconceito", por Orlando em 1941, e outros mais conhecidos, mas da mesma época, como "Louco", "Aos pés da cruz" e "Sem compromisso". Até uma marcha ufanista, "Bandeira do Brasil", em que ele deitou e rolou sobre o ritmo binário. São músicas de Assis Valente, Roberto Roberti, Alcyr Pires Vermelho, Wilson Batista, Geraldo Pereira, Marino Pinto, Zé da Zilda, Haroldo Lobo e da dupla

Geraldo Jacques e Haroldo Barbosa, autores do "Adeus América", interpretada por Os Cariocas em 1948, que ele também cantou, simbolizando sua mensagem para o Brasil da Nova República: o samba mandou chamar a todos por meio de João Gilberto. É hora de dizer adeus ao *boogie-woogie*, chega de rocks e pinotes, isso não nos convém. É hora de voltar para a cuíca, bater na barrica e tocar tamborim. Chega de "laites" e "olrraites", "ziki paike" e "gudinaite", que isso não dá mais. O samba mandou nos chamar. É João Gilberto quem está mandando esse recado, moçada.

(Publicado em 29 de junho de 1985 em *O Estado de S. Paulo*)

NOTAS EM 2014

A casa de shows Latitude 3001 foi construída na avenida 23 de Maio, nº 3001, no trecho ascendente em direção ao centro. Basicamente uma danceteria, apresentou o show internacional de Nina Hagen e de grupos de rock brasileiros, como o Barão Vermelho, que poderia simbolizar a linha mestra das atrações da casa. Em forma de uma caravela quinhentista, era o que havia de mais excêntrico e de pior gosto na cidade, despertando grande curiosidade aos que quisessem entender como seu interior, aparentemente tão impróprio para a função a que se destinava, poderia abrigar palco, plateia, bar e pista de dança. Pois tinha muito mais: restaurante, um porão com jogos eletrônicos, um lago artificial, um bosque e modelos vivos numa vitrine, piratas duelando, uma sereia e uma figura fazendo ioga. Foi em meio a essa bizarra parafernália que João Gilberto, surpreendentemente, cantou.

18.

Kleiton & Kledir

Toda vez que um gênero ou uma forma musical entra num processo de popularização, abre-se uma brecha quanto à sua pureza. Assim, o preço para se atingir uma plateia maior é esse, e não há escapatória. Ou então se fica sempre restrito à plateia diminuta. A questão é saber equilibrar o tamanho dessa brecha, ou seja, quanto se pode conceder para que esse público maior, novo, consiga reconhecer mérito naquilo que não lhe é familiar sem que se prejudique a qualidade do produto.

Alguns artistas regionais — isto é, fora do eixo Rio-São Paulo — levam anos para encontrar esse ponto de equilíbrio; outros nunca o encontram. Kleiton & Kledir conseguiram em apenas três anos, e três discos, desde que vieram para estas bandas. Pouco antes de se mudarem para o Rio, eles cantaram no Anhembi, durante o Festival da Tupi de 1979, a "Maria Fumaça", que marcou sua presença e iniciou a fase de projeção nacional. Agora, quatro anos depois, eles voltam ao mesmo Anhembi, consagrados como dois dos artistas em mais rápida ascensão desse período, para apresentar um dos mais alegres, bem trabalhados e recomendáveis espetáculos da temporada de 1983.

A ascensão de Kleiton & Kledir tem um significado muito especial para a música gaúcha, pois abre uma esteira para a quantidade surpreendente de excelentes músicos, cantores e compositores do Sul, cujo trabalho tem sido constantemente rejeitado pelas gravadoras, atualmente num processo de deplorável desorientação estética. Nesse processo, a promoção por vezes violenta, em cima de um apreciável número de roqueiros medíocres e incompetentes, veda a entrada ou dificulta a continuidade de trabalho mais consistente e duradouro de artistas que, afinal, só lhes podem beneficiar comercialmente a prazo mais longo: a dupla Kleiton & Kledir faz parte do grupo que conseguiu superar essa situação e encontra--se exatamente em pleno andamento desse processo.

Esse espetáculo, que retorna no próximo fim de semana, começa num formidável pique, precedido pelo relaxamento dos músicos deitados ou se movimentando no palco às escuras. Eles formam a excelente Banda

Império dos Sentidos, na qual atuam dois elementos do conjunto gaúcho Os Almôndegas, em que os dois irmãos Ramil começaram profissionalmente. Daí para a frente, você fica preso ao show de Kleiton & Kledir. Ambos, totalmente soltos no palco, formam juntos um tipo de ato diferente do habitual de um cantor ou cantora, ou ainda de um grupo de três ou quatro. Sua ampla movimentação, que chega a ser acrobática, é produto de uma enorme vivência com a ribalta, pois ambos já se apresentaram em circo quando meninos, e um dedicado trabalho de aperfeiçoamento, em que a disciplina com o físico é fundamental. A dupla é de uma assombrosa agilidade; certamente há alguma improvisação ao lado de trechos muito bem ensaiados que lembram uma cena de balé. Há desafios, troças, danças gaúchas, a dos facões e a chula, trajes comuns e fantasias, máscaras e bonecos e, em momento algum, há qualquer tipo de apelação. Os movimentos são feitos com grande naturalidade. O final de sua versão para "Bridge Over Troubled Water" — "Corpo e alma", por Kledir, sensível homenagem a duplas de artistas de todos os gêneros, de Stan Laurel & Oliver Hardy a Tonico e Tinoco — é um deles: Kledir abraça o irmão por trás, com um dos braços pendurados, e sua mão se prende à de Kleiton, que canta a música lindamente. Um dos momentos mais intensamente aplaudidos desse show, que colocou em estado de intensa e permanente vibração a plateia do Anhembi. Aliás, poucas vezes se viu um público tão integrado ao que assistiu satisfeito.

Kleiton & Kledir conseguem agarrar o espectador logo nos primeiros momentos, jogam-no para o alto, mantendo-o lá em cima nas mais diferentes situações: muito bem-humorados, com o adorável e engraçadíssimo sotaque gaúcho, cheio de expressões locais — algumas delas vetadas pela censura para reprodução em rádio, numa demonstração de desconhecimento total do riquíssimo regionalismo brasileiro —, situações românticas, como Kledir sentado sozinho com o violão Ovation, interpretando "Paixão", os solos de violino de Kleiton e situações altamente bailáveis, como a parte final do espetáculo, a partir de "Deu pra ti".

Num dos anos de produção mais desanimadora da MPB, há, com a música dos gaúchos Kleiton & Kledir, uma verdadeira injeção de adrenalina: seu novo LP deverá proporcionar um disco de ouro e o espetáculo do Anhembi é ovacionado com a plateia de pé, feliz e pedindo bis. Não deixe de ver.

(Publicado em 14 de agosto de 1983 em O *Estado de S. Paulo*)

19.

Nana Caymmi

Comecemos relembrando que uma grande cantora de música popular é aquela que joga você dentro da letra e da melodia de uma só vez, que, mesmo conhecendo pouco a técnica de canto, sabe como resolver a respiração, o ataque, a emissão, a dicção, o fraseado com naturalidade, de modo a projetar a canção com entonação e inventividade rítmica. Mantendo respeito pela criação, ela traz à tona, sem esforço, a emoção que a música contém em si própria. A grande cantora pode ser mensageira da obra de outrem, mas é capaz de imprimir-lhe, com sua personalidade, a própria marca.

Em vista de tais considerações, ao ouvinte sensível destina-se o néctar, possivelmente, o insuperável disco de 1983, chamado *Voz e suor*, com Nana Caymmi e Cesar Camargo Mariano. Só os dois, como já o fizeram Tony Bennett e Bill Evans.

A começar pela escolha de doze canções românticas e nada piegas, algumas mais antigas como "Não diga não", de Tito Madi e G. Henry, e outras mais recentes, como uma obra-prima deste ano, "Doce presença", de Ivan Lins e Vitor Martins. Além de ter criado estupendos arranjos, Cesar coloca-se numa tal posição de acompanhante que, afinal, acaba se tornando parceiro na interpretação, tamanha é a integração com a cantora em todo tipo de detalhes, pausas, contramotivos, variações, preparações, resoluções, modulações — entregando-lhe sempre de bandeja a melodia das canções que ajudou a escolher. Um trabalho de mestre.

Nana Caymmi sabe tratar com total delicadeza e perfeita compreensão cada uma das músicas, e não utiliza seus inegáveis dotes artísticos para sobrepujar a obra do compositor; ela é consciente de sua forma de participação ao cantar, sabe que uma grande intérprete levanta uma canção, mas esta precisa existir. Há exemplos frisantes da propriedade como trata a respiração, em "Doce presença", o ataque, em "Tenho sede" e "Neste mesmo lugar", a emissão, em "Valerá a pena" e "Por toda a minha vida", e o fraseado, em "Isso e aquilo" e "Não diga não". Com tudo isso, o resultado é uma interpretação que não apela para os efeitos gratuitos e apelativos que tanto atraem as cantoras artificiosas.

Com total naturalidade, traz o ouvinte à intimidade da canção, desde o início ao fim, com a inflexão melódica de quem percebe o encadeamento harmônico condutor, os momentos de pico e as notas de passagem. Nana faz viver a emoção que a música contém em si própria.

Ora, vejam, acabamos caindo precisamente nas considerações iniciais.

(Extraído do artigo publicado em
29 de outubro de 1983 em *O Estado de S. Paulo*)

20.

Emílio Santiago

"Pertenço a uma raça em extinção", afirma Emílio Santiago, o vitorioso cantor, eleito como o melhor de 1978 pelos críticos e estudiosos que votaram no II Prêmio Playboy de MPB, superando Milton Nascimento e Roberto Carlos.

Analisando friamente o assunto, ele esclarece que "agora os cantores que fazem baile são obrigados a imitar o que já foi gravado por outros, e assim não podem criar interpretações próprias, não podem desenvolver seu estilo". Seu mais novo LP, *O canto crescente de Emílio Santiago*, no entanto, mostra que, pelo menos ele, não corre esse risco. E mais: desta vez, ele realiza na Philips o trabalho que mais se assemelha a seu primeiro e excepcional disco, gravado na etiqueta CID em 1975, produzido por Durval Ferreira, com a participação de uma nata de músicos, como João Donato, Copinha, Edson e Edmundo Maciel, Zé Bodega, Wilson das Neves, Helio Delmiro, Victor Assis Brasil, entre outros, num repertório exemplar.

Desta vez, sua atuação em "Logo agora", uma das melhores faixas, exemplifica bem sua atraente forma de cantar, em que a maciez do ataque, a modulação da voz, a respiração dosada corretamente e a dicção clara são detalhes técnicos importantes, mas não representam a essência de seu perfil como intérprete. Esta é baseada no elevado bom gosto musical de Emílio Santiago, refletido em suas comedidas, mas sempre presentes alterações melódicas, em sua extensão vocal usada sem exagero nos extremos agudos e graves, na segura sobriedade com que realiza variações na divisão rítmica e na seleção de repertório, que, neste novo disco, reúne "Trocando em miúdos", "Homenagem ao malandro", "As rosas não falam", "Recado", ou seja, parte do melhor material na produção de seus respectivos autores. Ao longo de todo o disco, um cantor altamente criativo, sem ser escandaloso nem deslumbrado com o que faz.

(Publicado em 19 de setembro de 1979 em *O Estado de S. Paulo*)

Notas em 2014

Fiquei literalmente chapado quando assisti Emílio Santiago pela primeira vez, num inesquecível show com Alcione, no Canecão do Rio de Janeiro. Os solos de cada um eram de assustar, em dupla suas vozes enchiam o espaço em alto nível e ainda havia como bônus os surpreendentes solos de trompete da cantora.

Pensei, era preciso que São Paulo pudesse ouvi-los logo, bem logo. Tratei de acertar com seus empresários e, com a preciosa ajuda do querido Roberto Menescal, diretor artístico da Philips, foi possível trazer a dupla a São Paulo para estrelar o quinto espetáculo produzido pela Rádio Jovem Pan em 1977, na série O *Fino da Música*, da qual eu era diretor musical.

Em 28 de setembro, o Anhembi ficou abarrotado, tendo como atração final aquele casal de vozes que quase ninguém sabia de onde vinha. Tomaram conta do palco, a maioria da plateia ficou assustada com os dois desconhecidos. Foram aplaudidos de pé após o sopro renovador de seu canto, os novos nomes em nosso *show business*, cuja carreira cumpriria o que se prenunciava. Dois conhecedores do palco, duas vozes absolutamente novas que revitalizaram a música brasileira. Emílio e Alcione eram mesmo de encher as medidas.

Comparado a Nat King Cole no timbre acariciante, a Johnny Mathis na suavidade dos ataques, a Lou Rawls no balanço dançante, Emílio construiu um repertório próprio, popularizado depois na série de enorme sucesso *Aquarela brasileira*, baseada em *medleys* misturados com canções soltas, um novo formato de discos de música brasileira que não tinha rival. O simpaticíssimo Emílio era popular e mantinha um nível exemplar no repertório.

Classe, elegância, versatilidade lhe deram uma posição *sui generis* no elenco da gravadora e da própria música brasileira, com uma marca rara na carreira de qualquer cantor: querido e popular sem se afastar da qualidade em seu eclético repertório.

Foi nessa fase que atingiu a música de sua vida. Rebatizada de Ho Chi Minh, num discutível estratagema político, "Saigon" não será olvidado como título de uma das mais bonitas canções brasileiras. Sua melodia fixava-se na letra de um romance de inesquecíveis memórias no apartamento de um casal, tema da canção de Paulo César Feital e Carlão que Emílio Santiago imortalizou em 1989. Aquela Saigon não está mais no mapa, mas esta "Saigon" é dele.

Música com Z

Nossa amizade intensificou-se ao longo dos anos. Enquanto Alcione invariavelmente me apresentava aos amigos como "o homem que me levou pela primeira vez a São Paulo", a ligação com Emílio solidificou-se, repleta de carinho e admiração por uma das mais doces vozes que o Brasil já teve. Um raro ser humano que o mundo não merecia perder tão cedo.

21.

Gilberto Gil

Pelo que tem produzido em anos de trabalho, pela maneira como tem conduzido sua carreira de intérprete, Gilberto Gil mostra ser o primeiro compositor brasileiro a compreender nitidamente o processo de transformação de uma considerável porção da música popular universal num produto de consumo descartável, com características bem definidas quanto à sua forma, à sua velocidade de absorção pelo público e à sua longevidade. Essa tendência atende perfeitamente à necessidade de mercado de uma música digerível, de preferência "pra cima", e pela qual o autor não nutre qualquer tipo de desejo quanto à perenidade, teoricamente o oposto do que sente no seu mais íntimo o verdadeiro artista.

Gil compreendeu isso e assumiu de corpo inteiro essa, digamos, missão. No entanto, ele é indiscutivelmente um grande artista, um talentosíssimo artesão da nossa música popular, que sabe lidar com sons, ritmos e palavras com igual facilidade, um compositor cuja obra é um atestado para garantir sua posição na galeria dos que vão permanecer. Uma incoerência então? É o que tudo leva a crer. Mas a própria carreira, cada disco seu anual, sobretudo os últimos, reflete não essa incoerência, mas a coexistência de duas tendências do mercado mundial da música popular.

É talvez o aspecto mais forte no novo disco e show de Gilberto Gil, *Extra*, este último no Palace até o final do mês. Um espetáculo muito bem-acabado, em que a experiência de palco de um artista extraordinariamente trabalhador reflete na sua atual forma de apresentação brilhante. Detalhes como o uso dos dedos e mãos, em "A linha e o linho", elaborados para prender a atenção do espectador, juntam-se à impressão geral de uma apresentação clara e exata em todas as músicas do espetáculo. Clareza e exatidão não devem ser entendidas como falta de emoção, pois sua versão de "Sobre todas as coisas", a música de *O Grande Circo Místico*, é uma verdadeira aula do que um intérprete consegue extrair de uma canção. Gil projeta as letras das músicas, "O veado", toca um vio-

Música com Z

299

lão claro, "Expresso 2222", apresenta o show de maneira franca e cativante, induz a plateia a participar naturalmente da dança e do coro geral e leva consigo toda a excelente banda, amarradíssima o tempo todo no som de ótima qualidade, desde "Extra" à estupenda "Não chore mais (No Woman, No Cry)". E monta tudo num clima de completa descontração, fazendo valer a segurança de alguém que domina seu ofício.

Um bonito cenário com figuras de animais, bem aproveitado no jogo de luzes, e uma duração ajustada às músicas apresentadas complementam esse atraente espetáculo de um artista que vive talvez o momento mais equilibrado de sua vida. Inclusive porque se declara abertamente um ser feliz. Não pode haver dúvida: o show do Palace é a imagem desse equilíbrio.

(Publicado em 17 de setembro de 1983 em *O Estado de S. Paulo*)

22.

Caetano Veloso

De bombachas brancas de cetim, sandálias, muitos colares, sereno e seguro como sempre, Caetano Veloso, reconhecido como uma das mais inteligentes cabeças da MPB, apresenta-se no Teatro Pixinguinha até 9 de dezembro, num show assentado sobre seu LP de 1979, *Cinema transcendental*, lançado recentemente.

Começar falando sobre as deficiências de sonorização do teatro pode até parecer preconceito, não fosse tal assunto ser insistentemente reclamado. O fato é que muito se fala e pouco se tem feito. Quando João Gilberto se nega a se apresentar no Canecão, suas objeções são fundamentadas, pois as condições sonoras do local são reconhecidamente abaixo do aceitável. Pois o mesmo se dá no Teatro Pixinguinha, onde durante meses seguidos duplas, trios e artistas dos shows noturnos do Projeto Pixinguinha, às seis e meia, tem sofrido o vexame de não se fazer ouvir como deviam. Falhas foram constatadas e comentadas, mas, como dizia o coronel Limoeiro, "continuas o mesmo".

No caso do show de Caetano, não há definição sonora, misturam-se vozes e instrumentos num mesmo plano. É um descuido evidente quanto aos níveis da equalização e quanto ao posicionamento dos microfones, consubstanciado num amadorismo indesculpável, que põe a perder o trabalho musical da Outra Banda da Terra: teclados, baixo, bateria e percussão e duas alegres garotas que completam quase todo o espetáculo de Caetano. Por conta dessa sonorização desastrosa, Caetano dá-se melhor mesmo é com arranjos mais simples ou só com violão, como no início da segunda parte do show.

Todas as músicas do disco são cantadas e, entre os pontos altos, estão "Beleza pura", que faz todo mundo gingar, mesmo que sentado, "Lua de São Jorge", "Menino do Rio", em que ele se transfigura na medida exata da letra, "Trilhos urbanos", cheia de memórias doces de sua infância, e "Louco por você", todas canções com a marca e a força desse admirável e orgulhoso baiano.

Caetano sempre deu às suas músicas uma interpretação muito simples e sensível, mantendo uma incomum unidade que definiu seu estilo desde os tempos de "Coração vagabundo", que o levou, há 12 anos, a cantar brilhantemente composições de outros autores. Exemplo mais recente é "Dona culpa virou solteira", em que ele mais uma vez canta como quem diz: "Bom, pessoal, essa música a gente tem de cantar assim".

É também a impressão que fica depois de assistir a esse show do mais diferenciado baiano da MPB, Caetano Veloso, que continua magrinho e inteligente como nos tempos de *Esta Noite se Improvisa*, na TV Record.

(Publicado em 2 de dezembro de 1979 em O *Estado de S. Paulo*)

NOTAS EM 2014

Embora tenha escrito vários comentários sobre a obra de Caetano, escolhi o de um show em que ele foi reconhecido maciça e adequadamente pela imprensa em geral.

Nos discos e shows de suas canções posteriores, o que salta aos olhos é sua intuição. A fuga intuitiva às formas é a faceta mais intrigante de sua obra, uma obra sem limites. Louve-se Caetano Veloso pela coragem que sempre mostrou ao fugir do *establishment*, ao acreditar nas suas criações, por mais que elas se afastassem do que estava em voga ou por mais que não se dobrassem ao apelo fácil da repercussão popular. Sua obra é provocante, ousada e independente.

Caetano é sozinho o autor da maior parte de sua obra, ainda que ele próprio reconheça sua deficiência como músico quando comparado com o letrista. As partituras de suas canções não revelam grandes tiradas de melodia ou harmonia. Na canção popular, o que conta não é a superioridade da música sobre a letra e vice-versa. Na canção, o que conta é o perfeito equilíbrio entre as duas, a amarração de um nó que não é possível desatar entre aquela melodia e aquela letra. Como imaginar uma melodia sofisticada para "Alegria, alegria"? Pode-se dizer que a quase totalidade da obra de Caetano é relativamente simples sob o aspecto musical. No entanto, Caetano sempre se arriscou, atirou sem medir consequências. Cada disco de Caetano é uma surpresa, não um prolongamento do sucesso do anterior. Cada disco de Caetano é outro disco. O sucesso (ou o insucesso temporário) não o perturba, não faz com que ele siga espertamente aquele veio de inspiração anterior, que deu certo, para obter juros maiores, cansando-se menos. Não. Em cada novo disco, Caetano parece esquecer-se de tudo o que o anterior produziu em seu proveito e, decididamente, parte para outra. Esse modo de agir revela, em primeiro lugar, uma inesgotável capacidade de produção e, em segundo, uma aguçada sensibilidade para o que acontece à sua volta, recheando sua música de um vasto carregamento de palavras, frases, comportamentos e ideias absolutamente atuais, quando não antecipadas. Disso resulta que Caetano Veloso acaba sempre refletindo com profundidade — em sua música — sobre o seu tempo, o seu país, as idiossincrasias de uma vasta camada atuante da população. Ou seja, realizando precisamente o que a música popular propõe.

23.

Elis Regina

Elis Regina está de volta à sua querida terra paulista, onde desfruta, não sem razão, de uma numerosa plateia que segue fielmente e com incontido entusiasmo as manifestações nem sempre suaves de sua trepidante carreira.

Melhor que ninguém na MPB, ela merece esta epígrafe para uma biografia, um filme, seja lá o que for que lhe diga respeito: "A trepidante carreira de Elis Regina".

É em meio a novas trepidações de ordem artística e pessoal que Elis se apresenta. Como já fizera há anos no Di Mônaco, ela excepcionalmente fará seu show numa casa noturna, o Canecão-Anhembi — haverá nome mais original? —, que por sinal ainda não havia conhecido tamanho êxito. Quanto às trepidações artísticas, elas ainda são resíduo do rompimento com a Polygram, da contratação pela WEA, onde gravou dois discos, e do LP resultante da pendência assumida com a Odeon, um disco considerado com justiça como dos mais vulneráveis da cantora. As trepidações pessoais giram em torno do maestro e pianista Cesar Camargo Mariano, arranjador original do show, e agora ausente, com quem Elis criou alguns dos momentos mais sublimes de sua carreira, seja em palco seja em disco.

Pois é nesse clima de ausência que esse show vem à tona. Cercado de uma especialíssima atmosfera de tensão e de torcida favorável para que tudo dê certo, como é justo e compreensível, como é natural. Não é, porém, nenhuma grande surpresa, pois se trata daquela que tem sido referida, com inteira razão, pelo público e pela crítica, como a maior cantora do Brasil. Assim, problemas pessoais à parte, é mais uma extraordinária récita vocal com nuanças próprias, como deve ter cada show seu, é claro; a récita de prognóstico certo quanto à qualidade dessa grande cantora, afinada e musical, de invulgar jogo rítmico e inventiva na melodia, além da marcante personalidade interpretativa e exigente profissional. E de quem mais no Brasil, entre suas cantoras, pode-se esperar tudo isso reunido?

Elis tem sido sempre, malgrado divergências de opiniões, uma cantora fora de série, taxada até, absurdamente, de perfeita demais. Suas atitudes paralelas aos espetáculos, isto é, suas declarações ou as interpretações delas é que geram posições variáveis em relação à sua figura, à sua postura, mas nunca à sua atuação.

O que se pode criticar, é certo, em seus mais recentes passos artísticos é uma exagerada complacência na escolha do repertório, o que, para uma cantora de seu nível, destoa, empobrece e, sobretudo, reflete falta de atenção para o que de ótimo continua sendo criado, às vezes até especialmente para ela. No mais, Elis continua sendo a grande cantora que sempre foi, como agora em *Trem azul*, que tem o dedo brilhante do arranjador Cesar Mariano, além de outros igualmente brilhantes colaboradores, como o cenarista Elifas Andreato e o diretor Fernando Faro.

Elis continua dominando facilmente o ofício que abraçou, pelo qual lutou muito, e que lhe deu o que ela tanto desejou. E ainda pode dar muito mais. "Agora quero voar", "sou mais livre", "quero ser feliz", essas histórias fazem parte de um outro lance sempre presente na sua vida trepidante, que, porém, deve ser mantida como sua somente. O que se ouve é a voz, o que se vê é a cantora, o que se quer e se ama é Elis Regina, é essa que ficará.

(Publicado em 13 de agosto de 1981 em *O Estado de S. Paulo*)

NOTAS EM 2014

Dentre vários artigos sobre discos e shows, entrevistas em rádio e perfis sobre quem considero a maior cantora brasileira de todos os tempos, optei por esse comentário por ter um significado muito especial, embora não aborde seus espetáculos mais marcantes. Foi essa a última vez em que a vi no palco, já que em janeiro de 1982, dias após sua aparição no programa *O Jogo da Verdade*, da TV Cultura, do qual participei, ela nos deixaria.

Não posso me furtar em descrever a nítida lembrança de uma sensação desconforme durante o *Trem azul*, que se tornou ainda mais patente quando fui cumprimentá-la no camarim após o final. Também não

Música com Z

me esqueço do nosso abraço após a gravação daquela entrevista, quando me convidou para assistir ao programa em seu apartamento. No entanto, antes mesmo da exibição pela TV, ligou-me cancelando. Foi a última vez em que ouvi sua voz.

24.

Gal Costa

Não há a menor dúvida: a temporada de shows em São Paulo está de novo agitadíssima, após o recesso das férias, Carnaval etc. Na semana passada, estreou o Mestre Sivuca no Teatro Pixinguinha; nesta quarta-feira, dois shows, o de Gal Costa e o do grupo Boca Livre, também começaram temporada até o fim do mês. Os três devem emplacar.

O de Gal está no TUCA, depois de vários adiamentos motivados pelo êxito de mais de um ano no Rio. Uma das novidades, tanto do show quanto do disco *Gal tropical*, é a falta de composições novas, apesar da quase totalidade dos intérpretes achar isso indispensável. Assim, cantando a marchinha "Balancê", a preferida no Carnaval deste ano, embora tenha sido feita e desprezada em 1936, ou o notório "Sonho meu", afora naturalmente as músicas de seu repertório, Gal Costa retoma, recria e realça um variado cardápio de gêneros, como guarânia, chorinho, batucada, frevinho, bolero, à frente de sua animada banda, sob a ativa direção do tecladista Perna Fróes, e sob uma iluminação sem as costumeiras brincadeirinhas gratuitas, embora o som esteja apenas razoável.

Agora que o espetáculo já esteve mais de um ano no Rio, pode parecer um pouco desatualizado, mas é bom lembrar que, antes dele, Gal costumava dar corridinhas sem nexo, fazer dancinhas bobocas, trejeitos de modelinho principiante e outros que tais, que, além de desviarem a atenção do essencial em sua arte, banalizam as apresentações de uma das mulheres mais capacitadas a brilhar na MPB. É o que já se podia perceber desde quando, timidamente, cantava "Minha senhora". Agora ela voltou a ser o João Gilberto de saias, como era apelidada; porém, com um manejo de palco natural e eficiente, como só a experiência proporciona.

Esfuziante e sensual, flor no cabelo, lábios e vestido rubros na primeira parte, ou desejavelmente sedutora de dourado, na segunda, Gal efetua, bela e formosa, a incrível mudança de *"mulher que só diz sim"* para o artista em cuja fronte *"o tempo não para, e ele nunca envelhece"*. Quando ela eriça lasciva em "Folhetim" ou "Juventude transviada", tem

Música com Z

a mesma classe com que faz o público cantar de pé o "Balancê" e o "Bater do tambor". A classe de uma grande estrela, não apenas de uma boa cantora. Mas Gal Costa é igualmente uma grande cantora, de voz doce ou rascante, inventiva, cristalinamente afinada e, no momento, no pico mais alto de sua carreira. Não é de se admirar que ela deixe, ao final, todo mundo de queixo caído.

(Publicado em 12 de abril de 1980 em O *Estado de S. Paulo*)

Notas em 2014

Quatro anos depois, em abril de 1984, voltei a escrever sobre Gal Costa no palco. O novo espetáculo era *Baby Gal*, que, após vitoriosa temporada no Rio, iria permanecer mais de um mês no Palace, tendo Luizinho Avelar como diretor musical, de decisiva contribuição. Destaco este trecho:

"Um instrumento, um violino, uma guitarra, um trompete, uma voz emitida com espantosa facilidade, numa tessitura equilibrada de tal modo que não se pode dizer que Gal seja melhor numa ou noutra região. Apesar de ela gostar e dar-se bem nos agudos, seus médios e graves são sonoros, brilham na limpidez cristalina de sua voz. Além disso, como uma grande cantora de música popular, ela manobra com perícia e propriedade a respiração, fraseando com imperceptíveis pausas a poética da melodia. Gal faz uso de ligaduras, prolongando, retardando e suspendendo com admirável sensibilidade, provocando perfeito entendimento da profundidade da canção. Uma inegável herança de Dalva de Oliveira, por quem tem grande admiração. A forma como Gal projeta a voz, tomando conta de tudo, do espaço à sua volta, é simplesmente deslumbrante, um gozo."

25.

João Bosco

Não é incrível que um dos melhores discos de 1982 tenha passado praticamente despercebido do público e de muitas emissoras de rádio? Talvez, podem alegar, por ter sido lançado naquele sufoco dos últimos dias do ano, quando os presentes tradicionais dificilmente são superados pelos originais. Mas foi o que aconteceu com o LP *Comissão de frente*, da dupla de compositores João Bosco/Aldir Blanc (às vezes acrescidos de Paulo Emílio), que tem produzido nestes dez anos uma obra com letra maiúscula na MPB. Pois o show de João Bosco, em cartaz no TUCA, também é um espetáculo maiúsculo.

O que talvez pode parecer irônico é como um *one-man show* possa, nos dias de hoje, ser assim qualificado. Mas, ao decidir-se por uma linha tão simples, motivado em parte pela pressão econômica, João Bosco encontrou uma solução inteligente para superar o problema de apresentar sozinho com seu violão músicas gravadas com grupo, fixado o tempo todo num banquinho, só se movendo para trocar de instrumento. A solução foi encontrada na mais famosa atração individual das ruas dos grandes centros, que faz parar até os mais apressados para vê-lo trabalhar, o camelô. Nesse espetáculo, João encarna um perfeito malandro e enrolador (*"mas é o seguinte, meu irmão"*, *"não me leve a mal"*), vestido a caráter, de terno e sapatos brancos, camisa preta e gravata clara, que, falando rápido e sem parar (*"zague zague zague"*), consegue concentrar a atenção do público naquilo que deseja — suas mãos, seus olhos, seus gestos — sem perder o pique em momento algum. Sua voz, quando fala, é completamente outra e, mesmo cantando, João assume um timbre diferente do disco, nessa estilização que ele traça com perfeição incrível, compondo um personagem para futuros trabalhos. É o tiziu malandro, bom bebedor, sabedor das coisas, *"tal como elas se deram"*, num clima ideal para suas músicas.

Ao misturar as excelentes composições desse disco, "Nação", "Coisa feita", "Na venda", "A nível de...", com as criações antigas da dupla,

João Bosco recria certos clássicos, em nova leitura do que já foi gravado. É o caso de "Dois pra lá, dois pra cá", numa admirável versão, que, mesmo sendo levada *ad libitum*, faz o público sentir a pulsação rítmica. Tocando um violão de fazer jus aos padrinhos por ele invocados, Caymmi e João Gilberto, e com um criativo trabalho de iluminação de Alfredo Saint-Jean no palco decorado com estandartes coloridos, João Bosco dá um soberbo espetáculo de competência musical. Por isso, quando termina, todos se levantam instintivamente a um só tempo. Para saudar um artista presente e atuante na realidade da MPB.

(Publicado em 14 de outubro de 1983 em *O Estado de S. Paulo*)

26.

Tim Maia

Existe uma diferença fundamental entre Tim Maia — o craque — e a rapaziadinha que se agasalha sob a ridícula estampa de rock brasileiro, empesteando os ares musicais do país. Essa diferença chama-se musicalidade.

Antes dele entrar no palco do Palace, sua banda Vitória Régia é uma coisa. No exato momento em que assume o comando, parece que dá um frenesi nos músicos, e a transformação é instantânea. Claro, dentro de suas possibilidades, pois, se fossem grandes músicos, aí então seria pura covardia. Sem se rotular diretor musical, Tim Maia é quem comanda, puxa e tira som daquela banda.

Não existe produção visual, poses falsas nem a mais leve sombra de direção de palco. Tim Maia é uma atração espontânea e rebelde, faz o que quer, quando quer, sem nenhum sinal de subserviência a ninguém, o que os bonequinhos do rock assumem ingenuamente. Vale-se unicamente de sua contagiante intimidade com a música, isto é, com o ritmo, com a melodia e a harmonia, o que lhe dá uma segurança absoluta sobre o que resolva falar ou cantar, por mais estrambólico que possa ser. Dispensa letras, dispensa boa dicção, dispensa até doutrinas de composição para converter uma frase primária numa música superior, para provocar um espetáculo, do qual parece estar desligado (pois sim!), e instigar as naturalíssimas manifestações dos espectadores em sua mais apurada relação com a música: cantando, gingando, batendo palmas, envolvendo-se com seus gestos e sons.

Gordo e andando pesado, Tim Maia passa a voar leve assim que a música começa a rolar. Algumas baladas menos inspiradas ficam magníficas em sua voz grave cheia de vibratos religiosos. Os *funks* balançados não são tentativas de forçar o público a dançar. São doses irresistíveis de ritmo, aproveitadas integralmente por qualquer parte do corpo. Tim Maia espiritualiza o ritmo.

Gemendo ou gargalhando, atravessa o palco de lado a lado, passeia como uma pluma, faz que toca guitarra, agradece ("legal!"), conta his-

Música com Z

311

tórias que ninguém entende, canta de costas e fora do microfone, tira sarro pelos poros e extravasa música o tempo todo. Sua naturalidade é a de quem está cantando pelado no chuveiro. É sucesso em todas as classes, das domésticas às dondocas; em todas as idades, da meninada aos quarentões; em todos os palcos, dos ginásios de periferia ao Palace. Um artista raro de se ver. Nos dois sentidos, pela qualidade e pela assiduidade. Corram antes que ele mude de ideia, porque Tim Maia não canta com a garganta nem dança com o corpo. Ele flutua no ritmo e tem alma na voz. É Tim Maia.

(Publicado em 31 de maio de 1986 em O *Estado de S. Paulo*)

27.

Tom Jobim

Como qualificar Antonio Carlos Jobim, esse artista maior do Brasil? Descendente musical direto de Villa-Lobos? O mais conhecido compositor brasileiro no exterior? O mais admirado colega dos músicos daqui? O autor de "Wave", "Corcovado" ou "Sabiá", três de suas obras-primas?

Talvez uma saída seja lembrar sua posição histórica. A MPB teve, até agora, três homens que a enriqueceram em forma e conteúdo com total domínio de seu ofício, isto é, o de saber fazer música: Pixinguinha, Radamés Gnattali e Tom Jobim. Cada um na sua época, e, por certo tempo, os três juntos. Pixinguinha deu o som a músicas carnavalescas cantadas por outros e à sua própria obra; Radamés deu o som também a gravações de cantores, à música do rádio brasileiro ao vivo e à sua obra. Tom deu o som à moderna música brasileira, ao que é lá fora considerado música do Brasil, e também, como os dois, à sua obra.

Não há, pois, como encarar qualquer trabalho de um deles senão como uma valiosa peça artística, digna da sala mais importante de um museu. No entanto, para ser ouvido na casa de qualquer um de nós, um novo objeto da arte sonora, e desse porte, está agora à nossa disposição: o álbum duplo *Terra Brasilis*, de Antonio Carlos Jobim, que a WEA acaba de lançar.

É como se fosse uma suíte de sua obra: das primeiras canções do Tom pianista/arranjador, parceiro de Dolores Duran; do bem-vindo compositor que construiu a bossa nova, parceiro de Vinicius e de Newton Mendonça; do consagrado, apesar de vaiado, e digníssimo autor brasileiro, parceiro de Chico Buarque; do criador de músicas densas que vão para outras dimensões, parceiro de si próprio.

Nessa suíte, frondosa como um jequitibá e sonora como o uirapuru, há quatro composições inéditas, somando ao todo vinte músicas tocadas ou cantadas pelo autor. Nesses vinte "movimentos", que sintetizam uma obra feita em 30 e poucos anos, está presente a simplicidade e a economia por ele procuradas e sempre encontradas; a linearidade inteligente, sob a forma de notas musicais ou nomes de pássaros e árvores. É um tratado de estética da MPB, apresentado com as orquestrações de Claus Ogerman, numa produção de Aloísio de Oliveira e com capa de Paulo Jobim, com desenhos de 21 animais reais ou lendários da terra brasileira, da *Terra Brasilis*. Tudo para ser descoberto, conquistado e namorado pelos ouvidos, para chegar ao cérebro e atingir o âmago de nossa alma.

Mas, depois de ouvidas as vinte faixas desse álbum fundamental, verifica-se estar ainda à procura de um adjetivo para Antonio Carlos Jobim. Muitas ideias, mas nada plenamente satisfatório. A solução é fazer uma declaração pública do que já ficou claro a esta altura: do amor que se tem por esse músico maior.

(Publicado em 17 de maio de 1980 em *O Estado de S. Paulo*)

Notas em 2014

Comparado com justiça a George Gershwin, o maestro Antonio Carlos Jobim é nosso maior ídolo. Autor da mais perfeita das canções em minha opinião, "Águas de março" — aliás, ratificada em setembro de 2013 numa votação popular do jornal *O Estado de S. Paulo* como o maior clássico da música brasileira —, Tom Jobim se consagrou como compositor e letrista da mais alta estirpe.

O modesto comentário pelo qual figura neste livro não lhe faz jus. Se mais espaço não lhe coube foi apenas por não ter encontrado, nos quase mil textos escritos, outras peças que, por mero acaso, a ele não foram dedicadas. Foi e será sempre o guia maior na música brasileira, o ídolo de quantos dela façam parte, quer como compositores, músicos, cantores, arranjadores e quaisquer outros cuja atividade a ela estejam ligados.

A ele, devemos a marca superlativa dada à música popular brasileira. Seguramente, sem Tom Jobim, o Brasil nunca seria o que é na música universal.

V. A PEDIDOS

Prólogo

Com o tempo, fui percebendo que, dos textos encomendados, os de destino mais ingrato para um jornalista eram os *releases* para imprensa, solicitados frequentemente no tempo em que as gravadoras estavam bem de saúde econômica.

Em tese, o *release* deve descrever positivamente o conteúdo de uma obra musical gravada e deve ser redigido de tal modo que, por meio de informações abordadas em detalhes, possa ser convincente; a capacidade de persuasão de um *release* é alicerçada no conhecimento e na franqueza do autor. O motivo de sua frustração é não chegar ao público, ao contrário de uma orelha de livro ou de uma contracapa, em que, além disso, é possível estender abordagens musicais mais profundas.

Para a quinta parte deste livro, foram selecionados textos de contracapas ou encartes, outros de programas de espetáculos, além dos desditosos *releases*. Se os dois primeiros grupos de encomendas que aceitei de bom grado, com entusiasmo e fidúcia, puderam atingir o público, os *releases*, em que meu empenho foi igualmente o de plena convicção quanto ao valor da obra, têm agora a oportunidade de chegar ao prezado leitor, superando a frustração inicial.

1.

Lalá intuitivo

Que estranho poder de percepção leva um sujeito a propor ao compositor de um samba-canção pronto, apresentado num espetáculo de revista musical, que seja modificada toda a letra, inclusive o título — de "Esse mulato vai ser meu" para "No rancho fundo" —, transformando--o praticamente numa outra música, e, a partir daí, elevá-lo à categoria de um dos maiores clássicos da MPB? Qual a explicação para que um completo leigo em orquestração consiga criar com tal propriedade a introdução para uma marcha carnavalesca que sua autoria possa ser atribuída ao próprio orquestrador, levando-se em conta que este era o mestre de arranjos carnavalescos Pixinguinha? E mais: como se explica que o mesmo leigo em técnica musical altere também essa letra, modifique vários compassos da melodia e mude novamente o título (de "Mulata" para "O teu cabelo não nega"), dando-lhe todo o potencial para ser o eterno hino do Carnaval brasileiro?

Falando em hinos, que tipo de inspiração se pode esperar de um fanático torcedor do América Football Club, que decide compor com igual empenho, com uma semana de intervalo, um a um, os hinos de todos os grandes clubes de futebol do Rio de Janeiro? Como um compositor arrisca seu prestígio comprometendo-se a produzir uma música por dia para um programa fixo de rádio? Esses e mais uma infinidade de episódios antológicos tão bem documentados na obra *Tra-la-lá*, de Suetônio Soares Valença, só poderiam ser vividos por um artista não apenas altamente perceptivo, mas fundamentalmente intuitivo: Lamartine Babo.

Conforme teoriza o psicanalista Jung, a intuição é a função psicológica que se ocupa de transmitir percepções por meio do inconsciente. E ainda: que a peculiaridade da intuição reside no fato dela não ser percepção sensorial, nem sentimental, nem uma conclusão intelectual; ela é uma espécie de adaptação instintiva a qualquer conteúdo, uma função irracional, cujos efeitos — conforme o filósofo Henri Bergson — não se detêm numa duração mecanicista; porque é espontaneidade pura.

Nesses conceitos, está precisamente a chave de toda a obra musical de Lamartine Babo, bem como a compreensão de sua importância no Carnaval brasileiro e da crescente admiração por musicais concebidos na década de 30, cujas letras resistem a qualquer tipo de necessidade de adaptação 50 anos depois. Uma rancheira como "Babo... zeira", um *fox--charge* como "Canção pra inglês ver" são peças onde o *nonsense* atinge um nível jamais alcançado por qualquer outro compositor brasileiro. São músicas elaboradas sem nenhuma pretensão, no joelho, como se costuma dizer, portanto, com uma previsibilidade de duração muito limitada. Misteriosamente, porém, muitas composições de Lamartine resistem inteiras e imutáveis às novas gírias, à geografia, ao tempo.

Lamartine continua sendo o exemplo mais citado do humor na música brasileira, e não há o mais leve indício de que isso se altere. As anedotas ocorridas em sua vida são tão engraçadas e frequentes quanto verdadeiros achados nas letras de suas músicas. É uma produção em que a versatilidade se espalha em valsas românticas, operetas, músicas juninas, sambas, tangos, foxes, versões, toadas, que são designados pelo próprio autor por nomes tão criativos como "marcha colegial", "samba delicado", "foxtrote meio *blues*", "samba crítico", "valsas místicas", "marcha *offside*", "marchinha japonesa", "samba paisagem", "marcha sincronizada", "marchinha casamenteira" e outros adjetivos que, apostos ao gênero que identifica tais ritmos, ilustram como devem ser tais composições antes mesmo que se as ouça.

A par dessa espantosa versatilidade, é atribuído a Lamartine o estabelecimento de padrões, pode-se dizer, básicos para a marchinha carnavalesca. "Costumo dividir o Carnaval em duas fases: antes e depois de Lamartine", sintetiza, sempre que indagado a respeito, um compositor de indiscutível conhecimento sobre a matéria, João de Barro, o Braguinha. Essa correta interpretação histórica de sua importância significa, em outras palavras, a exemplo do que ocorre com grandes revolucionários no campo da arte, que depois de Lamartine Babo a música de Carnaval brasileira nunca mais pôde ser a mesma.

Reafirmando sua intuição penetrante no futuro, o Lalá teve a noção exata da importância da música carnavalesca como reflexo da história social de seu país, ou seja, a possibilidade da marchinha tornar-se uma crônica cantada pelo povo. Absorvendo temas, incorporando uma variadíssima gama de expressões de época, aplicando interjeições, aportuguesando ditos estrangeiros, parodiando, descrevendo e filosofando, ele construiu com sua obra carnavalesca um painel riquíssimo do povo brasileiro, mormente num de seus aspectos mais característicos, o baderneiro. De uma forma vulgar, pode-se dizer que Lamartine Babo avacalhava com tudo. Mas, ao mesmo tempo, também foi capaz de elaborar — com Francisco Matoso — uma das mais bem construídas canções da música popular brasileira, a valsa "Eu sonhei que tu estavas tão linda". Apenas um exemplo entre muitas outras que tocam profundamente o lado sentimental do brasileiro.

Dessa maneira, conclui-se que a música de Lamartine vai a fundo nesses dois extremos: a troça, ou o comentário malicioso, irônico e mordaz, e o sentimento. Ao lado do estilo facilmente identificável de Lamartine, em suas composições assinalam-se frequentes alternâncias de acordes menores e maiores, criando uma provocante tensão e, ao mesmo tempo, refletindo o espírito saudoso e alegre do brasileiro. Assim, a dualidade tão própria do nosso povo aparece explicitamente no conjunto da obra de Lamartine.

Esse conjunto coloca a figura de Lamartine Babo numa posição em que a criatividade é tão misteriosa quanto perene. Como a intuição.

(Publicado no fascículo sobre Lamartine Babo
da série *História da Música Popular Brasileira*, 3ª edição,
lançada em 1982 pela Editora Abril)

2.

Braguinha, o primeiro multimídia

João de Barro, o Braguinha, foi o primeiro caso explícito de multi-mídia na história da música popular brasileira. Muito embora tal expres-são nem existisse ao longo de quase toda a sua existência de curso nada desprezível. Tinha dez anos quando, no Rio de Janeiro dos cinematógra-fos e dos bailes embalados por polcas e valsas, surgiu o bolachão de 78 rotações com o primeiro samba gravado, "Pelo telefone". Viveu até pre-senciar, na era da informática, o aparecimento de um novo formato de arquivo digital de áudio conhecido como MP3. Faltaram menos de qua-tro meses para que Braguinha, nascido no início de um século e falecido na primeira década de outro, completasse 100 anos de uma atividade incessante.

Foi copioso autor de inesquecíveis marchinhas na época mais fértil da música de Carnaval, foi o letrista de uma emblemática canção brasi-leira, "Carinhoso", foi autor do samba-canção que virou o fio da meada na direção da modernidade, "Copacabana", foi o dinâmico diretor artís-tico das gravadoras Columbia e Continental em suas fases mais auspicio-sas, foi roteirista de filmes musicais, foi quem primeiro detectou o filão de discos infantis na fonografia brasileira, foi o primeiro compositor a se estabelecer como empresário no mercado fonográfico, foi cantor e, como se não fosse suficiente, foi o último sobrevivente da geração de ilustres compositores do período denominado com justiça de Época de Ouro.

Ao lado da obra de Noel Rosa, de Lamartine Babo e de Ary Barro-so, a de João de Barro representa a essência, talvez a culminância, das canções brasileiras de seu tempo. Esses quatro compositores, oriundos da classe média do Rio de Janeiro, delinearam as rotas percorridas pela canção nacional quando havia uma preocupação da sua classe em acom-panhar os principais acontecimentos do ano, para aproveitá-los como temas dos sambas e marchinhas que marcariam o panorama sonoro da mais espontânea festa anual do povo brasileiro, o Carnaval, considera-velmente mais autêntica que os desfiles atuais de indisfarçável caráter

Música com Z

turístico. Quase se pode afirmar que, reunidas as obras dos quatro, pouco falta para se esgotar o repertório das canções que retratam o que sucedia naquele Brasil.

Braguinha viveu na época em que o rádio de enormes microfones e discos com uma canção de cada lado eram os canais para se ouvir o que de melhor se fazia na música popular, aquilo que, sem interferência, chegava aos ouvidos do cidadão. Movido por seu gosto próprio, era esse cidadão quem decidia o que mais queria ouvir, fossem canções de alegria incontida ou, em extremo oposto, de infinda nostalgia. Esse dualismo contraditório representa inegavelmente as duas pontas da veia poética e melódica da canção brasileira, que consegue contagiar tantos povos do mundo.

Conforme Jairo Severiano, "ao contrário do samba carnavalesco, produto negroide oriundo das camadas mais humildes da população do Rio de Janeiro, a marchinha seria uma invenção da classe média carioca". Dessa maneira, entende-se claramente a preferência de João de Barro por compor uma marcha ("Dona Antonha") na sua estreia para o repertorio carnavalesco, em 1930. Porém, só três anos mais tarde é que ele obteria repercussão com "Moreninha da praia", que remete ao tema predileto das marchinhas que ainda iria criar: uma adequada dose de malícia para celebrar a mulher como personagem dos costumes em voga.

O nome João de Barro já se ligava de tal forma ao Carnaval que o americano Wallace Downey escolheu-o para assessorá-lo nos primeiros filmes musicais que iria produzir no Rio. Foi por meio de sua nova atividade, a de assistente de direção de cinema, que João de Barro passou a divulgar suas composições, então com novo parceiro, o médico/boêmio/violonista Alberto Ribeiro, incluindo-as nos filmes. A primeira delas foi "Deixa a lua sossegada", uma marcha para o filme *Alô, alô, Brasil* que tecia comentários jocosos sobre a lua numa animadíssima melodia. João de Barro encontrava seu parceiro mais constante, iniciava sua atividade como roteirista de filmes musicais e criava canções que sabia como encaminhar para tentar o sucesso.

O sucesso chegou de fato em 1938, quando a obra de João de Barro, só ou com seus diferentes parceiros, abastecia o repertório de grandes cantores, fosse para o período carnavalesco ou para os demais meses do ano. No Carnaval de 1938, ele emplacou três de uma só vez, "Touradas em Madri" e "Yes! Nós temos bananas", com Alberto Ribeiro. A terceira foi "Pastorinhas", uma bela melodia de sua autoria cuja letra original foi reconstruída com Noel Rosa para se destinar a um singular hino carnavalesco de caráter evocativo, em função do andamento cadenciado de marcha-rancho. No mesmo ano, Braguinha abria novo portal em sua carreira multimídia: assumiu o departamento artístico dos discos Columbia, aceitando novo convite de seu amigo Wallace Downey. De sorte que se tornou responsável pela escolha do repertório de um elenco que combinava astros consagrados, como Francisco Alves, com estreantes, como Emilinha Borba.

O incansável Braguinha se encarregou da dublagem do desenho animado *Branca de Neve e os sete anões*, o primeiro longa-metragem de Walt Disney. Convocou os melhores cantores brasileiros, Dalva de Oliveira para viver Branca de Neve e Carlos Galhardo como o príncipe, para cantarem as versões em português das canções originais por ele traduzidas do inglês. A experiência foi o estilingue para uma das mais importantes sacadas na história fonográfica brasileira, produzir discos com historinhas e canções infantis. Em 1943, Braguinha lançaria no mercado a teatralização sonora de uma literatura inédita em discos, como a história da Gata Borralheira com orquestrações de Radamés Gnattali. Para atrair a criançada, os produtos tinham capas coloridas e atraentes, em vez dos envelopes pardos e sem graça dos demais discos. Braguinha abria uma janela com conteúdo inédito e formato original na tela da indústria fonográfica, provando existir um segmento de potencial, ao que parece, que ninguém imaginava.

"Existem praias tão lindas cheias de luz/ Nenhuma tem o encanto que tu possuis/ Tuas areias, teu céu tão lindo/ Tuas sereias, sempre sorrindo." Estes são os conhecidos versos de João de Barro para o recitativo do primeiro samba-canção que abriu as portas da modernidade para a música brasileira. Apesar de composta em 1944, "Copacabana" só foi gravada dois anos depois e acabou se ligando para sempre à praia do Rio do Janeiro e à carreira de seu intérprete original, Dick Farney. Seu estilo, calcado no dos grandes cantores americanos, principalmente no de Bing Crosby, como ele dizia, foi a chave para o sucesso imediato da música e para a fixação de Dick como moderno cantor romântico no Brasil.

"Copacabana" foi ainda o primeiro grande sucesso da nova gravadora brasileira Continental, que assim se equiparou às suas duas rivais, as multinacionais RCA Victor e Odeon. No início da década de 50, a Continental tinha sob contrato os mais populares cantores do Carnaval, e em catálogo, seus grandes êxitos. Sob a direção de Braguinha, a Continental tornou-se uma potência no mercado brasileiro por mais de 30 anos.

Ao atingir 50 anos de idade, em 1957, João de Barro mantinha seu espantoso fôlego de produção. Participava com destaque das atividades vinculadas às editoras musicais, tomando parte na constituição da UBC, depois da SBACEM e da editora Todamérica, que deu origem a uma nova gravadora no mercado fonográfico brasileiro, também denominada Todamérica, da qual ele era sócio. Em seus primeiros anos de atividade, a Todamérica lançou êxitos carnavalescos, "Sassaricando", com Virginia Lane, e "A fonte secou", com Raul Moreno, e deu a primeira oportunidade a duas novas cantoras, Elizeth Cardoso, ao gravar "Canção de amor", e Doris Monteiro, "Se você se importasse".

João de Barro compensou o repertório carnavalesco que entrava em decadência com uma nova janela em seu site: as versões de canções internacionais. Sua versão de "Limelight" ("Luzes da ribalta") tornou-se um clássico no Brasil nas diferentes interpretações de Jorge Goulart, Cauby Peixoto, Carlos Galhardo e José Augusto, entre outras.

Com carreira tão variada e de tamanha intensidade, era natural que João de Barro começasse a receber homenagens. A primeira delas foi um grande show dirigido por Sidney Miller, *Yes, nós temos Braguinha*, levado à cena no Café Concerto Casa Grande em 1968 com a participação do próprio compositor. Esse seria também o título do enredo da Mangueira no desfile de 1984 em que ele foi novamente homenageado. A Mangueira foi a campeã, com Braguinha no topo de um carro alegórico.

A juventude brasileira passou a admirar a obra de Braguinha em 1979, quando "Balancê" foi regravada sensacionalmente por Gal Costa. Ninguém podia imaginar que sua esfuziante interpretação era de uma marchinha que já existia desde 1937 numa gravação de Carmen Miranda quase sem repercussão. Prova de que grandes canções sempre podem voltar.

Os últimos anos de sua vida passou-os João de Barro ainda compondo música carnavalesca, numa fidelidade espantosa ao gênero do qual é, ao lado de Lamartine Babo, o criador fundamental. Passou-os atendendo aos que dele queriam saber como fora a música de seu tempo. Durante vários anos, os últimos em que viveu, era ele a única testemunha viva plenamente confiável da música popular brasileira.

Como era João de Barro? Dizia-se que era sósia do escritor Jorge Amado. De fato, acima dos bigodes grisalhos, os dois baixinhos tinham um olhar semelhante, alegre e malicioso. No mais, eram diferentes.

Braguinha era discreto, contava suas histórias com fala muito mansa e cuidadosa dicção, era esmeradamente educado e sempre politicamente correto. Parecia não ter exagerado em nada durante sua vida. Nasceu no Rio de Janeiro, morreu no Rio, não se tem notícia que tenha viajado ao exterior, casou-se aos 30 anos com uma moça que morava em seu bairro, ficaram juntos e felizes por toda a vida, tiveram uma filha, netos e bisnetos, enfim, uma passagem longa e tranquila pelo mundo, nada que pudesse originar um sensacional filme biográfico. A não ser por suas bem-humoradas, satíricas e românticas criações musicais.

Carlos Alberto Ferreira Braga viveu 99 anos e 9 meses, foi o mais longevo de sua geração, a da Era de Ouro. Notável a sua atividade incessante na música; ninguém foi tão ativo e de tal forma pioneiro. Nesse sentido, sua obra completa extrapola a de todos os demais de sua época. Braguinha foi várias vezes um visionário, antecipou em anos tendências e até movimentos musicais. Foi o primeiro profissional multimídia da música popular brasileira.

(Extraído do texto publicado no encarte do CD *Braguinha*, volume 13 da *Coleção Folha — Raízes da Música Popular Brasileira*, lançado em 2010)

3.

Adoniran e Vanzolini

Sem exagero, pode-se dizer que a obra de Adoniran Barbosa e Paulo Vanzolini está expressa em seis LPs: os três Odeon de Adoniran; os dois Marcus Pereira e o Eldorado de Vanzolini.

No entanto, com essas pouco mais de trinta músicas cada um, ambos deixaram uma obra com tal sentido peculiar para São Paulo que se diz, com certa razão, serem os dois os únicos sambistas da cidade. O que evidentemente não é verdade. Mas, à primeira ideia de um samba feito em São Paulo, ou que fale de São Paulo, invariavelmente "Ronda" ou "Trem das onze" vêm logo à tona. Dois clássicos.

A obra de Adoniran foi sendo preparada, provavelmente sem muita consciência e seguramente sem o menor método, nos seus tempos da Rádio Record, quando sua vida se confundia com a de alguns dos personagens que marcaram indelevelmente a imaginação de milhares de ouvintes, admiradores da singular voz roufenha que os interpretava. Barbosa era um tipo popular, que via e escutava as ruas de São Paulo com olhos e ouvidos atentos, um retratista da sonoridade da imagem.

Com a devida contribuição do conjunto vocal Demônios da Garoa (seus intérpretes por excelência) e do extraordinário produtor radiofônico Osvaldo Moles (seu parceiro em vários sambas), Adoniran foi criando um perfil popular com acento próprio, nitidamente misto de italiano e caipira, que tinha, conforme se constatou pouco a pouco, o sotaque falado pelo povo paulistano, pelo menos durante a maior parte da época em que ele viveu. À medida que esse sotaque falado foi sendo incorporado à sua música, o que era ridículo tornou-se elogiado, o que era proibido passou a ser aceito. E assim, praticando erros de concordância e de prosódia — aí sim, conscientemente —, foi surgindo esse estilo que Adoniran Barbosa revelou ser o som da música popular de uma cidade.

Suas letras, na maioria para sambas, tratam de episódios singelos com uma linguagem efetivamente coloquial, em que a repetição quase inútil dos mesmos verbos ou o abuso de pronomes, que soariam desagradáveis caso analisados pelo lado discursivo, dão exatamente esse toque familiar e íntimo. Há ainda expressões típicas (como "bala mistura" em "Véspera de Natal") e desfechos imprevistos, que conferem a essas letras um caráter de fortíssimo sentimento popular, sempre profundamente natural. Irônico, pensativo, boêmio, romântico e com uma permanente ponta de amargura, Adoniran parece um conselheiro distribuindo, em suas músicas, as lições que foi aprendendo em suas andanças pelas ruas e pelos lugares da cidade. Naturalmente, os nomes desses lugares, as ruas, os bairros, surgem com frequência em sua obra, dando-lhe um aspecto pictórico e conferindo uma identificação com São Paulo.

Suas melodias são deliberadamente tratadas com ingenuidade, a ponto de parecerem mais de um amador que de um profissional. Essa forma de deixar fluir a melodia por um caminho quase elementar foi sabidamente uma preocupação constante em sua atividade de criador.

Esse mesmo sentido de fazer samba com certo abandono é uma constante na produção de Paulo Vanzolini. Abstraídas das respectivas letras, certas melodias suas têm uma semelhança tão notável com as de Adoniran que, se embaralhadas, seria difícil identificá-las com facilidade.

Também ele aprendeu a fazer música pelo rádio, embora como ouvinte, enquanto Adoniran era astro. Mas frequentou a mesma escola: as ruas, as praças, os bares e os lugares da cidade. Ouviu os mesmos sons. Com uma atividade profissional vivida num ambiente diametralmente oposto, um museu de zoologia, o dr. Paulo Emílio Vanzolini soube surpreendentemente sentir e observar o espírito de um sambista da mais pura estirpe. Enquanto o doutor é zoólogo de dia, Paulinho é, de noite, um sambista.

Os elementos estilísticos de suas letras são menos evidentes que nas de Adoniran, e também mais refinados. Mas a temática urbana tem pontos comuns, existe a mesma tendência de repórter, os toques de humor e aquele indispensável tom mais filosofado que descritivo, em que reflexões e conclusões em torno do aspecto social mostram a constante preocupação com pequenos e grandes dramas do habitante de uma cidade como São Paulo.

Vanzolini também é sensível ao lado caipira do paulista do interior, que acaba extravasando na capital, e, embora não carregue no sotaque de suas letras, deixa isso claro quando fala. Vez por outra, também surgem em suas músicas menções a lugares da cidade ou episódios que só poderiam ocorrer em São Paulo. Como Adoniran, faz questão de produzir nem muito, nem depressa, mas com naturalidade, submetendo a me-

Música com Z

lodia ao som e ao sentido exato das palavras, à rima dos versos. Paulo Vanzolini faz questão de preservar sua atitude de músico diletante, para continuar sendo um compositor.

E por que, mesmo não sendo os únicos, Adoniran e Vanzolini continuam sendo os dois primeiros nomes que nos vêm à mente quando se fala em samba paulistano? É que seus sambas têm o tom da cidade, é que seus sambas têm o som de São Paulo.

(Publicado no fascículo sobre Adoniran Barbosa e Paulo Vanzolini
da série *História da Música Popular Brasileira*, 3ª edição,
lançada em 1982 pela Editora Abril)

4.

Dilermando

O paulista Dilermando Reis (22 de setembro de 1916 — 2 de janeiro de 1977), único intérprete deste álbum, é o mais completo artista desse instrumento em sua época, com uma brilhante trajetória tanto na área popular como na clássica.

É o violonista dos violonistas, costuma-se dizer de Dilermando. "É mais fácil achar um substituto para Segovia do que para Dilermando", afirma com segurança Ronoel Simões, a mais respeitada autoridade sobre violão no Brasil, salientando a abrangência de sua atuação. Por que tantos elogios a um músico que, afinal, nem é tão popular assim, a não ser entre os chorões, seresteiros e violonistas do Brasil? É que Dilermando atingiu, de fato, com a postura que manteve ao longo de sua vida artística, uma tamanha nobreza que, agora, quando se conta com a infalível ajuda do tempo para avaliar sua arte, tais axiomas assumem o peso de uma conclusão definitiva. Dilermando é o mestre do violão brasileiro, e este álbum é um precioso resgate de sua obra gravada.

Quem foi Dilermando Reis num país de tantos violonistas admiráveis? Nasceu em Guaratinguetá e estudou violão com seu pai Francisco Reis até que, entusiasmado com uma exibição do violonista cego Levino da Conceição em sua cidade, decidiu partir com ele, excursionando pelo interior. Chegou ao Rio em 1932, onde se sustentou no início dando aulas em casas de música, como a Guitarra de Prata na rua da Carioca. Na companhia dos seresteiros de quem logo se tornou amigo, ingressou nas rodas da boemia e, por decorrência no meio radiofônico, como acompanhante de Noel Rosa, Francisco Alves, Carmen Miranda e outros.

Sua carreira no rádio começou na Rádio Transmissora, em 1935, da qual se transferiu, pelas mãos de Renato Murce, para a Rádio Clube do Brasil, onde liderou uma pequena orquestra de violões. Chefiou depois um conjunto regional cujo comando entregou mais tarde ao executante do cavaquinho, Waldir Azevedo. Numa época em que o violão era considerado um instrumento de acompanhamento, obteve o privilégio de um

Música com Z

329

programa semanal exclusivamente seu na Rádio Nacional, onde ele próprio chegou a redigir os textos de locução referentes às músicas programadas. Era anunciado como "o maior violonista das Américas" e tocava solos em duos com o pianista José Maria de Abreu.

Sua carreira no disco foi iniciada em 1941 na Continental (Columbia, na época), com a qual manteve um contrato verbal por toda a vida. O primeiro disco foi um 78 rotações, em que era acompanhado por Jaime Florence, o Meira, em duas composições suas: "Noite de lua" e "Magoado". Gravou dezenas de discos de 78 rotações, um 45 rotações com quatro músicas e 32 LPs originais.

Dilermando Reis era um músico que sabia se valorizar: em 1946, o violonista argentino Fleury ficou entusiasmado e tentou levá-lo para seu país, mas ele desistiu diante do cachê solicitado. Na Rádio Nacional, ganhava excelentes salários para a época, podendo, com isso e mais os proventos de aulas particulares, viver confortavelmente e entregar-se à boemia, da qual nunca se afastou. Por essa razão, era um músico muito solicitado como acompanhante, tendo realizado nessas condições uma série de discos com o cantor Francisco Petronio denominada *Uma voz e um violão em serenata*.

Em 1953, foi aos Estados Unidos, onde acompanhou cantoras americanas que estavam a bordo do navio em que viajava. Inscreveu-se num concurso para solistas de violão na CBS e obteve o primeiro lugar. Embora, por falta de documentação, não tivesse podido aceitar o convite para atuar em casas noturnas, chegou a tocar várias vezes em emissoras de rádio americanas, até que o sindicato de músicos da Flórida interveio, impedindo-o de continuar. Achou justa a razão de proteger os músicos locais, mostrando mais uma vez ser pessoa de boa índole. Tanto que se tornou figura muito querida no meio oficial do governo Kubitschek, no qual contava com a simpatia dos ministros João Alberto e Sebastião Paes de Almeida. Foi professor de violão de Márcia, filha do presidente. Este era tão grande admirador do violonista que costumava solicitar a valsa "Se ela perguntar" como "sua" valsa. Por isso, tocou em diversas festividades para convidados ilustres do governo brasileiro desse período.

Tocava dentro dos padrões clássicos, segundo o método de Tárrega, com unhas normais nos dedos da mão direita, à exceção do polegar, que mantinha um pouco comprida. Isso favorecia a execução do *pizzicato* abafado, do qual era um exímio especialista. Apesar de ser baixo e pesar mais de 100 quilos, tinha uma postura elegante ao violão, usando banqueta, como na escola tradicional. De fato, foi excelente violonista clássico, como se verifica na perfeita execução da "Pavana" de Tárrega. Possuía igual facilidade para tocar de ouvido ou lendo partitura, e a sonoridade que obtinha era de tal ordem que até com violões comuns e de qualidade inferior conseguia surpreendente resultado. Dilermando Reis tocava um violão Di Giorgio com cordas de aço, mais brilhantes e propícias à música brasileira que as cordas de náilon de sonoridade mais opaca. Ainda assim, gravou o *Concerto nº 1 para violão e orquestra* de Radamés Gnattali com cordas de náilon.

Foi um compositor de fértil produção em muitos gêneros: canções, valsas, choros e sambas, uma grande parte gravada em sua volumosa carreira no disco.

Dilermando Reis faleceu em sua residência no Engenho Novo (Rio de Janeiro), em razão de um edema pulmonar, tendo sido sepultado onde nasceu, em Guaratinguetá.

Não deixou filhos. Mas o número de violonistas que estudaram sua obra gravada, afora os privilegiados que o ouviram em vida, ou mais ainda, que dele receberam aulas, representa uma legião de instrumentistas sem paralelo na história de música brasileira. Por descendência artística e em linha direta, todo violonista é, no fundo, um dos filhos do mestre Dilermando Reis.

(Extraído do encarte para o álbum com cinco LPs
lançado pela Continental, em agosto de 1989,
da série *O Violão Brasileiro*)

5.

Aquarela de Toquinho

A paixão pelo Corinthians, o elo de ligação com Vinicius, a Itália e, naturalmente, a ponte de união do LP todo, o violão, fonte com que transforma sua arte em música, são os mais fortes pigmentos de um disco brasileiro que foi tomando forma a partir das conquistas concretas conseguidas por Toquinho, sozinho, em sua carreira internacional.

Essas conquistas são fruto de um trabalho construído palmo a palmo ao longo de anos, iniciado quase que por acaso quando foi convidado, em 1969, por Sergio Bardotti, na Itália, onde passava uns meses com Chico Buarque, para colaborar com Vinicius de Moraes no LP *La vita, amico, è l'arte dell'incontro*. Daí nasceu a parceria com Vinicius, os shows pelo interior de São Paulo com a trupe Vinicius/Toquinho, as excursões a cada dois anos à Europa, o Festival de Montreux (1981) e as quatro últimas turnês individuais à Itália, todas elas após a morte do poeta e organizadas pelo empresário Franco Fontana.

Na primeira, antes do Festival de Montreux, a média foi de 2 mil pessoas por espetáculo; na segunda, logo após o festival, já eram 5 mil pessoas, e foi nesse momento que eu pude constatar pessoalmente como a carreira de Toquinho estava se solidificando cada vez mais na Europa. No começo de 1982, ele voltou para mais dez shows e outros tantos no final do ano. Franco Fontana, um dos maiores promotores da música brasileira na Europa, já tinha montado um esquema para a melhor temporada internacional de Toquinho: a gravadora CGD, que o contratou exclusivamente para a Europa, enviara antes ao Brasil o compositor Maurizio Fabrizio, vencedor dos dois últimos festivais de Sanremo, para ficar duas semanas compondo com Toquinho, e daí nasceram cinco canções (as letras foram feitas depois por Guido Morra) para o LP *Acquarello*, que seria gravado em Milão após a temporada. Assim foi feito: a turnê começou em novembro, mas os dez shows originais tiveram que ser aumentados para trinta, e o espetáculo do Teatro Sistina de Roma teve que ser repetido, pois cinco dias antes já estava tudo vendido.

Finalmente, o LP *Acquarello*, gravado com os músicos brasileiros que acompanham Toquinho regularmente, é bom frisar, foi lançado no Festival de Sanremo, começou a fazer sucesso e acabou lhe dando o primeiro disco de ouro, uma conquista conseguida pacientemente, de que fala com justo orgulho. Não foi uma música que estourou, é um trabalho de anos, e agora Toquinho é artista brasileiro de carreira internacional.

Foi observando a estrutura desse LP italiano que Toquinho sentiu que deveria misturar mais seu violão com a interpretação de suas composições. Sentiu que a vedete de seu disco brasileiro deveria ser exatamente a fonte de sua arte, o violão. E mais: deveria gravar as partes cantadas tocando violão, como faz nos shows, nos ensaios ou em casa, nas melhores horas de som em sua vida. Não há razão para um violonista que canta gravar a voz em separado, apenas por razões técnicas. Dessa maneira, o disco mostraria muito melhor seu relacionamento descontraído com a música, sem deixar de valorizar seu violão.

Assim nasceu *Aquarela*, que é também o título da única música que está no disco italiano: a primeira parte é baseada num trecho de uma antiga composição com Vinicius, e a segunda foi feita no ano passado com Maurizio Fabrizio. A letra, original de Guido Morra, é como um desenho que vai aos poucos tomando formas e cores, mas acaba sumindo no tempo. Essa faixa abre o lado B.

O lado A começa com "Outra história", um rock do ídolo italiano Pino Daniele, adaptado com uma divisão nervosa, ressaltada pelo piano de Cesar Camargo Mariano, e com o improviso do violão em primeiro plano.

"Doce lembrança" é uma canção romântica instrumental cuja harmonia é baseada na estrutura das composições do veneziano Tomaso Albinoni (1671-1751), a exemplo do que Toquinho já fizera em "Como dizia o poeta".

"Acauã", nome de um pássaro cujo canto, segundo o povo nordestino, prenuncia chuvas, é de Zé Dantas e já foi gravada por Gal Costa no LP *Legal*. Entrou no disco quando Dominguinhos apareceu no estúdio, e os dois resolveram improvisar enquanto se fazia o ajuste de som. Ficou tão solto que ambos decidiram deixar como estava.

Após a vinheta em homenagem a Clara Nunes, vem a valsa "Acende uma lua no céu", uma das duas últimas músicas da parceria com Vinicius, e gravada anteriormente só por Ornella Vanoni na Itália. Também tem um solo de violão e, com ela, Toquinho quer manter acesa a presença delicada de Vinicius no seu disco.

"Corinthians do meu coração" é um hino cantado pelos Titulares do Ritmo, com a participação do dr. Sócrates no início. Aliás, antes mesmo do início, há uma locução de Osmar Santos. No estúdio do apartamento onde trabalha, há uma fotografia do ponta-direita Cláudio Christóvam de Pinho com um garoto tremendamente feliz. É o próprio Toquinho, que nem sonhava ser no futuro o autor destes versos: "*Ser corintiano é ir além de ser ou não ser o primeiro*". "Alô, alô", único samba do disco, com destaque para o percussionista Papete, é a música de abertura dos shows na Europa. O mesmo Papete é homenageado em "Abraço ao Papete", uma conversa musical do violão com o berimbau, baseada num tema bastante simples pelas limitações melódicas do berimbau, mas compensadas pelas ilimitadas possibilidades rítmicas, quando tocado por esse extraordinário percussionista.

Pela admiração à guitarra espanhola, e em especial ao grande guitarrista da Espanha, ele gravou "Amigo Paco de Lucía", que acabou se tornando o momento mais sinfônico do LP, graças ao arranjo de Rogério Duprat. Um arranjo tão enriquecedor que Toquinho lhe deu uma justa parceria na composição.

"Conversando", com dois violões, ambos tocados por Toquinho, e também composto pelo baterista Mutinho, é um choro moderno. No que se diferencia o choro moderno do tradicional? Nas escalas com saltos de quintas e nonas, uma herança da bossa nova, sobre encadeamentos harmônicos com intervalos desse mesmo tipo. As surpreendentes modulações obtidas dão ao choro moderno a impressão da melodia estar atravessada, e a dinâmica do fraseado é que mantém a característica de choro. Mais uma vez, o violão, com destaque em todas as faixas, é a atração.

Quando começou, Toquinho não despertava grande interesse de gravadoras, que reconheciam nele um grande violonista, mas não muito mais que um bom solista. Agora, Toquinho atingiu uma posição invejável: como compositor, como violonista e intérprete e como o decidido orientador de sua própria carreira, ele é um dos únicos, se não o único brasileiro que tem condições de ser um artista admirado e bem cotado nalgum botequim perto do Corinthians, num show ao ar livre no Parque do Ibirapuera, seu bairro, ou em qualquer finíssimo clube noturno de São Paulo. E de repetir o mesmo, com igual repercussão, nas grandes cidades de quase toda a Europa.

(*Release* do LP *Aquarela*, lançado pela Ariola em maio de 1983)

6.
Violões do choro

O nome completo, Conjunto Época de Ouro, surgiu em duas etapas: a primeira em 1959, quando Jacob do Bandolim deu o título de *Época de Ouro* a um LP seu, gravado nesse ano com grande orquestra, e do qual ele muito se orgulhava. A denominação "conjunto", e não "regional", como seria natural para um grupo de choro da época, já estava na sua cabeça muito antes, pois, segundo o violonista César Faria, "ele tinha ojeriza pelo nome regional, sempre um tapa-buraco para completar o tempo dos programas de rádio".

Na contracapa de outro LP, *Vibrações* (1961), Jacob refere-se textualmente ao seu Conjunto Época de Ouro, que ele próprio qualifica de pomposo título. Estava aí sacramentada a ideia que vinha alimentando há alguns anos, mas tomou forma definitiva só quando Dino 7 Cordas tornou-se o terceiro violonista. Uma novidade essa de três violões em grupo de choro, pela qual é responsável outro grande violão sete cordas, o paulista Antonio D'Auria, do Conjunto Atlântico.

Foi seu D'Auria, um dos mais esclarecidos chorões do país, quem sugeriu a seu amigo íntimo Jacob convidar Horondino José da Silva, o Dino 7 Cordas, para completar o naipe de violões ao lado de Benedito César Ramos de Faria e Carlos Fernandes de Carvalho Leite, o Carlinhos. Jacob encarou a sugestão com entusiasmo, como mostra na carta que lhe enviou em 18 de abril de 1965: "Na próxima [ida a São Paulo], levarei meus dois violões, que, por sinal, nesta semana, começam a ensaiar com Dino, o grande mestre Dino, para o próximo LP". Esse "próximo LP" seria o *Vibrações*, e aí nascia de fato o Conjunto Época de Ouro, cuja formação inicial era completada com Jonas (cavaquinho), Gilberto d'Ávila (pandeiro) e Jorge José da Silva, irmão do Dino, ritmista que passou a pandeirista após a saída de Gilberto.

Seu César ainda me deu mais informações num papo gravado já faz algum tempo: "Logo após a morte do Jacob, nós ficamos muito tempo parados, sem tocar. Eu tocava avulso, fazia gravações, mas, como con-

Música com Z   335

junto, ele ficou parado bastante tempo. Depois é que nós começamos a nos animar novamente, apareceu o Déo Rian, começamos a ensaiar e devemos grande parte do nosso retorno ao espetáculo *Sarau,* que o Paulinho da Viola fez no Teatro da Lagoa. Mas sem o Dino que, sempre muito ocupado com as gravações, não podia assumir o compromisso. Então nós ficamos uns três ou quatro meses no *Sarau,* dali o conjunto parece que ganhou um pouco de força. Tanto é que nós gravamos logo em seguida um LP, depois gravamos o segundo e o terceiro".

Este quarto disco tem, pois, os três violões e Jorginho da formação original. Ronaldo do Bandolim e Valmar (cavaco) completam o atual Época, aqui com a participação do baixista Dininho, diversos ritmistas e cinco convidados muito especiais. Tudo gente do ramo, com sugestivos entrelaçamentos que foram acontecendo por esses anos afora entre os participantes do Época de Ouro e seus filhos, também músicos e integrantes do grupo de Paulinho da Viola, que, por sua vez, aprendeu choro ouvindo os três violões do conjunto, um dos quais era seu pai, César Faria.

Esse prosseguimento de gerações é sustentado por uma energia gregária que o choro possui, talvez a chama que inspira músicos ligados amorosamente a seus instrumentos, e encantam a gente. São os choros do Época de Ouro, a mais popular marca da nobreza musical brasileira.

(Contracapa do LP *Conjunto Época de Ouro,*
lançado pela Copacabana em janeiro de 1987)

7.

Violões do Brasil

Não é à toa que a maioria dos festivais de música popular brasileira tem como símbolo um violão. Mais que qualquer outro instrumento, ele é o preferido por amadores e profissionais de todas as classes sociais para suas artimanhas caseiras, para suas aspirações inconsequentes e, claro, para as triunfantes realizações de alguns dos maiores artistas da música popular do Brasil.

O violão é o companheiro silencioso e disponível que, em qualquer lugar e a qualquer instante, pode se transformar no cúmplice mais próximo da alma do artista solitário, no inspirador de uma canção ou até no confessor que oculta recatadamente os mais íntimos pensamentos. Suas cordas inertes, sempre prontas a serem tangidas para dar lugar a seu som poético, fazem do violão o instrumento preferido para as cantorias de uma reunião informal onde a música age como catalisadora, e ele como tapete mágico que alça ao devaneio e ao prazer coletivo.

A ligação natural da música do Brasil com o violão se espalha desde as casas de chão batido do sertão às mais nobres salas de concerto, e seus executantes estão entre os mais admirados no mundo.

Afora João Pernambuco, mais célebre como autor de "Luar do sertão" e outras peças básicas para o instrumento, o primeiro grande violonista do país foi o paulista Américo Jacomino, conhecido como Canhoto, autor da clássica valsa da literatura do violão que se inicia com um arpejo marcante, "Abismo de rosas", gravada por ele pela primeira vez em 1913. Tanto suas primorosas execuções, preservadas em poucos e raros discos — catorze, sendo que doze foram reunidas no LP *Os grandes solistas* em 1982, pelo selo Seta —, como suas composições, refletem um requinte de técnica e uma distinção musical superior à média de sua época, o que certamente teria se desenvolvido muito não fosse sua morte prematura aos 39 anos, em 1928. Canhoto foi assim um pioneiro.

Depois dele, o mais enaltecido dos violonistas, aquele que estabeleceu padrões de clareza de execução captadas em condições técnicas muito superiores, foi o também paulista Dilermando Reis (1916-1977), o

Música com Z   337

violonista dos violonistas, como se costuma dizer com justiça. Durante anos, Dilermando reinou como o violão mais clássico do Brasil, em interpretações memoráveis, felizmente documentadas numa extensa discografia de mais de vinte LPs. Dilermando, que chegou a tocar amadoristicamente nos Estados Unidos, foi um compositor fértil de choros, valsas, sambas e canções.

Depois dele, o violão brasileiro recebeu os primeiros eflúvios de modernidade nas pessoas de outros dois paulistas, Garoto (Aníbal Augusto Sardinha, 1915-1955) e Laurindo Almeida (1917-1995). Este decidiu bem cedo encetar uma carreira nos Estados Unidos, para onde rumou em 1947, dando-se muito bem como guitarrista de jazz ao integrar a orquestra de Stan Kenton em sua época áurea, e, depois, como aclamado intérprete em estúdios de gravação. Com a decantada clareza de suas execuções, foi premiado com cinco Grammy, em dezesseis indicações nos mais de cem LPs americanos de que participou, grande parte deles de música clássica. Assim, Laurindo foi o violonista brasileiro que primeiro alcançou as glórias de uma carreira estável no exterior.

Caso tivesse o mesmo temperamento e facilidade de adaptação, provavelmente o prodigioso Garoto (o Moleque do Banjo) também teria seguido seus passos, mas, nos 8 meses em que atuou nos Estados Unidos, inicialmente com Laurindo e depois no Bando da Lua, ele não teve tempo de firmar uma carreira no exterior. Em contrapartida, sua obra — nem sempre convenientemente registrada — é das mais ricas, inovando em procedimentos harmônicos, como em "Duas contas", que seriam fundamentais para a bossa nova. Nos anos 30, Garoto formou dupla com outro violonista de São Paulo, Aimoré (José Alves da Silva, 1908-1979), mais um importante contribuinte para a literatura do violão brasileiro.

Na esteira da modernidade consistente e consequente, surgiram dois outros violonistas de méritos inegáveis, ambos atuando extensamente na América do Norte: os cariocas Bola Sete (Djalma de Andrade, 1923-1987) e Luiz Bonfá (1922-2001). Com mais de cinquenta LPs gravados, em sua maioria em estúdios americanos, Bonfá foi um estilista exímio e delicado, além de ser autor de composições de harmonias tão ricas e originais que fez com que uma de suas obras, "Manhã de Carnaval", se tornasse um dos temas prediletos dos músicos de jazz.

Vale citar aqui dois violonistas de capital importância na estrutura da música brasileira, seja no choro, nas canções ou no acompanhamento de cantores: a dupla Dino 7 Cordas (ainda em atividade) e Meira (Jaime Tomás Florence, 1909-1982), cuja atuação em centenas de gravações nos conjuntos regionais de que participaram foi determinante na formação de uma mentalidade para as gerações que se seguiram. Nessa mesma área, a de violonistas que concentraram suas atuações em regional e não como solistas, merecem ainda ser destacados dois compositores paulistas, Antonio Rago e Armando Neves.

Imediatamente após a bossa nova, em que o nome que dispensa comentários é obviamente João Gilberto, destacam-se dois violonistas. Paulinho Nogueira é um deles, eclético mestre da escola de Dilermando Reis, de exemplar postura em sua carreira de músico e autor, que jamais deixa embaçar suas brilhantes execuções com recursos fáceis que criem uma ilusão de superioridade. Paulinho tem ainda o mérito de ter conduzido as carreiras de uma nova geração de apurados violonistas, como Toquinho, igualmente compositor, que, ao lado de Paulo Bellinati, Marco Pereira, André Geraissati, Gilvan de Oliveira, Nonato Luiz e Ulisses Rocha, forma o primeiro time da geração em plena atividade pós-bossa nova, uma vez que outro componente desse seleto grupo, Raphael Rabello (1962-1995), nos deixou órfãos e profundamente desfalcados.

O outro grande violonista pós-bossa nova é Baden Powell (1937-2000), um divisor de águas na história do violão brasileiro. Foi o prodigioso garoto revelação que, aos 20 anos, embora respeitando e adotando os cânones de Dilermando quando se fazia necessário, definiu uma nova pegada, de uma garra nunca ouvida antes, que revolucionou o violão brasileiro. Mais ainda: Baden se notabilizou como um personalíssimo criador de sambas, serestas e choros, e, em especial, de uma leva de preciosas composições que, como nunca ocorrera, retomaram o poderoso elo da música brasileira com as raízes africanas.

E é nessa fase auspiciosa que surge a grande revelação dos últimos anos, o gaúcho Yamandu Costa, que mal acaba de gravar seu primeiro disco e já é consagrado como o mais novo violão brasileiro para o mundo, conforme deixou claro em sua vitória no prêmio Visa e na exibição dentro do Free Jazz Festival, ambas neste ano. Yamandu é de todos eles o que mais se aproxima da escola de Baden Powell.

A simples menção desses destaques do instrumento é suficiente para justificar a simbologia da canção brasileira pela silhueta de um violão.

(Programa do espetáculo *Violões do Brasil*,
apresentado na Sala São Paulo em 20 de dezembro de 2001)

8.

Almir, o violeiro do Pantanal

Na fase de nacionalização da música regional dos anos 70, surgiu uma leva de compositores, músicos e cantores procedentes de regiões que jamais tinham figurado no mapa musical brasileiro. Até então, pouco se conhecia sobre artistas de outros estados que não o Rio de Janeiro, a Bahia, Pernambuco, Minas e São Paulo. Os sambas-canção de um gaúcho como Lupicinio Rodrigues, por exemplo, eram ouvidos de ponta a ponta no Brasil, mas quase nada tinham a ver com os bugios e vaneirões cantados nos Centros de Tradição Gaúcha dos pampas. Este material, sim, era inédito nos dois grandes centros da música popular.

Nessa década de 70, a chegada de artistas de outros rincões que não o eixo Rio-São Paulo trouxe uma considerável bagagem em termos de gêneros, ritmos e sonoridades, além da revelar nomes que tentavam um lugar ao sol no vasto e movimentado mercado do Sudeste. Quando se ouviu pela primeira vez, em 1978, o agreste grupo Tetê e o Lírio Selvagem, de Mato Grosso do Sul, foi como se os paulistas — embora um tanto abertos a manifestações regionais, por já terem certa intimidade com as modas caipiras de seu estado — estivessem frente a frente com uma proposta que lhes parecia no mínimo exótica. Além do sabor de novidade, essa música se constituía num desafio a quem não estivesse preparado para recebê-la. Soava muito estranha, semelhante ao que acontecera 30 anos antes, quando Luiz Gonzaga aportou no Rio de Janeiro com seu estilo nordestino de cantar meio gritado. Ou quando Elba Ramalho surgiu no cenário.

Após o Lírio, o mesmo estado de Mato Grosso do Sul revelou o jovem Almir Sater, que se lançou apenas como instrumentista, desenvolvendo pouco a pouco, e paralelamente, sua porção de cantor regional. É desse material que se compõe este CD.

Considerado desde logo como um dos maiores violeiros do Brasil, na esteira de Zé Côco do Riachão, Almir, com sua figura de Apolo do Pantanal, tinha ainda um grande pendor para compor músicas, e cantá-

-las docemente e com muita propriedade, ou melhor, com a autenticidade de uma sólida personalidade musical escorada nas próprias raízes.

Pode-se dizer que Almir triunfou por não ter aberto mão das raízes em nenhum momento de sua carreira, desfrutando hoje do respeito de seus conterrâneos e tendo conquistado uma legião de admiradores ao longo da carreira, nos ambientes urbanos e rurais onde sua música foi ouvida.

As catorze faixas deste CD fizeram parte de LPs de Almir na Continental. A maioria dessas convincentes canções foi feita por Almir em parceria com o letrista Paulo Simões, carioca radicado em Mato Grosso do Sul, ou com Renato Teixeira. Gente de fôlego na música brasileira.

Após 20 anos de trabalho musical coerente, nunca se discutiu a clareza e o caráter da arte de Almir Sater. Ela não é posta em xeque, como ocorre com vários ídolos dessa área poluída em que se transformou a música sertaneja. Seu discurso tem uma consistente linha mestra, sem os desvios ao sabor de modismos passageiros. Um músico de talento indiscutível, um artista de sensibilidade apurada e um generoso ser humano, o criador de uma obra de se admirar.

> (*Release* do CD da Warner de 2001, contendo uma compilação de vários LPs de Almir Sater lançados originalmente pela Continental)

9.

Antonio Maria e Fernando Lobo

Há na música popular brasileira uma geração de compositores, ou melhor, um grupo de compositores que fizeram da música uma forma de expressão para seus momentos de boemia.

Dois deles tiveram vida muito ligada, dois amigos que nasceram na mesma época, no mesmo estado e lançaram-se à vida de compositores profissionais mais para satisfazer sua sede de viver do que para ganhar dinheiro: Fernando Lobo e Antonio Maria.

Ambos pernambucanos, imigraram como dois ilustres desconhecidos para o grande centro que era o Rio, à cata de uma oportunidade para realizar o que parecia impossível frente aos grandes mitos da música brasileira dos anos 30 e 40, Ary Barroso, Wilson Batista, Assis Valente, Custódio Mesquita etc.

Tinham formação e educação muito semelhantes, eram amigos do Recife, onde Fernando constituiu a primeira parte de sua obra — frevos de salão tocados e cantados pela sociedade recifense e, portanto, mais sofisticados que os frevos de rua.

Mas a obra musical de peso, tanto de Fernando Lobo como de Antonio Maria, foi justamente a que nasceu no Rio de Janeiro na década de 50, onde, embora saudosos da terra, os frevos eram em número reduzido. Essa obra nasceu quase que por acaso, como consequência de encontros depois do trabalho, vindos da redação do jornal ou da estação de rádio em que os dois trabalharam e se projetaram como cronistas, especialmente da vida noturna do Rio, da qual eram destacados participantes.

Nessa vida noturna, ambos encontraram a inspiração e a facilidade para constituir uma obra que, se não numerosa, retrata com naturalidade uma das épocas mais efervescentes da crônica brasileira. A época em que pontificavam Rubem Braga, Paulo Mendes Campos, Henrique Pongetti, Sérgio Porto e tantos outros.

O samba-canção era a música que melhor exprimia esse ambiente, onde a voz sussurrante de Nora Ney e o som dos conjuntos de boate substituíram cantores de voz para fora (como Linda e Dircinha Batista) e as grandes orquestras. Era a música intimista, falando quase sempre dos romances favorecidos pela noite.

Essa música nascia quase sempre nas mesas de bar, o escritório permanente da arte casual. Só que os bares não eram mais o Café Nice, o Café Papagaio ou o Café Belas Artes da geração de Noel Rosa. Nos anos 50, era o Villarino, onde Fernando Lobo e Antonio Maria tomavam parte da grande mesa cativa e reservada para um encontro constante e sem aviso prévio.

Se os encontros eram casuais, a música também. Bastava uma música para se ter a metade do disco. As parcerias eram feitas por amigos que compunham juntos, e não um mandando fita cassete para o outro completar. A música nascida na mesa do bar já tinha também os primeiros juízes, os companheiros que davam opiniões e palpites e, às vezes, até ganhavam parceria "indevidamente".

Dessa arte sem premeditação, nasceram as histórias cujos personagens todos conheciam, como a do querido companheiro Edu, o piloto da Panair que morreu num desastre meses antes e não estava mais com sua turma naquele Carnaval ("Zum-zum"). A turma era a dos Cafajestes, célebre no Rio daqueles anos. Dessa arte, nasceu o boêmio que vê a vida passar sem ter ninguém a amá-lo ("Ninguém me ama").

Dois homens de múltiplas atividades fora da música, todas lidando com o público, Fernando e Maria foram dois típicos compositores da classe média brasileira, que expressaram de forma romântica as contradições que perceberam existir à sua volta, em suas próprias vidas, na vida da cidade que adotaram. O Recife ficou longe na sua obra. Às vezes, uma evocação. Não se sentiam obrigados a cantar sua terra. Não eram compositores de tempo integral. Eram muito mais boêmios que faziam música. A boemia é que era a vida. As canções só nasciam se tivessem que nascer.

(Publicado no fascículo sobre Antonio Maria e Fernando Lobo
da série *História da Música Popular Brasileira*, 3ª edição,
lançada em 1982 pela Editora Abril)

10.

Piano e voz

Piano e voz (apresentação do projeto em janeiro de 2004)

Será possível imaginar algum festival de música brasileira cujo símbolo não seja o ondeado contorno de um oito, representando a caixa de um violão? Ou mesmo as seis cordas sobre o seu braço sem os trastes? O violão é a alma da música brasileira, dir-se-á logo.

Mas, acaso não poderia ser um piano? Aquela emblemática figura do teclado com a divisão entre as teclas de ébano e marfim? Pois esta série, que pode se intitular um festival de piano e voz com prometedores recitais realizados mensalmente no auditório da UFRGS durante o ano de 2004, é significativamente simbolizada pelo instrumento que tanto contribuiu para a grandeza da música brasileira. O piano em que Chiquinha Gonzaga e Ernesto Nazareth compuseram choros imortais, no qual Pixinguinha e Radamés Gnattali conferiram os arranjos que formaram a coluna mestra da música brasileira, em que nasceram "Aquarela do Brasil", de Ary Barroso, e tantas obras-primas de Tom Jobim, o piano onde músicos de outros instrumentos buscaram inspiração que se tornaram canções. O piano na música brasileira é soberano e vem de longe.

Quando terá chegado o primeiro piano ao Brasil? Sabe-se que o ilustre compositor padre José Maurício Nunes Garcia (1767-1830) servia-se do violão para dar suas aulas no Rio de Janeiro por volta de 1798, pois não possuía um cravo, instrumento de teclado da época, considerado um luxo. Tudo indica que, em 1816, com a vinda do pianista austríaco Sigismund Neukomm (1778-1858), que teve por discípulo o príncipe herdeiro dom Pedro II, chegou também ao Brasil um instrumento de teclado, provavelmente um cravo, antecessor do piano-forte (de *gravicembalo col piano e forte*, isto é, cravo com suave e forte).

O piano-forte com dois pedais, patenteados em 1783, somente iria alcançar seu formato definitivo, com as cordas dispostas horizontalmente e cruzadas, pelo fabricante Steinway & Sons, de Nova York, em 1855, mesmo ano em que um pianista de renome internacional e comparado a Liszt, Sigismond Thalberg (1812-1871), vem ao Rio, onde permanece por seis meses e executa concertos que tiveram um êxito sem precedentes. Por certo, no piano recém-chegado à cidade. Nessa época, os concertos tinham apresentações regulares no Teatro São Pedro de Alcântara, onde se dá, em 1857, a primeira exibição de Arthur Napoleão (1843-1925), um prodigioso menino português de 14 anos. É ele quem vai, em 1866, fixar-se em definitivo na cidade, fomentando as atividades pianísticas ao fundar uma casa de comércio e edição de música. Três anos mais tarde, um novo pianista aporta no Rio para obter retumbante sucesso, o americano Louis Moreau Gottschalk (1828-1869), que escreveria a célebre *Fantasia triunfal sobre o Hino Nacional Brasileiro*.

Por essa época, já se projetavam também pianistas e compositores paulistas, como Elias Lobo (1834-1901), autor da primeira ópera brasileira, *A noite de São João*, inicialmente escrita para piano e canto, e Alexandre Levy (1864-1892), que, além de compor, fundara na capital de São Paulo o Clube Haydn para animar atividades musicais voltadas para o piano.

Mas foi no Rio de Janeiro que se desenvolveu uma animação mais efervescente em torno do piano, o que marcou a música popular do início do século XX: a arte dos que eram conhecidos como "pianeiros", apelido que denotava certo desprezo dos intelectuais aos pianistas que tocavam de ouvido e, eventualmente, por música.

Símbolo de *status* nas residências do Rio, o escultural piano, ornado com vasos e toalhinhas de crochê, democratiza-se quando praticado pelos jeitosos pianeiros, que tocavam a convite nas salas de visita dessas mesmas residências ou nas salas de espera dos cinematógrafos para entreter os assistentes, ou ainda acompanhando cantores nos poços de orquestra dos teatros de revista.

Chiquinha Gonzaga (1847-1935) e Ernesto Nazareth (1863-1934) foram as primeiras e brilhantes estrelas que criaram um repertório próprio para o instrumento, de um nível superior a tudo o mais que se compôs nessa área durante aqueles anos do final do século XIX e o início do XX. Uma vez que a função primordial de suas exibições nas residências era prover música para dança, esses dois expoentes, bem como os demais pianeiros da época, como Aurélio Cavalcanti (1890-1920), Chirol (1847-1910) e J. Bulhões (1881-1941), entre outros, caprichavam numa execução levada na bossa, um "ritmo dengoso, sapeco, repinicado", na descrição, anos mais tarde, da estudiosa Marisa Lira. Incapazes de violentar

Música com Z

o teclado, como afirmou em conferência o compositor Brasílio Itiberê (1846-1913), os pianeiros caracterizavam-se pelo "dengo, a macieza, o espírito frajola, o humor e a graça ágil".

Essa intensa atividade dos pianeiros, estendida para demonstrações nas casas de música, nas confeitarias, bares e restaurantes, propiciou um vasto campo de trabalho para executantes da música de salão e da popular, a ponto do Rio de Janeiro ter sido taxado de "cidade dos pianos" pelo poeta Araújo Porto-Alegre (1806-1879).

Com o término da Primeira Guerra, uma nova geração influenciada pelos passos de dança americana vem ocupar o espaço, ampliado com a chegada do rádio. Pouco a pouco, foi engrossando o grupo de integrantes desse novo time de pianeiros, com nomes como J. B. da Silva, o notável compositor Sinhô (1888-1930), Henrique Vogeler (1888-1944), Eduardo Souto (1882-1942) e Romualdo Peixoto, o Nonô (1902-1955). Alguns deles chegaram a conviver com um grupo ainda mais novo, que alcançou o rádio, os discos de 78 rotações e até o LP de 33 rpm, como Gadé (1904-1969), Walfrido Silva (1904-1972), Carolina Cardoso de Menezes (1916-2000), Fats Elpídio (1913-1975) e Tia Amélia (1897-1983).

Nessa altura, a expressão "pianeiro" praticamente não era mais empregada, eles eram pianistas, conheciam música, servindo-se de partituras para criar suas composições e seus arranjos, ampliando sua atividade em estúdios de gravação onde não poucas vezes dirigiam orquestras. Foi o período de Vadico (1910-1962), Custódio Mesquita (1910-1945), José Maria de Abreu (1911-1966), Alcir Pires Vermelho (1906-1994), que se tornaram mais conhecidos como compositores, ao passo que Radamés Gnattali (1906-1988) e Lyrio Panicali (1906-1984), como eméritos orquestradores.

A canção brasileira entra na modernidade, a começar pela fase do samba-canção, que prepara os ouvidos do público para a grande revolução que levaria a música popular à internacionalidade: a bossa nova. No período preliminar desta, Bené Nunes (1920-1997), Dick Farney (1921-1987) e Johnny Alf (1929) são destaques, enquanto Walter Wanderley (1932-1986), João Donato (1934), Tom Jobim (1927-1994), Luiz Eça (1936-1992), Luiz Carlos Vinhas (1940-2001), João Roberto Kelly (1937), Eumir Deodato (1943), Hermeto Pascoal (1936), Sergio Mendes (1941), Cesar Camargo Mariano (1943), Wagner Tiso (1945), Egberto Gismonti (1947), os irmãos Amilton Godoy (1941) e Amilson Godoy (1946), Antonio Adolfo (1947), Leandro Braga (1942), Gilson Peranzzetta (1946) e Cristovão Bastos (1946) estão entre os grandes pianistas de uma geração mais recente, a maioria deles ainda tocando o fino. Claro que não cabem mais para descrever seu estilo adjetivos como "sapeca" nem "repinicado". São músicos refinados que dominam o teclado, são reconhecidos internacionalmente e aplaudidos como solistas, podem estar à frente de um grupo orquestral ou mostrar sua arte ao lado de grandes vozes femininas da música brasileira, como será visto e ouvido ao longo de 2004 no palco da UFRGS.

LEANDRO BRAGA E DONA IVONE LARA (programa do espetáculo em 12 de fevereiro de 2004)

A ligação entre a compositora e cantora Dona Ivone Lara (1922) e o pianista e arranjador Leandro Braga (1942) se consolidou em 2002 com a gravação do CD *A música de Dona Ivone Lara*, que mostrou a exuberância de suas composições, algumas delas sobejamente conhecidas no mundo do samba, outras nem tanto.

Assim armado, Leandro "deitou e rolou" ao exercer sua criatividade com a delicadeza e a competência que já se conhecia, atingindo com esse soberbo disco sobre a obra da compositora o que pode ser visto como um casamento olímpico, destinado a alcançar bodas de pedras preciosas e metais nobres à medida que passem os anos. Esse enlace de primeira grandeza na música brasileira é o programa desta noite na série *Piano e Voz* da Universidade Federal do Rio Grande do Sul.

A facilidade com que a internacional Dona Ivone cria melodias pôde ser medida desde o início no partido alto "Tiê-tié", uma das primeiras que compôs, antes de se tornar componente da ala de compositores da Escola Império Serrano, depois de pertencer à extinta Prazer da Serrinha. Nos anos 70 é que suas composições começaram a despontar, atingindo popularidade nacional em 1978 com a gravação de "Sonho meu" (por Maria Bethânia e Gal Costa), parceria com Delcio Carvalho. Daí em diante, foi um verdadeiro desfile de sambas com sua marca de melodias de primeira grandeza, "Alguém me avisou", "Acreditar", "Nasci para sonhar e cantar", "Mas quem disse que eu te esqueço" e outros mais. Dona Ivone tornou-se uma dama, uma majestosa dama do samba, uma querida senhora que sabe guiar a música pelos mais lindos caminhos.

O paulista de São José dos Campos Leandro Braga, um dos mais requisitados e bem-vistos arranjadores brasileiros, consagrou-se de vez como pianista no seu segundo disco próprio, *Pé na cozinha*, de 1998, pelo qual ganhou três prêmios Sharp. Participou com sucesso do Free Jazz Festival no ano seguinte e prosseguiu numa trajetória repleta de triunfos em todas as incursões: escreveu trilhas para cinema e arranjos para peças musicais e inúmeros discos, foi diretor musical de Ney Matogrosso e prossegue numa das mais brilhantes carreiras nessa área em que poucos são de fato reconhecidos. Quando deixa a caneta de lado, Leandro Braga simplesmente estraçalha o piano; isto quer dizer, em gíria musical, que ele arrebenta; e isto quer dizer, ainda em gíria musical, que deixa o ouvinte boquiaberto e sem fôlego.

Enquanto Dona Ivone é formada em enfermagem (tendo exercido a profissão enquanto as atividades artísticas permitiam), Leandro é formado em medicina. Ambos teriam, portanto, uma vasta área de ação em comum fora da música. Mas é nela que ambos se encontram com o encantamento da arte, brindando a vocês com os sons que vão ouvir hoje.

Há música no ar.

ANDRÉ MEHMARI E NÁ OZZETTI (programa do espetáculo em 29 de julho de 2004)

Dizer que uma cantora é afinada deveria ser escusado. Emitir a nota perfeitamente ajustada sem entrar nem sair pelas bordas, sem tremelicos, causa uma sensação que se recebe com inefável prazer.

Ser afinada é fundamental, mas não suficiente para ser uma grande cantora. Há que ter expressividade, fraseado, articulação, vibração, sutileza, clareza, invenção, personalidade. Há que saber escolher, atacar e prosseguir, ordenar e crescer, saber terminar um programa. Há que saber como e o que pedir aos arranjadores, saber pinçar os músicos e com eles dividir uma cumplicidade que valorize cada canção naquilo que o autor imaginou ou talvez nem tenha imaginado.

Ná Ozzetti é uma das cantoras brasileiras a quem se pode ticar tranquilamente cada um desses itens no rol de sua avaliação. E mais, incluir arrojo, o que a torna destaque incontestável na safra das grandes cantoras que o cenário da música popular brasileira tem hoje. Nem sempre devidamente valorizadas, é verdade, e, pior, muitas vezes desfavorecidas por umas emergentezinhas de baixa valia musical e alto empenho promocional. Fiquemos na música, que é a tônica deste projeto.

Cercada de música desde a infância, Ná era quem mais chamava a atenção no Grupo Rumo, dos anos 70, e, quando encetou sua carreira solo soube escolher um repertório intrigante em meio à produção de novos compositores da trova paulista, da qual faziam parte Luiz Tatit, Itamar Assumpção, José Miguel Wisnik, Rita Lee, o irmão Dante Ozzetti, entre outros. Gravou discos, recebeu prêmios, foi elogiada e, com impressionante personalidade, traçou seu próprio rumo, conquistando a admiração do público de declarada exigência musical. Ná faz parte de uma elite de cantoras brasileiras do presente.

O pianista André Mehmari foi um dos músicos que mais chamou a atenção quando venceu o Prêmio Visa para instrumentistas de 1999. Nesse ano, o jovem niteroiense que fora estudar em Ribeirão Preto e começara a tocar profissionalmente aos 13 anos, intensificou e ampliou suas atividades como regente, compositor e arranjador. Em seu disco *Canto*, gravado depois do prêmio, executou uma impressionante variedade de instrumentos, aplicando sua sólida bagagem de pianista, bem como o talento de compositor. André é um músico em plena ascensão na sua consistente carreira. O engenhoso, adequado e generoso pianista que valoriza o canto de uma grande cantora é o que a URFGS oferece no concerto desta noite, como parte do vitorioso projeto *Piano e Voz*.

Uma esplêndida noite com a classe do pianista André Mehmari e a voz da brilhante Ná Ozzetti.

(Textos para o projeto *Piano e Voz*, criado por Ligia Petrucci para a Universidade Federal do Rio Grande do Sul em 2004)

NOTAS EM 2014

O duo Ná Ozzetti e André Mehmari frutificou a partir desse projeto, fixando-se em espetáculos posteriores e no CD *Piano e voz*, gravado em dezembro de 2004.

Música com Z

11.

Chanchadas

Não havia hipótese de um programa de cinema no Centro Novo da cidade, a Cinelândia de São Paulo, ser completo sem um lanche bom e barato. As opções mais à mão eram o Jeca e o Juca Pato, nas duas valiosas esquinas da avenida São João: com a Dom José de Barros e com a Ipiranga. O mais original, no entanto, dentre todas as opções, era o Salada Paulista, um restaurante movimentadíssimo, cujos segredos do sucesso eram o atendimento rápido, prato servido no máximo 2 minutos depois da encomenda, e a deliciosa salada de batatas com salsicha, servida a jato ao lado de um chope bem tirado. Com um detalhe: comia-se de pé, em volta do imenso balcão de mármore branco sobre o qual os garçons anotavam seu pedido a lápis. Podia haver algo que orgulhasse mais os pressurosos cidadãos da Pauliceia? Podia. O Cine Ipiranga, inaugurado em abril de 1943, um pouco mais próximo da São João, era "O Templo Cinematográfico", que me desculpem os fãs do Marabá, na calçada oposta.

Suas colunas imensas e retangulares alcançavam uma marquise majestosa à altura do terceiro andar do edifício vizinho, o Hotel Excelsior. No seu imenso *hall* de entrada, podia-se escolher entre a plateia, o balcão e o que havia de mais chique na cidade, o *pullman* do Ipiranga, cuja pompa fazia jus ao preço mais elevado. A começar pelo acesso. Para atingi-lo, não se subia como qualquer mortal pelas escadarias ascendentes, que se cruzavam sem nunca se encontrar com as descendentes, mas pelo elevador privativo que, no ponto final, abria suas portas para a antessala do prazer, privilegiadamente acima do piso do balcão. Bem espaçadas entre as fileiras, as poltronas de veludo eram amplas, macias e confortáveis. O mais puro luxo.

Antes da sessão, um organista tocava cinco ou seis músicas sob um concentrado foco de luz do teto, depois agradecia os aplausos e sumia na parede com órgão e tudo. À meia-luz, soava então o solene gongo, enquanto se abriam vagarosamente as cortinas de veludo bordô, desvendando a tela branca com pingos de prata onde se iniciava a projeção das cineatualidades nacionais, eventualmente do A. Botelho ou do Milton Rodrigues. Seguia-se o noticiário cinematográfico internacional, depois um *trailer* — não mais que um — e, finalmente, o prato principal.

Era no Ipiranga que eu assistia, ano após ano, a maioria dos filmes musicais da Atlântida, companhia privada e carioca fundada em 1941, conhecida pelas chanchadas e que desejava ser a Metro-Goldwin-Mayer do Brasil. Aliás, nem me lembro de ter ouvido ou dito a palavra chanchada, que certamente já existia. Para meninos como eu, esses eram os filmes da música popular brasileira, os filmes do Carnaval, dos cantores do rádio que nunca víamos, eram as impagáveis graças do Oscarito e do Grande Otelo, era a beleza vestal da Eliana, a classe do Anselmo Duarte, o olhar maligno do Lewgoy, a provocação dos requebros daquela rumbeira infernal, as desejadas pernas das modelos, as espetaculares boates inatingíveis para nosso bolso, eram o planeta da alegria e da música que descendia do teatro de revista. Era o cinema brasileiro em preto e branco que chegava anualmente no começo do ano a São Paulo, aumentando em progressão geométrica o desejo de conhecer um lugar maravilhoso, o Rio de Janeiro.

Não via desvantagem alguma em relação aos filmes a que assistia ali pertinho, no Cine Metro da avenida São João. Tampouco sentia falta do glorioso Technicolor. Os filmes da Atlântida eram a excitação para o Carnaval que se aproximava. Depois, muito depois, é que compreendi: as chanchadas eram sim o cinema de um povo brasileiro nos anos 50.

Sua fórmula era infalível, segundo Sérgio Augusto, autor do livro *Este mundo é um pandeiro*: "Uma intriga policialesca com interpolações românticas, gaiatas e musicais, em que o bem e a alegria sempre triunfavam sobre o mal e a rabugice. Seu humor mais ingênuo encantava as crianças, seu humor mais malicioso divertia os adultos, e seus interlúdios românticos e musicais fechavam o círculo da sedução familiar".

Nas chanchadas da Atlântida, cuja abertura clássica era um chafariz jorrando água para o alto, a imperfeição técnica não nos incomodava. Nem às garotas, que suspiravam com os galãs Anselmo Duarte e Cyll Farney, nem aos marmanjos, que desejavam uma namoradinha de cabelos como Adelaide Chiozzo, de sorriso e covinha como Eliana, nem até aos próprios pais que, ao nosso lado, riam de se arrebentar com Oscarito e Grande Otelo.

Quando terminou *Aviso aos navegantes*, já conhecia algumas músicas do reinado de Momo do ano, que seriam repetidas depois nos pro-

Música com Z   351

gramas de auditório e, às vésperas do Carnaval, decoradas pelas letras publicadas nos jornais. Um esquema de aguar a boca dos marqueteiros. "*Tomara que chova, três dias sem parar...*" No Carnaval de 1951, a marchinha "Tomara que chova", premiada no concurso do Departamento de Turismo, abordava um tema que era tiro e queda: a falta de água no Rio. Foi gravada pelos Vocalistas Tropicais e apresentada nesse filme pela queridíssima rainha do rádio. Ela mesma, Emilinha Borba, a eterna rival de Marlene, com sua indefectível pinta sob o canto esquerdo da boca, cantando atrás de uma cortina de chuvinha mixuruca rente à lente da câmera, numa cena que sugeria Gene Kelly em *Cantando na chuva*. As chanchadas tinham sempre um olho nos musicais de Hollywood.

Dirigido por Watson Macedo, *Aviso aos navegantes* foi a chanchada filmada em 1950, com um elenco quase idêntico à do ano anterior, *Carnaval no fogo*: Oscarito e Grande Otelo, José Lewgoy (no papel do bandido, um espião que se fazia passar por mágico), Anselmo Duarte (o mocinho, oficial de bordo), Eliana (a mocinha, estrela de show), Adelaide Chiozzo (eterna amiga e confidente da mocinha), o pianista Bené Nunes, a orquestra de Ruy Rey, a rumbeira Cuquita Carballo, praticamente o mesmo time, só o local da trama foi substituído pelo navio *Uruguay*, da Moore-McCormack, viajando de Buenos Aires para o Rio. Era o de menos. O que valiam eram as músicas. Jorge Goulart mostrava ser de longe o melhor cantor das chanchadas na marcha "Sereia de Copacabana"; os Quatro Ases e um Coringa, de terno branco, cantavam a "Marcha do caracol"; Adelaide tocava corneta com Eliana rufando o tambor, ambas com boné de marinheiro em "Valdemar é um recruta"; Oscarito, travestido de bebê chorão, de fralda, touca e chupeta no berço, abafava com a "Marcha do neném", e ainda travestido, dessa vez de rumbeira sensual, deixava sua marca em "Toureiro de Cascadura": "*Soy um toreiro avacalhado/ sou natural de Cascadura...*".

Para quebrar a monotonia do reinado de Momo, eram intercalados números musicais de sucesso: "Beijinho doce", uma valsinha caipira, de colher para a sanfoneira Adelaide Chiozzo cantar com Eliana ao violão; o *Concerto nº 1 para piano* de Tchaikovsky, onde Bené Nunes caprichava na pseudotécnica que impressionava os incautos até a metade do número, quando o estilo clássico se convertia num samba rasgado para o casal de malandros exibir passos acrobáticos; Oscarito fazia uma imitação da rumbeira Cuquita Carballo em "Na Candelária"; e o afeminado Ivon Cury se retorcia todo no "C'est si bon", canção francesa em que se especializou com destaque.

O final de *Aviso aos navegantes*, quando o transatlântico chega à baía de Guanabara, dá-se ao som de "Rio de Janeiro", de Ary Barroso, com o mais inexpressivo dos cantores de sucesso da Rádio Nacional, Francisco Carlos, apelidado El Broto. Até hoje não consigo captar o segredo de seu êxito passageiro.

Como as chanchadas tinham o olho em Hollywood, o documentário *Assim era a Atlântida*, dirigido por Carlos Manga, foi inspirado no *That's Entertainment!*, que reproduzia cenas memoráveis alinhavadas pelos astros do estúdio da Metro. No Brasil, Anselmo Duarte, Cyll Farney, José Lewgoy, Inalda, Fada Santoro, Adelaide Chiozzo, Norma Bengell, Grande Otelo e Eliana recordam felizes e bonitos os tempos do que consideram uma família, a Atlântida.

No início do documentário, surge o mais badalado pianista na fronteira entre o clássico e o popular, Bené Nunes, iludindo como sempre o público mais ingênuo. O "sub José Iturbi", como foi qualificado corretamente por Sérgio Augusto, ataca o célebre "Jalousie", os bailarinos entram saltitantes pelo jardim, e o tango também vira um samba na versão interpretada por Eliana. Originalmente, era um dos números do filme *Carnaval no fogo*.

O samba-canção "Franqueza" ficou tão identificado com a cantora Maysa que é comum julgá-lo de sua autoria. É do campineiro Denis Brean e seu fiel parceiro Oswaldo Guilherme. No documentário, é interpretado por Odette Lara, que não era rigorosamente cantora, mas fazia uma figura muito bonita e sensual. É acompanhada pela orquestra de um grande músico, o trombonista Raul de Barros.

Os números musicais de *Carnaval Atlântida*, a chanchada de 1952, foram dirigidos por Carlos Manga no estilo de que nunca negou ser admirador incondicional, o hollywoodiano. Ao dirigir Dick Farney nessa estreia, o fez descer uma monumental escada enquanto canta lindamente um de seus grandes sucessos, o samba-canção de José Maria de Abreu "Alguém como tu". Se Dick era um cantor excepcional, seu irmão Cyll Farney não tinha para isso o menor pendor. Não é de se admirar que tenha sido dublado por Francisco Alves na cena da canção "Malandrinha". Também é de se duvidar que seja ele o pianista que acompanha a comediante Zezé Macedo na paródia de *Madame Butterfly*. Em compensação, como galã, Cyll arrasava.

As chanchadas deram oportunidade a muitas vedetes, comediantes e *pin-up girls* de se projetarem como cantoras. Além de Odette Lara, Norma Bengell aproveitou a chance em *O homem do Sputnik*, imitando

Brigitte Bardot e mostrando suas pernas como se fosse Cyd Charisse. A melodia é francamente baseada em "Can't Help Lovin' Dat Man", originalmente interpretada por Ava Gardner, pintada de pretinha, no filme *Show Boat*.

Outro número carnavalesco destacado no documentário é a maliciosa marcha de Braguinha "Vai com jeito", gravada por Emilinha Borba para o Carnaval de 1957. Na chanchada, era cantada por outra vedetinha que, afinal, não comprometia.

Os depoimentos do documentário *Assim era a Atlântida* foram filmados em 1975, quando não se fazia mais chanchadas há 13 anos. Alguns desses filmes se perderam para sempre, ficaram na memória de quem assistiu. O Carnaval mudou completamente, o teatro de revista não existe mais, nem o Salada Paulista. O que resta do Cine Ipiranga não é sombra do que foi. Nem mesmo o lindo Rio de Janeiro excita tanto os paulistanos.

Restam as canções.

(Programa do espetáculo *Atlântida cinematográfica*,
do projeto Pocket Trilhas, de Fabio Caramuru, para o
Centro Cultural Banco do Brasil, em setembro de 2008)

12.

Gershwin em concerto

Sobre três obras de George Gershwin: *Girl Crazy* ("Ouvertu-re"), *Rhapsody in Blue* e *Variations on I Got Rhythm*

Ainda sob os efeitos da crise de 1929, os irmãos George e Ira Ger-shwin estrearam em outubro de 1930 no Alvin Theatre da Broadway mais um musical. Primeiro compositor americano a ser capa da *Time*, George era então um dos mais queridos e admirados nos Estados Uni-dos, uma dessas felizes unanimidades, fosse pelo talento, fosse por sua *joie de vivre*. Animado e festivo, a todo momento era requisitado a par-ticipar da intensa vida social de Manhattan, a metrópole vertical tão diferente da paisagem do Arizona que pintava o cenário da peça que estreava. E que musical!

A entusiástica "Abertura" principiava com as quatro notas de "I Got Rhythm" como breve introdução de uma obra-prima, a romântica "Embraceable You", que engatava no tema central da peça, de ritmo esfuziante. Seguia-se uma passagem pela dança mexicana de "Land of the Gay Caballero", à qual se sucedia outra obra-prima, "But Not for Me", antes do retorno a novo tema de impulso marcante, "Bronco Busters". O ritmo contagiante e as preciosas melodias, de cinco das treze canções que seriam cantadas na íntegra durante a peça, assanhavam o público no teatro ainda às escuras até que as cortinas se abrissem. Era a "Ouverture" de *Girl Crazy*, o novo musical dos irmãos Gershwin. Nos seis anos de-corridos entre *Lady Be Good*, de 1924, e *Girl Crazy*, eles escreveram numerosas canções inesquecíveis, como "The Man I Love", "'S Wonder-ful" e "Someone to Watch Over Me", para outros musicais da Broadway.

Àquela altura, a obra de George Gershwin já contava com uma peça de fôlego, *Rhapsody in Blue*, concebida numa viagem de trem para Bos-ton e bastante ousada para um cancionista de origem na Tin Pan Alley, o célebre centro do comércio musical de partituras nos anos 20, na rua 28 de Nova York. Em 1922, George, então com 24 anos, usara um acor-

Música com Z   355

de de sétima menor da escala de *blues* ao compor "I'll Build a Stairway to Paradise", prenúncio da rapsódia composta dois anos depois para piano e *jazz-band*. Ampliada em arranjo para grande orquestra por Ferde Grofé, ela foi ouvida pela primeira vez com grande destaque no concerto *An Experiment in Modern Music*, a cargo da célebre orquestra de Paul Whiteman, o regente na tarde de 12 de fevereiro de 1924 no Aeolian Hall de Nova York. Com o próprio compositor ao piano, o som inicial das dezessete notas executadas pela clarineta, arriscado em glissê por Ross Gorman pela primeira vez num ensaio e aprovado pelo compositor, soou como um guincho suplicante totalmente inesperado.

Abusando de síncopes e efeitos exóticos, Gershwin usava principalmente a escala de *blue notes* (com a terça, a quinta e a sétima bemolizadas), emblema do grande legado da música americana, o jazz. Os músicos de jazz, inicialmente em Nova Orleans, abriram um desconhecido horizonte sonoro ao mostrar como podiam ser tocados os instrumentos de sopro, saxofones, trompetes e trombones. A notável percepção de George levou-o a criar uma obra por ele descrita como um caleidoscópio musical da América, de tal originalidade que gerou novos caminhos para a música de concerto, embora fosse sofrer de preconceito intransigente. Mesmo não sendo rigorosamente uma peça de jazz, *Rhapsody in Blue* levou significativamente o gênero a uma sala de concertos, estabelecendo o cunho de respeitabilidade ao jazz para plateias que o desprezavam.

A despeito de tantas estupendas melodias que os ventos do tempo engrandeceram, "I Got Rhythm" foi uma das prediletas de George Gershwin. Sua divisão rítmica realça a marcante sequência harmônica que a elevou como uma favorita para improvisos de músicos de jazz. De fato, baseado no persuasivo encadeamento de acordes por ele criado — iluminado pela inventiva segunda parte montada sobre um círculo de quintas a partir da modulação de uma terça acima do tom da primeira —, "I Got Rhythm" tornou-se um tema clássico do jazz, rivalizando com a fundamental sequência harmônica no jazz, o *blues*. De tal forma, que propiciou a músicos do *bebop* criarem temas como "Confirmation", de Charlie Parker, todos baseados na sequência original de Gershwin. Teria ele pressentido tal força em sua obra? O fato é que, ao se preparar para uma exaustiva turnê com a orquestra de Leo Reisman em que atuaria como solista, deixou patente seu afeto pela canção ao criar, em 1934, a peça para piano e orquestra denominada *Variations on I Got Rhythm*, dedicada a seu irmão Ira. As variações, em diferentes andamentos e ritmos, em *moods* saltitantes ou românticos, ora mais para uma valsa, ora mais jazzísticas, iniciavam-se também com a clarineta nas quatro notinhas do verso que proclama textualmente: "*I got rhythm*".

Ritmo, harmonia e melodia vinham com inovadora naturalidade na obra daquele que melhor soube trazer a riqueza do jazz para as salas de concerto, o exponencial compositor George Gershwin.

(Programa do concerto da OSESP
em 1º de novembro de 2012, na Sala São Paulo)

13.

Os festivais: uma respiração na ditadura

Após a instauração do regime militar no Brasil, em março de 1964 — na época denominado Revolução de 64, depois reconhecido como Golpe Militar de 64, e de verdade um contragolpe do poder militar autoritário, estimulado por forças de direita, para derrubar o poder, igualmente autoritário, populista e com raízes corporativas do presidente João Goulart, o Jango, envolvido com a esquerda radical desde 1963 —, uma facção da sociedade brasileira levantou-se contra o amordaçamento da democracia no país: a juventude universitária.

De 1965 a 1972, essa classe estudantil exerceu tal pressão no combate ao travamento da democracia e aos procedimentos punitivos da ditadura militar, de tamanha proporção, que obrigaria os comandantes de dólmã a tomar atitudes como quem estivesse sendo alvejado por ferozes ataques verbais, ou por escaramuças de milicianos treinados ou até por obuses poderosos. Efetivamente, o governo se enfureceu com o que, no início, aparentou ser apenas um incômodo inócuo e perfeitamente controlável, mas que, pouco a pouco, assumiu proporções inimagináveis. Tomou medidas repressivas reveladoras daquilo que tentava esconder do resto do mundo: as perseguições tenebrosas, a censura e as torturas nas prisões. No entanto, os temidos "obuses" dos estudantes brasileiros se concentravam numa arma jamais utilizada em confrontos semelhantes, numa única arma, as canções. Sim, canções cuja "munição" estava nas letras dos compositores dos festivais.

Haverá por acaso algum outro exemplo no mundo em que festivais com competições de músicas populares, por isso mesmo denominados Festivais de Canções, tenham exercido participação tão objetiva, e de certo modo determinante, na vida política de um país? Provavelmente não. A produção musical desse período notável, entre os anos de 1965 e 1972, tornou-se conhecida como a Era dos Festivais. Sua trajetória pode ser traçada geometricamente por uma parábola.

Coincidentemente, foram nesses sete anos que os chamados filhos da bossa nova, uma privilegiada geração de compositores e cantores que levaram a música brasileira a palcos do mundo todo, surgiram de repente, brotando qual numa primavera. Vieram praticamente de uma só vez, numa florada incomparável e feliz, Elis Regina, Edu Lobo, Chico Buarque, Geraldo Vandré, Gilberto Gil, Caetano Veloso, Dori Caymmi, Nana Caymmi, Sidney Miller, Milton Nascimento, Fernando Brant, Paulinho da Viola, Paulo César Pinheiro, Martinho da Vila, Beth Carvalho, Eduardo Gudin, Egberto Gismonti, Tom Zé, Gal Costa, Alceu Valença, Evinha, Paulinho Tapajós, Antonio Adolfo, Macalé, Capinam, Aldir Blanc, Gonzaguinha, Ivan Lins, Fagner, Sergio Sampaio, Raul Seixas, além dos grupos MPB 4, Os Mutantes, com Rita Lee, Quarteto Novo, com Airto Moreira e Hermeto Pascoal, e Novos Baianos, com Moraes Moreira. Todos eles desabrocharam para suas carreiras nos festivais. Em 7 anos.

Quantos anos mais serão necessários para que se possa contar novamente com um elenco desse naipe na música popular brasileira? Ninguém sabe.

Ninguém também imaginava que a vencedora do primeiro festival, promovido em 1965 pela TV Excelsior, canal 9, iria mudar o rumo da música brasileira, ainda sob os efeitos da sofisticação injetada pelos então grandes ídolos da bossa nova, João Gilberto, Tom Jobim, Vinicius de Moraes, Carlos Lyra, Roberto Menescal, Os Cariocas, Ronaldo Bôscoli, João Donato e outros mais. A guinada não se deveu à harmonia, ao ritmo ou ainda à poesia de "Arrastão", a composição do consagrado letrista Vinicius de Moraes, em parceria com o pouco mais que garoto Edu Lobo (filho de Fernando Lobo, grande amigo de Vinicius). O que mudou foi a forma como Elis Regina, aquela gauchinha que deixava boquiabertos com sua musicalidade os que sabiam das coisas, resolveu interpretar a canção. Apresentada pela primeira vez na segunda eliminatória, "Arrastão" nem era a preferida das duas músicas que ela defendia no festival. Mas com sua aguda percepção, mudou de ideia rapidamente, jogando todas as fichas em "Arrastão", e não mais na romântica "Por um amor maior", de Francis Hime e Ruy Guerra. Em "Arrastão", Elis repetiu o mesmo expediente musical utilizado meses antes em "Menino das laranjas" por sugestão do bailarino americano Lennie Dale, um artifício típico da Broadway, que no Brasil foi apelidado de "desdobrada": ralentar no meio da música, como Sinatra faz em "New York, New York". Qual o efeito dessa desdobrada para uma concorrente de festival? Era o aplauso no meio da música, que é meio caminho andado para deixar os jura-

Música com Z

dos com a seguinte desconfiança: "Epa! Essa música deve ser mesmo melhor que as outras".

"Arrastão" venceu carregada com garra pela cantora, destronando as adversárias da linha bossa nova. Elis foi contratada a peso de ouro pela TV Record para comandar o programa musical *O Fino da Bossa*, que em três tempos se tornou a plataforma de lançamento do que havia de melhor e mais novo na música brasileira. Era inevitável que a TV Record, líder dos programas musicais, realizasse o festival mais importante do ano seguinte.

Algumas letras já sugeriam nas entrelinhas uma postura contra o poder dos militares: "*O rancho do novo dia/ o Cordão da Liberdade.../ é preciso ir à rua.../ é preciso ter coragem.../ tá na hora, vamos lá/ Carnaval é pra valer/ nossa turma é da verdade/ e a verdade vai vencer*" ("Ensaio geral", de Gilberto Gil). Fosse isso dois anos depois, provavelmente essa letra teria problemas com a censura. Mas, em 1966, os militares não davam muita pelota para meras canções. Sua preocupação se concentrava, isso sim, em atos de maior visibilidade, como a passeata, seguida de manifestações de protesto, realizada por estudantes da Faculdade de Filosofia da USP contra a ditadura e a favor de eleições livres, ocorrida no centro de São Paulo uma semana antes do início do festival.

A música de Gil, embora interpretada com uma atitude agressiva por Elis Regina, não causou tanto impacto quanto duas outras concorrentes que acabaram cristalizando a atenção de todos, público e jornalistas. Desde as eliminatórias que as preferências se dividiam quase pau a pau entre ambas: "A banda", do jovem Chico Buarque, interpretada por Nara Leão, e "Disparada", dos também jovens Geraldo Vandré e Theo de Barros, interpretada por Jair Rodrigues com apoio de um trio instrumental de viola caipira, violão e a percussão de algo que ninguém imaginava pudesse ser um instrumento musical, uma queixada de burro que repercutia como chicotada a cada estalada de mais um jovem, o percussionista Airto Moreira. Nos dez dias que antecederam a final, a torcida pelas duas canções estava de tal forma empenhada e dividida que o Brasil parecia viver as vésperas de uma final de Copa do Mundo. O jogo seria entre a Associação Atlética Disparada e o A Banda Futebol Clube. Até sessões de cinema foram canceladas para que todos pudessem assistir à grande final pela TV Record.

Ao saber que "A banda" recebera a maioria dos votos dos jurados, Chico Buarque provocou um problema para o diretor da TV Record ao lhe comunicar, reservadamente, mas com segurança, que se ganhasse sozinho devolveria o prêmio em público. Foi necessária uma inesperada confabulação para se modificar o resultado antes de divulgá-lo e, assim, salomonicamente, foi forjado um empate entre as duas grandes favoritas, a bucólica "A banda" e a telúrica "Disparada", sob os aplausos apoteóticos do público satisfeito. Nesse dia, o Brasil se deu conta da grandeza de sua música popular. Os festivais estavam consagrados como a mais atraente forma de programa musical pela televisão brasileira.

Um novo festival no ano seguinte reuniria o melhor grupo de canções de toda a Era dos Festivais e, com uma cobertura maciça da imprensa, teria a novidade dos compositores interpretarem suas próprias músicas. Das 36 selecionadas para as eliminatórias, havia pelo menos meia dúzia que poderia arrebatar o prêmio sem grandes contestações. O que o público, dominado pela classe estudantil, não admitia eram canções românticas, sem qualquer referência, mesmo que disfarçada, à situação política do país. Foi por isso que uma balada como "Eu e a brisa", de Johnny Alf, não foi classificada para a final; pelo mesmo motivo, Roberto Carlos foi vaiado ao cantar um samba lento, "Maria, Carnaval e cinzas". As vaias, aliás, passaram a ser uma manifestação válida e aceita na Era dos Festivais, fossem elas por rixa contra o cantor ou, principalmente, por falta de conteúdo político nas letras das canções, que, a essa altura, já eram sujeitas a uma liberação da censura.

Havia ainda outro componente inédito nesse festival: a batalha que se travou entre os defensores da "verdadeira música popular brasileira" e o iê-iê-iê, que representava camufladamente o imperialismo americano. Os autores de duas canções de ritmos brasileiros que disputavam o primeiro lugar, o baião "Domingo no parque" e a marcha "Alegria, alegria", respectivamente Gilberto Gil e Caetano Veloso, não escondendo o fascínio que o disco *Sgt. Peppers Lonely Hearts Club Band*, dos Beatles, lançado meses antes lhes causara, resolveram apresentá-las com uma nova roupagem, incluindo grupos de rock com guitarras elétricas nos seus arranjos. Sem saber ainda ao certo como denominar as inovações que propunham, Gil e Caetano rotulavam de Som Universal o produto com o qual acreditavam poder internacionalizar a música brasileira.

Não faltavam pois atrativos para uma noite histórica entre as doze finalistas, que incluíam os dois baianos Caetano e Gil, Chico Buarque, Vandré, Edu Lobo e Sergio Ricardo. Era 21 de outubro de 1967.

Com a exceção de Sergio Ricardo, que protagonizou um dos mais ruidosos incidentes da Era dos Festivais ao atirar o violão quebrado à plateia que o vaiava estrondosamente, impedindo-o de cantar, as músicas foram aplaudidas ou vaiadas. Ou ambos, aplaudidas por uns, vaiadas por outros. Após a reunião do júri, foi anunciado o resultado: Caetano foi quarto, Chico Buarque o terceiro, com "Roda viva", Gil o segundo, e a vencedora, impecavelmente apresentada pelo autor Edu Lobo e Marília Medalha, foi "Ponteio", proporcionando a segunda vitória de Edu na Era dos Festivais e a primeira de seu parceiro Capinam. Ainda foram premiados Sidney Miller pela melhor letra ("A estrada e o violeiro") e Elis Regina como melhor intérprete em "O cantador". Basta ouvir as gravações dessas seis canções para se concluir que qualquer uma delas poderia arrebatar o primeiro lugar em outro festival de qualquer época sem que se cometesse injustiça.

Nesse III Festival da TV Record, ficou patente que daí em diante as vaias iriam fatalmente conviver com os aplausos; ficou também evidente que no Som Universal havia o esboço de uma estética nova, que rompia com os padrões estabelecidos e, principalmente, percebeu-se que o festival abria uma tribuna. A plateia dos festivais estava tão sintonizada com as músicas que tratassem da realidade social brasileira que, ao menor sinal, era capaz de nelas decodificar a mensagem da impossibilidade de se expressar livremente. A partir daí, as músicas de festival passaram a ter como bordão o protesto contra a ditadura militar. Os compositores perceberam isso e procuraram fazer músicas que contivessem essas mensagens que, no entanto, não poderiam ser tão explícitas, pois a censura poderia cortá-las. A canção deveria parecer inocente para os censores não perceberem, mas com malícia para a plateia entender. Nascia um profundo diálogo entre o músico censurado e a plateia libertária, entre compositores de festival e a classe universitária.

Logo em seguida, foi realizado no ginásio do Maracanãzinho, no Rio de Janeiro, o II Festival Internacional da Canção, que apresentou uma marcante novidade, a entrada no cenário da música brasileira de uma figura de proa tanto como compositor quanto como cantor, Milton Nascimento, que estreou com uma obra-prima, "Travessia", em parceria com Fernando Brant, para se consagrar como o notável segundo colocado que deveria vencer. Os jurados deram uma mancada que o tempo só ajudou a evidenciar. Quase não houve vaias, pois a plateia carioca queria mesmo no pódio "Margarida", de Gutemberg Guarabyra. Seu desejo foi realizado, mas Milton entrou para a galeria dos grandes nomes, de onde nunca mais saiu. O II FIC foi realizado pela TV Globo. No ano anterior, a vencedora do I FIC, realizado pela TV Rio, foi a composição "Saveiros", de dois garotos, Dori Caymmi e Nelson Motta, defendida pela filha de Dorival Caymmi, Nana, que cantou a música vitoriosa sob estrepito-sa vaia. Era uma linda canção, sem a menor conotação política.

Se o III Festival da TV Record, de 1967, pode ser considerado o ponto culminante da parábola da era, 1968 deve ser registrado como o ano da invasão de festivais por todo o Brasil, festivais universitários, regionais e, naturalmente, os nacionais, transmitidos pela televisão. A TV Record promoveu dois deles, a I Bienal do Samba e seu IV Festival, premiando respectivamente "Lapinha", de Baden Powell e do jovem Paulo César Pinheiro, com Elis Regina, e "São, São Paulo, meu amor", do baiano Tom Zé, que pela primeira vez viu-se reconhecido nacionalmente. Nessa época, a onda universal dos baianos já tinha seu nome definitivo, Tropicalismo, rótulo que não derivava do clima tropical, mas de "Tropicália", título da canção que abria o primeiro disco de Caetano Veloso, em que a mistura de guitarras elétricas, cafonice, paródias e ironia ditavam uma nova estética, tentando dinamitar a estratificada música brasileira. Por outro lado, na Bienal, consagraram-se compositores ainda jovens, como Elton Medeiros, Hermínio Bello de Carvalho (autores de "Pressentimento") e Paulinho da Viola (autor de "Coisas do mundo, minha nega"). Também eles iriam encetar suas longas carreiras na área do samba brasileiro a partir daí.

O III FIC, transmitido pela TV Globo, deu o que falar. Na eliminatória regional de São Paulo, a canção "Caminhando" foi apresentada pelo autor, Geraldo Vandré, de uma maneira insólita para os padrões em voga: cantou sozinho, acompanhando-se ao violão tocado de forma rudimentar, o que não fazia a menor diferença, pois a música tinha só dois acordes. A força da canção estava em versos como estes: *"Pelos campos, a fome em grandes plantações.../ há soldados armados amados ou não/ quase todos perdidos de armas na mão/ nos quartéis lhes ensinam algumas lições/ de morrer pela pátria e viver sem razão..."*. Como a música tinha sido surpreendentemente liberada, a cúpula da TV Globo resolveu seguir em frente. Contudo, o grande acontecimento da final regional no Teatro da Universidade Católica, o TUCA, foi a reação de Caetano Veloso ao interpretar a sua "É proibido proibir". Com uma vestimenta escalafobética, rebolando atrevidamente, demonstrou uma certa falta de virilidade que não podia ser admitida pelos que eram contra a ditadura. Vaias hostis e xingamentos provocaram reação do compositor, que, totalmente perturbado, parou de cantar para proferir um discurso agressivo e visivelmente descontrolado. O ambiente virou uma zorra total, Caetano e Gil, que com ele se solidarizara, encerraram suas carreiras em festivais, mas Vandré prosseguiu. Dias depois, na final no Maracanãzinho do Rio, "Caminhando" era a franca favorita e deveria enfrentar "Sabiá", uma das mais lindas composições de dois monumentos da música brasileira, Chico Buarque e Tom Jobim.

Horas antes da final no dia 29 de setembro, Walter Clark, o diretor da TV Globo, recebeu um telefonema do ajudante de ordens do general Sizeno Sarmento advertindo-o que "'Caminhando' não pode ganhar o festival". A ordem era taxativa. Walter resolve arriscar. O júri, sem saber de nada, dá a vitória a "Sabiá". A massa popular, num coro de 20 mil vozes, canta com Vandré "Caminhando", que ficara em segundo, e logo depois Cynara e Cybele cantam "Sabiá" sob uma vaia estrondosa que atinge em cheio o maestro Tom Jobim, no palco, talvez no dia mais triste de sua vida.

Vandré vivia seus últimos dias de glória. Seus versos foram considerados altamente subversivos, a música foi proibida de ser executada em rádios, mas era cantada em cerimônias de protesto como se fosse a "Marselhesa" brasileira.

Dois meses e meio depois, foi decretado o Ato Institucional nº 5 (AI-5), que, entre outras medidas, suspendia os *habeas corpus* nos casos de crimes políticos contra a segurança nacional. O governo militar assumia sua face mais dura e repressiva, Caetano e Gil foram presos e se exilaram em Londres, Vandré fugiu do país antes de ser preso, Edu Lobo foi estudar arranjo na Califórnia, Chico Buarque foi para a Itália, e a censura fez valer suas garras contra as letras de canções brasileiras. A Era dos Festivais entrou em sua curva descendente.

Os festivais de 1969, tanto o V da TV Record quanto o IV FIC não contaram, pois, com a participação de nenhum desses grandes ídolos, surgindo uma nova geração entre vencedores e vencidos: Evinha, Antonio Adolfo, Paulinho Tapajós, Paulinho da Viola, entre outros. Paulinho da Viola venceu o último festival da Record com uma angustiante e bizarra canção que refletia o drama dos compositores exilados e dos que ficaram no Brasil, "Sinal fechado", que ficou na história como um exotismo na sua obra de grande sambista.

Em ambos os festivais, os problemas com a censura eram eliminados antes, já que as músicas deviam obter o carimbo de aprovação. No Maracanãzinho, policiais da PM e agentes do DOPS efetuaram uma varredura nos bastidores, nos camarins, nas arquibancadas, nas cadeiras de pista e até no local do júri. A plateia cantou e dançou feliz, e o governo percebeu que essas cenas precisavam ser exportadas para o mundo pela televisão. Para que não pensassem lá fora que o Brasil era um país de prisões e tortura. Afinal, em 1970 fora tricampeão de futebol, havia o "milagre brasileiro" e dizia-se abertamente "ninguém segura este país".

No V FIC, de 1970, as superproduções dançantes de concorrentes atingiram o auge: os negros Erlon Chaves, grande arranjador e maestro em festivais anteriores, e Toni Tornado, figura imponente de cabeleira *black power*, levaram "Eu também quero Mocotó" e "BR-3" à final, transformando-se nas duas grandes sensações do festival, o que perdurou até a noite da decisão.

Dessa noite em diante, suas carreiras foram truncadas. Erlon foi preso por "atentar contra a moral" ao ser beijado e abraçado no palco durante a alegre — taxada de erótica ou libidinosa por alguns — apresentação de sua música. Toni, que namorara uma apresentadora branca e loira à época do festival, foi, dois anos depois, convidado a deixar o país após ser preso por suas pregações sociais nos bailes *black* da periferia. O V FIC deixou um rastro de racismo, uma marca de preconceito contra artistas da raça negra no Brasil. Preconceito dos militares? Ou das mulheres dos militares com medo que suas filhas pudessem se encantar por algum rapaz da raça negra, como se chegou a comentar à boca pequena? Erlon e Toni pagaram o pato.

Veio 1971, alguns dos compositores famosos que estavam de volta ao país tramaram um esquema para protestar abertamente contra a censura e, de certo modo, dinamitar o festival para o qual haviam sido convidados. Sob a liderança de Chico Buarque e Gutemberg Guarabyra, que era diretor artístico do festival, mas acima de tudo amigo dos compositores e contra a ditadura. A trama surtiu efeito e, de uma hora para outra, o VI FIC, que prometera apresentar novas canções dos maiores compositores brasileiros, ficou sem sua razão de existir, ficou sem canções. Sem canção não se tem festival, e a TV Globo tratou de arrebanhar o que fosse possível para preencher as vagas, mas não adiantou. O VI FIC foi um fiasco.

Haveria outro festival? Houve. Em 1972, novos compositores, como Fagner, Raul Seixas, Sergio Sampaio, Walter Franco e Alceu Valença inscreveram suas obras, e Nara Leão foi convidada para presidir o júri. O Exército, que já esquadrinhava tudo como se o festival fosse dele, não gostava de Nara por suas manifestações públicas sobre o governo militar. Nara deveria ser substituída, foi a ordem. O júri todo, em solidariedade, demitiu-se, foram convocados novos jurados, que nem sabiam português, pois eram convidados internacionais do VII FIC. Os critérios de julgamento eram baseados em traduções das letras para suas respectivas línguas de origem. Pode-se imaginar os disparates? A água entrava por vários lados, e o navio ameaçava ir a pique.

Um dos jurados demitidos, Roberto Freire, ao tentar ler um manifesto protestando contra o que acontecera, foi arrancado à força do palco diante da estupefação da plateia. No camarim, sofreu uma surra que o levou ao hospital. Nessa altura, o que menos importava era quem havia vencido, apesar do esforço da TV Globo em promover a música vitoriosa. O navio que ameaçava ir a pique, afundou de vez.

Acabou-se a Era dos Festivais. As armas dos estudantes eram simples canções contra a ditadura.

Anos depois, a ditadura também acabou. E aqueles jovens compositores da Era dos Festivais representam até hoje a linha de frente da música popular brasileira.

(Publicado em francês no catálogo da exposição
MPB: musique populaire brésilienne, realizada na Cité de la Musique,
em Paris, entre março e junho de 2005)

14.

Seu Domingos

Este disco é um marco na carreira de Dominguinhos. De agora em diante, ele é Seu Domingos, uma forma de tratamento em que o nordestino mostra o respeito por um grande artista e, ao contrário do que possa parecer, uma prova de grande intimidade. Para os mais íntimos, Luiz Gonzaga é Seu Luiz. Seu Domingos é agora também um símbolo na música brasileira, a quem Luiz Gonzaga, com muito orgulho, já passou o cetro.

Dominguinhos é um artista que sempre falou direto ao coração de sua gente, com sua voz doce e serena, com sua sanfona suave. Um cantor que trata a melodia com muita delicadeza, sem preocupação de inventar ou fazer demonstrações pirotécnicas. Dominguinhos canta com respeito, sem competir com o compositor, que pode até ser ele próprio.

São anos de estrada como sanfoneiro, que amoldaram esse querido músico, admirador da escola de grandes mestres como Orlando Silveira, Chiquinho do Acordeon e o americano Art van Damme. Foram milhares de quilômetros no sertão de Pernambuco, rodados como músico de baile, como um dos Três Pinguins. Outros tantos pelo Brasil todo, como sanfoneiro dos antológicos regionais do Canhoto e de Dante Santoro. Dominguinhos foi sanfoneiro do auditório da Rádio Nacional, dos programas de calouros da Rádio Tupi, de gafieiras, churrascarias e boates, onde Nenê e Seu Conjunto fez muito fundo para *striptease*.

Quer dizer, muita água rolou antes dele ser convidado para a notável banda que Gal Costa levou ao Midem em 1973. Basta dizer que nesse ano ele já tinha mais discos gravados que a própria Gal. Mas o som de seu instrumento andava à beira de ser amaldiçoado, talvez por causa da febre de acordeom que acontecera anos antes, talvez por culpa dos músicos "cotós" que só sabem usar a mão direita. O fato é que o acordeom, que realmente tinha sido rebaixado, de repente voltou a ser ouvido, enfeitando os discos de Gal e Gilberto Gil que tocavam adoidados pelo Brasil inteiro. Um som diferente. Não era Chiquinho, não era Sivu-

Música com Z

367

ca nem Orlando Silveira, era Dominguinhos, o mais novo sanfoneiro do Brasil, com carinha de nenê mesmo, mas com muitos discos já gravados que se vendiam aos milhares nas lojinhas dos bairros populares.

Este é seu disco número 23, o primeiro na Continental. Mas quem tiver os da Cantagalo, os da Philips ou os da RCA vai ver que as mudanças de gravadora não vêm acompanhadas de radicais transformações visuais, sonoras ou de atitude na carreira de Dominguinhos. É a continuação do caminho da roça, com forrós, xotes, baiões e canções que vieram de vez, num momento muito especial de sua vida de compositor: o país todo se derrete de emoção ouvindo Maria Bethânia cantar "Gostoso demais". E preparem-se, porque neste LP há outra seguindo essa trilha: é uma canção lindíssima, nascida quando o disco já estava quase todo gravado. Faltavam só duas músicas. Dominguinhos levantou-se às sete e meia da manhã, escolheu uma das letras que Abel Silva lhe mandara, pegou a sanfona e, em 15 minutos, fez "Sempre você". Uma melodia que desabrocha logo nas oito primeiras descendentes, formando uma frase melódica inspiradíssima, e desenvolvida com consequências e deslocações que só um grande compositor sabe criar. Me arrepia cada vez que ele canta: *"Penso em você quando chove..."*.

Aí o disco ficou pronto, como sempre, falando direto ao coração. Para alegrar o povo que lhe quer tanto bem. Para emocionar sua gente. Dominguinhos fazendo música tão bonita faz tanto tempo, tem agora 23 discos. Dominguinhos é Seu Domingos.

(*Release* do LP *Seu Domingos*, lançado pela Continental em abril de 1987)

15.

Rita Ribeiro

Há um marco proeminente na música popular brasileira da última quarta parte deste século: a ascensão do regionalismo no eixo Rio-São Paulo. Em grupos ou isoladamente, baianos, pernambucanos, paraibanos e cearenses saíram de seus estados para fixar carreira no Sul, conseguindo ainda se projetar em outros estados, ou seja, atingiram o estágio de uma nacionalização do regional. Afora alguns alagoanos e paraenses que também vieram, o grupo dos maranhenses, embora restrito, tem dado uma valiosa contribuição nos últimos anos. Artistas como Zeca Baleiro e Rita Ribeiro, na rota inaugurada por João do Valle e desenvolvida, entre outros, por Alcione, provocam nossa curiosidade em conhecer melhor o que se passa na música e na arte de seu estado. Referências a danças e festanças, novos ritmos ou novas levadas, e até mesmo instrumentos próprios nos chegam por meio deles, como ocorre neste segundo CD de Rita. Sua vivência com a música de rua, com o ambiente sonoro e colorido dos costumes tradicionais de São Luís e cidades do interior do estado, são traduzidos em parte das músicas do disco. A outra parte, digamos, a menos maranhense, é explicada pela sua convivência com manifestações de outras origens — afro, paulistas ou caribenhas —, perfeitamente justificáveis quando se trata de uma artista diligente, inquieta e sabedora do que quer.

Rita Ribeiro está entre o que de melhor surgiu nestes anos na música do Brasil. Fiquei encantado com a maturidade de seu primeiro disco. Canta com uma clareza e veracidade admiráveis, expressando sua natureza feminina com o desejável equilíbrio entre as frases das palavras e as frases das notas musicais. Ela não mostra afetação, nem a mínima tendência nessa direção, um gravíssimo vício que parece obcecar as bobocas imitadoras das falsas *soul singers*, nada mais que branquelas tentando inutilmente se amarronzar. Tampouco se preocupa em demonstrar um despropositado e frenético transe rítmico fora de hora. Muito pelo contrário, Rita paira leve e com *swing*, decolando e aterrissando sem esforço nos momentos certos. Disso resulta a expressividade da sua interpretação, ou seja, a capacidade de transmitir a essência da canção sem se sobrepor à obra, mas sabendo imprimir sua personalidade ao que canta. Enfim, ela tem controle sobre como cantar e o que cantar. Em geral, são poucas as grandes cantoras que chegam a tal ponto antes de atingir o estágio de amadurecimento da mulher. Rita é exceção, ainda que no Brasil tenha havido uma benfazeja leva de boas revelações na área feminina.

Rita Ribeiro também não se mostra cantora de um gênero ou estilo. Não é obrigatoriamente uma forrozeira ou reggaeira. Seu repertório abriga um samba tradicional que faz parte de uma festividade popular, o lelê de São Simão, original desse povoado no interior do Maranhão, que atinge o ponto culminante no ritual denominado Pela Porco, onde a carne do animal é saboreada ao som de pandeiro, violão de sete cordas, cavaquinho e... castanholas! É o "Samba cheiroso", do compositor octogenário Antonio Vieira.

Com a mesma franqueza, canta "Jamais estive tão segura de mim mesma", uma canção abolerada das primeiras composições de Raul Seixas, quando ainda era o Raulzito, gravada por Núbia Lafayette, uma das vozes que Rita celebra desde a juventude, caso de Márcio Greyck e do rei Reginaldo Rossi. A propósito, sua juventude teve antecedentes no coral da escola, e a música que cantou em seu primeiro ensaio foi "Mana Chica", uma cantiga de bailado dos escravos do século XVIII, também anexada ao repertório.

Rita, que tem o pé nos terreiros de São Luís, presta uma homenagem a duas outras cantoras dessa mesma procedência, Clara Nunes e Clementina, em "Na gira", uma envolvente levada dançante com um subliminar cordão umbilical no ritmo africano. Também dançante, mas em outras áreas, estão o bolero de seu conterrâneo Zeca Baleiro, "Mambo da dor" e o *reggae* "Pérolas aos povos". Em contraposição ao lado dançante do CD, há bonitas canções mais lentas: "Pensar em você", de Chico César, "Há mulheres", da paulista Vania Borges, e "Musak", outra do Zeca.

Neste ponto, cabe destacar a atuação do arranjador Mario Manga, uma decisão que reafirma o amadurecimento da cantora, já evidenciado em seu primeiro CD. Mario tem mostrado criatividade e respeito nos trabalhos em que se envolve, o que garante a satisfação do intérprete. Resta dizer que este novo CD de Rita chega num momento em que a música popular brasileira está na berlinda. Vocês sabem bem a que estou me referindo. Ouvir uma cantora como Rita Ribeiro nos dá um alento, o de que temos mais uma grande intérprete brasileira para o século XXI.

(Extraído do *release* do segundo CD de Rita Ribeiro,
Pérolas aos povos, lançado pela Polygram em junho de 1999)

16.

Sergião

Durante muitos anos, a música sertaneja — ou caipira, como preferia o saudoso Capitão Furtado — foi subestimada e até desdenhada em todo o Brasil, inclusive na cidade de São Paulo, capital do estado onde a moda de viola era professada. Música de matuto, dizia-se.

Contudo, ela seguia sossegadamente seu caminho independente, ampliando horizontes em outros estados, conquistando novas gerações. As duplas de música sertaneja eram ouvidas em programas radiofônicos especializados de enorme audiência no interior, embora levados ao ar nos horários mais desprezados na capital, em torno das cinco da manhã, quando a peãozada e os colonos se preparavam para o batente.

Os discos de música caipira, cuja produção era depreciada em todos os itens possíveis, raramente tinham espaço nas grandes lojas da capital, embora nem por isso deixassem de representar um lucrativo setor de algumas gravadoras. Para outras, um incômodo *cast* de cantores sertanejos era considerado um vexame, um sinônimo de apelação. Por isso tudo é que nenhuma dupla caipira, por mais sucesso que tivesse, conseguia mudar um axioma: gravação de caipira não precisa de orquestra nem de arranjador para "vestir" as músicas.

O primeiro artista que conseguiu reverter essa situação foi, paradoxalmente, um cantor da Jovem Guarda. O grandalhão Sérgio Reis, figura frequente nos programas apresentados por Roberto Carlos na TV Record, onde cantou muitas vezes sua romântica composição "Coração de papel", alcançou destaque nas paradas de sucesso no final dos anos 60. Mas seu destino talvez fosse o de vários companheiros que desapareceram do cenário quando o programa de Roberto, Erasmo e Wanderléa foi extinto.

Certa vez, num baile em Tupaciguara (MG), Serjão ficou tão impressionado com a popularidade do clássico sertanejo "Menino da porteira", tocado pelo conjunto de dança, que decidiu dar um passo decisivo em sua carreira regravando o mesmo cururu de Teddy Vieira que fora sucesso em 1955 com Luizinho (parceiro de Teddy), Limeira e Zezinha. O *crossover* deu certo em todos os sentidos. Sérgio Reis encontrou o gênero para sua verdadeira vocação de cantor, o disco estourou em 1973, resultando até num filme. Constatou-se que aquela voz cheia de ternura era o que faltava para a música caipira penetrar nos grandes centros urbanos, surgindo assim seu mais novo astro.

Seus discos tinham um acabamento que não se encontrava nos demais do gênero, Sérgio não precisava carregar no sotaque caipira para atingir a sensibilidade da gente do interior, o que contava era a veracidade de suas interpretações. Dessa maneira, ele promoveu uma verdadeira revolução no conceito de música sertaneja no Brasil, cantando a obra dos seus maiores compositores também para o povo das capitais. Paralelamente, reinterpretou certas composições urbanas escolhidas a dedo para a gente do interior, brindando-a com propostas que tinham a ver com sua vida do campo. Além disso, aperfeiçoou o toque do berrante, tão significativo entre boiadeiros. Sérgio Reis fez discos com um acabamento profissional como jamais houvera antes entre as duplas e trios. Passou a ser o modelo de um cantor sertanejo único, pois era bem-sucedido em duas áreas que jamais haviam se misturado.

Sérgio Reis, um dos grandes cantores brasileiros, é delicado em cada interpretação, ataca as notas com suavidade e segurança, não exagera nos vibratos, o que em outros cantores ditos românticos chega a ser desagradável, além de artificial. Ao contrário, com a sinceridade e o modo natural de suas interpretações, Serjão obtém a certidão de estar cantando a mais pura verdade.

Neste CD há clássicos como "Cabocla Tereza", alguns *hits* dos rodeios, como "Segura, peão", e músicas que não figuram nos repertórios dos caipiras, como "Guantanamera" e "Vaca estrela e boi fubá", que resumem a carreira de sucesso do querido astro Sérgio Reis, aquele que soube orquestrar a moda sertaneja sem ferir a simplicidade da viola.

(*Release* do CD da Warner de 2001 contendo
uma compilação dos LPs *Marcando estrada* e *Ventos uivantes*,
lançados pela Continental em 1993 e 1994, respectivamente)

17.

Um Gil em cada direção

Qual o verdadeiro Gilberto Gil: o compositor ou o letrista? O cantor ou o violonista? Gil é um dos raros casos de músico *au grand complet*: toca, canta, faz letra e compõe música. Com tal vigor e equilíbrio de seus quatro pontos cardeais musicais, que não se chega a uma conclusão sobre qual Gil é melhor.

Nesse baiano com nome e prenome combinados em ritmo e harmonia, predestinado para a arte dos sons, o que mais intriga e fascina é sua musicalidade. Dela, sua voz é o logotipo percebido claramente até mesmo nas canções de outros autores. O cantor é, como acontece na música popular, o que mais atinge as massas. "Aquela música do Gilberto Gil" pode ser dele mesmo, do Bob Marley ou do Chico Buarque. A mensagem transparente chega doce e mansa, dosada desde o ataque inicial até desaparecer por completo, com a mestria de um artesão que tem o vigor de um jovem, a experiência de um ancião. Há mais de um Gil em Gilberto Gil.

O músico de espantoso senso rítmico é o terceiro membro na dinastia dos violonistas baianos, em linha direta de Caymmi e João Gilberto, com descendentes em Moraes Moreira e Luiz Caldas. O toque seguro, traçado a régua e compasso na inconfundível batida do samba ou de algum gênero com prefixo afro e sufixo qualquer. Contagiante em todas as direções. O violão de Gil é um plural de violões.

O compositor é o artista que ficará quando não mais houver o cantor nem o violonista. A obra de Gilberto Gil é uma bola espelhada de cabaré, girando e emitindo luz para onde quer que você esteja. Raios de melodia, também em todas as direções. Há um Gilberto Gil em cada direção, um Gil singular em cada facho dessa luz para os ouvidos.

Suas músicas têm a síndrome de um Peter Pan na permanente busca da juventude para atender a uma plateia, às vezes cruel, a exigir sempre um Gil mais *up to date*. E ele atira sempre. Como o mensageiro que tem o código secreto para não parar e a chave da sabedoria para não envelhecer.

Suas músicas têm a generosidade de um Robin Hood. Na fertilidade de sua obra multifacetada, existe um ser privilegiado que dá o que tem de melhor, recebendo em troca o sorriso do agradecimento e a lágrima da emoção.

É do que certamente se alimenta Gilberto Gil.

(*Release* para os cassetes duplos do Prêmio Shell, de junho de 1990)

18.

Ivan Lins

Uma das contribuições desta *História da Música Popular Brasileira* é permitir uma visão concentrada da obra do compositor. Logicamente, não se pode considerar completa a análise da produção de cada um baseada apenas em um LP. Todavia, essa convergência, resultante da simples audição de doze músicas, pode trazer à tona aspectos por vezes despercebidos ao longo dos anos de carreira de um autor.

E o que salta à vista neste fascículo é a constatação de como é esplêndida, fecunda e fortemente individualizada a obra que Ivan Lins tem produzido para a MPB. Às vezes injustamente atacado como repetitivo, talvez em função de seus maneirismos como intérprete, a simples reunião de uma dúzia de suas músicas mostra que se está diante de um dos maiores compositores brasileiros, um dos mais fortes candidatos a ter seu nome admirado fora do Brasil.

As músicas de Ivan Lins tem o que tantos compositores levam a vida inteira para conseguir, e infelizmente nunca atingem. Estilo.

O estilo pelo qual podem ser reconhecidas de imediato, à mesma maneira de um Händel ou um Harold Arlen; o estilo, que é a ponte de ligação entre a aparência e o conteúdo, pode ser o instrumento eficaz para uma análise profunda. Estilo é "escolher com gosto as ideias e as apresentar com clareza, observando as leis de relação e das justas proporções", como define Isaac Newton no *Dicionário Musical*, o mais antigo publicado no Brasil (1904). Enfim, é a linguagem característica de um compositor.

O estilo de Ivan Lins é detectado pelas soluções para as ideias melódicas que lhe ocorrem quando compõe. Um tanto obscuro para um ouvinte menos atento que se deixa levar pela semelhança de certas passagens ou certos grupos de notas.

É que por detrás desses fragmentos de melodia existe um pensamento musical sob a forma harmônica que caracteriza o trabalho de compor e o diferencia de uma inspiração. Há um profundo intervalo entre uma ideia inspirada e o desenvolvimento dessa ideia numa composição; entre uma melodia ocorrida até mesmo num sonho e a maneira de raciocinar musicalmente encaminhando essa inspiração; entre deixá-la correr a esmo e trabalhar sobre ela resolvendo a melodia. É a diferença de um diletante que não sabe o que fazer com uma inspiração para um compositor como Ivan Lins.

A percepção dessa diferença foi o que aconteceu quando Elis Regina gravou "Madalena", assim que ouviu Ivan pela primeira vez. Há algo muito pessoal na forma dessa música, há algo muito pessoal na forma de "Abre alas", de "Guarde nos olhos", de "Somos todos iguais nesta noite", de músicas novas e antigas de Ivan Lins.

Esse "não sei direito o que é" a que os amadores se referem tem sido admiravelmente bem percebido por músicos e cantores de outros países, que têm gravado a obra de Ivan. Seu "Velas içadas", por exemplo, foi notavelmente entendida pelo gaitista Toots Thielemans e pelo arranjador Quincy Jones; seu "Dinorah", por George Benson; seu "Madalena", por Ella Fitzgerald; seu "Começar de novo", por Sarah Vaughan; seu "Dona Palmeira", por Herbie Mann; seu "Visita", por Carmen McRae; até "Um fado", por Carlos do Carmo, naturalmente cantada em português.

Neste ponto cabe uma referência a duas figuras importantíssimas na maior parte da obra de Ivan, que com ele formam um tripé responsável pela forma final de acabamento de seu trabalho: o letrista Vitor Martins, inegavelmente entre os melhores do país, e o talentoso tecladista/arranjador Gilson Peranzzetta. Suas participações no trabalho de Ivan não se limitam a escrever as letras e os arranjos, mas se estendem à troca de opiniões ainda na fase de origem das ideias, sobre o que depois se transformará em canções. Dessa maneira, o conjunto de músicas de Ivan Lins tem uma feição da qual os três têm participado até agora com boa parcela de responsabilidade, tornando-o, assim, produto de um tipo de parceria *sui generis* (inclusive há composições dos três) em relação à forma de criação de anos atrás na música popular. Essa tendência de trabalho em grupo, que também pode ser encontrada em Milton Nascimento, é um forte componente na obra de Ivan.

Não há um gênero dominante nessa obra. A influência de Vitor tem levado ao regionalismo, mas há também canções românticas, irônicas, políticas, líricas, veementes, sempre com um dado muito realista, de uma constatação da época em que se vive no Brasil.

A autenticidade dos sentimentos de Ivan Lins está perfeitamente refletida nas suas músicas, na forma de suas músicas.

Uma forma personalíssima, harmoniosa e profundamente inventiva. Pela qual músicos de todo o mundo se apaixonam, como que a dizerem para si próprios: essa é a obra-prima que eu queria ter feito.

(Publicado no fascículo sobre Ivan Lins
da série *História da Música Popular Brasileira*, 3ª edição,
lançada em 1982 pela Editora Abril)

19.

O maestro Moacir

A obra do Maestro tem uma personalidade tão forte, um perfil tão original que, rigorosamente, não se encaixa em nenhum período da música popular brasileira de sua época. Nem de qualquer outra.

Enquanto nos anos 60 a música brasileira que atraía o mundo era a bossa nova, o Maestro se dedicava a trilhas de cinema com sotaque afro que culminaram em dez temas instrumentais dos mais intrigantes no cenário musical de então. Sua percepção desse desencaixe levou-o a intitulá-los de "Coisas" e a numerá-los de um a dez. Por definição, coisa é tudo o que existe ou pode existir, coisa é um enigma.

Os dez enigmas estabeleceram a marca registrada da obra do Maestro, deixaram de queixo caído os que já o admiravam e ajudaram aos raros elementos da classe musical brasileira que ainda não o conheciam a desvendar seu cérebro musical. Dele brotavam ritmos complexos, encadeamentos harmônicos surpreendentes e melodias intrigantemente conquistadoras.

As orquestrações na Rádio Nacional, onde atuou por 18 anos, os ensinamentos transmitidos a seus alunos — Paulo Moura, Sergio Mendes, Eumir Deodato, Roberto Menescal, Baden Powell, entre muitos outros —, as inusitadas combinações de timbres, como dois saxofones e dois trombones no lapidar disco *Você ainda não ouviu nada*, as andanças atrás e dentro dos sons de bandas, circos e rádios do seu Nordeste de origem, eram peças que pela primeira vez se juntavam num quebra-cabeça que se resolvia. As dez "Coisas" provocaram um charivari no ambiente. *Coisas afro-brasileiras* foi o mais desconcertante disco instrumental brasileiro dos anos 60. É natural que suas consequências ficassem para muito depois.

O Maestro foi atacar noutra freguesia, em Nova York, atrás do que desse e viesse. Conforme o raciocínio metódico de um orquestrador, primeiro ele estudou inglês para depois se introduzir na nova seara. O pianista Horace Silver puxou-o para dentro. Vieram à tona, em Los Angeles,

Música com Z

os ritmos e sons do Nordeste armazenados desde menino, em três discos Blue Note e em um Discovery, estimulando os músicos gringos que também ficaram boquiabertos com a alma afro-brasileira do Maestro.

Por aqui, só anos depois é que se deram conta de que lá havia um maestro que julgavam ter perdido o Brasil de vista. Engano. Afortunadamente, Zé Nogueira e Mario Adnet tiveram o *insight* e montaram a Orquestra Ouro Negro.

Na obra do Maestro, o primitivo encontra o futuro. O ontem, o amanhã. Não se pode perder nada que nasce dessa mente privilegiada, desse ser tão amado, dessa pureza sem limites, acertadamente resumida pelo nosso poetinha: "Não és um só, és tantos".

O Maestro é Moacir Santos, o Mestre.

(Programa do espetáculo de Moacir Santos
e da Orquestra Ouro Negro no SESC Pinheiros, em maio de 2005)

20.

Bethânia canta Roberto

Quando certas grandes estrelas da canção atingem determinado estágio de suas carreiras, chega o momento de alçar um voo marcante na obra que representa seu legado: o disco. É a prova dos nove para as futuras gerações saberem depois como era "aquela" cantora.

Assim, Sarah Vaughan, aos 58 anos, num de seus mais belos projetos, gravou o envolvente *Gershwin Live!* (1982), com vinte obras-primas dos irmãos Gershwin, acompanhada pela Los Angeles Philharmonic, regida por Michael Tilson Thomas. Aos 43 anos, Barbra Streisand entregou-se a uma tarefa semelhante: *The Broadway Album* (1985), com treze clássicos do teatro musical americano, também com uma *dream orchestra* a acompanhá-la, superarranjadores e uma curiosa introdução falada em que se discute a importância desses megaprojetos corajosos que representam efetivamente a fina flor da produção discográfica.

Projetos assim só podem ser atribuídos a cantoras muito especiais, depois que atingem um patamar também muito especial. É precisamente o caso de *As canções que você fez pra mim*, com Maria Bethânia.

Sua carreira em discos começou a passar por uma mudança visível a partir do elogiadíssimo LP *Ciclo* (1983), produzido por Guto Graça Mello e ela própria, considerado "um verdadeiro balanço de vida". Seguiram-se o emocionante *À beira do mar* (1984), o variado *Dezembros* (1986) e *Maria* (1988), em que chama a atenção o trabalho, pela primeira vez como arranjador, de Jaime Alem, seu violonista desde 1982. Nos três álbuns seguintes, a atuação de Jaime Alem, o oposto dos industrializadores do arranjo, seria ainda mais cristalizada e determinante: *Memória da pele* (1989), *25 anos* (1990) e *Olho d'água* (1992). Os três, além de elogiados, revelavam o cuidado e a sabedoria de Maria Bethânia no processo de confecção de um disco.

Aos 47 anos, ela atingiu essa fase muito especial em sua carreira e decidiu quais canções fariam parte de seu projeto também especial: as de

Música com Z   381

Roberto Carlos e Erasmo Carlos, com as quais tinha uma longa e profunda afinidade.

Uma curiosa característica nessa obra é que rarissimamente alguém consegue gravar uma música do repertório de Roberto melhor que ele. Além de ser o autor, é um intérprete fenomenal, com um tal poder de transmissão que até músicas aparentemente fáceis, como "Detalhes", acabam se tornando monótonas na voz de outros cantores. Pela primeira vez, surge um disco dedicado a Roberto com uma visão que não é só profundamente respeitosa, como todos deveriam ser; cada canção é tratada com delicadeza e propriedade que, aliadas à maturidade da intérprete, criam de fato uma leitura nova, diferente da original e, ainda assim, mais do que nunca, fiel à original. Fidelíssima.

Na cuidadosa revisão que fez da obra de Roberto e Erasmo, Bethânia encadeou as onze canções escolhidas por ela, por meio do elo romântico, conseguindo aproximar o resultado ao de um roteiro cinematográfico. Suas personalíssimas interpretações trazem à tona o que me parece ser o fulcro do êxito das composições da dupla: a capacidade de penetração direta no coração popular.

O esplêndido tratamento instrumental dado ao trabalho é de um requinte incomum na música popular brasileira. Dos arranjos aos músicos, à tecnologia de gravação e à mixagem. O resultado é um álbum que ouviremos em quaisquer circunstâncias, que ouviremos muitos anos depois de 1993, cada vez com maior prazer. Um clássico.

(*Release* do LP *As canções que você fez pra mim*,
de Maria Bethânia, lançado pela Polygram em agosto de 1993)

21.

Melô pintando o sete

Que eu me lembre, nenhum show do Luiz Melodia deixa de acrescentar. Por "acrescentar" entende-se aquela virtude tão rara em nossos espetáculos atuais quando, apesar dos elementos técnicos serem corretíssimos, do roteiro, dos arranjos e da interpretação estarem cem por cento, você sente, quando o show termina, que tudo continua no mesmo lugar. É que o espetáculo não acrescentou. O oposto dos shows do Melô.

Seus discos também são assim: cada um deles traz informações novas, acumuladas por um artista de primeira grandeza na música brasileira, e totalmente independente da meta quantitativa em relação à sua obra. Para o Melô, vale fundamentalmente a qualidade. Por isso, essa obra é primorosamente constituída, dentro das características de sua música anárquica, imprevisível e profundamente negra na essência e na forma final. Fora disso, vale tudo na obra de Luiz Melodia. Ele não quer saber qual é o ritmo, qual é a influência, nada disso, vale o que pintar. Esse é o Melô compositor.

O cantor tem um timbre anasalado, agradabilíssimo e próximo do ouvido da gente. Romântico ao extremo, ele sabe também gingar com a voz, como mais uma vez se ouvirá neste novo trabalho gravado, chamado com muita propriedade de *Pintando o sete*. Como os seis anteriores, é mais um marco em qualquer discografia que pretenda ser fundamental.

Seu repertório abriga desde o *hit* da novela *Dono do mundo*, "Codinome Beija-Flor", de Cazuza, ao samba-choro composto há mais de 40 anos por seu pai Oswaldo, "Maura", para uma namorada da época. Como se sabe, foi dele que Melô herdou o sobrenome da linhagem musical, Melodia.

Luiz Melodia, que a gente admira com tanto fervor por sua bravura e talento, joga mais uma vez em todas, com os braços e pernas para todo lado, e a agilidade de seu corpo igualzinha à de sua mente musical. Está de novo pintando no Brasil, *Pintando o sete*.

(Extraído do *release* para o LP *Pintando o sete*, lançado pela Polygram em dezembro de 1991)

Notas em 2014

Ao escrever este *release* em dezembro de 1991, faltou-me sensibilidade para perceber a música que marcaria daí para a frente a carreira de Luiz Melodia, o *reggae* "Cara cara". Na descrição das faixas do disco, aqui excluídas, limitei-me a escrever: "Tanto a balada-*blues* 'Sigo e vou' quanto o *reggae* 'Cara cara' são inspirados em sua querida mulher, Jane".

Não muito tempo depois, assisti a um show de Melodia cantando "Cara cara" e fiquei simplesmente alucinado com o *swing* impulsionado pelo grande guitarrista de Melô, Renatinho Piau. Ao final, Melô improvisou um jazz por vários minutos que não me sai da cabeça até hoje.

Na gravação original, o grupo Cidade Negra, que o acompanhara, teve participação inegável. "Como eu não saquei?", perguntei a meus botões, decepcionado comigo mesmo. "Cara cara" passou a ser uma das indispensáveis em minha lista de preferidas para ouvir e dançar. Rendo aqui minhas homenagens a esse craque que é Luiz Melodia, um dos artistas brasileiros para quem o adjetivo maravilhoso pode ser atribuído com todo o peso de seu significado.

22.

Milton, o canto das Gerais

Como descrever Milton Nascimento? Como um cantor excepcional, um compositor extraordinariamente rico, uma figura mágica da MPB, um ídolo da juventude brasileira ou o catalisador de músicos, compositores e cantores de Minas Gerais? Há momentos em que ele dá a impressão de ser mais uma coisa que as outras; noutras, todas ao mesmo tempo em igual medida.

O surpreendente é que Milton Nascimento não começou como um principiante. Não há em sua carreira o tradicional personagem de um cantor iniciante, com falhas a corrigir; tampouco o compositor de canções sem desenvoltura. A primeira gravação de "Travessia" jogava por inteiro o som de sua voz devota, profunda e solitária, à qual apenas os falsetes, que iriam surgir pouco tempo depois, seriam acrescidos. Desde o início, sua capacidade de projetar essa voz, que para os músicos da época era verdadeiramente um instrumento desconhecido que parecia ter sido inventado, causou uma impressão fortíssima, embora quase que restrita a esses músicos. Em menos de quatro anos, esse vestígio inicial já tinha se transformado numa terrível empatia com uma juventude *pop*, que crescera sob a influência dos Beatles.

Milton foi o intérprete mais original surgido depois de João Gilberto, capaz de apresentar de forma nova e muito límpida uma canção, aproveitando fundamentalmente o timbre de sua voz, vocalizando de maneira instrumental e passando uma sensação de liberdade. Mesmo falando, a voz de Milton parece provir de uma caixa acústica misteriosa que se esconde nalgum lugar de sua garganta, de seu peito ou até mais para dentro. Esse mistério que começa na origem de sua voz, se alonga e se aprofunda nas suas canções, amplia-se em sua figura e termina no seu silêncio. A ausência de som, que na pessoa musical de Milton Nascimento parece um paradoxo, é que lhe confere uma posição clara na história da música popular brasileira: a de um mito.

Se assim é a voz de Milton, sua música ainda é mais provocante para uma análise. "Intrigante e desafiadora", como disse em 1968 Eumir

Deodato, um dos responsáveis pela sua entrada no cenário musical. "É uma entidade musical, ele cria um ambiente que tem força própria, realizando uma função", como afirmou em 1982 o guitarrista Fredera, um dos integrantes do grupo Som Imaginário, da década de 70.

Milton já começou fazendo músicas benfeitas, composições sérias e não apenas bonitas. "Travessia" sempre será uma de suas mais ricas canções. A obra de Milton é arredondada, coerente, forma um todo equilibrado em que o desenvolvimento não é próprio de alguém que aos poucos foi "pegando o jeito" de compor. Ele sempre compôs como quem tivesse plena consciência do que música significava para ele.

Para Milton Nascimento, a música está profundamente ligada à sua terra, à sua negritude e à sua religiosidade, ou melhor, ao seu cristianismo. No fundo, ele não admite pecar ou, se o faz, arrepende-se, penitencia-se fazendo um ato de contrição, punindo-se mesmo. Donde o tratamento ritualístico que dá a uma composição, a todos os seus elementos, do ritmo à melodia, conservando sempre o embasamento da cultura mineira, da terra.

Qualificada inicialmente como a "toada que vem de Minas", ou o "som terrestre", equivalente ao marítimo de Caymmi, Milton ampliou esse universo sonoro, mesmo que mantendo sua faculdade essencial. Nesse alargamento, ele incorporou o jazz, o rock e, mais tarde, a latinidade, que pressentiu antes de todos, mostrando seu lado mimético de artista perceptivo, aguçado e aberto.

O ritmo de sua música é livre, podendo, portanto, ser alterado a qualquer momento com divisões estranhas. Numa análise ortodoxa, podem ser consideradas anacrônicas, inegavelmente complexas e parecerem indecifráveis. Essas alterações rítmicas comportam-se como elos entre as parcelas sonoras que se ligam umas às outras. Como um cavalo que, sob as rédeas do cavaleiro, atende ao comando, apressando o passo, trotando e galopando, e depois voltando a caminhar a passo. Milton faz isso com naturalidade, sem forçar a barra para complicar sua música. Nesse sentido, a complexidade tem a aparência do simples.

É claro que o processo exige do letrista total percepção desses caminhos, dessas quebradas, dessas entortadas rítmicas. Provavelmente, uma das razões para a fidelidade a seus parceiros. Além do quê, o jeito mineiro dispensa muitos esclarecimentos.

Sua melodia, na qual o canto sacro e seus procedimentos mais comuns têm raízes sempre presentes, induz a imaginar como é a maneira, nunca perfeitamente esclarecida, com que Milton cria. Provavelmente, ele compõe mediunicamente em relação a si próprio, encarnando-se num ser que fica em transe e deixa a música fluir guiada pela intuição desse ente; como se ele estivesse sendo puxado ou levado. Essa mesma situação de transe se processa quando canta, envolvendo músicos e público, na "função" referida por Fredera.

O conteúdo religioso, que não é um tempero mas a essência de sua música, como também de seu próprio ser, explica a adequação de um espetáculo de Milton Nascimento para grandes plateias, para ambientes grandiosos, épicos até.

Se o ritmo liga-se ao lado negro e a melodia ao religioso, a terra está expressa no conjunto acabado de música e letra, especialmente, pela sua própria voz, com seus amigos da esquina. Ao repartir a tarefa de decorar sua obra, Milton Nascimento se revela o homem puro e carinhoso que aproveita todas as brechas para favorecer, para praticar o bem, um dos preceitos de sua fé. Trabalhar a terra também o é. Por isso, em Milton, a música é a própria transpiração, ele transpira sons que se espalham pelo Brasil, pelas Américas, pelos continentes. Sons negros e religiosos, sons da terra de Minas Gerais. Ele é o mineiro que fica olhando seu país a distância, contemplando o céu, o sol, as nuvens, o horizonte, as montanhas, as cidades e o povo. É o homem que vê silente. Trabalhando música.

(Publicado no fascículo sobre Milton Nascimento
da série História da Música Popular Brasileira, 3ª edição,
lançada em 1982 pela Editora Abril)

23.

Zé Ramalho

Certamente o mais original personagem da geração dos músicos nordestinos que despontaram nacionalmente na década de 70, Zé Ramalho é também um dos artistas mais identificados com a juventude brasileira dos anos 90. Autor de uma obra essencialmente surrealista que funde o rock com o repente, Zé Ramalho tem um imenso poder de transmissão com sua inconfundível voz cavernosa de fascinante declamador, complementada ao vivo por sua messiânica figura esguia e macilenta.

Desconsiderando as gravações regionais na extinta Rozenblit do Recife, Zé Ramalho comemora 20 anos de carreira, pois seu primeiro disco de caráter nacional é de 1977. Este valioso álbum duplo contém reinterpretações mais amadurecidas das músicas que representam a nata do que já compôs até agora.

O estilo de Zé Ramalho enfoca o universo do absurdo, do apocalipse e da contradição, abrangendo ainda a emergente tendência literária de nossos tempos, o esoterismo. Suas melodias, com alguns interlúdios e refrões sedutores, são criadas sobre os mais autênticos ritmos nordestinos, frevo, forró e a mistura de ambos, que gerou sua criação mais dançante, o irresistível agalopado. Paralelamente, a obra de Zé Ramalho deriva ora para modalidades dos cantadores e repentistas, ora para o rock, no qual as figuras de Renato e seus Blue Caps e Bob Dylan exercem, cada um a seu modo, uma influência própria.

Um nordestino desnorteador, Zé Ramalho provoca invariavelmente um acontecimento com suas aparições no cenário musical brasileiro. Simboliza um visionário solene e mágico, causador de fecunda sensação em duas diferentes gerações da juventude brasileira. É o verdadeiro cavaleiro da arte nordestina. Uma antologia da obra de Zé Ramalho merece também uma análise mais detida sobre algumas canções e sua trajetória.

"Avôhai"

O começo de tudo foi esta canção que abriu as portas do sucesso nacional para Zé Ramalho. Nesta versão acústica, ela teve a harmonia alterada e transformada num baião hindu, destacando as cítaras indianas, que têm uma intrigante relação de afinação com a viola dos repentistas, insistindo na mesma nota. Foi no álbum *Paêbirú* (gravadora Mocambo, 1974), ainda em Pernambuco, que Zé, Geraldo Azevedo, Robertinho do Recife e Alceu detectaram essa ponte entre o interior do Nordeste e o Oriente. Por outro lado, existe uma saudação de origem fenícia, "Adonai", muito utilizada como mantra, por isso a lógica desse suporte rítmico hindu, que inclui exóticos tambores marroquinos e jarros. Zé afirma que essa foi a única música efetivamente psicografada em seus 20 anos de carreira. Sua letra longa e sem repetições surgiu de uma só vez, mal tendo o autor tempo de escrever o que lhe vinha à mente, ao mesmo tempo que uma voz lhe soprava ao ouvido: "Avôhai! Avôhai! (avô e pai)". Há citações de martelos agalopados, cocos e emboladas, ensinados pelo avô, que o criou desde que ficou órfão, aos 9 anos. A forma de declamação de Zé Ramalho permanece como uma marca de sua personalidade artística, um dos trunfos em que é imbatível.

"Chão de giz"

Na gravação original desta canção, em 1977, o coro incluía Elba Ramalho, que consagrou a música em definitivo com sua emocionada versão no disco *Leão do Norte*, do ano passado. Zé optou por uma forma bem intimista, com a valiosa interpretação ao violão solo de Roberto Frejat. Essa música foi provocada por uma dessas paixões avassaladoras, platônicas e impossíveis, pois a musa inspiradora era uma mulher casada com um industrial, ainda em João Pessoa. Segundo o escritor e jornalista José Nêumanne Pinto, paraibano e profundo conhecedor da obra de Zé Ramalho, ela poderia ter sido perfeitamente escrita por Bob Dylan, como dois primos que praticam a mesma linha musical. Pessoalmente, vejo essa canção com um toque de *blues*, tal o grau de tensão criado pela constante busca da tônica. O ápice dessa tensão se dá na melodia da palavra *"amiúde"* e, mais adiante, em *"Freud explica"*. Uma obra-prima.

"Frevo mulher"

O marcante *riff* na gravação original de "Frevo mulher", que fechava seu segundo disco, não está presente nesta versão do agalopado que zoneou nossas rádios ao final de 1979. Um novo *riff* de Robertinho do

Recife e o clima de feira marroquina, obtido com o som de uma flauta árabe, cítara e os *talking drums*, remetem à sonoridade moura que tanto Zé como Alceu Valença conhecem de longa data. "Frevo mulher" termina num batuque contagiante. Foi feito para a cantora Amelinha entre 1978 e 1979, que o gravou no seu segundo LP, e nasceu num quarto do hotel Plaza do Rio de Janeiro, no início do romance entre ambos. O agalopado de compasso binário é produto de uma alquimia de frevo com forró, uma temperança idealizada por Zé Ramalho com esses dois ritmos das festas juninas no Nordeste.

Apesar das previsões desanimadoras do então diretor da gravadora de Amelinha, "Frevo mulher" começou paulatinamente a ser executado nas academias de ginástica do Rio, logo depois pelos DJs do Dancing Days, no morro da Urca, e em consequência, solicitado por telefone às rádios. Causou verdadeiro furor, provocando a rápida edição de um compacto simples para atender à demanda e consagrar Amelinha. Segundo Caetano Veloso, o Carnaval da Bahia tomou novo rumo depois de "Frevo mulher". Seu festivo ritmo alucinante também inspirou Robertinho do Recife em seu "Elefante", sucesso de 1981.

"Admirável gado novo"

Nasceu no Rio de Janeiro, na época da ralação, quando a fome era uma considerável fonte de inspiração, o que de fato ocorreu. Esse foi um fértil período de criações. As cidades de São Paulo, onde fez sua primeira tentativa de ficar no Sul, e do Rio de Janeiro, onde acabou ficando, lhe deram a ideia de fazer despretensiosamente essa canção associada ao título do livro de Aldous Huxley *Admirável mundo novo*. Foi apresentada no Teatro Tereza Rachel do Rio, no show de lançamento de seu primeiro LP, quando só tinha dez músicas para cantar, as do disco e "Admirável gado novo". A reação da plateia às primeiras apresentações deixou-o assustado e desconfiado que poderia ser um sucesso. Quando o segundo disco veio à tona, a versão simplificada de palco, com voz e violão, já era razoavelmente conhecida. O arranjo original do próprio Zé e as cordas de Paulo Machado, destacando o sax-tenor de Nivaldo Ornelas, tornou-se um clássico na música brasileira, tipo "Take the 'A' Train" com Duke Ellington. Duke regravou sua criação em arranjos diferentes, assim como Zé também o fez. A gravação deste álbum destina-se a uma versão *cult*, com Dominguinhos fazendo a condução e o coro final no refrão "*Êh, ôh, ôh, vida de gado/ Povo marcado, êh/ Povo feliz*", que levou essa música a puxar as vendas da trilha sonora da novela *O rei do gado*.

"Bicho de sete cabeças"

Única faixa instrumental do álbum, essa música foi também gravada sem letra no primeiro disco de Zé com o parceiro Geraldo Azevedo e Arnaldo Brandão nos violões, além do então percussionista Bezerra da Silva. Foi mantido o andamento de samba-choro, que reflete o prazer dos dois instrumentistas, originalmente Zé e Geraldinho. Contudo, deu-se agora uma atmosfera flamenca. Feita na mesma época de "Táxi lunar", seu título inicial era "Dezesseis cordas", a soma das dez cordas da viola do Zé com as seis do violão de Geraldinho. O novo título surgiu quando Renato Rocha fez a letra que seria gravada em 1979 por Geraldo Azevedo.

(Extraído do encarte do CD duplo *20 anos — Antologia acústica*, lançado pela BMG em abril de 1997)

24.

Tom Zé, o *popstar*

Se você tiver acesso às *reviews* de artistas brasileiros no exterior, pode ser que se surpreenda. Quem é recebido com mais entusiasmo nos últimos anos, quem é considerado o mais original deles todos? Nenhum dos que você está pensando. Veja só alguns trechos:

"Numa memorável e rara *performance* em Nova York..., um comunicador ardoroso... estimula a multidão a cantar uma melodia irreconhecível...", estampou o *The New York Times*.

"Sua sensibilidade dadaísta está muito além de qualquer dos demais [da geração do Tropicalismo]...", lia-se no *The Guardian*, de Londres.

"Nenhum *popstar* em lugar algum tem feito canções tão irresistíveis e avançadas...", escreveu o crítico da *Rolling Stone* ao elaborar a lista dos dez melhores álbuns da década de 90.

"Aos 65 anos, o cantor brasileiro continua inventando uma música muito politizada, sem regras nem proibições...", disse o *Le Monde*, de Paris.

Outras tantas citações desse teor podem ser extraídas de outras tantas críticas arrebatadas descrevendo a arte desse brasileiro que não se deixa vencer pelo comodismo nem fica embasbacado com a glória. Ele não permite à sua criatividade se esvair pelos vãos das adulações, em tempos em que a ignorância é laureada, e um clique oportunista coloca a fama adiante do momento.

Ao contrário, ele pula na frente como um gato ágil, trazendo aquilo que tanto é reclamado faltar na música brasileira: ideias. Tom Zé abastece o Brasil e os que, pelo mundo, querem saber do Brasil com suas criações intrigantes, que nem de longe parecem ter compromisso com a mídia. Discos e espetáculos são criados a partir de ideias anticonvencionais traduzidas em mensagens que ultrapassam até os elementos da música propriamente dita, ousando avançar em áreas além dos limites de um compositor. Tom Zé conquista plateias heterogêneas que, todavia, se identificam com sua linguagem sonora e visual aparentemente sem nexo nem lógica, mas com tal textura de surrealismo que tanto o nexo quanto a lógica se fazem presentes concretamente.

O código de princípios da obra de Tom Zé é regido pela presença feminina, pela mitologia, pelo caráter ritualístico, pelo jogo de palavras, por recorrências e citações, pelo experimentalismo sonoro e por mensagens na área socioeconômica.

Tom Zé, o Zénial (*Le Nouvel Observateur*), o Zéneral (*Les Inrockuptibles*), faz com a canção o mesmo que Hermeto Pascoal com seus temas instrumentais. Ambos forjam a música noutro rumo. Um novo disco de Tom Zé traz regozijo para o Brasil inteligente.

Falemos, pois, do seu novo CD da gravadora Trama. A inspiração surgiu nos fundos do apartamento onde reside, no bairro de Perdizes, em São Paulo. Nas noites de fins de semana, ouvia e via cenas das festas da alta burguesia nos prédios vizinhos dominadas pelos pagodes, além de propostas ligadas ao modismo. Decidiu embrenhar-se no pagode, exemplificando dezesseis gêneros diferentes na opereta cujo primeiro ato de seis cenas intitula-se "Mulheres de apenas", o que revela dois elementos constantes na obra e na vida de Tom Zé, a mitologia e a mulher.

Tom Zé cultiva a mitologia grega desde os 40 anos. Quando o ator francês Michel Simon fez conferências na Bahia, Tom Zé cantou uma canção, "A pastorinha", que soube ser um personagem da tragédia grega. Tal é seu interesse pela mitologia que diariamente ouve sua mulher Neusa ler trechos dos clássicos. A presença de um coro, os nomes de personagens como Mônica Sol-Musa (referência a Mônica Salmaso, uma das várias cantoras que são citadas implicitamente por terem gravado músicas suas), algumas figuras estampadas no libreto são sinais evidentes dessa ligação.

O tema central do CD é a mulher, poderosa ou sufocada, a espezinhada mulher-objeto pela qual Tom Zé se fascina e se apavora desde garoto, quando compôs uma maluquice para a primeira namorada. Em sua obra, a presença feminina é poderosa, e o homem, muitas vezes sem ter poder, apanha como um ser indefeso que confessa suas esquisitices e taras mendigando por uma companheira.

Tom Zé é um emérito especialista no *jeux de mots*, e, neste disco, está evidente o jogo de palavras nos nomes de personagens e nas letras. As recorrências e as citações surgem à beça e inteligentemente na obra de Tom Zé.

Seu experimentalismo sonoro advém do curso na Escola de Música da Universidade Federal da Bahia, com o grande preceptor da música

Música com Z

393

popular brasileira, Hans-Joachim Koellreutter. O bricabraque e a bricolagem fazem parte da sonoridade viva de Tom Zé. Eletrodomésticos e o esmeril de trabalhos anteriores estão presentes sob a forma de novos timbres de música concreta, como os sopros em garrafas e numa folha de fícus em "Pra lá do Pará".

A atenção com a cena socioeconômica se reflete em sua obra desde o Tropicalismo. Agora, ele resume a carta aberta ao presidente Lula, publicada na revista *Imprensa* em janeiro de 2003 e em seu livro, na penúltima faixa do CD, espinafrando o estrangulamento do escoamento da produção brasileira na medida em que a malha das estradas de ferro foi desmantelada. Trem é um dos assuntos prediletos de Tom Zé.

Finalmente, vale ressaltar que, em suas canções, há um vínculo indelével com a cidade louvada desde 1968 quando foi o vitorioso no IV Festival da TV Record. As prostitutas que invadiram o centro de São Paulo naquela época, a desavença entre os habitantes do Edifício Itália com os do Hotel Hilton, as mudanças ocorridas ao longo de anos na rua Augusta, na avenida Angélica e na Consolação, a curva do Sol do autódromo de Interlagos são referências à cidade na qual Tom Zé habita, em seu caminho desde Irará, com um *stop* em Salvador. A inspiração para sua obra brota dessa metrópole que se engole em si mesma, que inferniza e presenteia sem nexo nem lógica, que recebe de braços abertos e punhos cerrados, com uma alma esfíngica que o nordestino Tom Zé conhece e sabe, melhor que a maioria, do que se trata.

(Extraído do *release* do CD *Estudando o pagode*,
lançado pela Trama em março de 2005)

VI. DE DAR ÁGUA NA BOCA

Prólogo

Mesmo que fosse possível contabilizar os musicais, os concertos sinfônicos, os recitais, as óperas, os festivais ou os shows assistidos em palcos ao redor do mundo, não haveria a menor condição de elaborar uma lista, ainda que incompleta. Pois uma porção, talvez considerável, ficou perdida no desvão do esquecimento.

Felizmente, uma parcela desses momentos ficou registrada por força da atividade jornalística e, como outros que permaneceram na memória, podem ser alinhados entre os mais emocionantes dos vividos como espectador.

Reconheço ter tido a sorte de, não poucas vezes, estar no dia e lugar certos, o que atribuo à sede de ir em busca de um bom espetáculo musical.

Nunca me esquecerei do dia em que ouvi Pixinguinha pela primeira e única vez no Teatro Colombo, do Brás, tocando sax-tenor em contraponto para a flauta de Alfredinho. Foi o que abriu meu horizonte e mudou meus conceitos sobre a música popular brasileira. Lembro-me nitidamente de quando assisti a Ismael Silva de terno branco e camisa rosa, num inexpressivo palco carioca, cantando como um príncipe, tal sua elegância de causar inveja a qualquer dândi.

Recordo ter ficado tão assustado, a ponto de não conseguir dormir, depois de ouvir a inovadora banda que criou o Som Imaginário, no péssimo assento do Teatro Opinião, em Copacabana. E ainda, também no Rio, de ter saído meio grogue com Lucio Alves e Aramis Millarch do Chico's Bar, na Lagoa, o dia já raiando, após nos embebedarmos de ouvir Luizinho Eça ao piano pela noite inteira.

Lembro-me de, sem hesitar, ter decidido em questão de minutos ir a Paris somente para ver o imperdível Sonny Rollins no Zenith. Saiu barato. Noutra ocasião, em viagem pelos Estados Unidos, antecipei a chegada a Nova York sem pensar duas vezes, com prejuízo do itinerário por

Música com Z

397

outras cidades, para rever o Ray Brown Trio na última noite de sua temporada no Blue Note.

Desfrutar da emoção que um espetáculo musical pode proporcionar, causando encantamento tão intenso que se traduz em lágrimas de felicidade, é um privilegio de que não me furto até hoje.

1.

Verão no Central Park

Somente no verão o tempo permite que funcione em Nova York o Wollman Memorial Theatre — um teatro ao ar livre no famoso Central Park, o maior parque da cidade, com jardins e lagos, dois museus e um zoológico —, onde são apresentados concertos e espetáculos musicais. Durante mais de duas semanas, lá foi apresentado o espetáculo *Jazz Under the Stars*, com vários artistas de jazz.

Em duas semanas, assisti a dois deles. No primeiro, vi o quarteto do saxofonista Lester Young, o quarteto de Gerry Mulligan, o trio de Erroll Garner, a cantora Billie Holiday e o sexteto de George Shearing.

O grupo que mais me impressionou foi o do saxofonista-barítono Gerry Mulligan, um dos mais importantes no jazz atual. Na sua formação, não é incluído o piano, o que à primeira vista poderia dar margem a um certo vazio na parte musical. Não é o que sucede, porque Mulligan usa com extrema habilidade o contrabaixo, no caso Joe Benjamin, e os dois instrumentos de sopro, sax-barítono e trombone, em contraponto, o que salienta o próprio Mulligan e seu trombonista Bob Brookmeyer. O quarteto retorna de uma vitoriosa temporada pela Europa e apresenta-se com muita segurança.

Nessa tarde, vi pela primeira vez a cantora Billie Holiday, uma das mais importantes de toda a história do jazz, sendo equiparada a Ma Rainey e a Bessie Smith. Billie interpreta suas canções com certa instabilidade ao entoar certas notas. Isso requer grande sensibilidade, pois essas pequenas variações, menores que meio-tom, dão aquele sabor especial ao canto de jazz. Apesar de tudo, Billie não foi a mais aplaudida nesse espetáculo. O pianista Erroll Garner, com seu estilo inconfundível que lhe deu fama pelo mundo inteiro, um dos pianistas que grava o maior número de discos nos Estados Unidos, foi o mais aplaudido. Garner canta e ri constantemente durante sua interpretação.

Atuando no quarteto de Lester Young, um dos melhores conjuntos vistos por mim até agora, havia o elegante baterista Jo Jones, assim como o pianista Hank Jones, com seu *beat* característico.

Música com Z

O sexteto de George Shearing apresentou vários números com seu som conhecido por todos os que já ouviram o conjunto desse pianista inglês, com o timbre obtido pela combinação do piano (acordes), vibrafone e guitarra tocando em uníssono, por exemplo, na melodia "Lullaby of Birdland", uma das mais famosas do seu repertório. Após um número de harmônica de boca, elétrica, por Jean Thielemans, que é também o guitarrista do conjunto, Shearing apresentou sua nova fase, com um bongô entre os instrumentos de percussão, com a provável intenção de provocar um certo clima afro-cubano à música. Faço votos para que a moda não pegue. Prefiro o bonito e tradicional som do conjunto de George Shearing.

Na semana seguinte, voltei ao Central Park para assistir a um novo espetáculo, dessa vez com a cantora Dinah Washington, o septeto do trombonista Kai Winding, com quatro trombones, piano, contrabaixo e bateria, o duelo de bateristas entre Buddy Rich e Jo Jones, o The Modern Jazz Quartet e o Jimmy Giuffre Trio.

(Editado a partir da coluna "Folha do Jazz",
publicada na *Folha de Noite* em 15 de agosto de 1957)

Notas em 2014

O calor daquele verão de 1957 acaba se associando à oportunidade de um jovem de 23 anos, recém-chegado a Nova York, assistir a espetáculos de jazz de ídolos cultivados até então pelos discos que possuía no Brasil.

Fiquei literalmente boquiaberto. Como quem descobre um novo mundo. Lembro-me nitidamente do que me parecia servir como moldura acima do palco iluminado, a silhueta do edifício MONY. A abreviatura do Mutual of New York em letras amarelas no alto do prédio compunha uma imagem que até hoje permanece associada a esse elenco fabuloso e à valiosa oportunidade de ver, pela primeira vez ao vivo e no mesmo espetáculo, músicos que admirava há tantos anos: Lester Young, Gerry Mulligan, Erroll Garner, Bob Brookmeyer, Jo Jones e Billie Holiday, a Lady Day. No início de sua carreira americana, após emigrar da Bélgica para os Estados Unidos como guitarrista de George Shearing, Toots Thielemans usava seu nome de batismo, Jean Thielemans.

Adiciono uma das notas da seção denominada "Registros", da "Folha do Jazz", incluída originalmente abaixo do comentário sobre o espetáculo no Central Park, para que se possa avaliar a fartura de atrações à disposição de quem estivesse em Nova York naquela época:

"Em 23 e 24 de agosto, será realizado em Randall's Island o II Festival de Jazz de Nova York, com a participação das orquestras de Count Basie, Maynard Ferguson, Dizzy Gillespie, das cantoras Sarah Vaughan, Billie Holiday e Anita O'Day e dos conjuntos de Dave Brubeck, Miles Davis, Horace Silver, Oscar Peterson, Gerry Mulligan e Max Roach."

Reconheço ter sido um felizardo e um privilegiado nessas noites.

2.

Novos caras: Cecil e Coltrane

NOVA YORK (via Varig) — Embora nos Estados Unidos há menos de quatro meses, ouvi grande parte dos músicos de jazz de Nova York. Tanto os ultraconsagrados como os completamente desconhecidos. Se alguns desses legendários me desapontaram, vários dos novos causaram ótima impressão.

Evidentemente, não me refiro aos de nome nos Estados Unidos, caso do saxofonista Sonny Rollins, do pianista Horace Silver, dos trompetistas Art Farmer e Kenny Dorham ou do baterista Philly Joe Jones. Refiro-me aos que estão no início de carreira e que, mesmo aqui, não são tão conhecidos, embora haja críticos chamando a atenção para suas qualidades.

O primeiro é o pianista Cecil Taylor, que ouvi numa das *jam sessions* realizadas às segundas-feiras no Birdland. Dias depois, nos encontramos num bar e ficamos conversando quase a noite inteira, o que forneceu material para um dos próximos artigos, além da chance de conhecer essa grande promessa para o jazz. Deve ter uns 24 anos, usa óculos, tem um olhar esquisito e atualmente está parado, o que entre os músicos significa não estar trabalhando.

Com seu quarteto, inaugurou o Five Spot Café há quase dois anos e tem tocado em lugares diferentes, sem contudo firmar definitivamente sua posição. É um pianista de extraordinária personalidade. Sua música causa certa estranheza, pois, além do cromatismo nos intervalos melódicos, usa constantemente figurações rítmicas bem diferentes. Tenho a impressão que será uma espécie de sucessor de Thelonious Monk. Até agora, gravou apenas um LP numa etiqueta chamada Transition.

Outro músico que chama a atenção é o saxofonista-tenor John Coltrane, atualmente no quarteto de Thelonious Monk. Bastante jovem, fez parte do quinteto de Miles Davis até o início deste ano para depois, no grupo de Monk, se desenvolver extraordinariamente. Dizem que Monk é o responsável direto pelo atual John Coltrane, o que não é de se admirar. Coltrane é calado e não muito expansivo, ainda não se cristalizou completamente, porém tive ocasião de vê-lo em excelentes solos, principalmente nas composições de Thelonious Monk. Tenho ouvido constantemente John Coltrane, pois costumo ir pelo menos uma vez por semana ao Five Spot. Tenho a firme impressão de que ele pode tornar-se um magnífico músico de jazz.

Brevemente voltarei ao assunto, comentando sobre outros novos do jazz.

(Publicado na coluna "Folha do Jazz", da *Folha da Noite*,
em 21 de novembro de 1957)

Notas em 2014

Afora ter sido o clube em que assisti jazz ao vivo pela primeira vez em Nova York na mesma noite de minha chegada, em 1957, o Birdland foi onde mais vezes ouvi o que de melhor havia naquele período resplandecente de músicos notáveis na sua melhor idade. Era muito fácil e cômodo tomar o *subway* em direção a Downtown, na esquina da Broadway com a 103, a duas quadras de onde eu morava, no apartamento 1217 da Riverside Drive, número 310, e saltar cinquenta quadras depois, na estação da rua 51. Ao subir as escadas, caminhava meia quadra para o norte, atravessava a Broadway defronte à Colony Records, e pronto. Estava em frente ao Jazz Corner of the World. A mesma entrada com a escada estreita para o subsolo continua lá, embora nada do que se vê e ouve no salão principal rescenda ao que de mais sublime aconteceu por anos a fio no Birdland. Nenhum dos maiores músicos em atividade nessa época deixou de tocar pelo menos uma vez naquele palco. Quando estavam de folga, não perdiam a oportunidade de estar no espaço lateral, diante do bar, apurando seus ouvidos e aplaudindo seus colegas. Aquela sim era a plateia ideal para qualquer músico, a das maiores feras do jazz, na cidade que era indiscutivelmente a sua Meca.

Quanto ao Five Spot Café, com Thelonious Quartet *featuring* John Coltrane, posso resumir numa definição capital em minha formação: foi minha universidade no jazz.

3.

JATP

NOVA YORK (via Varig) — Quando o Carnegie Hall ficou completamente às escuras, alguém ao piano começou a executar um *blues*. Pouco depois, o *spotlight* focalizou o pianista: era Oscar Peterson. A luz se projetou então sobre um contrabaixista que também começara a tocar: Ray Brown. Um a um, surgiram no palco os demais músicos: Herb Ellis, na guitarra, Jo Jones, na bateria, e os saxofonistas Lester Young, Flip Phillips, Sonny Stitt e Illinois Jacquet. Foram apresentados ao público alguns dos músicos que tocaram no concerto inaugural do Jazz at the Philharmonic de 1957.

O JATP é uma turnê de artistas de jazz que o empresário Norman Granz organiza anualmente pelos Estados Unidos. Esta é a 13ª edição; a primeira data de 1944. Duram geralmente um mês, os artistas viajam diariamente tocando todas as noites em diferentes cidades. "Amanhã", contou Ray Brown, com quem almocei no dia do concerto, "viajaremos para Boston, onde tocamos à noite, no dia seguinte, para Filadélfia, e assim por diante."

Aparenta ser cansativo, mas os músicos aumentam sua popularidade, o que é praticamente desnecessário, já que a trupe é formada por músicos consagrados. Este ano, foram contratados dois conjuntos completos, o The Modern Jazz Quartet e o Oscar Peterson Trio, além de vários solistas. Os conjuntos executam seus números próprios e também tocam com os solistas.

Não se pode dizer que o espetáculo do Carnegie Hall de 14 de setembro tenha sido realmente um concerto; na verdade, tinha características de um show com predominância de *standards* — "Stardust", "Body and Soul", "I Know that You Know" —, para os assistentes pouco acostumados ao jazz, em seu exagero de bater palmas freneticamente após cada solo.

Nessa noite, pude apreciar novamente a elegância de Jo Jones, o impressionante *swing* do Oscar Peterson Trio, a coesão do The Modern

Jazz Quartet e ouvir importantes saxofonistas da história: Coleman Hawkins, considerado o primeiro grande saxofonista; Lester Young, que cronologicamente é o segundo, mas cuja influência como solista é talvez maior que a de Hawkins; e Stan Getz, um dos tenoristas atuais. Pude ainda ouvir os não menos excelentes Flip Phillips, Illinois Jacquet, Sonny Stitt, um dos melhores solistas dessa noite, Roy Eldridge, ao trompete, e o famoso J. J. Johnson, ao trombone.

A mais aplaudida do espetáculo foi a cantora Ella Fitzgerald, última a se apresentar, que brindou o público com uma excelente interpretação da bonita melodia "Moonlight in Vermont". O número de encerramento foi o conhecido tema "Stompin at the Savoy", no qual Ella mostrou seu estilo *scat* inconfundível. Particularmente, Ella e Mahalia Jackson foram as duas maiores cantoras que vi até agora. Ella Fitzgerald é o maior trunfo de Norman Granz no JATP de 1957.

(Publicado na coluna "Folha do Jazz", da *Folha da Noite*,
em 26 de setembro de 1957)

Notas em 2014

Um grupo representando o Jazz at the Philharmonic veio ao Brasil e apresentou-se no I Festival Internacional de Jazz, realizado entre 11 e 18 de setembro de 1978 pela Secretaria da Cultura, Ciência e Tecnologia do Estado de São Paulo e pela TV Cultura, sob a direção de Roberto Muylaert, no Palácio das Convenções do Anhembi. O JATP apresentou-se no dia 13 em dois espetáculos, à tarde e à noite, ambos com a seguinte formação: Harry "Sweets" Edison e Roy Eldridge (trompetes), Zoot Sims (sax-tenor), Jimmy Rowles (piano), Mickey Roker (bateria) e Ray Brown (contrabaixo).

A programação internacional desse festival incluía ainda: Astor Piazzolla e grupo, Dizzy Gillespie Quartet, Benny Carter, Al Jarreau, Etta James, Frank Rosolino, George Duke, Larry Coryell, Philip Catherine, Ahmad Jamal Trio, Taj Mahal, Stan Getz, Chick Corea e John McLaughlin.

4.

Dream Concert

NOVA YORK (via Varig) — Apesar das falhas na organização do programa, o concerto realizado em 29 de novembro no Carnegie Hall foi o melhor dos que assisti ultimamente.

A apresentação foi feita por Willis Conover, que tem um programa de jazz diário na Voz da América, transmitido para todas as partes do mundo, inclusive a América do Sul. Por esse motivo, os que sintonizaram seu programa puderam ouvir boa parte do espetáculo que foi irradiado.

Foi iniciado com a banda de Dizzy Gillespie, que, a princípio, não parecia estar nos seus melhores dias. Após alguns números, foi apresentado o cantor e pianista cego Ray Charles, que, atuando pela primeira vez num concerto desse porte, se constituiu na mais grata surpresa da noite. Seu estilo pianístico é claro e simples, um misto de Peterson-Shearing-Basie. Como cantor de jazz, Ray Charles tem inúmeras virtudes, sua interpretação da canção "I Want a Little Girl" foi excelente, de modo que a plateia reagiu aplaudindo com entusiasmo. Era o que estava faltando para a orquestra de Dizzy Gillespie esquentar. Voltou completamente diferente: o *swing* aconteceu. O *crooner* Austin Cromer, que havia excursionado ao Brasil com a orquestra, ainda interpreta as mesmas melodias que cantava há um ano, como "Over the Rainbow". Porém, está mais amadurecido.

A seguir, a *performance* do quarteto de Thelonious Monk, ouvido frequentemente no Five Spot Café. Não é comum ver Monk em concerto, mas ele é superior em *night-clubs*, o que aliás se aplica a quase todos os grupos de jazz. O público não se entusiasmou muito com a música de Monk, por ser reconhecidamente de difícil assimilação. O saxofonista Coltrane confirmou ser um dos melhores tenores atualmente.

Pela primeira vez pude ver pessoalmente o afamado pistonista Chet Baker, da *West Coast* americana. Apresentou-se com o quarteto do saxofonista Zoot Sims, que antes havia executado dois números. Chet Baker é um dos ídolos dos americanos, seu sopro inconfundível é muito bonito, embora sem grande fertilidade. Gostei de sua interpretação de "Moonlight in Vermont", que gravou há um ano com o quarteto de Gerry Mulligan.

Nessa altura, o espetáculo já durava mais de três horas, e o público estava um pouco cansado. Foi motivo para que a maioria não pudesse apreciar devidamente os números do sax-tenor Sonny Rollins, comparado aos melhores saxofonistas do jazz. Mais amadurecido que John Coltrane, é um autêntico sucesso nos Estados Unidos. Seu repertório exigia enorme capacidade de improvisação, o que de modo algum constituiu obstáculo, pois ele é um excelente músico.

Finalmente, uma das atrações mais esperadas, "The Lady Day", Billie Holiday. Com estilo único, passagens pelos quartos de tom, sua atuação merece ser destacada com o trio que a acompanhou e teve grande participação no seu sucesso da noite.

(Editado a partir da coluna "Folha do Jazz",
publicada na *Folha de Noite* em 12 de dezembro de 1957)

Notas em 2014

Surpreende-me, tantos anos depois, como uma grande dose de ingenuidade e inexperiência pudessem ser a tônica de texto tão pretensioso ao descrever esse concerto fenomenal. Acostumado a frequentar quase que diariamente clubes de jazz de Nova York para ouvir músicos e cantores que se tornariam lendários, só algum tempo depois é que me dei conta do privilégio que tive em estar naquela plateia do Carnegie Hall para ver e ouvir esse verdadeiro *Dream Concert*, cujo ingresso me custou três dólares. Sem dúvida, o mais generoso concerto de jazz a que assisti.

Pela primeira vez em suas vidas, tocavam no Carnegie Hall o estreante Ray Charles — cujas raízes *soul* e *rhythm and blues* claramente estavam muito longe de minha percepção centralizada demasiadamente no jazz —, o "High Priest" Monk, o idolatrado Chet e possivelmente Billie também.

Muitos anos depois, em 2005, foram descobertas na The Voice of America Collection as fitas gravadas, que puderam trazer à tona o som daquele quarteto fabuloso que foi — disso, eu tinha plena consciência

Música com Z

407

— minha preciosa universidade de formação no jazz quando assistia quase semanalmente a Monk, Coltrane, Ahmed-Abdul Malik e Shadow Wilson no Five Spot Café.

A descoberta dessas fitas gerou até agora o CD *Thelonious Monk Quartet with John Coltrane at Carnegie Hall*, que me permitiu ouvir, mais de 50 anos depois, os mesmos sons que haviam permanecido em minha memória sem qualquer expectativa de ouvi-los algum dia novamente.

5.

Monday Night

NOVA YORK (via Varig) — Todas as segundas-feiras, o Birdland, ao invés de seu costumeiro programa semanal, apresenta uma *jam session* que reúne músicos que ainda não têm cartaz suficiente para serem atrações da programação regular.

O ensejo é de conhecer novos nomes do jazz, assim como assistir a músicos mais experientes ao lado dos novatos. Estes, por sua vez, tocam para um público maior do que estão acostumados.

Na *jam session* da última segunda-feira, a programação do Birdland apresentou, entre outros, o pistonista Lee Morgan, o sax-tenor John Coltrane, o contrabaixista Paul Chambers e o baterista Arthur Taylor, que não é mais um novato.

Lee Morgan começou na orquestra de Dizzy Gillespie, onde atuou até a banda ser dissolvida. Com Dizzy, tinha vários solos a seu cargo, o que muito o ajudou a se projetar. É um pistonista de muitas qualidades, embora abuse às vezes de certo virtuosismo. Em novembro, já escrevi sobre Coltrane, um dos grandes saxofonistas do momento. Paul Chambers, o atual contrabaixista de Miles Davis, que por sinal estava no Birdland nessa noite, conhece bastante bem seu instrumento, possui um ritmo muito seguro e utiliza o arco em seus solos.

Essas *jam sessions* do Birdland costumam ser frequentadas por músicos, e alguns deles são convidados a participar. Nessa noite, havia, entre outros, uma cantora que pouca gente conhece: Betty Carter. Um misto de Betty Roché e Ella Fitzgerald, Carter cantou de maneira esplêndida. Foi superior a muitas cantoras de sucesso, inclusive Jeri Southern, cartaz do próprio Birdland durante a semana.

É pena que muitos se deixem impressionar pelo nome, pela fama do artista. Nessa noite, por exemplo, ouvi o que não consigo encontrar em músicos de vasto cartaz.

(Editado a partir da coluna "Folha do Jazz",
publicada na *Folha da Noite* em 13 de fevereiro de 1958)

Música com Z

Notas em 2014

Mais uma descrição em forma de carta pessoal, como foi grande parte do material, por vezes até ingênuo, publicado na coluna semanal "Folha do Jazz". A inclusão deste relato na seleção de textos para este livro justifica-se mais pela trivialidade com que eu comentava espetáculos corriqueiros que, agora, são mesmo de dar água na boca.

A forte impressão que me causou Betty Carter, em início de carreira, iria se confirmar nos anos seguintes. De fato, ela já demonstrava influência de Ella Fitzgerald nas baladas, bem como nos improvisos no estilo *bebop*.

A pouco citada Betty Roché foi a cantora que gravou a versão vocal definitiva de "Take the 'A' Train", com a orquestra de Duke Ellington, nos anos 50.

6.

A Voz em Sampa

Não houve nenhum *frisson* à entrada de Frank Sinatra em seu simpático e descontraído show de estreia no Maksoud Plaza de São Paulo. É que, depois de meia hora de música de bailinho com a insossa orquestra regida por Don Costa, seu arranjador, o homem entrou à meia-luz, por um dos cantos, sem nenhum tipo de *ouverture* ou apresentação. Era ele mesmo, Frank Sinatra, dizendo "*Good evening*" para, calmamente e com toda a classe e experiência, atacar "Fly Me to the Moon".

Aí a orquestra já tinha outra cara, com o pique de *big-band* americana, embora um pouco mais de amplificação sonora estivesse fazendo falta. Logo no início, pôde-se perceber como Sinatra curte uma *big-band*, sendo fã ardoroso de Count Basie. Ele não apenas canta com uma banda, mas passa a fazer parte dela com sua voz e movimentos de regência nas pausas e frases de efeito; nesta turnê, está acompanhado pela orquestra regida por Vincent Falconi, com Irving Cottler na bateria, Tony Mottola na guitarra, Al Klink no sax-tenor, Gene Cherico no contrabaixo, Johnny Glasel e Al De Risi nos trompetes e Sonny Russo no trombone.

Na terceira música, a balada "When Joanna Loved Me", ficou muito claro que, se os anos pesam sobre sua voz, aumentam sua cancha, permitindo-lhe superar esse obstáculo com pequenos truques de interpretação, levando um show como poucos conseguem. E o engraçado é que, a despeito de seu estilo conservador nos gestos, no repertório, nas orquestrações e no traje, ele consegue realizar um espetáculo jovial que começa a esquentar, mesmo, quando canta um de seus clássicos, "I've Got You under My Skin", naquele extraordinário arranjo de Nelson Riddle. Aí, o *frisson* que faltou no início começa a acontecer. E ele sabe disso. Usa o olhar e as mãos com tal segurança que a plateia feminina adora e os homens invejam. Sinatra é determinado.

Após o *medley* de duas canções sobre o mesmo tema poético, a mulher que parte — "The Gal that Got Away" e "It Never Entered My Mind" —, há uma pausa em que ele saúda os presentes, toma um drin-

Música com Z   411

que, reclama da ausência de seu amigo Jobim e leva um papo bem à vontade, dando a impressão de ser, quando nada o impede, um sujeito muito bem-humorado que se tem vontade de conhecer melhor. A plateia já é sua.

Esse intervalo e mais outro, durante o aplaudido solo do guitarrista Tony Mottola, no velho sucesso do cantor Miltinho — "Recado" —, dão margem a que sua voz fique mais solta. Tanto que "I've Got the World on a String", em que ele retoma o som de *big-band*, é uma das melhores interpretações do show, que cresce incrivelmente próximo ao final.

O desfile de conhecidíssimas canções *standards* americanas, e não por coincidência o que há de mais clássico no repertório de Sinatra, inclui Dubin & Warren, Rodgers & Hart, Harold Arlen, Johnny Mercer, Sonny Burke, Ira Gershwin e, naturalmente, o mais querido de todos os compositores, o personalíssimo Cole Porter, a quem ele é, talvez, mais dedicado. Curioso, são músicas supergravadas por grandes cantores e cantoras, mas, na hora em que ele canta, com seus anos de tarimba, parece que se transformam em exclusivas desse *entertainer* fino e estilista. Aí a gente sente que ele é mesmo o derradeiro representante de um modelo que tende a desaparecer.

Ainda assim, Sinatra não é nostálgico ou saudosista. Sua personalidade é tão marcante, seus gestos clássicos tão familiares, seus galanteios vêm tão naturalmente, que sua presença física consegue nos desviar da ideia de que esse estilo pertença a uma época. Provavelmente, essa deve ser a razão maior para que promotores de todo o mundo ousem arcar com tanta despesa e enfrentar tantos problemas para contratar The Voice. No fundo, eles sabem que, apesar de todo o risco, não há acontecimento mais marcante para celebrizar um empreendimento que um show de Frank Sinatra.

(Publicado em 15 de agosto de 1981 em *O Estado de S. Paulo*)

Notas em 2014

Ouvir cada vez mais e conhecer melhor a obra de Frank Sinatra me desperta até hoje um prazer progressivo. A ponto de ter montado, por mais de uma vez, um curso sobre A Voz para a Casa do Saber de São Paulo, o que me deu oportunidade de penetrar com mais intensidade nas fases bem distintas de sua carreira. A do *crooner* de Tommy Dorsey, com a pureza de sua voz juvenil num momento culminante da canção romântica gravada, a do jovem cantor na fase dos discos da Columbia, a de sua plenitude como mensageiro imbatível das *torch songs* e das canções dos "perdedores na vida", registrada nos discos da Capitol, e a quarta fase, que vai de 1961 até o final de sua vida, marcada por um artista que jamais rejeitou enfrentar desafios.

O espetáculo de Sinatra em São Paulo faz parte desta última fase de sua carreira, em que ele se valia mais do domínio que tinha como *performer* que da voz propriamente dita. Tinha nas mãos as plateias de onde quer que fosse, divertindo-se nas quase duas horas de seu show de um estilo que só ele podia exibir em palco.

A voz de Frank Sinatra transporta você para um outro mundo, real e irreal ao mesmo tempo, que pode ser o mundo de cada um de nós. Mais que ninguém, ele viveu a vida que cantou nas canções. Mais que ninguém, ele refinou a arte de interpretar poemas com melodia, a arte de dar vida às canções. Mais que qualquer outro cantor, ele cantava para você.

7.

Coisa de louco

O comentário na mesa ao lado, logo após o primeiro número na estreia de Betty Carter, quarta-feira, no Bar 150 do Maksoud Plaza, pôde parecer um pouco exagerado, mas, no decorrer da canção, qualquer expressão desse tipo serviria para sintetizar o que é Betty Carter: coisa de louco mesmo.

Desde a emissão inicial, fica-se regalado pelo verdadeiro prazer de ouvi-la. Aliás, antes de começar, quando o pianista Benny Green, 20 anos, preparava-se fazendo um longo arpejo, viu-se logo a qualidade de seus músicos. Essa é exatamente uma das preocupações na carreira da cantora, o estímulo a jovens como os de seu trio atual, com idade média de 22 anos. Outra característica de Betty Carter é seu desinteresse por um repertório digestível. Como ela diz várias vezes no show, gosta de misturar *originals* com *standards*, isto é, temas pouco conhecidos com canções que se reconhecem nas três primeiras notas, como "Body and Soul", "What's New", "Everytime We Say Goodbye" ou "Everything I Have Is Yours". É verdade que essas três primeiras notas nem sempre são cantadas exatamente como na melodia original. Essa transformação faz parte da prerrogativa das grandes cantoras de jazz, que, para cometer a ousadia de alterar uma melodia, precisam ter, além de apuradíssimo senso musical, um tipo de passaporte imaginário que lhes dê permissão para inventar sobre uma composição já feita. Betty Carter é uma das poucas cantoras que tem esse passaporte. Dessa maneira, seu espetáculo entusiasma especialmente a quem está familiarizado com o jazz, e não apenas com a música norte-americana.

O que se ouve é uma cantora com absoluto controle do que deseja fazer, jorrando cascatas de frases impecáveis, um banho de sons entrando pelos ouvidos, para deixar bem clara a diferença entre uma cantora e uma grande cantora. Seu fraseado segue uma linha de clara empatia com o *bebop*, em que a impressão generalizada é de que as notas, por serem curtas, são muitas e muito embaralhadas. Betty Carter consegue dar sempre a nota certa, clara e na intensidade correta, chegando a variações extremas com naturalidade: dos agudos aos graves, do delicado quase silencioso ao fortíssimo, do lento ao veloz, integrando sua voz ao som do conjunto piano/baixo/bateria.

O que chega a espantar é o fato de Betty Carter ser tão pouco gravada — na verdade, ela tem gravado no seu selo independente, o Bet--Car. Mas também espanta sua firme disposição de não se deixar levar pelas "mudanças de camisa" de certos grandes músicos, que acabam fazendo uma arte menor e tentam justificar suas atitudes da boca para fora. Ao manter sua postura de cantora de jazz e de quase desprezo pelo sucesso comercial, Betty Carter sabe que enfrenta uma barra. Mas tem a compensação maior para um artista: a mistura de admiração com a vontade de agradecer-lhe pelo bem que sua música faz aos ouvidos e ao coração.

(Publicado em 10 de junho de 1983 em *O Estado de S. Paulo*)

Notas em 2014

Tendo visto Betty Carter pela primeira vez em 1958 no Birdland, tive a sorte de revê-la poucos anos depois numa situação toda especial. Numa das viagens pela TV Record, no início dos anos 60, retornei ao Apollo Theatre para um show memorável de Betty Carter em dupla com Ray Charles. Conta-se que foi Miles Davis quem a recomendou quando o cantor resolveu formar dupla com uma cantora de jazz. O sucesso foi de tal ordem que originou um dos mais lindos álbuns de dueto com voz masculina e feminina, a exemplo de Sarah com Billy Eckstine ou Ella com Louie.

No palco, a figura de Betty não ajudava muito — uma magricela desengonçada sem charme algum. Provavelmente seria dispensada de cara por um produtor de megashows. Todavia, sua voz doce caía de encomenda para contrastar com o timbre meio rouco, com os gemidos e lamentos que vinham do fundo da alma do gênio. Um verdadeiro delírio para o público, praticamente de negros, que transbordava de alegria em meio à mais absoluta liberdade sugerida pela intuição musical de cada um, no que há de mais divergente do *bel canto*, o *soul*.

Foi o ponto de partida do único álbum dos dois juntos. Ouvi-lo me leva de volta àquela consagradora noite de Betty Carter, para mim a maior cantora de jazz de seu tempo. Não estou sozinho. Para a diva Carmen McRae, minha amiga querida, a também diva Betty Carter foi a maior cantora do jazz.

8.

A oferta do gigante

O espetáculo de sexta-feira última tem um significado muito especial para a Sociedade de Cultura Artística, após o reinício de suas atividades há quatro anos, suspensas pela ocupação de seu teatro pela TV Excelsior. Esse concerto marca o rompimento de uma barreira que ainda se julgava existir na música, a divisão entre música séria e música popular; na primeira, inclui-se a erudita, na segunda, o jazz.

A atual diretoria soube perceber em boa hora a necessidade de trazer para o público, colocando num mesmo plano, um grande pianista como Claudio Arrau e um grande saxofonista de jazz como Dexter Gordon, ambos considerados expoentes mundiais em seus instrumentos.

Como que compreendendo e aprovando essa atitude, a resposta foi testemunhada por todos que foram assistir ao inesquecível espetáculo de Gordon, desde já o mais forte candidato ao melhor do ano jazzístico em São Paulo. A resposta foi a calorosa ovação com que foram recebidos os quatro extraordinários músicos americanos, o líder Dexter Gordon, o baterista Eddie Gladden, o baixista David Eubanks e, surpreendentemente, o pianista Kirk Lightsey, que mostrou não ter sido esquecido por sua atuação no II Festival de Jazz de São Paulo.

Quando eles entraram, com o palco às escuras, parecia que estavam chegando do aeroporto; o baixista retirou a capa do instrumento para afiná-lo, Dexter fez o mesmo com o saxofone, cumprimentou o público e anunciou em seu estilo *sui generis* o primeiro tema: "*Once I had a secret love/ That lived within the heart a year...*", recitando, com sua voz cavernosa e envolvente, os versos iniciais de "Secret Love", balada sucesso de Doris Day, que foi tocada em andamento rápido. A manifestação do público, após o solo do brilhante Kirk, motivou uma segunda intervenção de Gordon, que voltou para uma magistral exibição: sua sonoridade arredondada, a intimidade total com o instrumento no aproveitamento desde os registros mais agudos aos mais graves, as conhecidas citações de trechos de outras melodias, que encaixa na medida certa e

Música com Z 417

com extraordinária habilidade, a descontração rítmica, a capacidade inventiva e renovadora e o rico fraseado resultante de um profundo conhecimento harmônico foram de imediato reconhecidos e fartamente aplaudidos.

A segunda música foi precedida pelo português-espanholado macarrônico do líder, falando sobre o compositor Antonio Carlos Jobim e recitando novamente, agora a versão para o inglês da letra de "Wave", "*When I saw you first/ The time it was half past three...*". Em seu solo, todos perceberam muito bem quando ele fez referências a trechos de "Garota de Ipanema" e "Samba de uma nota só", numa sensível homenagem à obra do mais admirado músico brasileiro no exterior.

O terceiro dos quatro temas foi um conhecido êxito da cantora Billie Holiday, a canção "Easy Living", na qual ficou claro o excepcional baladista que é Dexter Gordon. Não apenas na exposição repleta de sugestivas modificações, ou no improviso seguido por outro inesquecível solo de Kirk, mas muito especialmente na coda, quando, com a plateia em absoluta concentração, ele realizou *ad libitum* e sem acompanhamento uma verdadeira síntese de tudo que "Easy Living" poderia gerar em termos harmônicos e melódicos, um verdadeiro miniconcerto, carregado de tensão rítmica, que deixa o ouvinte preso ao jazz, querendo saber onde o músico vai conseguir levá-lo para mostrar, com sons, sua própria vida interior.

Finalmente, "Jumping The Blues", de Charlie Parker, o mestre do mesmo *bebop* em que Dexter se criou musicalmente, encerrou esse concerto triunfal, deixando viva a lembrança daqueles sons e a imagem desse gigante do jazz. Com seu tamanho proporcional ao talento, não será esquecida aquela figura, ora de braços abertos numa envergadura de quase dois metros, ora oferecendo a todos o precioso troféu: o saxofone-tenor de Dexter Gordon.

(Publicado em 13 de setembro de 1981 em *O Estado de S. Paulo*)

NOTAS EM 2014

Dexter Gordon já tinha deixado o público brasileiro boquiaberto no I Festival de Jazz, em 1978 no Anhembi, quando, três anos depois, retornou para esse concerto triunfal em sua última vinda ao Brasil. Ao visitá-

-lo no camarim antes do espetáculo, encontrei-o sentado diante do espelho iluminado tragando uma lata de cerveja que logo mais iria se empa-
relhar ao pelotão das dezenas já consumidas e enfileiradas sobre a bancada. Visivelmente alcoolizado, imaginei que iria desmontar antes mesmo
de começar a tocar. Nada disso. Ao caminhar para o centro do palco, o
gigante negro de cabelos brancos e olhos muito azuis ajeitou a boquilha
do sax para uma *performance* consagradora. Um mistério.

10.

Saloon Singer

Há ocasiões, raras, em que o crítico fica diante do dilema de ter de escrever o que ainda não foi dito, de encontrar uma nova abordagem sobre alguém que já recebeu elogios de todo tipo.

É quase um exercício de palavras cruzadas, na busca de um sinônimo inédito para somar à coleção de adjetivos com que já foi qualificado um artista máximo. É essa a situação de quem escreve sobre a segunda temporada de Bobby Short no Bar 150 do Maksoud Plaza, o extraordinário *saloon singer* que diplomou a cidade como uma grande capital do mundo em 1982. Pois, desta vez, sua sensibilidade e seu refinamento vêm acrescidos de requintes especialmente preparados para um público que não apenas o adora, mas também sabe reconhecer sua profunda cultura do chamado American Songbook, as centenas de canções dos mais notáveis mestres do ofício, que deram aos Estados Unidos a posição de número 1 na música popular deste século.

Seu refinamento começa, pois, na escolha do repertório: alguns clássicos que ele mantém quase que por imposição de seu público, como "Just One of Those Things", com aquele divertido recitativo, do qual a plateia participa, "Manhattan", o descritivo tributo à romântica Nova York dos anos 20, ou ainda "As Time Goes By", o imorredouro tema de *Casablanca*, ao lado das que ele pinça com a habilidade de quem conhece o reservatório das obras-primas. Duas delas são momentos culminantes do show nesta temporada: "There's a Small Hotel", de 1935, incluída no musical de grande sucesso no ano seguinte, *On Your Toes*, uma canção romântica maravilhosamente simples e direta, cuja letra fala da lua de mel num hotelzinho do interior americano — consta que existe mesmo, à margem do rio Delaware, um hotel que apregoa ter sido a inspiração dessa obra-prima. A outra é a maior criação da pouco conhecida cantora de *blues* Lil Green (1919-1954), "Romance in the Dark", que ela adaptou para um *blues* de 32 compassos, sobre a qual Bobby Short se agiganta como cantor e pianista de jazz de primeira grandeza.

Contando com o exemplar apoio de seus dois acompanhantes, Robbie Scott, baterista, e do estupendo baixista Beverly Peer, além dos corretíssimos naipes de sopro da Banda 150, dirigida por Hector Costita, Bobby Short supera sua inesquecível temporada do ano passado, reafirmando sua elegância e sua excepcional capacidade de descobrir e trazer à tona o fundo de sensibilidade que cada espectador tem dentro de si.

Além das qualidades de saber escolher o repertório, de espalhar emoção pelo ambiente em que canta, Bobby Short ainda se engrandece pela fidelidade às canções que interpreta. Aí, ele mostra ser um artista consciente de como aproveitar seu talento para levar a mensagem sonora de um povo, de uma época. À saída do 150, há um álbum triplo que o próprio Bobby preparou para essa temporada no Brasil. Levá-lo como lembrança é uma forma de reviver os momentos de um show inesquecível. Mas somente reviver. Para vivê-lo, só mesmo vendo e ouvindo Bobby Short. Um privilégio.

(Publicado em 24 de setembro de 1983 em O Estado de S. Paulo)

NOTAS EM 2014

Foi essa a segunda temporada de um sucesso retumbante de Bobby Short em São Paulo, mais uma vez por iniciativa do diretor artístico do 150 Night Club, Roberto Maksoud, com quem os mais exigentes frequentadores de bares paulistanos têm uma dívida sem conta. Um ano antes, Bobby Short havia estreado em grande estilo, elevando o Bar 150 à posição de atração *top* na vida noturna de São Paulo dos anos 80. "A temporada de Bobby Short é o mais chique passaporte visado ao estilo de lazer que esta cidade passou a ter em sua vida noturna, com as atrações do Maksoud Plaza." Este foi o fecho de meu comentário sobre sua primeira temporada no Brasil, publicada no *Estadão* em 19 de setembro de 1982.

Um ano mais tarde, celebraria meus 50 anos convidando cinquenta casais amigos para o show de Bobby Short no 150. Um festão. Nessa noite de 1983, fui homenageado com o bolo, trazido pelo inesquecível *maître* Prado, ao som do "Happy Birthday" puxado pelo elegante Bobby Short, o mais irresistível *saloon singer* americano de todos os tempos.

10.

Crossover

LAS VEGAS — A crítica especializada americana o considera o mais criativo e eletrizante astro da *country music* desde a morte prematura de Hank Williams num acidente de automóvel. De fato, Willie Nelson ultrapassou o círculo de emérito cantor *country*. Hoje ele é um dos mais queridos e solicitados artistas da música americana. Por isso, é perfeitamente natural que seja a personalidade mais destacada nos shows desta temporada na fabulosa Las Vegas.

É verdade que não há mais aquela profusão de shows individuais dos anos 60. Os tempos mudaram: os *big stars* estão cobrando cachês tão elevados que os grandes hotéis e cassinos preferem gastar fortunas em shows do tipo revista, com dezenas de figurantes, mulheres lindas e seminuas, montagens fantásticas e atos especiais com acrobatas, malabaristas, mágicos e cômicos, que podem ficar em cartaz meses seguidos com ligeiras alterações. Esses shows espetaculares estão em quase todos os hotéis de Las Vegas: *Jubilee* está no MGM Grand; *Folies Bergère 1982*, no Tropicana; *C'est Magnifique*, no Aladdin; *City Lites*, no Flamingo; *Beyond Belief*, no Frontier; *Moulin Rouge*, no Las Vegas Hilton; *Lido de Paris*, no Stardust, e outros. São estonteantes, com duas sessões por dia, ambas lotadas.

Mas a emoção vem mesmo dos astros. E eles, onde estão? Na mesma semana, além do superado e eterno frequentador de Las Vegas, Dean Martin, e do pouco conhecido no Brasil Robert Goulet, no Circus Maximus do extravagante Caesars Palace, com lotações esgotadas, o cartaz é esse grande cantor/compositor Willie Nelson e Família, como é denominado seu ótimo grupo de piano, gaita, baixo, guitarra e bateria.

No Brasil, Willie Nelson só se tornou conhecido há uns três anos, quando o LP *Stardust*, que continha sua interpretação de "Georgia on My Mind", foi lançado pela CBS, numa manobra de *crossover* em sua carreira. Provavelmente, com esse disco, contendo só *standards* americanos, Willie Nelson tenha de fato chegado ao grande público, além da esfera da *country music*, muito embora essas recriações estejam carregadas de seu envolvente sotaque *western* de puro texano.

Apesar de ter passado boa parte de sua vida artística, justamente os dias de vacas magras, no centro da *country music* — Nashville, no estado do Tennessee —, Willie Nelson divulga o Texas o mais que pode. Vive em Austin, a capital, e seu show tem como cenário a bandeira do estado. Com sua costumeira bandana, uma tira de pano colorido na testa, brinco na orelha e os cabelos longos, no momento de barba raspada, não é artista que procura mostrar falsa simpatia no palco. Sério, de poucos gestos e muito simples, trata de fazer o que sabe: tocar e cantar. Com o timbre anasalado e agradabilíssimo na região mais grave, ele leva uma vantagem tremenda na hora de interpretar qualquer música conhecida. Mas foi cantando suas composições que Willie Nelson trouxe tal vigor e tamanha contribuição à música *country* que lhe valeram o apelido de líder da ala esquerda de Nashville, a oposição ao tradicionalismo do *Grand Ole Opry*. Suas canções falam tão fundo sobre os *cowboys*, seus amores, suas ideias e sua bebida, que esses mesmos temas, geralmente desprezados pelos americanos do norte, atraíram os jovens do *rock and roll*, aumentando consideravelmente seu público, fazendo-os delirar também, ao lado dos texanos e seus vizinhos.

E como os texanos vibram com Willie Nelson! Jogam seus chapéus de *cowboy* para o ar quando ele começa uma música e, a certa altura, quase inevitavelmente, alguém da plateia lhe entrega uma garrafa de tequila, que ele abre com a maior tranquilidade, atira a tampa para trás e dá uma talagada no gargalo. Aí oferece para seus excelentes músicos. O público todo se empolga e, de pé, clama por mais música.

Os shows de Willie Nelson podem durar até duas horas, sem interrupção, com pouca fala e muita música da melhor qualidade. Ele consegue ser tão bom nos *blues* como nas *gospel songs*. E é justamente por reunir essas duas profundas raízes da *country music* com naturalidade que Willie Nelson é um cantor tão querido. O sucesso da atual temporada no Caesars já provocou uma convocação: em 18 de novembro, ele retorna para mais duas semanas no Circus Maximus, sucedendo *Mister* Sinatra. Willie Nelson pertence à classe dos cantores que o povo mais ama, ele é o grande menestrel da canção americana dos dias atuais.

(Publicado em 6 de novembro de 1982 em *O Estado de S. Paulo*)

Música com Z

Notas em 2014

A primeira viagem que fiz à capital da *country music*, Nashville, ocorreu em agosto de 1980. Nove anos depois, retornei à cidade para assistir mais uma vez ao célebre *Grand Ole Opry* no espetacular teatro que faz parte do impressionante Opryland, o complexo dedicado à *country music* com hotéis, restaurantes, parque de diversões e teatros com atrações variadas. Num deles, revi depois de muitos anos, e cantando lindamente, a baixinha Brenda Lee, que além do timbre bem semelhante ao de Kay Starr sabe usar com perfeição os vibratos em finais de frases, que, no Brasil, foram adotados como a mais detestável marca registrada das novas duplas sertanejas, tal o abuso com que são usados sem dó nem piedade, rebaixando um dos mais belos efeitos da técnica vocal ao que de há de mais chinfrim numa interpretação.

Posteriormente, a atração pela *country music* levou-me a conhecer outros dois centros temáticos focados na música que domina boa parte do interior americano. Branson, nas montanhas Ozark do Missouri, famosa pela sua Country Boulevard, ladeada de confortáveis e amplas salas de espetáculo, algumas estabelecidas pelos próprios cantores, como o Ray Stevens Theater, inaugurada em 1991, um ano antes dessa viagem. Na ocasião, ao assistir à legendaria Loretta Lynn, bastou que cantasse a primeira canção para que eu entendesse por que ela é considerada a maior intérprete *country* de todos os tempos. Não me recordo de ter ouvido outras com tanta naturalidade para cantar com expressão, sem desfazer de Dolly Parton, também uma das minhas prediletas.

Uma das mais bem-sucedidas carreiras no rico universo *country*, a loira peituda e adorável Dolly Parton associou-se a um parque que existia na pequena cidade de Pigeon Forge, no Tennessee, para transformá--lo numa espécie de Disneyworld *country*. É o espetacular Dollywood, também com vários teatros funcionando ao mesmo tempo, com atrações que se revezam em cada palco durante a temporada anual que, no meu caso, aconteceu na primavera de 1997. Em suma, viagens como essas me proporcionaram avaliar a grandeza e o poder da música *country* no interiorzão americano.

11.

Jumping Blues

Repetir quase diariamente por anos, de 1954 a 1961, interpretações impecáveis do repertório obrigatório da fantástica banda de Count Basie dessa época, deu a Joe Williams inesquecíveis momentos de glória. Mas também fez aumentar o desejo natural de abrir seus horizontes para uma atuação mais ampla, na qual pudesse orientar seus espetáculos como bem entendesse. Ou seja, não estabelecer roteiro de apresentação e deixar os shows correrem ao sabor do momento, da reação da plateia, inclusive atendendo a pedidos.

Assim, em sua atual temporada no Bar 150 do Maksoud Plaza, no primeiro evento internacional significativo do ano, o cantor dá, em cada noite, um espetáculo diferente. Tão diferente na seleção e na ordem das músicas quanto na própria duração, que pode chegar a duas horas de uma exibição muito à vontade, desprovida de formalidades, quase uma reunião de amigos em que um deles resolve cantar. Acontece que esse amigo cantor tem uma voz privilegiada, um refinado bom gosto na escolha do repertório, uma dicção cuidadosa e um polimento para cada canção, que até parece estarmos ouvindo uma gravação em estúdio, sem falhas.

Joe Williams não vacila e não erra, chegando mesmo a reproduzir determinadas inflexões tal qual em seus discos, como em "Bridges", sua aplaudida versão para "Travessia", de Milton Nascimento. Isso pode confundir quem ainda não assistiu ao show do 150 e levá-lo a imaginar Joe Williams como um intérprete mecânico, o que não é verdade. O vestígio de sua condição de vocalista de *big-bands* por excelência e o domínio absoluto sobre a técnica não impedem que ele tenha momentos de um verdadeiro mestre, como quando canta a belíssima balada "Lush Life", ou a conhecidíssima "What's New", ou "Green Dolphin Street", ou a sequência de canções de Duke Ellington, ou ainda a mais recente "Just the Way You Are", em que vocaliza o marcante solo de sax-alto de Phil Woods na gravação original do autor, Billy Joel.

Música com Z 425

Há ainda os *blues*, que merecem uma observação para os que não viram o show. Quando canta *blues*, seus grandes êxitos do período com Basie, Joe Williams não parece um cantor de *blues* na tradicional acepção da palavra, isto é, não canta *blues* em tom lamentoso, geralmente em andamento lento. O *blues* urbano de Joe Williams é um *jumping blues*, uma coisa meio dançante, mais chegada a um *boogie-woogie* ou a determinados clássicos das *big-bands*, como "In the Mood", "One O'Clock Jump", "Woodchopper's Ball" etc., que, por hábito, não são identificados como *blues*, embora o sejam estruturalmente.

Joe Williams é um intérprete de imensa experiência que consegue, aos 64 anos, manter o mesmo pique e o mesmo padrão de interpretação de quando tinha atrás de si a memorável banda de Basie. Às vezes, tem-se até uma espécie de sonho auditivo de eles estarem juntos de novo. É que Joe Williams é um grande cantor de *big-band*, talvez o mais adequado vocalista masculino dos últimos 30 anos nessa especialidade.

Com o capricho que dá a suas interpretações, as variadíssimas exibições de Joe Williams no 150 dão a essa temporada um toque singular: quem for, assistirá a um dos maiores cantores americanos; quem já foi, pode ir de novo, que vai se surpreender. Quase tudo será diferente. No mesmo nível.

(Publicado em 22 de março de 1983 em *O Estado de S. Paulo*)

Notas em 2014

A entrada em cena de Joe Williams quando *crooner* da *big-band* de Count Basie no Birdland de Nova York nos anos 50 e 60 era inesquecível. Anunciado como a atração máxima pelo próprio Basie, vinha trotando do fundo do palco até atingir o microfone à frente do naipe de cinco saxofonistas ao som da introdução de "All Right, Okay, You Win". Como um faminto, atacava com seu vozeirão eletrizante uma breve sequência de *blues*, fechando geralmente com os *"well oh well"* em "Roll 'em Pete", com seu estilo próprio e na mesma área que seu antecessor, Jimmy Rushing.

Embora totalmente diferentes, ambos se notabilizaram como os cantores ideais de *blues* à frente de uma *big-band*. Nos mais lentos, com as duas mãos postas em torno do pedestal do microfone, Joe assumia uma posição de prece ao *blues*. Sim, o *blues*, o tão simples e tão proveitoso formato de melodia e harmonia que os negros norte-americanos entregaram de bandeja à música universal.

Em sua carreira solo, Joe Williams foi aperfeiçoando seu timbre másculo para dominar também a intepretação de baladas e assim armar o repertório que o transformou num dos maiores cantores de jazz de todas as épocas.

12.

Suprema diva

COPENHAGUE — Há uma regrinha que nunca deve ser esquecida por quem frequenta shows no exterior: *sold out*, tudo vendido, não significa tudo perdido. Por isso, dar de cara com um *sold out* em qualquer dos shows de Diana Ross na recente turnê europeia não devia ser motivo para desanimar. Em Copenhague, onde ela cantou no final de setembro, os 4 mil lugares dispostos no Valby-Hallen, a preços entre 17 e 35 dólares, foram vendidos em pouco mais de duas semanas, quatro meses antes desse único show.

Sem esquentar a cabeça, o jeito é chegar uma hora antes do início, para sondar o ambiente. Uns 15 minutos daquele olhar do tipo de quem não quer nada, e o problema pode ser resolvido. Às vezes até sem o ágio, porque desistências sempre "pintam". Na plateia, loiros e loiras dinamarqueses vestindo de tudo o que se possa imaginar: do traje a rigor aos jeans e tênis, com muito cor-de-rosa *pink*, a nova moda. O entusiasmo do público, na maioria de 20 a 25 anos, é significativo.

Essa mulata esguia e atraente atingiu posição única no *show business*: nos últimos 20 anos, tornou-se a maior recordista feminina em vendagem de discos da história, com quase 60 milhões de exemplares. E mais, é uma das raríssimas que extrapolou a *pop music*, a exemplo de Willie Nelson, que não é mais apenas *country*, situando-se no fechadíssimo círculo de artistas de sucesso numa área nobre, a área de Frank Sinatra. Embora não cante melhor que Roberta Flack ou Aretha Franklin, para não falar de Billie Holiday, que ela própria protagonizou no filme de 1972, com indicação para o Oscar. Ela dirige sua milionária empresa Diana Ross Enterprises Inc., faz roupas nos mesmos costureiros da senhora Reagan, já foi fotografada pelos grandes magazines da moda e seu *staff*, numa turnê como essa, inclui motorista, maquiadoras, governanta, secretárias e assistente pessoal.

Antes de completar 21 anos, Diana Ross era uma aplicada integrante do trio de garotas The Primettes, em Detroit, que passou a se chamar The Supremes e despertou interesse de uma gravadora local que também começava suas atividades, na Motor Town, apelido da cidade, no início dos anos 60. Era a Motown. Em 1961, depois de terminarem o ginásio, o fundador e cabeça de gravadora, Berry Gordy Jr., contratou-as para os primeiros *singles* e para cantarem em clubes locais à noite, enquanto trabalhavam de dia como vendedoras. Por sua própria conta, Diana estudava costura e maquiagem, aprendeu a alisar os cabelos e teve aulas de desfile nas horas que sobravam. Das três, a gordinha Florence Ballard tinha a voz mais brilhante, Mary Wilson era um meio-termo, e Diana a mais comercial, quem dava peso ao grupo, a que mais se projetava em cena e fora dela. Em 1964, The Supremes atingiram os primeiros lugares das paradas, transformando-se em sucesso nacional e internacional. As três desejadas mulatas estrelavam shows em Las Vegas, expandindo-se além do circuito *rhythm and blues*, tinham uma agenda lotadíssima de shows vendidos a peso de milhares de dólares e deixavam um rastro de luxo por onde cantassem ou passassem.

Ao mesmo tempo em que Florence foi começando a ter problemas, Diana foi obtendo mais sucesso. Episódios paralelos a sua vida pessoal e profissional foram mais tarde apontados como causadores indiretos da decadência da ex-companheira. O fato é que, logo após a saída de Florence, em 1967, o grupo passou a se chamar Diana Ross and The Supremes, até que, três anos depois, Diana iniciou carreira própria, como desejava desde 1968, ao mesmo tempo em que, casada com o *big boss* da Motown, Berry Gordy Jr., recebia obviamente o máximo das atenções e dos privilégios, como estrela maior da gravadora. Tudo igualzinho ao enredo de *Dreamgirls*, musical de recente sucesso na Broadway, que ela se recusou a assistir, impedindo inclusive as três filhas de ver a peça. No palco, havia uma suposta lição de moral, o que na vida real não aconteceu. Florence Ballard morreu em situação desesperadora em 1976, enquanto Diana Ross, que já era um dos maiores sucessos no mundo, crescia sem parar. Nos negócios, na moda, assunto que adora, nos discos, com Marvin Gaye, com Lionel Richie, com Julio Iglesias, com seu *protégé* Michael Jackson ou sozinha; no cinema, em *Mahogany*, *O mágico inesquecível* e no próximo, *Naked at the Feast*, em que viverá Josephine Baker; e no palco.

Com mais de 20 anos de tarimba, Diana Ross entra no palco quase em cima do ataque inicial de uma banda simplesmente estonteante dirigida pelo guitarrista Michael Warren, com vestido longo e fechado, de *strass*, que acentua sua silhueta delgada e contrasta com a abundante cabeleira negra.

Aos 15 minutos de show, não hesita em descer à plateia, que a essa altura estava de mãos dadas, braços para cima, balançando o corpo no ritmo, cena já clássica em seus shows e aplicada por certa cantora brasileira. Literalmente no meio do público, ela abraça e beija espectadores, comenta as causas da gravação de "We Are the World" e agradece aos que responderam ao apelo dos artistas para combater a fome. Se o público já estava agitadíssimo, fica num "ouriço" incontrolável nesse contato direto. Depois, Diana sobe ao palco lembrando-se de Marvin Gaye, e canta "Since You've Been Away", quando a ágil iluminação produz um bonito efeito em azul e violeta, projetando sua silhueta nas paredes laterais da plateia.

Na segunda parte, outros sucessos: "I'm Coming Out", "Teach Out and Touch", "Chain Reaction", de seu novo LP, *Eaten Alive*, e até "I Cried for You", imortal criação de Billie Holiday. Mas aí, com sua voz adenoide, a diferença é cavalar. Não importa. Diana Ross domina o espetáculo alegríssima, saindo de cena pela primeira vez para voltar com um provocante vestido preto com prata, para cantar "Endless Love", em que o vocalista Bobby Glenn substitui brilhantemente a parte original de Lionel Richie. *Miss* Ross sai novamente e surge agora com um vestido branco, fazendo uma loucura; no meio da música, chama a vocalista Sharon Wade e entrega-lhe o microfone para que termine o show em seu lugar. Mas os aplausos não param, a banda tem de voltar e ela também. Com novo traje, ainda mais deslumbrante, para reviver os sucessos das Supremes. O público está alucinado, subindo nas cadeiras, aplaudindo e exigindo sua volta. Festa total de uma cantora acima das efêmeras Madonnas, uma mulata otimista adorada por audiências brancas e negras, que chamou a si própria de The Boss e prova saber conquistar tudo o que pretende.

(Publicado em 27 de outubro de 1985 em O *Estado de S. Paulo*)

Notas em 2014

Inegavelmente o envolvimento amoroso de *Miss* Ross com *Mister* Gordy, proprietário da Motown, impulsionou de modo veloz sua carreira ascensional.

A terceira cantora original das Supremes, Mary Wilson, tida como a mais amargurada após a consagração de Diana, permanece em atividade, tendo recentemente interpretado o repertório de Lena Horne, no espetáculo baseado na biografia da diva negra escrita por James Gavin. Nesse show em *tournée*, o autor atua como um condutor da história, alinhavando as canções.

Quanto à minha previsão sobre Madonna, não se confirmou. Felizmente para o êxito dos megashows que iriam predominar no cenário do *show business* anos depois.

13.

Um sonho!

Da mesma maneira que um compositor erudito ambiciona escrever uma ópera, consciente da totalidade artística que o gênero representa, alguns compositores populares também buscam num conjunto de canções envolvidas numa trama a ser encenada, ou seja, numa peça musical, a vitoriosa sensação de ter criado um espetáculo com forma, cor, movimento e som, ter gerado uma obra de arte cuja maior distinção é o esplendor de sua existência apenas no momento da realização.

Não há registro mecânico ou eletrônico que substitua a vida breve de um musical, que nasce e morre à vista do público. Assim, o espectador, de certa maneira, torna-se atuante na obra viva, como assistente que devolve com aplausos e lágrimas sua cota de participação nessa cumplicidade. Devolve com amor, o amor emocionado e típico do sentimento artístico que há no fundo do ser humano. Como aconteceu quarta-feira na estreia do balé *O Grande Circo Místico*, no Palace, que assim marca pela segunda vez sua presença no calendário artístico do ano em São Paulo.

Concebido a partir da poesia de um brasileiro, Jorge de Lima, encenado por artistas brasileiros, o espetáculo, que mescla música, balé, ópera, circo, teatro e poesia, mostra claramente o quanto se está andando para trás a cada vez que é importado, e montado com elenco nacional, um equivalente do exterior. *O Grande Circo Místico* é um triunfo de todos os seus participantes, logicamente dos dois talentosos e preparados autores de sua primorosa partitura, complementada com igual mérito pelo arranjador e diretor musical Chiquinho de Moraes. Esses dois admirados autores, Chico Buarque e Edu Lobo, parecem atingir juntos, e ao mesmo tempo, a maturidade que se desvendava desde o início de suas carreiras nesse tipo de projeto, com *Morte e vida severina*, em 1965, em que Chico fez a música, e *Os Azeredos e os Benevides*, em 1963, Edu também com a música. Especialmente para Edu Lobo, esse triunfo deve ter um sabor especial, depois que enfrentou opiniões bitoladas por decidir afastar-se para aprimorar sua técnica de composição. O resultado é que, sem esse estudo, provavelmente não teria condição de realizar o que conseguiu.

Independente da natural predileção do espectador por esta ou aquela canção do espetáculo, o preponderante é o conjunto de canções criadas e trabalhadas com o esmero de artesãos altamente capacitados, como o são Chico e Edu.

O Grande Circo Místico coloca-os numa situação, a partir de agora, diferente dos demais compositores brasileiros. O marco na carreira de ambos não é apenas o das canções isoladas do LP lançado, mas a partitura da peça toda, sendo assim lamentável que a gravadora Som Livre não tenha até agora, como foi prometido, editado o disco completo da mesma. Mencione-se apenas que nem a sensível participação de Paulo Tapajós em "A opereta da corte" nem o solo de piano de Tom Jobim em "Beatriz" constam do LP.

Destaque-se, todavia, a atuação dos cantores nesse resplandecente disco, em particular Milton Nascimento, Jane Duboc, Gal Costa, Zizi Possi, o estupendo Gilberto Gil, além dos autores Chico e Edu.

Enfim, um marco na arte brasileira, altamente recomendável para quem quer viver os breves momentos de uma emoção inesquecível.

(Publicado em 30 de julho de 1983 em *O Estado de S. Paulo*)

NOTAS EM 2014

Em 1982, meu estimado amigo Aramis Millarch, em torno de quem girou, enquanto viveu, grande parte da atividade cultural de Curitiba, comentava sobre o espetáculo em fase de preparação que iria estrear em sua cidade com o Balé do Teatro Guaíra. Antes mesmo da estreia, em 17 de março do ano seguinte, Aramis me presenteou com uma fita cassete, a prévia do futuro LP do espetáculo, em que alguns intérpretes ainda nem estavam definidos, caso de Gilberto Gil. Meu entusiasmo foi imediato e, mesmo não sendo gravações definitivas, tomei a liberdade de tocar algumas delas em meu programa na Rádio Jovem Pan. Seria o início da escalada de canções que se tornaram marcantes, especialmente a obra-prima de Edu Lobo e Chico Buarque, "Beatriz", com Milton e o piano de Cristovão Bastos.

Música com Z

Não pode passar em branco a exponencial partitura orquestral do maestro Chiquinho de Moraes, a meu ver o mais talentoso e admirável arranjador brasileiro de sua época. Além do resultado requintado, ainda conduziu a orquestra em *performance* irretocável. Realizou ambas as tarefas de tal forma que o resultado musical de *O Grande Circo Místico* acaba tendo obrigatoriamente um mérito tríplice de Edu, Chico e Chiquinho, cada qual na sua especialidade.

À laboriosa reunião de um elenco de cantores de primeira linha, deve-se acrescentar a participação de um time dos melhores músicos brasileiros em atividade, entre eles José Botelho (clarineta) na "Valsa dos Clowns", Hélio Delmiro (guitarra) e Hamilton Cruz (trompete) em "A história de Lily Braun", Maurício Einhorn (gaita) em "Meu namorado" e do baterista Paulinho Braga na levada das faixas rítmicas. Pois tudo isso foi cuidadosamente atingido pela produção de outro amigo que se foi, deixando um vazio na música brasileira, o produtor Homero Ferreira, meu querido Homerinho.

14.

A jovem de 88

Comentar *Miss* Alberta Hunter? Nada mais inglório para o crítico. Como descrever para o leitor o que foi a gloriosa noite de quinta-feira no Bar 150 do Maksoud Plaza? Como agradecer a essa senhora as alegres lágrimas que ninguém escondeu de ninguém? Como retribuir a sabedoria de vida expressa em suas palavras, bebidas com olhos e ouvidos pregados numa artista inabalável? Tem-se que falar pouco e refletir muito sobre esse fenômeno belo e nobre que, aos 88 anos, está cantando como ninguém, segundo a *Time*, forte como um cavalo, como ela diz.

Com um faceiro vestido azul, brincos e sapatos dourados, foi quietinha para perto do piano, com o 150 quase às escuras, para se preparar. Pouca gente percebeu sua caminhada até que fosse anunciada "com muita honra", é claro. Quando o *spot* se acendeu, lá estava ela, elegante e alegre, contagiando a partir daí os assistentes que espelhavam nos rostos a felicidade irradiada por aquela senhora iluminada.

"*C'mon, folks*", convidou *Miss* Alberta Hunter animadamente para que todos batessem palmas no ritmo das canções. E foi cantando, falando direto para o coração daquela criançada à sua volta, colocando no devido lugar a existência de cada um aqui na Terra, deixando a plateia suspensa, realmente nas nuvens.

Cantou "I Got Rhythm", exatamente o que ela tem, seu "Downhearted Blues", gravado em 1922, um *gospel*, "Ezekiel Saw the Wheel", capaz de transformar o 150 numa igreja batista, transbordou de amor em "The Love I Have for You", lindíssima composição sua de 1940, levou-nos ao céu em "Look for the Silver Lining", falou de seu presente e do futuro em "I'm Having a Good Time", cantou clássicos como "Darktown Strutters' Ball" e deu sábios conselhos sobre homens e mulheres em "A Good Man Is Hard to Find", em "You Can't Tell the Difference after Dark" e "Two-Fisted (Double-Jointed Rough & Ready Man)", e fez rir estrepitosamente a todos.

Dizer que *Miss* Alberta Hunter sabe entreter, ao fazer um show que cativa o público, é evidentemente um grosseiro pleonasmo. Mas é inacreditável a maneira como percebe e utiliza a reação da plateia para dominá-la e trazê-la para dentro do espírito de cada canção, seja do tipo que for. *Miss* Hunter atravessa com rapidez e facilidade o longo caminho de dois extremos, entre a mais dissimulada malícia, quando seus olhos sagazes são um convite à travessura, e a devoção, quando suas mãos de lida indicam o caminho certo.

Seus dois esplêndidos acompanhantes, Gerald Cook, pianista e diretor musical, e Vishnu Wood, contrabaixista, deram a *Miss* Hunter o correto suporte para essa magnífica noite. Uma noite inesquecível para rir e rezar, chorar e aplaudir uma mulher que orgulha o ser humano. Alberta Hunter, que mulher!

(Publicado em 8 de outubro de 1983 em O *Estado de S. Paulo*)

Notas em 2014

Oito meses depois, Alberta Hunter retornou ao 150 para nova temporada consagradora. Apesar de aparentar estar mais forte e rija nos seus 89 anos, tive a nítida sensação que jamais a veríamos novamente. Mais uma vez escrevi sobre ela, no texto publicado em 26 de maio de 1984, descrevendo-a como "uma cantora capaz de levar um show para cima, ganhando o público com a força de sua arte, a maravilhosa pregação de amor ao próximo. E, contrastando com esses momentos sublimes, a inacreditável vivacidade dessa mulher conquistadora que desvenda o relacionamento do homem e da mulher com uma tentadora malícia e provocações irresistíveis".

Alberta Hunter foi talvez a maior prova viva de que a música consegue rejuvenescer um ser humano.

De fato, fiquei com um nó na garganta quando soube de sua morte, em 17 de outubro de 1984, pouco mais de quatro meses depois desse novo encontro com a artista cuja energia no palco não se extinguia, por mais que passasse o tempo.

15.

Música rejuvenesce

No futuro, seremos invejados por termos assistido a Chico Buarque ao vivo.

Sua presença causa um *frisson* diferente em São Paulo, cidade onde iniciou sua carreira. O espetáculo de estreia foi o grande acontecimento social e artístico da noite desta quinta-feira; para ouriçar os que ficaram de fora, mas estão felizes com seus ingressos assegurados em outras noites da temporada que, prorrogada, seguirá até 8 de abril. Não tem como evitar, temporada de Chico Buarque tem que ser prorrogada.

Agora um enxuto sessentão chegando perto dos 70, ele oferece *Chico*, o espetáculo do CD em que escancara sua maturidade numa lindíssima suíte de dez novas composições. É a mais recente demonstração de um indômito criador de canções antenadas com seu tempo, de admiráveis músicas de seu lugar e de seu povo.

Mesmo que não queira, Chico será nestas semanas o assediado artista do público feminino, do qual ele entende como ninguém as inexplicáveis mudanças de rumo de sua intimidade. É a geração descendente das vovós e titias que lotavam a plateia do Teatro Record, que já decoravam suas canções, vibravam e cantavam agitando as letras nas mãos e se derramavam vendo o jovem de 20 anos. As moças daquela São Paulo, já agitada, mas ainda humana, haviam descoberto um ídolo além dos olhos verdes, alguém que tocava sua alma com canções. Um artista de roupa igual, que, no palco, nada mais fazia do que cantar. Nada mais.

Chico Buarque está de novo no palco da cidade para de novo cantar canções. A movimentação no *foyer* é perfumada pela ansiedade que se desmancha em frenesi até as luzes se apagarem. Ele entra pelo fundo, sob o cenário de uma gafieira em que mulheres e homens negros saracoteiam divertindo-se no salão. Na elegância do azul-marinho, calças, uma malha texturizada de mangas compridas e sapatos estilo Camper, sorrindo discretamente, Chico caminha rápido como de hábito até o centro para atacar as notas da primeira canção, "O velho Francisco". Sua jovem

Música com Z

voz anasalada é tranquila e segura, sua atitude é de absoluta concentração, sem firulas de qualquer espécie. Chico é quem mais fundo sabe cantar o que ele próprio inventou. Projeta exatamente o valor de cada palavra, a ligação com cada nota, o sentido explícito ou velado de cada frase, o ponto crucial das mensagens, desfrutando do prazer que lhe deu criar cada canção. Na medida exata, nada que falte, nada que avance. É o autor cantando sua própria obra, uma chance que não se deve perder.

Sereno, Chico não está no palco para se exibir. Está de volta ao samba com a sequência das dez canções maravilhosas do CD, esqueleto de um espetáculo cujo elo é ela, a mulher.

As moças que existem em toda mulher cantam em coro num vago eco de sua voz. Acompanham há muito a obra de Chico, conhecem as músicas desde a introdução, reconhecem cada faixa do novo disco, entoam com ele numa felicidade tão grande que não é justo criticá-las pela tietagem. Exagero? O ídolo é delas.

A plateia segue magnetizada, hipnotizada com cada número, familiarizada com as novas canções e embevecida com as que já amava. "Injuriado", "O meu amor", "Terezinha", "Sob medida", temas essencialmente femininos num roteiro que combina admiravelmente com as músicas do novo CD.

Ponto altíssimo do espetáculo, a cinematográfica e outrora malfadada "Geni e o zepelim", pela primeira vez num show de Chico, numa apresentação primorosa que inclui um dramático e fundamental desenho de luzes. Segue-se a descontração com os músicos, quando olha significativamente para o esplêndido diretor musical Luiz Claudio Ramos, diverte-se com o baterista Wilson das Neves, preparando o espetáculo para o final, com a obra-prima "Sinhá". Faltava porém a "Barafunda". Vem num quase bis, mais um complemento.

Como o Velho Chico que alimenta de vida e beleza quem vive em suas margens, quem navega em suas águas, também o velho Chico alimenta de vida e beleza quem canta suas canções. Entrou em cena sem esconder que atingiu a maturidade. O velho Chico sabe que música rejuvenesce.

(Publicado em 3 de março de 2012 em *O Estado de S. Paulo*)

16.

Primeiro *adieu*

PARIS — Certamente o ensolarado domingo de 14 de outubro não foi o que esperava grande parte da juventude parisiense. Os jovens amanheceram com o gosto amargo de uma derrota no campeonato do mundo. Na noite da véspera, bares e cafés de Paris estouravam de tão lotados com a moçada torcendo loucamente pelos *bleus*. Foi uma decepção. Perderam a semifinal para os ingleses, que há um século não conseguem derrotar. "A Inglaterra continua sendo a pérfida Albion", resumiu *Le Figaro*.

Desculpe decepcionar o prezado leitor julgando que estou escrevendo sobre futebol. "Copa do Mundo em 2007?", estará indagando intrigado. O campeonato em questão é de rúgbi, um esporte para o qual os brasileiros são tão indiferentes quanto para o críquete, o que já não acontece com os argentinos, que disputariam o terceiro lugar da Copa do Mundo dias depois. Nos anos 50, a mais bonita revista esportiva da América do Sul, *El Gráfico*, já estampava lindas reportagens coloridas sobre o desenvolvido rúgbi portenho, mas, apesar disso, ao contrário dos badalados profissionais da seleção francesa, os jogadores da Argentina são até hoje praticamente amadores: engenheiros, médicos e até um cantor lírico. Mesmo assim, impuseram nova derrota aos franceses na *petite finale*, dias depois, chutando a França para o quarto lugar.

Se a juventude gramava tristeza naquele domingo à tarde, os coroas estavam felizes, caminhando alvoroçados em direção à entrada do monumental Palais des Congrès para assistir a um espetáculo de seu grande ídolo. Tem 83 anos e há fortes indicações que este seja seu *adieu*. Comenta-se que desta vez ele se despede dos palcos para sempre. Seu nome é uma instituição na música francesa: Charles Aznavour.

Nas festas de casamento que se realizam no Brasil, há um momento em que o *disc jockey* se prepara para encher a pista de romantismo ao colocar a gravação de Aznavour de sua composição "The Old Fashio-

Música com Z

ned Way", o foxtrote suavemente dançante, na versão gravada em inglês. Nem bem a música começa, o efeito é fatal. Todos são tomados por um impulso amoroso e vão dançar com a mulher amada, de preferência *cheek to cheek*. Nesse caso, *joue contre joue*.

Nessa tarde, a plateia de 3.423 lugares do Palais estava literalmente ocupada por um público acima dos 45 anos, ávido por assistir a seu grande ídolo, quase certamente o último dos Grandes depois da morte de Frank Sinatra, com quem aliás ele gravou várias vezes. Acreditem, Aznavour está em plena forma física e vocal, com seu timbre ligeiramente arranhado e a dose de vibrato que é uma marca.

O baixinho de 1,60 m entra antes da orquestra atacar o primeiro número, vestido de negro dos pés ao pescoço, caminha elegantemente, sem desfilar, para o centro do grande palco, seu *habitat* de trabalho, onde comanda um espetáculo impecável, recheado das canções que todos ali conhecem de cor. Descreve a origem de cada uma com a autoridade de autor e a intimidade de um pai, cantando-as sem esforço, incitado pelo impressionante domínio com que desempenha a arte que teceu ao longo de sua vida.

Além de *Aznavoice*, como é apelidado, também pode ser *Monsieur Charm*. Com marcante naturalidade, Aznavour é um mestre no palco. Seus gestos são envolventes, usa o tempo e o espaço com tanta pertinência que poderia até prescindir do texto poético, e ainda estaria dando uma aula de interpretação vocal. Para acompanhar a expressão de suas mãos, valeria uma câmera cinematográfica exclusiva, captando uma hipotética lição destinada a cantores, aprendizes e diplomados.

No momento certo, recua até a coxia e retorna dançando consigo mesmo, envolvendo-se com o braço esquerdo pelo ombro direito enquanto esconde o microfone com o outro braço para interpretar em francês o célebre fox "Les Plaisirs démodés", que conquistou o mundo como "The Old Fashioned Way". Aznavour deixa a plateia emocionada, é impressionante como autor, é absoluto como cantor: "*Viens découvrons toi et moi les plaisirs démodés/ Ton coeur contre mon coeur malgré les rythmes fous/ Je veux sentir mon corps par ton corps épousé/ Dansons joue contre joue...*". Canta ainda "La Bohème", "Mourir d'aimer", "Qui" etc. O público aplaude como quem recebe uma dádiva. E é mesmo uma dádiva ver e ouvir Aznavour, que some na coxia depois de receber buquês de flores aos montes, saindo de uma vez após dois bis.

Possivelmente seja a derradeira chance. Pelo menos até o dia 10 de novembro, o último *chansonnier* canta em Paris. Quem se habilita? À moda antiga! Como indica o Guia Michelin para atrações excepcionais: "*Il vaut le voyage*".

(Publicado na segunda quinzena de outubro de 2007
no site *Opinião e Notícia*)

NOTAS EM 2014

Charles Aznavour prolongou sua despedida por vários anos, inclusive até 2013, quando se apresentou mais uma vez no Brasil aos 89 anos de idade.

17.

A grande surpresa

Há pouco mais de três meses, João Gilberto cantou e tocou no Tom Brasil em três noites inesquecíveis, belas, nos espetáculos generosos em que brindou a plateia com o *crème de la crème* de seu repertório e com encantadoras surpresas que retira de sua arca de tesouros. Numa das noites, não se fez de rogado ao ser solicitado a cantar "Saudosa maloca", interpretando-a com sua arrebatadora mestria, como se fosse uma música de sua autoria, como já é comum. João, a mais marcante referência dos maiores músicos e cantores do Brasil nos últimos 40 anos, conseguiu extrair belezas escondidas e jamais descobertas no mais que familiar samba de Adoniran. Com sua personalidade musical, carimbou uma música que já tem dono, embora não tenha a mais leve pretensão de competir com o autor.

Neste fim de semana, ele retorna à cidade, logicamente à mesma casa de espetáculos que o acolheu com carinho e inteligência desde a sua inauguração, o Tom Brasil. Preparem-se, pois, para assistir com som claro e luz afinada com a delicadeza do espetáculo àquele que é talvez o mais refinado artista da atualidade no mundo do *show business* internacional. Pensam que é exagero? Reflitam um pouco e vejam quem pode ser melhor que João Gilberto neste mercado de duplas bilhardárias que dispensaram a moda de viola, pagodeiros do samba falsificado e cantorinhas *Latin American* com gritos escabrosos taxados de *emotional* ou "com muita energia".

É preciso estar cem por cento atento a tudo que João Gilberto cria em cada uma das três vezes em que canta uma mesma canção. Uma é diferente da outra em sutilezas e detalhes quase imperceptíveis na forma como depura cada versão, com domínio absoluto do espaço sonoro. É preciso estar com uma parte do cérebro ligada ao violão tangido por seus dedos, em acordes emitidos cronometricamente no tempo justo, sem arpejos ou bordões, secos, precisos, insistentemente pessoais, preenchendo o que se idealiza para o ritmo sincopado e malevolente do samba. É preciso estar com a outra parte atenta para o seu canto, com afinação e dicção irretocáveis, sem ultrapassar um milésimo do necessário para alcançar a expressividade almejada, com fascinantes antecipações e junções de versos que nos dão a ilusão de supressão de compassos ou notas, mas que serão logo mais compensadas com repousos ou esperas magistralmente ajustados, enquanto o violão segue rigorosamente. É preciso juntar essas duas partes independentes e paradoxalmente coesas para perceber, e sentir no mais íntimo, o lado sublime dessa sensação paradisíaca que é o universo musical de João Gilberto, o artista do samba brasileiro que o mundo aplaude como um ser extraterreno. A não ser, é claro, com algumas exceções, como o desastrado crítico Clive Davis do *The Times*, de Londres, que positivamente não percebeu patavina do que assistiu na loira Albion. Azar dele.

João tem mostrado sua música em Londres, Nova York, Barcelona, Milão, São Paulo e outras grandes metrópoles, em salas com acústica e sonorização adequadas, como é óbvio para um artista como ele. Porém, na semana passada, ele proporcionou a mais inacreditável das surpresas aos oitocentos convidados da festa de confraternização oferecida pelo professor de direito Simão Benjó nos salões de festas do Le Buffet, no bairro do Rio Comprido, Rio de Janeiro.

Em meio ao regozijo da festa regada a champanhe e *scotch*, intercalados com casadinhos de camarão e bolinhos de queijo, os convivas transbordavam de alegria contagiante, no que os cariocas são imbatíveis, dançando ao som de um conjunto liderado pelo grande saxofonista Juarez Araújo, um desses músicos não suficientemente reconhecidos. Como complemento a essa festança, de amigos de profissão que não se viam frequentemente, havia ainda cantores semiprofissionais, alguns ex-alunos do professor que tinham se deixado levar pelo feitiço do palco em troca dos tribunais, exibindo seus dotes nos *recuerdos* da época de juventude: "Samarina", "Casa de campo" e outros *hits* dos anos 60.

A horas tantas, o professor Benjó pediu silêncio para revelar, em meio àquela plateia de causídicos em algazarra, uma grande surpresa. Para estupefação geral, anunciou "o maior cantor do mundo", João Gilberto. A essa altura, o próprio João já caminhava sozinho com seu violão em direção ao tablado, pedindo licença para abrir caminho entre os presentes, que simplesmente não acreditavam no que viam. "É ele mesmo", disse um deles à sua esposa ainda mais incrédula. João subiu um degrau, sentou-se na cadeira e, qual um monge, ouviu de cabeça baixa os fartos elogios do professor Benjó.

Começou então a cantar para uma plateia atenta e respeitosa, embora até aquele momento a zoeira que imperava não sugerisse que os oitocentos convivas fossem ficar totalmente submissos à doçura de sua arte, tocados então pela varinha mágica na forma de voz e violão. Atacou com dois versos que descreviam precisamente aquela cena *sui generis*: *"Isto aqui, ô ô, é um pouquinho de Brasil, Iaiá/ esse Brasil que canta e é feliz"*. O entusiasmo dos aplausos antecipou o que seria aquele recital inesquecível de João Gilberto.

Uma das gemas, que aliás já havia cantado no Tom Brasil em agosto, é um samba de 1945, sobre um pracinha da FEB que, voltando vitorioso ao Brasil, quer festejar o Carnaval à sua moda. Como João Gilberto descobriu e nos encantou com sua versão de "Carnaval da vitória", do obscuro compositor e cantor Rubens Santos em parceria com Leonel do Trombone? Faz parte de sua sabedoria. Depois cantou "O pato", mais do que as três vezes costumeiras, e ainda assim foi pouco, tantas foram as sutis novidades que introduziu em cada vez que entoou uma das mais jocosas composições da bossa nova. Atendeu ao pedido de "Esse seu olhar", interpretou entre outras "Ave Maria no morro", "Amor em paz", "Insensatez", "Retrato em branco e preto". Mais tarde, guiados pelo seu violão impecável, todos cantaram suavemente o "Chega de saudade" e, afinados, o "Desafinado", como se tivessem ensaiado exaustivamente na véspera. Alguém se aventurou a pedir "Minas Gerais", e João nem hesitou. Atacou *"Oh, Minas Gerais/ Oh, Minas Gerais/ quem te conhece não esquece jamais/ Oh, Minas Gerais"*, apenas isso, transformando essa canção tão simplória num verdadeiro *blues*, tal o sabor harmônico e melódico injetados sem ferir o original.

O compositor e intérprete ainda convidou o saxofonista Juarez, que, surpreendido, mal ajeitou a palheta para tocarem "Garota de Ipanema", em versão muitíssimo mais saborosa que a de Stan Getz. Ao final, João atacou de "Parabéns a você", dirigido a três aniversariantes, mudando o último verso para *"Muitas felicidades/ peço a Deus que lhe dê"*. Deve ser uma versão que ele conhece de Juazeiro, sua terra natal.

Ninguém imaginava a possibilidade de tal atração naquele ruidoso congraçamento, mas a arte de João Gilberto tinha conquistado a extravagante plateia. João encantou-a com o refinamento do ritmo que bate no coração dos cariocas, o samba genuíno. Sábado e domingo no Tom Brasil, será a vez dos paulistas ficarem flutuando com o samba na batata de João Gilberto. Brasileiro pra chuchu.

(Publicado no *Valor Econômico* em 7 de dezembro de 2000)

Notas em 2014

O privilégio de estar presente nesse inusitado momento da carreira de João Gilberto me foi proporcionado por sua gentileza, sobre a qual pouco se comenta sempre que se fala ou se escreve a seu respeito. Recebi um telefonema de seu empresário Otávio Terceiro convidando para a festa de homenagem ao advogado de João na ação que movia contra a gravadora EMI, Simão Benjó. Incluía também passagens aéreas para Ercilia, estada completa no Caesar Park, limusine à disposição, enfim, um convite próprio de um *grand seigneur*.

Mal tive tempo de conversar com João antes do show, quando nos encaminharam a uma saleta simples do clube improvisada como camarim, encontrando-o sozinho tomando um café com leite. Depois da última canção, como sempre e em qualquer lugar do mundo, esgueirou-se velozmente e desapareceu sem que alguém conseguisse alcançá-lo. Sumiu.

Por volta das três da manhã é que deu o ar de sua graça num delicioso telefonema que também, como sempre e em qualquer lugar do mundo, durou quase uma hora, incluindo interrupções habituais que ele costuma solicitar de repente, podendo durar alguns minutos sem que se saiba o motivo. Falou-se de tudo, até de música. Programa completo.

Esse é o João, ídolo reverenciado no universo, herói da canção brasileira.

VII. FIGURAÇAS

Prólogo

Conta-se que, certo dia, no Programa Silvio Santos, os membros do júri foram unânimes em atribuir nota dez a certo candidato, exceto a supostamente rabugenta Aracy de Almeida que, destoando, lhe concedeu cinco.

— Mas por que cinco, Aracy? — quis saber Silvio. — O candidato desafinou?

— Não, não desafinou.

— Cantou no ritmo, Aracy?

— Cantou sim — retrucou indiferente a maravilhosa cantora, que então era reconhecida como jurada, e não como a insuperável intérprete de Noel Rosa.

— Ah, já sei. Errou na letra? — indagou cada vez mais curioso o apresentador.

— Cantou a letra certa — afirmou Aracy.

— Estava malvestido? — insistiu Silvio para encontrar uma justificativa.

— Também não — respondeu a desbocada cantora, famosa pelas elegantes toaletes que usava.

— Então, se todos deram dez, por que o seu cinco? — retornou o já incomodado Silvio Santos para pôr fim à questão.

— Não acrescentou naaada!!!!! — arrematou tranquila Aracy de Almeida, engolindo com sua categoria os demais jurados ao mostrar a diferença que nenhum deles percebera.

Acrescentar é o que eleva a figura à figuraça.

Música com Z

1.

Antonio Rago

Situada praticamente no miolo do bairro paulistano conhecido como Bixiga, a igreja Nossa Senhora Achiropita concentra as atividades religiosas e festivas da região onde se abrigaram, no século XIX, os imigrantes italianos que, com os primeiros negros libertos, influenciaram fortemente os hábitos e atrativos do bairro, conservados até hoje.

Há controvérsias sobre a alcunha Bixiga, já que oficialmente o nome do bairro é Bela Vista. O apelido teria sua origem ligada ao hoteleiro Antônio Bexiga, em cujo rosto, a exemplo de Pixinguinha, a varíola teria deixado suas marcas. De qualquer modo, foi a partir da influência dos italianos da Calábria, que por lá se instalaram quando alugaram casas relativamente baratas, que os hábitos da região se estabeleceram, a ponto do calendário da paróquia da Achiropita passar a reproduzir tradicionais festividades da procedência de seus novos moradores. Nas quermesses realizadas em agosto, as barracas vendem *spaghetti*, *focaccia*, *cannoli*, *sfogliatelli*, entre as várias iguarias há muito familiares aos paulistanos de origem. Até os aclives do bairro lembram as regiões italianas de onde procederam os imigrantes.

As cantinas e pizzarias do Bixiga aguçam os fiéis que acabam de sair da Achiropita após a missa a uma incursão pela cozinha italiana difícil de resistir. No interior da linda igreja, tem-se a sensação de se estar num templo da Itália, embora em São Paulo. Os fundos dos afrescos, onde predominam o azul-claro e um amarelo-ocre, passam uma sensação de paz interior que combina como luva com a música de um dos mais famosos filhos do bairro, o violonista Antonio Rago. Ele e o maestro Sylvio Mazzucca, da orquestra de baile nos anos 50, são talvez os mais conhecidos músicos de São Paulo nascidos no Bixiga. Ambos descendem de italianos.

No dia 31 de janeiro último, celebrou-se, na Achiropita, a missa de sétimo dia da morte de Antonio Rago. Embora morando há anos no bairro do Paraíso, a alma musical de Rago sempre esteve no Bixiga, onde ele tocava violão com assiduidade.

Alto e simpático, um homem atraente, a despeito da careca precoce, contrabalançada pelos olhos verdes e uma voz que poderia lhe assegurar um cargo de locutor, Rago era tão fiel à família quanto à boemia. Foi um boêmio comportado, por mais contraditória que pareça tal afirmação. Certa vez, prometeu à sua mulher, dona Julia, com quem foi casado até morrer, que voltaria de uma excursão à Argentina depois de um mês. Ficou um ano. E entrou em casa como se tivesse cumprido a promessa. Rago também era de uma generosidade difícil de encontrar. Numa viagem a Porto Alegre, conheceu o futuro maestro Portinho. Semanas depois, o jovem gaúcho, com uma mão atrás e outra na frente, tocou a campainha de seu apartamento de três quartos. Pediu para ficar uma semana. Rago deslocou o filho para o quarto das duas meninas e instalou o amigo. Portinho ficou até se casar, seis meses depois.

A obra de Antonio Rago, com bem mais que cem composições, entre choros, sambas e valsas, é marcada por um sucesso nacional. Incluído na trilha do filme *Quase no céu*, em 1949, o bolero "Jamais te esquecerei", com letra de seu irmão Juracy Rago e interpretado pelo *sous-évalué* Osny Silva, teve repercussão retumbante.

Sabe aquele disco que tocava o dia inteiro, em todas as rádios, aquela música preferida pelos concorrentes dos programas de calouros nos auditórios, aquela música que se cantava a todo vapor e sem parar, ecoando pelos fundos das residências da cidade inteira? "Jamais te esquecerei" era assim.

Rago iniciou sua carreira artística tocando violão com dois grandes músicos, Armando Neves, o Armandinho, e Zezinho do Banjo, que seria o Zé Carioca. Passou depois a tocar o violão elétrico, a sonoridade com que se identificou pela maior parte da vida, embora continuasse tocando o violão clássico, que dedilhava com a perfeição do amor e a doçura do apaixonado.

A importância de Antonio Rago na música brasileira, no entanto, transcende a sua atividade de compositor e violonista. Em 1942, já era o chefe do regional da Rádio Tupi quando, apesar das retrógradas opiniões contrárias, introduziu duas mudanças fundamentais na instrumentação clássica: seu violão elétrico e o acordeom. A sonoridade do regional do Rago, presente na programação da Tupi do meio-dia até o encerramento, com o clarinete de Siles, o acordeom de Orlando Silveira e ele no violão elétrico, não tinha similar. Na base, dois violões, Petit e Carlinhos, o cavaquinho de Esmeraldino, pandeiro e contrabaixo, também uma inovação. Com esse grupo de primeira, cuja formação acabou sendo mais tarde copiada, Rago deu outro sentido ao conjunto regional do choro brasileiro. Ninguém mais achou um despropósito haver acordeom no regional do Canhoto nem no de Caçulinha. Ninguém mais achou um despropósito um solo de violão elétrico num regional. Principalmente se fosse com o músico que o tocou como devia, Antonio Rago, do Bixiga.

Para os presentes à missa, ficou óbvia a mensagem de saudade que tentamos lhe enviar: jamais te esquecerei.

(Publicado em 7 de fevereiro de 2008 no site *Opinião e Notícia*)

2.

Cartola

Por que os sambas de Cartola são lindos? Qual o mistério escondido em suas melodias que deixavam tanto o compositor Heitor Villa-Lobos quanto um passista desconhecido igualmente contemplativos e de queixo caído?

São lindos por serem delicados, graciosos, elegantes, primorosos, puros, enfim, porque qualquer outro sinônimo que o dicionário informe serve como uma luva para defini-los. Em cada um deles, desde "Chega de demanda", feito para o desfile da Mangueira de 1928, há sempre um certo momento, uma nota muito precisa, em que vem à mente um sinônimo de lindo. Nesse caso, ele começa dizendo: "*Chega de demanda/ Chega/ Com este time temos que ganhar...*". É aí, precisamente nas duas notas da palavra ganhar, que o samba tem o toque revelador de seu autor, o toque de genialidade de Cartola.

Às vezes, esse toque ocorre logo nas primeiras notas, como em "*A sorrir...*", de "O sol nascerá", outras vezes, lá pelo meio, como em "*queixo-me às rosas...*", de "As rosas não falam", outras, ainda, só no finalzinho, como em *abismo que cavaste com os teus pés*", de "O mundo é um moinho". Sempre há esse momento em que o ouvinte se desmancha de felicidade com o som do mestre Cartola, e aí algum sinônimo de lindo vem à cabeça da gente. Por isso é que se diz, a partir de Pedro Caetano, que "antigamente havia lindos sambas do Cartola".

Lindos, porque sua obra representa um dos mais ricos e legítimos repositórios do samba, capaz de provocar irrestrita admiração em todos os profissionais de nossa música popular.

Delicados, porque exalam, mesmo quando não falam em rosas da sua Mangueira, um doce e inebriante perfume que envolve gentilmente a homens e mulheres, aproximando-os em torno do amor.

Graciosos, porque há uma leveza, um certo volteio de valsa que se adapta com perfeição ao ritmo do samba, numa marcação compassada que mistura raças e cores.

Elegantes, porque, como seu autor, eles têm soluções refinadíssimas em todas as situações, quer nos momentos mais gloriosos, quer nos da mais profunda infelicidade, superando com cortesia adversidades e possíveis momentos de revolta que o mestre teve em sua vida.

Primorosos, porque sua concepção parece ter sido trabalhada por muito tempo, por meio de inúmeras tentativas que percorrem caminhos complexos, até chegar ao resultado mais natural, que afinal é de uma simplicidade a toda prova.

Puros, porque jamais traem as raízes que sua forte e luminosa personalidade teimou e soube manter intactas, revelando sem pudor seus sentimentos mais íntimos.

Essa é a obra musical que faz com que poetas e músicos se unam numa completa concordância, como só a música popular é capaz de provocar. Esses os momentos que Cartola deixa para que cada um retenha na memória uma passagem melodiosa de seus lindos sambas.

"Antigamente, havia os lindos sambas do Cartola." Esse "antigamente" é que a gente vai ter de engolir agora, com um nó na garganta. Porque, desta vez, a letra está valendo para sempre: antigamente, é antes do dia 30 de novembro de 1980.

(Publicado em 2 de dezembro de 1980 em *O Estado de S. Paulo*)

3.

Artie Shaw

Da mesma maneira que o saxofone parece ser o instrumento que melhor simboliza o jazz nos dias atuais, houve época em que o trompete era sua marca irrefutável. Logicamente por influência de seu músico mais expressivo, Louis Armstrong.

Na era do *swing*, porém, a imagem de um clarinetista com seu instrumento para o alto, passou a ser o novo emblema e, também, o mais instigante pretexto para que centenas de jovens americanos se decidissem a tocar numa *big-band* e, se possível, comandá-la tocando clarineta. Trabalhar em música garantia um bom futuro depois da depressão americana e, de contrapeso, ainda poderia gerar um bônus extra que as outras atividades não davam: as garotas.

A principal razão para esse sonho de uma geração era mais ou menos óbvia; das quatro maiores *big-bands* da época, duas eram lideradas por extraordinários clarinetistas: Benny Goodman e Artie Shaw. As outras duas eram as de Tommy Dorsey e Glenn Miller, ambos trombonistas. Em torno dos *hits* desses quatro músicos, a juventude americana dos anos 30 mergulhou de cabeça na dança do jazz branco, entregando-se ao mais expansivo divertimento daqueles dias, do qual só se afastaria após a Segunda Grande Guerra. Esses *hits* representam memorável coleção de reminiscências dessa geração, que se juntam às maravilhosas melodias do American Songbook. Esse era basicamente o repertório dançante dessas quatro e de quase todas as outras *big-bands*.

E por que *big*? Enquanto a formação dos grupos de jazz originários de Nova Orleans tinham cinco a sete elementos, a nova concepção padronizava-se em torno de treze a quinze figuras, geralmente três trompetes, dois ou três trombones, quatro ou cinco saxofones, e três ou quatro rítmicos (piano, baixo acústico, bateria e guitarra). Com essa formação básica, centenas de orquestras foram criadas para animar os bailes pelos Estados Unidos e, mais tarde, pelo mundo; milhares de músicos tinham trabalho, viajavam sem parar e certamente se divertiam com os bônus

Música com Z   455

encontrados pelo caminho; e milhões de discos eram vendidos, elevando o lucro das gravadoras a níveis nunca antes imaginados. Esse é o balanço numérico dessa era. O balanço artístico está nos discos da era do *swing*.

Artie Shaw foi o mais charmoso ícone dessa era. Além de charmoso, era inteligente, culto, articulado, exigente, conquistador, milionário, antissegregacionista e com fortíssima personalidade, sem falar de suas virtudes como músico. Tão firmemente decidido que, no auge da carreira, na iminência de ultrapassar o estágio de músico para o de celebridade, resolveu parar de estalo e mandou tudo às favas. Saiu de cena como uma Cinderela no meio do baile. Ninguém jamais fez isso, nem Frank Sinatra, nem Elvis Presley. Como diria um romancista da antiga, "aos diabos os dólares!".

Em novembro de 1939, durante uma *performance* no Cafe Rouge do Hotel Pennsylvania de Nova York, na fase mais auspiciosa de sua orquestra, ele recebeu um pedido de uma dama para tocar uma rumba. "Minha senhora", respondeu, "você está no lugar errado." Eram 11 da noite, Artie abandonou o palco, o fiel saxofonista Tony Pastor assumiu, ele reuniu os músicos no seu apartamento do hotel e foi direto ao assunto: "Para mim, chega". Pediu aos músicos que elegessem um novo líder, e assim o saxofonista Georgie Auld assumiu o posto. Artie foi para o México, passou a fazer esporádicas aparições e, sempre cercado de grandes músicos, cumpriu o contrato com a gravadora, obtendo cada vez mais sucesso, em interpretações fulgurantes como o *Concert for Clarinet*, de tempos em tempos liderou vários pequenos conjuntos, também com grandes músicos, resolveu ser fazendeiro, foi morar na Espanha e passou a escrever muito mais do que tocar. A escrever e a refletir sobre música, sobre artes, sobre seu tempo. Escreveu um romance.

Em 1954, após uma temporada de cinco semanas no The Embers, de Nova York, reuniu um grupo de músicos para gravar à vontade, até "se aproximar ao máximo do que tinha em mente". Foram suas famosas *Final Last Sessions*, que devem ser reeditadas em cinco CDs, acompanhados de um livreto de sua autoria que, sozinho, vale o preço do álbum *The Last Recordings*. Entre as músicas, estão duas novas versões de dois de seus memoráveis sucessos, "Begin the Beguine" e "Stardust".

"Begin" foi gravada pela primeira vez em 27 de setembro de 1938 e alavancou o nome de Artie Shaw, nascido em 1910, no cenário musical americano.

Após estudar saxofone desde os 12 anos, aos 15 já tocava em várias orquestras fora de sua cidade, New Haven, Connecticut. Artie adorava os discos dos jazzistas negros, como Louis Armstrong, que ouviu pela primeira vez em Chicago nos anos 20, embora seu maior ídolo fosse o trompetista Bix Beiderbecke. Tocando em Chicago, em 1930, interessou--se pelos clássicos modernos, como Stravinsky, Bartók e Ravel e, quando em Nova York, ia ouvir o pianista Willie "The Lion" Smith, no Pod's ou no Jerry's. Atuou como músico de estúdio e foi convidado para um concerto no Imperial Theatre. Em 24 de maio de 1936, Artie Shaw, tocando clarineta, liderou a formação um tanto esdrúxula de dois violinos, viola e celo, ou seja, um quarteto de cordas e mais um naipe rítmico sem piano, de guitarra, baixo e bateria, interpretando sua composição *Interlude in B Flat*, que, para sua surpresa, foi recebida com invulgar entusiasmo. Contratado para uma turnê de nove meses, com uma orquestra também inusitada, gravou trinta músicas na etiqueta Brunswick.

Em março de 1937, Artie Shaw montou a banda com outra formação, na qual era o arranjador, e, no ano seguinte, contratou Jerry Gray como arranjador fixo e assinou com a etiqueta Bluebird, da RCA Victor. Para sua primeira sessão na RCA, Artie teve que argumentar com o diretor por ter escolhido uma canção pouco conhecida de Cole Porter, numa levada suingada de Jerry Gray, completamente diferente da ideia do autor. A banda toda despontava logo de início, junto com os toques precisos do baterista Cliff Leeman, e, em seguida, vinha o tema com o suave e envolvente clarinete de Artie Shaw, depois com o naipe de saxes entremeado com o clarinete, para mais tarde dar lugar ao solo de sax--tenor de Tony Pastor. Artie voltava, desta vez em agudos impecáveis e secos, finalizando com a banda toda na melodia de Porter, num glissê arrematado numa nota agudíssima. Aí começaram simultaneamente duas histórias, a de "Begin the Beguine" e a do novo ídolo, Artie Shaw e sua *big-band*.

Da noite para o dia, milhões de discos foram vendidos e novos sucessos retumbantes com Artie Shaw e sua orquestra passaram a ser ouvidos por muitas décadas: "Frenesi", que ele pinçou no México e no qual voltou a incluir cordas na orquestra, "April in Paris", "Stardust", com o brilhante solo do trumpetista Billy Butterfield, e outros. Ao mesmo tempo, Shaw gravava com um quinteto de músicos da banda, o Gramercy Five, no qual o pianista Johnny Guarnieri era um dos destaques.

Em 1941, ele organizou uma nova banda para gravações, incluindo o estupendo trumpetista negro Oran "Hot Lips" Page, o trombonista Ray Conniff e o saxofonista Georgie Auld.

Após uma passagem pela Marinha, quando também organizou uma

banda, reuniu em 1945 novos músicos para outras gravações: o trompetista Roy Eldridge e o guitarrista Barney Kessel eram dois deles. Quatro anos mais tarde, formou outra *big-band* no estilo *bop*, na qual Al Cohn, Zoot Sims e Herbie Steward estavam nos saxes, Don Fagerquist no trompete e Dodo Marmarosa ao piano. A turnê foi cancelada por Shaw quando ele foi praticamente obrigado a tocar velhos *hits* de anos anteriores e negou-se a fazê-lo. Em vez disso, dissolveu a banda e, para fazer frente ao prejuízo, arregimentou doze músicos sem a menor expressão, adquiriu arranjos *standards* do *hit parade* e levou a turnê até o final, recebendo os maiores elogios dos promotores por tocar o que o público queria ouvir. Fora isso, não sobrou nada dessa banda.

As preferências entre Artie Shaw e Benny Goodman têm sido um ponto de fissão entre dois campos que, mesmo não sendo antagônicos propriamente ditos, formaram torcidas diferentes. Isso vale para clarinetistas, músicos ou aficionados. Até mesmo no Brasil, e não por simples coincidência, na época áurea dos bailes animados por *big-bands*, como os de formatura nos anos 50, havia duas orquestras rivais, a de Severino Araújo e a de Zaccarias, ambos clarinetistas, evidentemente. Cada um com seu estilo, ou Goodman ou Shaw.

Os jazzófilos também mantinham essa divisão de correntes, cada grupo com fundadas razões. É fato que, se Artie Shaw é mais *cool*, mais musical, mais profundo, com um fraseado jazzístico, Benny sempre foi mais *hot*, com sua técnica prodigiosa, suas frases e combinações empolgantes. Ambos foram líderes rigorosíssimos, ambos tentaram e conseguiram promover a integração de músicos negros em suas bandas brancas, mas Benny foi odiado por seus comandados, que contam histórias do arco da velha de suas inacreditáveis atitudes de ciumeira ou de seu famoso olhar com que fuzilava, como um raio X, quem vacilasse.

A diferença entre os dois pode ser avaliada pela conversa que tiveram certa vez durante um almoço. Benny insistia em falar sobre outros clarinetistas quando Artie interrompeu-o perguntando:

— Mas, afinal, por que falarmos tanto de clarinetistas?

— Mas não é esse o nosso instrumento? — respondeu-lhe Benny.

— Você toca clarineta, Benny, eu toco música — arrematou Artie.

Além do mais charmoso ícone do *swing*, Artie Shaw foi o mais glamoroso *bandleader* dessa era. Conquistou os corações de belas mulheres, casou-se oito vezes, com mulheres como Ava Gardner e Lana Turner, e formou nove bandas diferentes, uma melhor que a outra. Uma a mais que as esposas.

Artie Shaw tem 91 anos, sendo, portanto, o último *bandleader* vivo de sua época. Levando uma vida entre seus livros e quadros, atento ao que acontece no jazz, é o entrevistado de uma das principais matérias da última edição da revista *DownBeat*.

(Editado a partir do texto publicado em novembro de 2001,
no programa do Teatro Alfa, em São Paulo, para a temporada de
Buddy DeFranco e a Artie Shaw Jazz Orchestra)

Notas em 2014

Artie Shaw, ou Arthur Jacob Arshawsky, morreu aos 94 anos, em 30 de dezembro de 2004.

4.

Carmen Miranda

Com exceção de duas músicas, o choro "Tico-tico no fubá", conhecido há anos e tocado em outro estilo pelos pianistas de Nova Orleans, e o samba-exaltação "Aquarela do Brasil", gravado à beça no exterior com o título de "Brazil", tudo o que se sabia sobre a música brasileira no resto do mundo até a chegada da bossa nova resumia-se a dois nomes próprios: Carmen e Miranda. Afora isso, nada mais. De 1940 a 1962.

Carmen havia brilhado no Brasil como nenhuma outra cantora durante a década de 30, a chamada Época de Ouro da música popular brasileira. A entrada em cena foi rápida e retumbante — seu terceiro disco, a marchinha que seria celebrizada como "Taí", abriu as portas do sucesso para ela e para a gravadora Victor, então no segundo ano de atividades no Brasil. Era inevitável que se tornasse a primeira estrela da companhia, uma celebridade no ambiente das cantoras que flertavam com um incipiente profissionalismo. Carmen não, era "profissa" antes mesmo de entrar em estúdio pela primeira vez.

Nos quase dez anos seguintes, o repertório de Carmen seria uma divertida fotografia em preto e branco daquele Rio das confeitarias e das palhetas, um bocado diferente da capital 20 anos mais tarde, e mais ainda de 1960 em diante. Mas então em que medida o fon-fon das buzinas das baratinhas ou o dim-dim dos condutores de bonde, que servem de pano de fundo não explícito nas suas gravações, podem despertar algo mais do que mera curiosidade em quem vive no mundo de hoje? É algo semelhante ao que está presente nos imaginativos solos do cornetista Bix Beiderbecke com os Wolverines ou nas esplêndidas melodias de Mischa Spoliansky que nos remetem, *de per si* e respectivamente, à fascinante Chicago dos gângsteres nos anos 20 e à fervilhante Berlim dos permissivos cabarés no período entreguerras. É algo sutil que nos leva, mais que simplesmente a reviver uma época, a vivenciar uma quarta dimensão da história por meio do mais belo dos testemunhos, o da arte. E dela, a forma mais etérea, a música. É algo decorrente da singular percepção, provavelmente instintiva, de Carmen Miranda quando decidia o que gravar. É algo que só existia de fato nas suas *performances* de palco com balangandãs, turbantes, sandálias plataforma e tudo o mais, porém que está fortemente presente na imaginação de quem ouve seus discos.

São eles, para nós bem mais que os filmes de Hollywood, a valiosa herança do capítulo da arte popular brasileira que reúne um recorde de 286 gravações em menos de 10 anos, originalmente em 78 rotações, cujos rótulos estampam, abaixo dos nomes dos autores de cada canção, o dessa intérprete que soube combinar sua voz com uma figura cênica ímpar, no nível de Charles Chaplin.

Devido à profusão de inusitados elementos visuais e aos trejeitos que personalizaram seus espetáculos em circos, auditórios de rádio, teatros e cassinos, bem como nos filmes em que atuava, Carmen era uma cantora fácil de ser caricaturada, como fez, como exemplo, a vedete Gina Le Feu em *Tio Samba*, um musical dos anos 60 produzido no Teatro Record.

Mas a essência da Carmen veio mesmo à tona em tributos consideravelmente mais marcantes, quando Ney Matogrosso e Ná Ozzetti realizaram, em momentos diferentes, magistrais recriações de seu repertório baseados no que se ouvia em seus discos, reveladores do estilo da cantora.

O *it* de Carmen é que ela tinha bossa. E tanta que, a partir do seu "Taí" para o Carnaval de 1930, o gênero marchinha começa de fato a existir nas canções dos quatro dias de folia, até então francamente dominadas pelo ritmo do samba. E assim, ditada pela bossa de Carmen, a marcha carnavalesca passou a ser um gênero fértil na música brasileira, representando, por mais de 20 anos, o quadro pitoresco e de fácil memorização de acontecimentos e de pensamentos vistos sob a ótica da pândega ou da crítica social.

A bossa é a fonte que faz a diferença da nossa canção popular para quase todas as demais. Assim como João Gilberto é efígie da bossa nova, Carmen era da bossa. Foi o que encheu os olhos do seu descobridor, Josué de Barros, do compositor Joubert de Carvalho, do empresário americano Lee Shubert, que a levou para a América do Norte mesmo tendo de aceitar o contrapeso do Bando da Lua. Lá chegando, Carmen, com seu inglês arrevesado, encantou os *horn hill corn hill*, habituados à perfeição visual e sonora da Broadway. Por quê? Porque além da exótica figura esfuziante em cena, a voz de Carmen tinha a luminosidade que projetava contagiante alegria nas marchinhas e nos sambas ingênuos na letra e na melodia. Se, no Brasil, suas gravações foram diretamente para a boca do povo, os chica-chica-bum foram adotados pelos americanos. O *South American way*.

Da mesma forma como criara uma fantasia no imaginário dos brasileiros e argentinos que a assistiram nos anos 30, Carmen foi consagrada como uma *bombshell* entre os *yankees*. Foi pioneira ao ensinar-lhes a bossa, o jeitinho brasileiro, a solução alegre, improvisada e surpreendente que atraiu os mais sequiosos em ir um pouco além do que sabiam sobre aquele povo diferente, *south of the border*.

Com Carmen Miranda, a bossa começa a vir à tona na música brasileira, a bossa de Lamartine Babo em "Moleque indigesto", de Assis Valente em "Camisa listrada", de André Filho em "Bamboleô", de Vicente Paiva em "Diz que tem", de Sinval Silva em "Adeus batucada", de Ary Barroso em "No tabuleiro da baiana", de Dorival Caymmi em "O que é que a baiana tem?".

Com a dose apimentada de malícia que injetava nos versos, com a graça que concebia por conta própria na melodia, Carmen havia moldado seu estilo notável. O historiador Jairo Severiano acerta duas vezes quando define esse estilo como ingênuo e sensual a um só tempo. Se a canção era ingênua, Carmen a incrementava com sua sensualidade, se maliciosa, trapaceava com falsa ingenuidade.

Carmen é das que dão vida à música, como Bessie Smith, Edith Piaf, Ray Charles, como Elis Regina, Bola de Nieve, Loretta Lynn, como João Gilberto e não muitos mais. Carmen Miranda fazia viver uma canção.

(Publicado em 8 de fevereiro de 2009 em *O Estado de S. Paulo*)

5.

Duke Ellington

Até um aficionado de jazz provavelmente nunca ouviu falar dos The Whoopee Makers ou de Joe Turner and His Memphis Men, ou ainda de The Harlem Footwarmers. Acredite se quiser: esses eram alguns dos nomes fantasia usados legalmente na época para disfarçar a identidade da The Duke Ellington and His Famous Orchestra. Dessa maneira, gravaram "The Mooche" na etiqueta Pathé, e o mesmíssimo tema, mas com grafia diferente, "The Mooch", na Velvet Tone. Ideia, que perdurou até setembro de 1933, de seu empresário, editor e parceiro até certo ponto Irving Mills.

Com esse artifício, doze músicos notáveis como o clarinetista Barney Bigard, o trompetista Cootie Williams, o saxofonista Johnny Hodges e o pianista Duke Ellington puderam gravar num estúdio da RCA na rua 42, em Nova York, na tarde de 10 de dezembro de 1930, uma revolucionária página da história do jazz, "Mood Indigo". Era o mesmo tema já gravado em 30 de outubro no selo Okeh, que, por sua vez, era igual a "Dreamy Blues", gravado 13 dias antes na Brunswick.

Essas histórias incríveis fazem parte do *puzzle* que é a intrincada discografia de Ellington, desvendada passo a passo através dos anos por especialistas do mundo inteiro, amadores ou não, que não se cansam de estudar sua obra monumental, revelando até gravações inéditas. Entre eles, o produtor Orrin Keepnews, responsável pela produção da monumental caixa de 24 CDs para a RCA celebrar o centenário do mestre, *The Duke Ellington Centennial Edition, The Complete RCA Victor Recordings (1927-1973)*. Keepnews liderou uma equipe de engenheiros e escolheu eminentes autores para analisar com profundidade aspectos da obra gigantesca dessa personalidade única na arte musical, Edward Kennedy Ellington, ápice entre os músicos do século XX.

Mesmo nas mais frugais composições, Duke tem uma originalidade harmônica sofisticada, às vezes concentrada num único acorde da primeira para a segunda parte, e vice-versa, fator determinante num aspecto fundamental: se não conhecer harmonia, o músico não percebe como se

Música com Z
463

dá essa passagem e não sabe que rumo tomar. Também fundamental porque é a chave para que sua obra vaze para o patamar dos clássicos. Ademais, essa obra esplendorosa, e mais quaisquer outros adjetivos elogiosos que se lhe queira atribuir, tem uma característica sem paralelo na história: foi escrita e gravada precisamente como o autor a concebeu. É dessa forma que ela se acha à disposição, como som, e não apenas como papel. Está registrada em definitivo nos discos realizados pelo seu autor, na tripla função de arranjador/pianista/regente, exercida durante 48 anos sem interrupção, no comando de dezenas de músicos que integraram sua orquestra. Músicos que ele mesmo escolheu, e para quem escreveu boa parte dessa obra, deve-se acrescentar. Diz-se que Duke nunca dispensou um deles, simplesmente deixava-o sair. Invariavelmente voltavam, muitas vezes para atuar mais dez anos. Era seu *modus vivendi*; em tempos de vacas magras, sustentou a banda com a renda de seus direitos autorais. Seu instrumento era intocável.

As gravações da orquestra de Duke Ellington são um tratado de música neste século. É fascinante penetrar fundo nesse universo. Não são apenas partituras de suas composições, como seria o caso de um Mozart. Nem as versões gravadas por cantores e músicos, como na obra de Gershwin ou Cole Porter, que gravaram, eles mesmos, uma parcela reduzida do que compuseram. O extraordinário, no caso de Ellington, é que se tem acesso às múltiplas versões sonoras da totalidade do que concebeu. Podemos ouvi-las todas, como ele as imaginou e deu-lhes vida. Pode-se estudar a obra de Ellington nas colorações originais e nas subsequentes de seus temas instrumentais, de suas canções e suítes, de concertos, trilhas, balés etc. Tudo que Duke Ellington produziu nos seus 75 anos bem vividos está a nosso alcance pelos discos de estúdio, de programas de rádio, transmitidos de clubes noturnos como o Cotton Club nos anos 30, de gravações piratas, de shows ao vivo em teatros ou festivais, enfim, de captações sonoras de onde se possa imaginar, proporcionando inúmeras versões de seus temas. Cada versão é uma incursão diferente, uma transformação em que o autor renova sua criação sob um novo ângulo. De fato, as frequentes modificações de arranjos e improvisos, naturalmente inerentes ao jazz, abrem um leque considerável para cada gravação, ainda que com os mesmos músicos. Além disso, numa sessão de gravação eram registradas eventualmente várias tomadas de uma só música, e, assim, várias versões puderam vir à tona.

Uma considerável parte desse universo inesgotável foi incluída nessa caixa, que contém quase tudo o que Ellington gravou na RCA Victor durante os períodos em que foi seu contratado. O primeiro período, que ocupa sete CDs, abrange os cinco anos daquela farra de gravadoras diferentes e mais um ano na RCA, a partir de setembro de 1933. Nele foram gravados "Creole Love Call", com a memorável participação da cantora Adelaide Hall imitando um trompete com surdina respondendo à melodia do trio de clarinetas; o excitante *jumping* "Ring Dem Bells" e o "Mood Indigo" em que Duke simplesmente inverteu a distribuição natural do clássico trio melódico de Nova Orleans: enquanto as vozes média e grave do trompete e do trombone tocam a melodia abafada com surdina, a clarineta, normalmente aguda, desceu para os registros graves, criando um *mood* misterioso e jamais ouvido antes.

Duke deu sentido orquestral à polifonia clássica do trio de vozes solistas clarinete-trompete-trombone do estilo Nova Orleans, ampliando gradualmente o grupo dos seis elementos originais que com ele vieram de Washington tentar a sorte em Nova York meses antes do *crack* de 1929. Com músicos excepcionais, incluindo dois nativos de Nova Orleans — o clarinetista Barney Bigard e o baixista Wellman Braud, além de Bubber Miley, que fazia o trompete cantar como voz humana usando surdina de borracha —, ele criou o estilo *jungle*, marca dos shows no Cotton Club, onde a orquestra tocou por vários anos nos chamados *floor shows*.

Em 1940, Ellington foi recontratado pela RCA numa temporada que durou seis anos. Era o único negro cujos discos seriam lançados pelo selo Victor, e não pelas suas subsidiárias menores. Na mesma gravadora, estavam "apenas" Tommy Dorsey, Artie Shaw e Glenn Miller vivendo a fase áurea do *swing*. Foi nessa época que Ellington montou sua mais brilhante corporação, que, se for ouvida com isenção de ânimo, dá um banho de originalidade, *swing* e riqueza nas acima mencionadas *big-bands*, brancas por certo. Bom, talvez eu tenha exagerado um pouco, mas atentem para estes fatos: até 1935, nenhuma dessas três orquestras existia, enquanto Ellington já gravara dezenas de discos, entre eles suas composições "Mood Indigo", "Sophisticated Lady", "Solitude", "In a Sentimental Mood", "Rockin' in Rhythm", "It Don't Mean a Thing". E mais, em 1960, nenhuma das três bandas permanecia na ativa, ao passo que a de Ellington superara a *Swing Era*, sendo reverenciada pelo mundo.

Vale relembrar que, nos anos 40, Duke dirigia a mais perfeita trinca de trombones da história: Joe Nanton, Lawrence Brown e o porto-riquenho Juan Tizol, compositor de "Caravan". Duke, que portanto já havia sacado a latinidade, ainda contava com o prodigioso baixista Jimmie

Blanton, em sua breve carreira de dois anos, com o grande mestre do sax-tenor Ben Webster, com os trompetistas Rex Stewart e Ray Nance e com seu *alter ego*, Billy Strayhorn. Nessa fase, surgiram "In a Mellotone", "Perdido", "Do Nothing 'till You Hear from Me (Concerto for Cootie)", "Take the 'A' Train", "Don't Get Around Much Anymore" e o fabuloso "Cottontail", em que após o histórico solo de Webster, o naipe de saxes fraseia o que poderia ser definido uma preconização do *bebop*.

Um fato que pesou para o fim dessa fase extraordinária foi certamente a inacreditável greve dos estúdios americanos, quando não se gravou um disco no país de julho de 1942 a dezembro de 1944. Dá para imaginar o que foi isso? Assim, quando a orquestra voltou a gravar oficialmente parecia ter passado por um colapso: nenhuma das grandes estrelas estava mais atrás das estantes da Ellington Orchestra.

Nessa época de dificuldades, surgiram as composições chamadas de *Pastel Period*, além de cantoras como Marie Ellington, a futura *Mrs.* Nat Cole e a linda Joya Sherrill, nenhuma delas, porém, superior a Ivie Anderson, considerada a melhor *crooner* da orquestra. A partir de *Black, Brown and Beige*, ocorre uma nova faceta de sua obra, a das suítes, precocemente iniciadas em 1932, com *Creole Rhapsody*.

No período taxado de o mais difícil para a sobrevivência da orquestra, o início dos anos 50, ocorreu a gravação ao vivo de um concerto em Seattle, em 1952, que parece preceder em quatro anos o triunfal retorno no Festival de Newport, em 1956. Os astros são Louie Bellson, com o solo de dois bumbos em "Skin Deep", e Clark Terry, em sua *pièce de résistance* "Perdido".

Novamente nos píncaros, os anos 60 têm seu ponto máximo no mais duradouro naipe de saxes da história: J. Hodges e R. Procope nos altos, P. Gonzalves e J. Hamilton nos tenores e o eterno H. Carney no barítono. Uma prova está num dos melhores discos da Ellingtonia, *The Popular Duke Ellington*, da mesma época em que a orquestra também gravou os três "Concertos Sagrados", suítes e o premiado disco de homenagem a Billy Strayhorn, morto três meses antes. Após a sessão da gravação, um dos mais emocionantes momentos de Duke: enquanto os músicos se despedem guardando os instrumentos, o pianista se deixa levar pela lembrança do querido amigo, numa tocante interpretação de "Lotus Blossom", gravada por acaso. Tanto que o registro que seria para valer, feito no dia seguinte, foi abandonado e só agora ressurge na caixa que homenageia antecipadamente seu centenário. O 24º CD traz a derradeira *per-*

formance, gravada no sul da Inglaterra, cinco meses antes da morte do Maestro, apesar da voz firme com que ele apresenta o concerto. Estes últimos discos não deixam dúvida: a Orquestra de Duke Ellington estabeleceu um novo conceito de *big-band* no final do século, a porta para o jazz no próximo milênio. Pudera, sua amante, a música, tocava segundo violino para ninguém mais.

(Publicado em 19 de dezembro de 1999 em O *Estado de S. Paulo*)

NOTAS EM 2014

Ouvindo Duke Elligton desde os 15 anos, fui o produtor, com meus amigos ellingtonianos paulistas, do LP *The Duke in São Paulo*, único registro de seu primeiro concerto realizado no Teatro Municipal da cidade no início de sua turnê sul-americana de 1968. Foram prensados duzentos exemplares, distribuídos pelos membros do grupo e ofertados a outros aficionados do mundo inteiro, incluindo, em março de 1977, um lote ao presidente da Duke Ellington Society em Nova York, John Rainbow. Com o tempo, tornou-se um LP *cult*.

Quanto aos ellingtonianos de São Paulo, éramos originalmente Armando Aflalo, Eduardo Batista da Costa, Egmont Walter Kleinert, Giuseppe Suppa, Rubem Muller e Tomás de Aquino Martins da Costa, todos falecidos.

Dez anos após sua morte em 1974, escrevi nova matéria, publicada em 24 de maio de 1984, em O *Estado de S. Paulo*, da qual transcrevo este trecho:

"Esse homem charmoso, 'Sophisticated Lady', e religioso, 'Concertos Sagrados', digno, 'I Let a Song Go out of my Heart', e conquistador, 'Prelude to a Kiss', tinha uma personalidade cheia de contrastes, como os gênios: generoso e avaro, amável e inacessível e, além de dependente, irresponsável. Um gênio capaz de compor obras-primas como 'Mood Indigo' em 15 minutos, enquanto sua mãe preparava o jantar, ou 'Solitude', em pé, na janela do estúdio, durante a correria de uma gravação. Nunca parou de tocar, reger e compor. Nos últimos dias de vida, no quarto do hospital, ainda compunha com um piano elétrico.

Esse artista admirado pelas maiores personalidades de seu tempo, que brilhou nos grandes palcos do mundo capitalista e socialista, cujas canções são tocadas pelo menos uma vez por noite em clubes noturnos de qualquer parte, cuja obra fez a cabeça de músicos de todas as origens, era um homem enigmático. Escreveu um fascinante livro sobre si próprio, escreveram-se milhares de artigos em jornais e revistas, além de vários livros, um do próprio filho, e, no entanto, Duke Ellington continua enigmático: antes dos últimos anos de vida, poucos sabiam de sua religiosidade; guardou o maior segredo que pôde sobre o primeiro casamento, desfeito; mas não se divorciou, nem nunca se casou com a mulher com quem viveu quase 40 anos e que poucos conheceram. Sobre esse fato, era reticente.

Sobre o jazz, também. Não é *swing*, mas ele mesmo ensinou que 'não significa nada se não tiver *swing*' ('It Don't Mean a Thing if It Ain't Got that Swing'). Segundo ele, sua música nem mesmo é jazz — deu o nome de 'Madam Zajj' a uma composição da suíte *A Drum Is a Woman*. De fato, no fundo, a música de Ellington não é jazz. Poderia ser a música negra americana. Mas o certo mesmo é dizer: música de Duke Ellington. Parou de ser criada há dez anos, mas continuará no ar sempre e tal como ele quis."

6.

Geraldo Pereira

"Geraldo Pereira era um bom mulato, crioulo sambista, alto, muito simpático, com um sorriso quilométrico de cinquenta dentes em cada maxilar. Só era um pouco irascível, digamos assim, quando tomava uns birinaites. Ele tinha dupla personalidade: sem beber, era um sujeito educadíssimo, fino. Vivia na Mangueira. Mas quando tomava os birinaites, ficava um pouco violento, queria partir para negócio de briga e tal."

Eis o retrato sintético que o cantor Roberto Paiva, um de seus intérpretes, fez numa entrevista para o programa *Documento*, da TV Bandeirantes, com produção de Fernando Faro, sobre um dos mais originais e marcantes compositores de samba do Brasil.

O samba teleco-teco, ou samba jogadinho, ou samba sincopado, teve em Geraldo Pereira um de seus mestres, e sua influência foi tão marcante que atingiu até a bossa nova. O compositor Nelson Sargento, que o conhecia bem, em virtude da amizade de Geraldo com seu padrasto, contou-me que "ele foi trazido pro Rio por intermédio de seu irmão Mané de Araújo. As primeiras aulas de violão foram dadas por Aluízio e Cartola".

Nascido em Juiz de Fora, em 23 de abril de 1918, Geraldo ingressou na ala de compositores da Unidos da Mangueira, depois passou para a Estação Primeira, foi morar no Engenho de Dentro e começou a frequentar as rodas boêmias, compondo seus sambas. E o que se constata em sua obra? Em primeiro lugar, que seus parceiros variavam com tamanha frequência que não se pode identificar o mais constante; donde se deduz sua independência nas parcerias.

A primeira composição gravada de Geraldo Pereira foi o samba "Se você sair chorando", com o cantor Roberto Paiva, que afirma: "Vim a conhecer um dos grandes sambistas da música popular brasileira, de quem tive o privilégio de gravar a primeira música". Já se pode notar nessa gravação de 1939 pelo menos uma de suas características básicas: o jogo melódico próprio, trabalhado com mestria. Daí se entende por

Música com Z

que "Pixinguinha, quando foi fazer o arranjo, interessou-se por conhecê-lo, pois achou uma melodia inteiramente original para a época", ainda segundo Roberto Paiva.

No ano seguinte, outros dois grandes intérpretes gravaram composições suas: Moreira da Silva gravou "Acertei no milhar", parceria de Geraldo com Wilson Batista; e Ciro Monteiro, o mais conhecido de seus intérpretes, cantou "Acabou a sopa", parceria com Augusto Garcez.

A primeira contém elementos que viriam caracterizar os sambas de breque, com versos às vezes falados, verdadeiros diálogos cômicos com interjeições preenchendo as pausas da melodia. Até que ponto interfere aqui a interpretação de Moreira da Silva na composição original? E mais: até que ponto outro grande sambista, seu parceiro Wilson Batista, divide a responsabilidade da letra e de trechos da música? Aqui surge, vez por outra e ainda embrionária, a divisão rítmica frequente da obra de Geraldo Pereira, que coincide com a divisão predominante nos sambas de breque: a de uma longa frase formada apenas de semicolcheias, praticamente sem síncope. Até mesmo nos trechos em que a melodia não tem essa divisão, o próprio Moreira se encarrega de criá-la, com suas típicas palavras de gíria devidamente sincopadas, como o seu próprio apelido. Porque, na verdade, Morengueira é muito mais dengoso, mais saboroso ritmicamente, que Moreira.

Em 1942, despontam dois excelentes sambas de Geraldo Pereira: "Quando ela samba", parceria com J. Portela, e "Tenha santa paciência", com Augusto Garcez, ambos com uma atraente melodia sincopada que inclui seus procedimentos típicos. Talvez aqui se denuncie pela primeira vez, e de maneira clara, a sua linha melódica. Por isso sou levado a crer que os dois sambas tiveram uma contribuição maior de Geraldo Pereira que de seus parceiros.

No final da segunda parte de "Quando ela samba", gravado por Ciro Monteiro, os versos *E quando a vejo cantando e sambando ao som do pandeiro/ Eu juro, me sinto mais brasileiro* são uma perfeita introdução para "Falsa baiana", composta só por Geraldo. Na realidade, não só toda a melodia tem muito a ver com "Falsa baiana", como também a letra fala das mesmas coisas: "*Quando a minha cabrocha entra num samba/ que tem na favela/ com a sua saia de roda/ verde e amarela/ vejo que todos desejam sambar/ sambar com ela/ eu não sei qual o mistério que há/ nas cadeiras dela*".

A partir de 1943, a produção de Geraldo Pereira passa a se intensificar, sempre com alto nível de qualidade. Esse período mais produtivo se estende por vários anos. Mais importante, todavia, é a nítida cristalização da outra faceta fundamental em sua obra: o procedimento rítmico embutido na letra.

Em 1944, foi gravada a música mais conhecida de Geraldo Pereira, também uma de suas melhores composições: "Falsa baiana". Oferecida insistentemente pelo autor a Roberto Paiva, a música não foi convenientemente entendida pelo intérprete, que chegou a dizer que o samba não estava terminado. Roberto viu depois, surpreso, mas sem revelar ciúme, "Falsa baiana" ser gravada e obter êxito absoluto na voz de Ciro Monteiro, seu padrinho artístico. Ciro, conforme me contou também Nelson Sargento, sabendo que o samba era só de Geraldo, não consentiu que alguém entrasse na parceria. Essa questão de suas parcerias é relevante porque se sabe que, embora tenha tido de fato muitos parceiros, várias músicas eram só dele. "Falsa baiana" teve projeção nacional e ficou associada sobretudo ao nome do intérprete, Ciro Monteiro, como era costume na época. Para o grande público, o autor continuava no ostracismo. Mas a música permitiu a Geraldo Pereira firmar-se definitivamente como sambista e lhe abriu as portas também como intérprete.

Da produção de 1945, o maior destaque, por motivos muito especiais, é "Bolinha de papel", gravada pelos Anjos do Inferno. Que motivos são esses? Quem não tiver a gravação dos Anjos, repare na de João Gilberto e ouvirá longas séries de semicolcheias, uma nota em cada sílaba ("*Não-te-nho-me-do-de-fal-se-ta-mas-a-do-ro-a-Ju-li-e-ta...*" etc.). Quando o colecionador e desenhista Miécio Caffé contou-me que João Gilberto, antes de gravá-la, ouviu absorto várias vezes em seu apartamento de São Paulo a gravação dos Anjos, ficou mais uma vez patenteada para mim a notável percepção rítmica de João. Ora, sabe-se que ele sempre foi atraído pela batida dos tamborins, considerando-se inclusive que ela teria inspirado um dos componentes da batida da bossa nova: a da mão esquerda do baterista. Em "Bolinha de papel", a batida dos tamborins está presente quase todo o tempo.

Geraldo Pereira entra então no ano de 1946 com suas duas características mais poderosas bastante definidas: a originalidade melódica e o procedimento rítmico. Esses elementos passaram a ser a segunda e principal constatação sobre sua obra.

A história do último êxito de Geraldo Pereira me foi contada por Nelson Sargento: "Quando Ciro adoeceu e afastou-se da vida artística por longo tempo, Geraldo mostrou a mim e ao Alfredo (Português) um samba que era para o Ciro quando voltasse às atividades. E assim foi.

Música com Z

Ciro ficou bom, gravou e foi sucesso". O samba era simplesmente o "Escurinho", lançado em 9 de dezembro de 1954 na etiqueta Todamérica.

Teria Geraldo Pereira pressentido seu trágico fim? A pergunta não é de todo absurda. Sua vida agitada, conforme disseram os que o conheceram, está de certo modo nas entrelinhas de várias de suas composições. Sobretudo das últimas (1954-1955): "Maior desacerto" e "Eu vou partir", gravada por ele próprio em fevereiro de 1955. Em 18 de maio desse ano, no Instituto Félix Pacheco, Geraldo Pereira, aos 37 anos, viria a falecer após uma internação de alguns dias em consequência de uma briga um tanto misteriosa com o famoso Madame Satã.

A letra de "Escurinho" já dizia: "*O escurinho era um escuro direitinho/ E agora está com a mania de brigão...*".

(Extraído do texto publicado em 16 de janeiro de 1977
no Suplemento Literário de O *Estado de S. Paulo*)

NOTAS EM 2014

Sem a preciosa e desinteressada ajuda de nosso grande compositor Nelson Sargento, este artigo poderia não ter sido escrito. Pacientemente, ele me enviou três páginas escritas à mão sobre diferentes aspectos da vida de Geraldo Pereira, dos quais ainda merece ser citado que "Geraldo gostava de mulheres com o nome de Isabel, teve três ou quatro e deu dois sambas".

7.

Mario Reis

Por ter sido o primeiro intérprete masculino brasileiro que cantava com bossa, Mario Reis é considerado o precursor da bossa nova, o que não é rigorosamente correto. Mais certo é dizer que sua maneira peculiar de cantar causou tanta repercussão na época quanto a bossa nova de João Gilberto, quase 30 anos mais tarde.

A bossa de Mario já estava presente quando ele gravou o primeiro disco, em 1928, com a música "Que vale a nota sem o carinho da mulher?", de seu entusiasmado professor de violão J. B. da Silva, o famoso Sinhô. A razão por essa admiração do compositor mulato e pobre pelo cantor branco e da alta sociedade carioca era justificada: Mario Reis sabia, instintivamente, "dizer" as letras daqueles maxixes com um jeito ritmado e malicioso como nenhum outro cantor de então tinha pensado em fazer. Sua forma de interpretar uma canção era praticamente oposta à do estilo lírico dominante na época e que tinha em Francisco Alves e Vicente Celestino astros bem representativos. Precursor dos cantores de bossa, Mario Reis antecedeu a Luiz Barbosa e Ciro Monteiro, provocando com seus sucessos desde o início da carreira, como "Jura" e "Dorinha, meu amor", uma mudança no estilo de Francisco Alves, que se amoldou mais ao ritmo do maxixe e, mais tarde, ao do samba, procurando também valorizar pausas e síncopes chegando mais perto do microfone, ou seja, cantando com mais bossa.

É fácil perceber essa modificação a partir das gravações de doze discos que ambos fizeram na Odeon, de 1930 a 1933, quando constituíram uma dupla *sui generis*, em que cada um tinha sua carreira isolada, mas também gravavam juntos. O contraste do estilo cheio de bossa de Mario com a interpretação mais chegada ao *bel canto* de Chico Alves provocou até o surgimento de outras duplas semelhantes, como Luiz Barbosa & Silvio Caldas e Jonjoca & Castro Barbosa. Mario & Chico lançaram com êxito, sobretudo, composições de Ismael Silva e Nilton Bastos, como "Não há", "Se você jurar" e "A razão dá-se a quem tem", além de "Formosa", de Nássara e J. Rui, e "Fita amarela" de Noel Rosa.

Música com Z   473

Por essa época, Mario já era um dos cantores mais admirados pelos compositores populares, Sinhô, Lamartine, Ary e Noel, gravando interpretações magistrais de músicas de Carnaval e de meio de ano: "Vai haver barulho no chatô", "Linda morena" e "A tua vida é um segredo", com Lamartine, "Agora é cinza", "Ride palhaço", "Uma andorinha não faz verão", "Chegou a hora da fogueira", "Isto é lá com Santo Antônio" e "Alô, alô", as três últimas com Carmen Miranda, "Rasguei a minha fantasia" e "Cadê Mimi". Participava de programas de rádio e suas intervenções em filmes como *Alô, alô, Carnaval* mostravam um artista muito à frente de sua época, usando o jogo rítmico e as expressões faciais para valorizar suas interpretações, ao contrário de cantores como Chico Alves que, na tela, ficavam estáticos como num estúdio de rádio.

Contudo, em 1936, Mario decidiu encerrar a carreira, afastando-se do meio artístico até o fim da vida, aparecendo apenas em ocasiões especiais. A primeira delas, em 1939, quando cantou num espetáculo beneficente no Teatro Municipal do Rio as canções "Joujoux e balangandãs" e "Voltei a cantar". Este título, porém, não era uma quebra de suas intenções, pois, apesar de gravar essas músicas e mais dois discos na Continental, em 1940, só 11 anos depois ele voltaria ao estúdio para um álbum de três discos de 78 rpm com músicas de Sinhô. Foi um sucesso retumbante e ouviu-se então a voz de Mario Reis gravada com maior fidelidade técnica, mostrando estar ele em plena forma, dando lições de como valorizar uma interpretação a todos os cantores em atividade na época, tornando-se admirado por uma outra geração.

Novamente o êxito não o encantou; somente outros dez anos mais tarde gravou seu primeiro LP na Odeon, com músicas do passado, o que repetiria na gravadora Elenco em 1965 e numa terceira produção, sempre com seu contemporâneo dos tempos do Bando da Lua, Aloysio de Oliveira, na Odeon. Este disco, de 1971, o último de sua carreira, incluiu uma surpreendente interpretação de "A banda", de Chico Buarque, e velhos sucessos de 30 anos antes, uma delas muito significativa, "Cansei".

Sua última aparição em público foi num especial para a televisão gravado no Golden Room do Copacabana Palace, quando uma terceira geração pôde ver as expressões e ouvir as interpretações de um cantor que causou tanto impacto quando surgiu quanto João Gilberto: o primeiro cantor de bossa na MPB. Mario Reis.

(Publicado em 5 de outubro de 1981 em *O Estado de S. Paulo*)

8.

Joe Turner

Quem visse Joe Turner nos últimos tempos ficaria penalizado antes de ele começar a atuar; num modesto bar do Greenwich Village, chegava lá pelas tantas o trio de piano, baixo e guitarra para esquentar o ambiente com aqueles *blues* trotados, típicos de Kansas City. Depois de uns 15 minutos, vinha aquele sujeito gordo, desdentado, movendo-se com grande dificuldade, auxiliado por bengalas, apoiava-se como podia numa banqueta, pegava o microfone de qualquer maneira, agradecia os aplausos, abaixava a cabeça, fechava os olhos e... sai da frente. Não dava para acreditar, era um outro homem: "Big" Joe Turner, "The Boss of the Blues", o precursor do *rock and roll*.

No *Blues Who's Who*, há quase três páginas sobre o homem que influenciou Ray Charles, B. B. King, Eddie Vinson, Joe Williams e foi o responsável direto por alguns dos maiores êxitos de Elvis Presley, Bill Haley e outros brancos que simplesmente fizeram *cover* de suas interpretações originais.

Joe Turner é o pai do *rhythm and blues* e, mais do que ninguém, poderia, se tivesse registrado essa expressão, tornar-se um milionário. Mas a herança de "Big" Joe Turner não dá para comprar muita coisa. É um tesouro em que muitos já beberam, em que qualquer um ainda pode beber.

O *rhythm and blues* tornou-se um gênero, para efeito de parada de sucessos, a partir dos anos 40, quando a revista *Billboard* sentiu necessidade dessa nova classificação, tamanha a quantidade do que era gravado por negros que não era propriamente *country* e nem propriamente jazz. Seu repertório era quase só de *blues* na forma tradicional — doze compassos harmonizados sobre três acordes básicos —, com uma importante diferença: ao contrário dos *blues* lamentosos e lentos herdados de Nova Orleans, eles cantavam e tocavam *blues* alegres, trotados e dançantes, um *boogie*. Era um *blues* com ritmo. Os *blues* das bandas de Count Basie, Jay McShann e Andy Kirk eram as músicas dos bares de Kansas City dos anos 30.

Música com Z

Nessa época, o principal músico do movimentadíssimo Sunset Club de Kansas City era um admirável pianista de *boogie-woogie*, Pete Johnson, mas havia também uma atração extra no bar, um homenzarrão, dublê de *barman* e cantor, com um vozeirão tão forte que, mesmo dispensando microfone, era ouvido do lado de fora, na rua 18. Mais do que *blues singer* (cantor de *blues*), "Big" Joe Turner era um *blues shouter* (gritador de *blues*).

E foi daquele palquinho frequentado nas *jam sessions* pelos maiores saxofonistas da região, Lester Young, Charlie Parker, Ben Webster e outros, que Joe Turner foi parar no Carnegie Hall como atração de um grande espetáculo num novo gênero, *Spirituals to Swing: An Evening of American Negro Music*, em dezembro de 1938.

Foi o início de sua vida profissional pelos maiores palcos de todo o mundo. Foi também o começo de sua carreira em discos, o cantor de *blues* que mais gravou (estima-se em aproximadamente duzentos LPs), na companhia dos maiores astros do jazz. Joe Turner "rockava" e rolava.

No entanto, após a guerra, houve um hiato em sua carreira. Foi quando a Atlantic Records, de Ahmet e Nesuhi Ertegun, decidiu investir no *rhythm and blues*, o *rock and roll* dos negros, cuja área de ação era exatamente a de Joe Turner, os *blues* ritmados. Na Atlantic há mais de 30 anos, ele gravou, às vezes com músicos como Count Basie e Duke Ellington, "Sweet Sixteen", "Shake, Rattle and Roll", "Chains of Love", "Roll 'Em Pete", "Cherry Red" e "Corrine, Corrina", vários *hits* dos tempos do Sunset Club. Em pouco tempo, Joe Turner foi redescoberto pela moçada do *rock and roll*. Seus discos passaram à casa dos milhões, e "Big" Joe era atração em festivais de jazz dos Estados Unidos e da Europa.

A velha e potente voz de barítono, o irresistível balanço foram copiados por cantores brancos e admirados por negros como Little Richard, Fats Domino, Chuck Berry e outros astros do *rock and roll*. Nesse vai e vem entre o jazz e o *rhythm and blues*, os *blues* de Joe Turner continuaram sendo, até o fim de sua vida, domingo último, a mais abundante fonte de inspiração e imitação do rock negro.

Quatro de seus LPs na etiqueta Pablo, gravados nos anos 70, foram lançados no Brasil: *The Trumpet Kings meets Joe Turner*, com Dizzy Gillespie, Roy Eldridge, Harry Edison e Clark Terry; *The Bosses*, com Count Basie; *The Midnight Special*, que inclui regravações do período da Atlantic; e *Things that I Used to Do*.

Neles, o vozeirão gutural de pronúncia meio enrolada mostra que o *blues* de "Big" Joe Turner é diferente, é o *rhythm and blues*. É o *rock and roll*.

(Publicado em 29 de novembro de 1985 em O *Estado de S. Paulo*)

9.

Hermínio Bello de Carvalho

"Abrasileirar o brasileiro." Poucas pessoas na música popular brasileira podem se gabar de ter exercido com tanta objetividade como Hermínio Bello de Carvalho um ato tão natural e também tão incrivelmente pouco prestigiado no Brasil. Ele cumpre com fidelidade a toda prova e talento indiscutível o fundamento contido nessa frase de Mário de Andrade, antes mesmo de saber de sua existência.

De seus 50 anos de vida, comemorados no Rio no final de março, com shows e o lançamento de um álbum com dois LPs, *Lira do povo*, Hermínio dedicou mais da metade às suas diversas formas de animar a cultura deste país. Poeta, compositor, produtor de programas de rádio e TV, de espetáculos e discos, idealizador e realizador de numerosos projetos vitoriosos na Funarte e de congressos, descobridor e incentivador de músicos e cantores, ele tem sabido conduzir pelo caminho certo as pessoas certas, com tal decisão e capacidade que, inevitavelmente, sempre deixa uma marca positiva em tudo o que assina.

Hermínio Bello de Carvalho, esse carioca que conhece o som e os ares de sua terra, derrete-se de prazer ao falar de sua negra Quelé, efetivamente a primeira e única artista de uma linhagem antropológica na música popular brasileira, nossa Clementina de Jesus. A descoberta de Clementina, segundo ele, "inaugurou a veneração dos jovens por um trabalho que vem encanecido, que vem com a marca do tempo, trazendo os sinais de uma cultura que estava soterrada e nunca tinha sido percebida até então". Seu prazer é tão grande que não parece ter sido ele próprio quem contribuiu como um verdadeiro estruturador da produção musical brasileira nos últimos 20 anos. Foi Hermínio quem jogou para cima as duas formidáveis versões do show *Rosa de ouro* (1965 e 1967), colocando de estalo, no mesmo palco, duas rainhas, Clementina e Araci Cortes, e respeitáveis sambistas: Elton Medeiros, Paulinho da Viola, Jair do Cavaquinho, Nelson Sargento e Anescar do Salgueiro. Foi, como escreveu Sérgio Cabral no indispensável LP que se gravou, um espetáculo "que nos fez redescobrir o Brasil, colocando a alguns metros de distância cantores e compositores maravilhosos para cantar suas músicas e as músicas de Pixinguinha, Paulo da Portela, Villa-Lobos, Geraldo Pereira, Zé da Zilda, Nelson Cavaquinho, Cartola, Ismael Silva, Assis Valente, Henrique Vogeler, Luiz Peixoto, dos sambistas das escolas de samba e do folclore brasileiro".

É essa distância, que Hermínio vem reduzindo a milímetros, a tônica de tudo em que bota a mão, em todos a quem orientou e "botou pra quebrar". Hermínio nos fez assistir a um Brasil mais brasileiro quando dirigiu Jacob do Bandolim, Elizeth Cardoso, Zimbo Trio e o regional Época de Ouro no Teatro João Caetano, em 1968; outros espetáculos com Marlene, João de Aquino, Simone, Roberto Ribeiro, Carmen Costa e Agnaldo Timóteo, entre tantos. Hermínio nos fez ouvir um Brasil mais brasileiro quando produziu discos com Elizeth Cardoso, Pixinguinha, João da Baiana, Isaurinha Garcia, Nora Ney, Ciro Monteiro, Ademilde Fonseca, Dalva de Oliveira, Clara Nunes, Turibio Santos, Cartola, Odete Amaral, Valzinho, Zezé Gonzaga, Alaíde Costa, Dorival Caymmi, vários deles presentes no álbum *Lira do povo*. Hermínio nos fez ver um Brasil mais brasileiro nos programas de televisão *Água Viva* e *Lira do Povo*, mostrando cantores, músicos e compositores. Hermínio torna seguramente o Brasil mais brasileiro com sua atuação na Funarte, pelos projetos que desenvolveu: Projeto Almirante, de gravação e edição de discos; Projeto Airton Barbosa, de edição de partituras inéditas; Projeto Lúcio Rangel, de edição de pesquisas monográficas; Projeto Ary Barroso, de divulgação da MPB no exterior; e Projeto Pixinguinha, com espetáculos em capitais e cidades do interior do país.

Excesso de nomes e títulos pode parecer maçante, mas é indispensável para se ter um espectro da variedade de estilos e atividades em que Hermínio Bello de Carvalho aposta, sem nunca abrir mão da fidelidade ao princípio de integridade que professa. Exatamente por não ter preconceitos é que consegue produzir com pureza qualquer sonoridade, venha ela de onde vier.

Sua abertura ainda se multiplica num artista que não tem o menor pudor de ter gabinete num órgão do governo e, ao mesmo tempo, estar num sindicato, lutando pelos direitos de sua classe ou lançando mão de um manifesto pela liberdade de expressão. Às desilusões na luta para corrigir os erros, e que provocam sua agressividade, contrapõe-se seu lado lírico, que o faz emocionar-se e realizar-se. O lado musical de um homem brasileiro que tem consciência de que cultura não é indústria cultural.

O Hermínio inquieto, que também compõe com Maurício Tapajós, Elton Medeiros, Sueli Costa e Dona Ivone Lara, por exemplo, sobe e desce o Brasil, vai ao exterior, acorda cedo e trabalha até tarde; ouve e faz música; sabe beber bem e conversar muito numa mesa de bar ou na esquina; sabe calar-se para reconhecer uma proposição inovadora; "saca" o que há de bom e percebe o que não presta; dá força ao valor e se desinteressa pela "armação"; é devotado e forte, chora, ri fartamente; sabe ser líder atento, mas também entra no meio do povo; tem o coração aberto, a cabeleira branca, os lábios grossos, os olhos verdes e o abraço apertado de quem ama.

(Publicado em 14 de abril de 1985 em *O Estado de S. Paulo*)

10.

Dick Bakker

Finalmente me vi frente a frente com o velho amigo. De barba, carão comprido, olhos azuis, um ar de convalescente atrás do amplo sorriso, ali estava aquele ellingtoniano convicto, com quem eu me correspondia há vários anos.

Vocês podem pensar que é exagero, mas essas amizades estranhas e profundas, com um toque de máfia, só acontecem, que eu saiba, no ambiente de jazz. É verdade que nem sempre ocorre a intensa emoção do encontro pessoal como o desse momento. É que geralmente as cartas, contendo posições financeiras de débito e crédito, opiniões técnicas e artísticas, comprovantes de remessas, são trocadas para a compra de material, às vezes até com prejuízo do orçamento caseiro, o que faz se tornar raro sobrar algum para uma viagem. São os ossos do ofício do colecionador de discos de jazz. Mas, como dizia, a distância é o motivo para que essa troca de correspondência fique quase sempre num estágio equivalente ao amor platônico.

Por isso, esse encontro, tão almejado quanto significativo, virou um dos fortes momentos de minha convivência com o jazz.

O holandês Dick Bakker estava ali mesmo abrindo-me a porta de sua casa, perto de Amsterdã, e nós dois nos olhamos como que à procura de algum sinal que confirmasse a ideia que cada um fazia do outro. Como velhos amigos, pois o éramos na verdade, conversamos, bebemos, rimos e soubemos de coisas que as cartas não continham.

O primeiro contato de Dick com o jazz foi em 1934 quando, devido à sua admiração pelas orquestras de dança inglesas, foi assistir à de Jack Hylton, em Amsterdã. Embora não tivesse sido apresentado como a maior atração, atribuída ao sax-tenorista inglês Freddy Schweitzer, Coleman Hawkins, que morou na Europa de 1934 a 1939 e era atração secundária (!), impressionou Dick de tal maneira que ele decidiu derivar sua coleção de discos de bandas inglesas para o jazz.

Começou lendo artigos sobre jazz no jornal inglês *Melody Maker*, comprou o livro mais famoso da época, *Le Jazz Hot*, do francês Hugues

Música com Z

481

Panassié, adquiriu discos das orquestras de Fletcher Henderson, na qual Coleman Hawkins tocara, de Tommy Ladnier, Duke Ellington e Jimmy Harrison, e passou a fazer anotações sobre as gravações.

"Todos os discos de Duke Ellington elogiados em 1934 continuam sendo bons discos até hoje", afirmou Dick Bakker, que pagava 1 florim, aproximadamente 10 cruzeiros, por cada disco 78 rpm da marca Parlophone, e 1,65 florim pelos importados da His Master's Voice, mas, durante a guerra, vendeu sua coleção inteira para comprar carnês de alimentação e poder comer. "É que eu já era casado, e quem comprou não era." Após a guerra, recomeçou a coleção, só que em discos LPs de 33 rpm, abandonando todas as referências reunidas sobre os de 78. Ao mesmo tempo, com seu irmão e mais um amigo, formou um Jazz Club em Amsterdã, que ainda existe, promovendo palestras e audições para seu grupo limitado de trinta sócios.

Em 1965, escreveu um artigo para a revista holandesa *Doctor Jazz*, acompanhado de uma discografia de Fletcher Henderson, e foi aí que sentiu o momento de iniciar-se no ramo de discos para colecionadores que, em sua maioria, são elaborados em etiquetas que não existem oficialmente. São edições particulares, fora do comércio regular, gravadas originalmente de antigos programas de rádio ao vivo, concertos, shows etc., produzidas em todos os cantos do mundo e em número limitado por admiradores de jazz, comerciantes, fanáticos ou colecionadores, mas jamais profissionais do disco. A única forma de obtê-los é por meio desses colecionadores. Ao mencionar nessa discografia gravações de Henderson editadas na Argentina por Norberto Bettinelli, um conhecido comerciante internacional desses discos, Dick Bakker teve que revelar que os mesmos podiam ser adquiridos em Zurique de outro comerciante. E assim foi que decidiu empregar algum dinheiro e fazer na Holanda o mesmo que o suíço, adquirindo de outro colecionador um estoque da etiqueta australiana de *collector's* Swaggie para começar seu negócio.

Em dezembro de 1968, iniciou a publicação de um dos mais copiosos boletins discográficos sobre jazz editados no mundo, vendendo os primeiros trezentos exemplares a seus clientes. Foi o famoso *Micrography*, que, nesses dez anos, em seus 49 números, forneceu preciosas informações — como datas, músicos participantes, indicações da tomada de gravação utilizada, solistas, repetições em diferentes etiquetas etc. — sobre milhares de LPs. O *Micrography* de dezembro de 1978, por exemplo, traz, além de detalhes sobre alguns discos das marcas Electrols, Fairmont, Bix Lives, Two Flat Disc, Broadway, Prima, e outras que somente os colecionadores conhecem, uma discografia de Jelly Roll Morton, trazendo referências sobre edições RCA na Inglaterra, na França, nos Estados Unidos, no Japão e na Itália e mais 42 etiquetas pouco conhecidas, que contêm suas gravações, incluindo uma denominada Mortronis.

Desde 1965, Dick Bakker conseguiu formar uma selecionada clientela, com mais de mil colecionadores espalhados pelo mundo, a maioria da Europa. Mas há compradores da Austrália, da África, um de Hong Kong, três do Japão, até dos Estados Unidos, que, mesmo pagando o dobro em função do frete, preferem encomendar dele discos americanos. Há casos curiosíssimos: um que só coleciona pianistas de *boogie-woogie*, um alemão que só se interessa pela música "St. Louis Blues", tendo mais de duas mil gravações diferentes, um americano fanático por "How Deep Is the Ocean", um francês que compra tudo que surgir de Jelly Roll Morton, mesmo que sejam gravações idênticas em discos de países diferentes. Mas, após sua morte, o grande favorito entre os colecionadores especializados, como se pode prever, passou a ser Duke Ellington, que dificilmente terá todas as gravações feitas em sua vida inteira reunidas por uma só pessoa. Ainda recentemente, foram lançados cinco LPs inéditos de Ellington, originados em programas de rádio na década de 40.

Entre os colecionadores, há sempre um ponto comum: não importa o preço de uma raridade ou de uma nova edição. A decepção aparece quando não conseguem obtê-la. Nesse caso, é sempre bom contar com um comerciante de confiança, que atenda religiosamente todos os pedidos de sua clientela. Como Dick Bakker. Que, além de sua atividade no ramo, também é um colecionador de Duke Ellington. "Em 1938, ele esteve na Holanda e apresentou três concertos: em Haia, em Utrecht e em Amsterdã. Assisti só a dois, não tinha dinheiro para ver os três, eu era estudante ainda. Gostei muito, claro. Não, não me lembro, faz tanto tempo, 40 anos. Foi uma forte impressão, Ivie Anderson, Rex Stewart, os pistons com surdina, as clarinetas. Ah, gostei!" E muda de assunto: "Sempre trabalhei muito, não ganhei muito dinheiro, pois quase tudo que ganhei está aqui neste estoque de livros e discos. Tenho 40 mil discos, sendo 9 mil itens diferentes. Se o cliente faz uma lista de vinte discos, não posso dizer que só tenho dois deles. Por isso tenho que ter estoque, para servir bem. Não quero mais clientes, não quero ficar rico. Já faço o *Micrography*, que leva 200 horas de trabalho, em que ganho só 1.000 florins. Assim não se pode ficar rico. Somos todos uns malucos".

Como ele, centenas de colecionadores se comunicam entre si, trocando informações, gravações em discos ou em fitas, fazendo parte dessa

Música com Z

483

verdadeira rede de jazzistas que se espalha pelo mundo. Eles precisam ter um minucioso conhecimento de praticamente todas as gravações de seus músicos preferidos. Pois só assim, com auxílio de catálogos, boletins e discografias, é que podem adquirir precisamente o que desejam. Com muita paciência, pois as remessas levam às vezes 90 dias para chegar. Entre eles, nasce uma amizade que independe de idade, posição social, país de origem, língua ou até mesmo preferências musicais. Uma amizade que não tem fronteiras nem barreiras.

Foi como me tornei amigo de Dick Bakker e iniciamos negócios que duram até agora. Por essa amizade, fui em fevereiro de 1979 à sua casa na Stevinstraat, número 14, em Alphen aan den Rijn, perto de Amsterdã, onde conversamos umas quatro horas, bebendo cada um as palavras do outro.

Quem sabe quando o verei novamente? Foi o que senti na hora de nos despedirmos. Mas ele tem razão: somos todos uns malucos.

(Publicado na revista *Som Três* em março de 1979)

11.

Jackson do Pandeiro

Para boa parcela do grande público, pode parecer exagero dizer que Jackson do Pandeiro foi um dos maiores intérpretes da música popular brasileira, um dos mais influentes artistas do Nordeste. Até porque o que ele mais fazia ultimamente era mesmo tocar pandeiro em discos de cantores de maior popularidade no Sul. Aliás, um pandeiro absolutamente sem paralelo, inigualável.

Contudo, a favor da afirmação inicial estão aí alguns dos maiores astros, como Gilberto Gil, Alceu Valença, Moraes Moreira, Caetano Veloso, Chico Buarque, Gal Costa e muitos outros, que não apenas reconhecem a importância de Jackson, mas também admitem ter aprendido muito com ele.

E o que se aprendeu com esse paraibano magrinho que se apresentava num cativante visual, com seu lenço no pescoço, seu chapeuzinho de banda, utilizado antes por Manezinho Araújo, esse cabra da peste para quem o ritmo não tinha mistério? Quem visse aquele ensaio da apresentação que faria, ao lado de Alceu, no II Festival do Guarujá, em janeiro do ano passado, entenderia. Alceu cantou o frevo que iria encerrar o espetáculo, ele mesmo tocando violão. Aí, na repetição, veio o Jackson com seu pandeiro, que muitos sambistas perguntavam se não era especialmente feito para ele, dividindo tudo diferente, num jogo rítmico de sílabas e notas musicais, revirando tudo, criando uma tensão, um impulso que não se parecia com nada que se tivesse ouvido antes. E depois, fazia tudo de novo, completamente diferente. Ficamos boquiabertos mais uma vez. O grande Jackson do Pandeiro era um craque. Se pegasse a lista telefônica, começaria a cantar aqueles nomes enfileirados de tal maneira sincopada que iria parecer a música mais irresistível do mundo.

Jackson tinha um estilo de apresentação que ultrapassava os limites sonoros do rádio; desde os tempos de programa de auditório, ele e sua então parceira Almira Castilho mostravam uns saracoteios e umas umbigadas que faziam o público delirar de alegria. Ele foi um dos primeiros

Música com Z

485

cantores do rádio a incluir o visual em suas apresentações. Isso nunca lhe faltou.

O que faltou, e faltará muito, em sua carreira foram os discos. Jackson merecia muito mais. "Daqui a alguns anos, quando ele não mais existir, as gravadoras não terão como justificar terem ficado tanto tempo sem gravar discos do artista, que é possivelmente o mais dinâmico e, seguramente, um dos mais criativos intérpretes na história da MPB... É desses que sabe inventar numa música, criando impulsos rítmicos onde ninguém imaginava." O leitor vai perdoar estar repetindo aqui parte do que foi publicado em *O Estado de S. Paulo*, em 30 de junho de 1981. Mas há de entender por quê. Porque não me conformo que tenham colocado o grande Jackson do Pandeiro tocando reco-reco no MPB Shell do ano passado. Não me conformo de ver que esse "alguns anos" seria pouco mais de um, sem que se tivesse gravado com o grande Jackson do Pandeiro na medida de seu imenso, insubstituível e riquíssimo valor.

"Não há quem não fique vibrando, se mexendo, dançando, batendo palmas, marcando o ritmo, quando Jackson está cantando. Não há como resistir a uma boa gargalhada de admiração frente às suas interferências faladas... Esse grande mestre, que, ao lado de Luiz Gonzaga, é um dos dois estuários do caudaloso rio nordestino na música deste país, o grande Jackson do Pandeiro." Perdão, leitores, outra vez. Não dá pra entender.

(Publicado em 13 de julho de 1982 em *O Estado de S. Paulo*)

Notas em 2014

Jackson do Pandeiro havia falecido em Brasília, em 10 de julho de 1982.

12.

Buck Ram

Muito embora seu nome nem conste de algumas enciclopédias de rock, entre as quais a de Lillian Roxon e a da Hamlyn, apesar de ter vendido milhões de discos justamente na época do surgimento do *rock and roll* e de ter participado com tremendo êxito justamente do filme *Ao balanço das horas* (*Rock around the clock*, 1956), o grupo The Platters é o mais fulgurante exemplo do *doo-wop*, estilo também chamado de música de esquina.

O lançamento do LP *Platterama* no Brasil, pela Polygram, que resume esplendidamente a trajetória do grupo de maior êxito em sua época, proporciona uma revisão desse estilo vocal que dominou a década de 50 do *rock and roll*. O vocábulo onomatopaico *doo-wop* tem sua origem nas sílabas inventadas pelos componentes dos grupos vocais da época, que limitavam sua participação a um fundo musical para o solista, encarregado de interpretar a letra da música, com um mínimo de instrumental, às vezes até *a cappella*.

Contudo, a ideia da sonoridade dos Platters é anterior. Ela é um bom exemplo de como um produtor que entende de música pode conduzir ao sucesso um grupo que poderia ter passado totalmente despercebido no meio dos milhares que infestaram os Estados Unidos nos anos 50. Esse homem, Buck Ram, um advogado que, nas décadas de 30 e 40, havia sido arranjador das orquestras de Duke Ellington, Count Basie e dos irmãos Dorsey, bem como compositor, colaborou para o repertório de um dos dois mais famosos conjuntos vocais negros americanos de seu tempo, o The Ink Spots e o The Mills Brothers.

Sem um gênero muito definido nos primeiros cinco anos de carreira, o The Ink Spots encontrou o veio de seu estilo na gravação da balada romântica "If I Didn't Care" (1939), que ditou a fórmula para o êxito do grupo: após uma introdução de violão e piano, que passaram a repetir exatamente do mesmo jeito em todas as suas músicas, o solista Bill

Kenny, com sua cristalina voz de contratenor, mais ou menos a mesma tessitura de Ney Matogrosso, interpretava toda a parte cantada; depois, a letra era repetida, porém recitada pausadamente por outro elemento do grupo, Orville Jones, que, ao contrário de Bill, tinha uma voz bem grave, de barítono. Ao final, voltava Bill Kenny, enquanto os dois outros elementos completavam o som característico do grupo com um agradável fundo vocal harmonizado em "uhús", repetidos por toda a música. Com essa fórmula invariável, fosse qual fosse a balada, o The Ink Spots se transformou numa coqueluche universal por quase 10 anos.

Quando Buck Ram travou conhecimento com o The Platters, em 1954, eles já formavam um quarteto vocal masculino fundado um ano antes por Herb Reed, mas, como o The Ink Spots, sem estilo definido, ou melhor, muito próximo das centenas de grupos que proliferavam nesse período nos Estados Unidos. Um deles, por exemplo, o The Orioles, baseava-se em parte na técnica do The Ink Spots; incontáveis outros grupos disputavam a preferência no país com estilo muito semelhante entre si, em que os "uhús" eram substituídos por outras invenções silábicas, como "chi-bum", que resultou no sucesso do The Crew Cuts, "sh--boom", "uqui-uq" etc. Sons que tinham sempre a mesma finalidade: servir de fundo vocal para o solista.

Para conseguir uma edição modernizada do The Ink Spots, o solista do The Platters, Tony Williams, também de voz muito aguda e uma persuasiva interpretação, incluía falsetes em notas picadas, nos breques. Também foi dado maior realce ao uso de tercinas no acompanhamento instrumental e nas introduções. Por outro lado, foi montada uma coreografia que era impecavelmente apresentada pelos quatro negros.

Logo de cara, ao regravarem para a Mercury a balada de Buck Ram "Only You", o The Platters estourou. Em novembro de 1955, "Only You" era o quinto disco mais vendido nos Estados Unidos e os integrantes do The Platters, que tinham sido contratados como contrapeso do grupo The Penguins, também empresariado por Buck Ram, tornavam-se astros da Mercury.

Para a segunda gravação, Buck Ram compôs uma nova música: "The Great Pretender". E introduziu outra modificação básica e originalíssima: aos quatro homens do grupo, Tony, Herb, David Lynch e Paul Robi, foi acrescentada uma mulher, Zola Taylor. Era a primeira vez que isso acontecia em algum grupo vocal negro americano.

O sucesso de "The Great Pretender" superou o de "Only You", e a música alcançou o primeiro lugar nas paradas. Com essas duas músicas, o The Platters foi convidado a participar do filme *Ao balanço das horas*, estrelado por Bill Haley and His Comets, que pretendia mostrar os astros do *rock and roll* ao mundo — *Rock around the clock*. A rigor, suas baladas suaves e interpretadas romanticamente nada tinham a ver com as demais músicas do filme; inclusive nem eram da preferência do produtor. Mas, com elas, o The Platters acabou tornando-se a maior atração do filme e se projetou internacionalmente.

O terceiro êxito do The Platters também foi uma composição de seu inventivo empresário Buck Ram: "The Magic Touch". E, a seguir, numa homenagem ao The Ink Spots, gravaram uma das músicas mais conhecidas de seu repertório original, "My Prayer", que era uma adaptação do violonista Georges Boulanger para a velha canção francesa da década de 20, "Avant de mourir".

Mais uma vez, Buck Ram era um dos autores do novo *hit* do The Platters, "Twilight Time", uma canção gravada originalmente pela orquestra de Les Brown, em 1944, no verso de "Sentimental Journey". Por essa época, o The Platters já era uma das maiores atrações dos mais famosos clubes noturnos americanos, de Nova York a Las Vegas, e participava dos melhores shows de televisão nos Estados Unidos e na Europa. O sucesso seguinte foi outra antiga canção, dessa vez de um dos mais conhecidos compositores americanos, Jerome Kern: "Smoke Gets in Your Eyes", do musical *Roberta* (1933).

De "Only You" a "Smoke Gets in Your Eyes", algumas novidades em termos de gravação foram introduzidas por Buck Ram: o pequeno conjunto que executava tercinas transformou-se numa grande orquestra, com seção de cordas, harpa e tímpano, que emoldurava as brilhantes interpretações de Tony Williams, a figura de proa do grupo. O The Platters atingia, assim, um público cada vez mais numeroso e uma faixa etária mais ampla, por meio do seu repertório romântico e levemente dançante. Seus discos continuavam sendo vendidos aos milhões, com novos êxitos como "Enchanted", "Harbor Lights" e "Red Sails in the Sunset".

Em 1961, deu-se o surpreendente início do fim do grupo: Tony Williams saiu, sendo substituído por Sonny Turner, visivelmente inferior. Também Paul Robi e a única mulher, Zola Taylor, saíram. Mesmo com essas alterações radicais, o grupo manteve-se em atividade até meados dos anos 70, embora sem Buck Ram, que se aposentara em 1967. O The Platters, no entanto, nunca mais foi o mesmo, ou seja, o máximo do *doo--wop*. Um estilo muito simples, que era cantado nas esquinas das ruas e

Música com Z

era tão incrivelmente solicitado que, em certa época, diz-se com exagero, é verdade, que havia por volta de 150 mil conjuntos vocais em atividade nos Estados Unidos. Fazendo "du-uop" para os solistas.

(Publicado em 6 de junho de 1983 em *O Estado de S. Paulo*)

13.

Ney Matogrosso

Depois do show, retornávamos pela marginal Pinheiros para nosso apartamento, torcendo para que a energia tivesse voltado, e não precisássemos subir os seis andares que separam nosso aconchego da rua agitada. No caminho, só falávamos do lindo espetáculo que tínhamos visto, *Beijo bandido*, com o Ney Matogrosso.

Fomos cumprimentá-lo no camarim conduzidos por João Mario Linhares, seu competente empresário e nosso querido amigo. Na comprida fila, do pé da escada à porta do camarim, a turma de fãs declarados de Ney esperava a sua vez sem se irritar. Ney atende um por um com atenção. Incrível como agrada a todo mundo. Senhoras de idade e garotas misturadas com homens maduros e rapazes, não dá para identificar qual a classe, o sexo ou a faixa etária dos admiradores de Ney. É uma legião indefinível de quem não perde seus shows por nada. Um caso à parte na música popular brasileira.

Nosso encontro foi breve como é inevitável nessa situação, a de cumprimentos em camarim. Breve, mas o suficiente para que ele confirmasse o que sentíramos e lhe perguntamos. "É isso mesmo, divirto-me muito com o show." Ney é amoroso e tranquilo, nada a ver com aquele azougue no palco de pouco tempo antes. Abraçamo-nos carinhosamente e, como de hábito, beijamo-nos no rosto.

O beijo na face é absolutamente natural, principalmente no meio musical, entre homens que se gostam. No Brasil, de uns anos para cá; há muitos anos na Argentina, na Itália, na França, na Espanha e em outros países. É uma demonstração mútua de amizade, um hábito que conservo há bastante tempo com os queridos amigos portenhos. A amizade entre homens é uma preciosa dádiva cultivada através dos anos, independente da distância.

Ainda há quem faça restrição a esse gesto de carinho tão significativo, o de dar e de receber um beijo no rosto. Trinta anos atrás, levei o maior esbregue de uma ex-namorada depois de dar um beijo em meu

Música com Z   491

querido amigo Hermínio Bello de Carvalho. Perdi o rebolado com aquela descompostura calcada num hipotético mau juízo sobre nosso comportamento. Desnecessário dizer que o namoro foi para o brejo, enquanto a amizade com Hermínio cresce a cada encontro. Homens que se cumprimentam com beijo são homens que se gostam, como os turcos, que muitas vezes andam de mãos dadas pelas ruas de Istambul.

A relação entre homens é o primeiro assunto que vem à tona quando o alvo de uma entrevista é Ney Matogrosso. Em um dos inúmeros recortes de jornal que guardo em meu arquivo, há uma frase que bem define sua personalidade. Apavorado com sua primeira entrevista depois da separação dos Secos & Molhados, subitamente encontrou a solução para a temida pergunta que certamente viria, aberta ou insinuada: "Tenho que dizer a verdade".

A verdade de Ney é seu trunfo invencível, o que faz dele um artista incomum, uma atração cuja *performance* vale sempre mais do que o preço do ingresso. Desta vez, ele se apresenta com a mais trivial vestimenta, embora elegantíssima: um terno bege com forro vermelho no casaco, camisa aberta ao peito e gravata preta e fina enrolada no pescoço. Seu olhar, um arco de flecha que mira e acerta a sensibilidade de cada espectador, combinado com os movimentos do corpo, braços, pernas e mãos expressivas, traduz coreograficamente o tema de cada canção.

Difícil encontrar outro intérprete da nossa música capaz de juntar com tamanha adequação motivos melódicos e poéticos díspares que se tornam tão integrados na proposta do espetáculo. Sua postura em cada uma das canções é impressionantemente variada, embora todas elas girem em torno de um tema comum, o da relação amorosa em suas múltiplas vertentes: a conquista, o ciúme, o desentendimento, a separação, o medo, o abandono, a sedução, o desejo, a posse, a traição, a dissimulação, a saudade, a falsidade, a verdade.

Para montar o repertório de seu show, Ney revolve o mundo de canções brasileiras, numa pesquisa que bem se pode imaginar quão imensa e trabalhosa foi. Consegue juntar canções, aparentemente incomunicáveis, numa convivência tal que parecem ser movimentos de uma sinfonia ou um *score* de um musical criado pelo mesmo compositor em parceria com o mesmo letrista. Assim, Ney integra num caldeirão cubos com bolas, Cazuza com Vinicius de Moraes, Luiz Bonfá com Herbert Vianna, Jacob do Bandolim com Zé Ramalho. Em sua triunfal interpretação de "A distância", de Roberto e Erasmo Carlos, extrai o que não se supunha existir. Mais do que nunca, Ney Matogrosso demonstra que a trajetória de uma canção nunca alcança um fim, que ela sempre pode ser revivida em todo o seu esplendor. Depende de quem o faz.

Recentemente, após reger *Iphigénie en Tauride* no Metropolitan de Nova York, o maestro Patrick Summers revelou-me que, aos 70 anos, a voz de Plácido Domingo está perfeita, algo muito raro na música lírica. Apesar de também beirar os 70, Ney está cantando cada vez melhor, com expressividade e segurança em toda a extensão de sua voz privilegiada de tenor contraltado. Quanto mais difícil uma canção, melhor ele canta.

Ney é também o coreógrafo intuitivo de si próprio, outra tarefa de que se incumbe com brilhantismo no tratamento dado a cada canção. Os modelares arranjos do pianista Leandro Braga, líder do quarteto que funciona como uma orquestra, e a iluminação do próprio Ney com Juarez Farinon compõem o quadro que torna esse show um espetáculo de gala no cenário atual da música popular brasileira, abundantemente servida por subespetáculos que arrepiam pelo primarismo, pela apelação vulgar e, sobretudo, pela incompetência musical de seus realizadores, num dos países melhor dotados para a música popular em todo o mundo.

(Editado a partir da matéria publicada em 27 de fevereiro de 2011 no *Correio Popular*, de Campinas)

Música com Z

14.

João do Vale

Parte das homenagens a Vianinha nestas 2 semanas, quando se recordam os 10 anos de sua morte, se faz por shows individuais com duas das três principais figuras do célebre *Opinião*, que apaixonou o público da época (1964-1965). Assim, na semana passada, esteve no Centro Cultural São Paulo, num espetáculo adorável, Nara Leão, a primeira a cantar "Carcará", a música mais representativa do show. Nesta semana, atua João do Vale, seu compositor.

Os dois, e mais Zé Keti, eram os três representantes de seus respectivos segmentos sociais no show *Opinião*, trazendo as novas e fortes mensagens realistas de um Brasil que, de certa forma, era escondido das plateias de teatro elitistas antes do verdadeiro acontecimento artístico nacional que foi a criação do Grupo Opinião. Mostrar a dignidade da pobreza, a força da cultura popular, a atitude de resistência, enfim, deixar claro que "quanto mais verdadeiro, mais poético", conceito básico do projeto original do grupo, são características que transparecem de forma nítida e funda no show desse magistral e sensível artista popular, o maranhense João do Vale, uma rara oportunidade de ver em São Paulo a grande atração semanal do Forró Ferrado, do Rio de Janeiro.

A discutida dualidade de forma e conteúdo fica sempre resolvida com beleza e profundidade nas suas músicas. Vejam só os exemplos destes versos: "*Beliscar não é pecado, diz o padre capelão/ conforme seja o lugar/ e o tamanho do beliscão*". Ou estes: "*Escorregar não é cair/ é jeito que o corpo dá*". João do Vale é um observador aguçadíssimo de seu ambiente, da natureza, de sua época, e mostra um fantástico talento ao traduzir suas observações com a beleza estética que têm os poetas populares por meio da sua sensibilidade, que dispensa cultura. É esse misterioso dom que, em última análise, constitui um perfeito exemplo de inteligência.

"O que se ensina é porque não vale a pena aprender", um velho dito, possivelmente indiano, parece vir a calhar para o canto rude, grave e potente desse artista que se apresenta descalço, acompanhado de sanfona, zabumba, triângulo e contrabaixo, muito à vontade, e sem a menor necessidade de seguir algum tipo de regra em matéria de espetáculo. Cantando seus baiões, xaxados e canções, que se agrupam entre os maiores clássicos da música nordestina, no mesmo nível de Gonzagão e do sempre saudoso Jackson do Pandeiro, ele emociona e vai fundo com "Na asa do vento", "Pisa na fulô", "O canto da ema", "Morceguinho", "Minha história", "Peba na pimenta" e "Coroné Antônio Bento", que, segundo ele "era um baiãozinho, mas, depois que as menininhas da PUC estudaram a música, ficou sendo um rock rural".

Seus variados parceiros, Luiz Vieira, Zé Cândido, Raimundo Evangelista, Antônio Euzébio, Alventino Cavalcanti e outros, parece que se amoldam a seu estilo, que ele mesmo resume ao final de tão gratificante espetáculo: "Meus versos não são bonitos, são de mágoa e dissabor". O crítico pede licença para dizer: "São mais que bonitos, João do Vale. São lindíssimos, e ficarão".

(Publicado em 28 de julho de 1984 em O *Estado de S. Paulo*)

15.

Johnny Alf

Já escrevi uma meia dúzia de textos sobre Johnny Alf, além de ter tido a honra de apresentá-lo diversas vezes em espetáculos a que estive ligado como produtor ou não. Para os leitores de Zero Hora, quero mostrar o significado de sua atuação em São Paulo, o impacto causado por sua música na vida de paulistanos que, como eu, eram jovens em meados dos anos 50.

Cariocas que lá iam frequentemente não se cansaram de lamentar quando Johnny Alf deixou de vez o bar do Hotel Plaza, em Copacabana, para ir trabalhar em São Paulo. Era o músico que os cativava com seu estilo pianístico de marcação espaçada, avessa ao "tum-qui-tchi-qui" em voga, e com sua estranha maneira de cantar, despojada de arrebatamentos forçados. Johnny era ídolo daquela garotada à procura de modernidade na música, em busca do caminho para a mudança que pressentiam estar acontecendo. Sua plateia, uns maiores, outros ainda menores de idade, tinha admiradores como João Gilberto, Tom Jobim, Carlos Lyra, Roberto Menescal, João Donato, Newton Mendonça, Milton Banana, Sergio Ricardo, Baden Powell, Luizinho Eça, Luiz Carlos Vinhas, Sylvia Telles, Maurício Einhorn e Durval Ferreira, entre outros. Uns já em início de carreira, outros ainda namorando a música como uma pretensão em suas vidas.

A música do bar do Plaza não fazia sucesso, nem era comentada nas colunas sobre a vida noturna do Rio. Para os supostos entendidos, era considerada arrevesada e incompreensível. Para essa rapaziada, no entanto, isso não importava. Johnny Alf fazia a música que eles tinham vontade de fazer.

Quando veio inaugurar a Baiuca em seu primeiro endereço e depois tocar no Cave, em São Paulo, Johnny Alf representava o sonho de jovens paulistanos identificados com a música de Tito Madi, Dolores Duran, Lucio Alves, Dick Farney, Os Cariocas e, sobretudo com a *Sinfonia do Rio de Janeiro*, de Billy Blanco, em parceria com um desconhecido de nome Antonio Carlos Jobim. Os paulistas receberam de braços abertos e ouvidos atentos aquele pianista arredio e de fala mansa, o artista que já era lenda no meio. Poder ouvir o piano, a voz e as músicas de Johnny Alf era o máximo para músicos amadores e profissionais que frequentavam bares do centro paulistano. Ficava-se deslumbrado ouvindo atentamente sua maneira de mostrar uma canção, seu piano desvinculado do contrabaixo em acordes esparsos que mais cercavam do que sustentavam seu canto leve. Suas composições nada tinham em comum com o que se ouvia no rádio, eram sutilmente cativantes para os ouvidos mais exigentes.

Despretensioso, Johnny chegava mansamente com uma pilha de partituras postas sobre a estante antes de cada entrada. Sem nenhuma pressa, sentava-se, folheava as páginas e parava na canção de abertura, uma parte contendo cifras sob a linha melódica em vez de, como era habitual, acordes especificando cada nota. Ajeitava o microfone e, completamente imerso na sua apresentação, dedicava-se compenetrado a cada canção, recebendo os aplausos ao final com um sorriso discreto. Não era de falar, era de cantar e tocar. Levantava-se discretamente, sob aplausos intensos da turma jovem. Cada noite era uma aula de leveza e de bom gosto. Não era jazz, música americana, samba batucado, era aquilo que se tinha vontade de ouvir e não existia.

Modesto como ninguém, Johnny Alf jamais reivindicou para si a criação da bossa nova. Nem mesmo de ter sido seu precursor. Jamais exigiu direitos sobre o mais revolucionário movimento na música popular brasileira. Sobre João Gilberto, disse-me, em 12 de novembro de 1968, relembrando seus dias como pianista da Cantina do César, seu primeiro emprego: "Cantando, João Gilberto já tinha uma divisão bem afastada do habitual, e eu me sentia muito bem acompanhando-o, principalmente harmonicamente. O que eu fizesse, não tinha problema. Dessa intimidade pode ter se dado alguma ideia".

Mais que o pianista recordista como atração dos bares de São Paulo e Rio, Johnny Alf encarnou como ninguém o que seria um *saloon singer* brasileiro. Foi o guru dos criadores da bossa nova. Talvez sem ter nunca avaliado plenamente, Johnny preparou a juventude musical de São Paulo para o que viria depois: o primeiro disco de João Gilberto. É possível que essa música revolucionária não tivesse sido recebida com tanta naturalidade não fossem as lições aprendidas a cada noite na Baiuca e no Cave. O desbravador Johnny Alf fez nossa cabeça.

(Publicado em 20 de março de 2010 no *Zero Hora*, de Porto Alegre)

16.

Denis Brean

A moda da música americana na canção brasileira vem de longa data. Em 1916, um dos discos gravados no país pelo então pioneiro processo mecânico era um *one-step*, gênero dançante dos Estados Unidos. No ano seguinte, a influência americana se ampliou em outros discos tipo bolachão, de 78 rotações, como o foxtrote "Ragging this Scale", que a orquestra Pickmann tocava ao vivo na Sorveteria Alvear da avenida Rio Branco. O avanço foi tamanho que, nos anos 20, conjuntos instrumentais de sete ou oito músicos, que não contavam com número suficiente para serem considerados orquestras, passaram a se autodenominar *jazz-bands*, embora executassem um variado repertório de música para dançar.

As *jazz-bands* se espalharam de tal forma pelo país que até Pixinguinha, que já tinha trocado a flauta pelo saxofone-tenor, tratou também de se modernizar em 1927, trocando o nome de seu grupo para Jazz Band Os Batutas. Nessa década, o *shimmy*, o *one-step* e sobretudo o foxtrote figuravam entre os gêneros mais em voga nos clubes, nas confeitarias e nos salões de baile do Rio de Janeiro, em sintonia com o que também sucedia na Europa.

A instalação de gravadoras estrangeiras no Brasil — a RCA Victor, a Odeon e a Columbia — injetou no mercado uma verdadeira avalanche de discos americanos que, reforçados em larga escala pela popularidade do cinema, instituíram o foxtrote como um gênero abrasileirado. Estrelas como Jean Harlow e galãs como Ronald Colman passaram a ditar moda nos penteados das moças ou nos bigodinhos dos rapazes. Do mesmo modo, expressões da língua inglesa influenciavam a alta sociedade, a ponto de se tornarem alvo de críticas em letras satíricas, como na obra-prima do *nonsense* de Lamartine Babo, o foxtrote "Canção para inglês ver" (1931), ou o primoroso samba-canção "Não tem tradução" (1933), de Noel Rosa. Em suas letras, pode-se pinçar versos como "*I love you/ to have steven via Catumby/ Independence lá do Paraguai/ Studebaker*

Música com Z

Jaceguai", na primeira, e "*Mais tarde o malandro deixou de sambar/ dando pinote/ e só querendo dançar o foxtrote*", na segunda.

Em tais circunstâncias, não é de espantar que foxtrotes franceses e até alemães, mas sobretudo as canções americanas, fossem tão populares que dominassem francamente o cenário musical em determinado extrato social brasileiro, quer no Sudeste, quer no Nordeste.

Meu querido parceiro nos dois volumes do livro *A canção no tempo*, Jairo Severiano, que vivia no Recife quando menino, e não entendia inglês, se recorda perfeitamente de ter decorado a melodia e até mesmo a letra do foxtrote "Please", gravado por Bing Crosby em 1932. "Blue Moon", "The Continental", "Cheek to Cheek" eram também canções americanas que Jairo conhecia graças ao cinema ou a programas de rádio, ou até mesmo por meio de discos reeditados no Brasil. Muitas dessas canções, cantadas sem que às vezes se soubesse o significado de seus versos, faziam parte do cenário musical em que se vivia, quando o foxtrote era um dos gêneros abrasileirados pelos compositores nacionais e conviviam com as marchas e os sambas essencialmente nacionais. Nesse contexto, "Última canção", "Nada além", "Dá-me tuas mãos", "Naná" e outros sucessos figuravam lado a lado com "Carinhoso", um samba-choro, e "Juramento falso", um samba, todos na segunda metade da década de 30 na voz do mais popular cantor de sua época, Orlando Silva.

Na década seguinte, os Estados Unidos foram tomados pela coqueluche do *boogie-woogie*, um estilo pianístico bailável, calcado nas harmonias dos *blues* e executado em andamento alucinante nos botequins conhecidos como *honky-tonk* ou em bares do sul do país. Rapidamente o novo gênero se popularizou pelo mundo como moda dançante na versão orquestral de Tommy Dorsey do *hit* "Boogie-Woogie" ou na interpretação da cantora Ella Mae Morse de "Cow Cow Boogie".

Repetindo a trajetória das *jazz-bands* e do foxtrote, o *boogie-woogie* também aportou no Brasil por meio dos discos americanos, inspirando músicos a aderir à nova febre e compositores a reconhecer que ela podia perfeitamente tomar parte na canção brasileira. É quando entra em cena um filho de Campinas que, ao perceber essa possibilidade de misturar o ritmo brasileiro com a grande novidade americana, tratou de descrever, por um samba rasgado, a chegada da dança do *boogie-woogie* nestas plagas: "*Chegou o samba, minha gente, lá da terra do Tio Sam com novidade/ E ele trouxe uma cadência que é maluca pra mexer toda a cidade/ O boogie-woogie, boogie-woogie, boogie-woogie/ A nova dança que balança, mas não cansa/ A nova dança que faz parte da política da boa vizinhança!"*.

Gravado em 3 de maio de 1945 por um dos maiores sambistas de todos os tempos, Ciro Monteiro, o samba arrasou, dando a seu autor o primeiro sucesso na carreira. A segunda parte era assim: *"E lá na favela toda batucada já tem boogie-woogie/ Até as cabrochas já dançam, já falam no tal boogie-woogie/ E o nosso samba, foi por isso que aderiu, no Amazonas, Rio Grande, São Paulo e Rio/ O boogie-woogie, boogie-woogie, boogie-woogie/ A nova dança que surgiu!"*.

Achando que seu nome de batismo não combinava com o de um compositor de música popular, Augusto Duarte Ribeiro adotou um pseudônimo americanizado que lhe poderia assegurar um certo anonimato e talvez até combinasse melhor com a letra de um samba sobre o *boogie-woogie*. Não se sabe ao certo no que se inspirou, já que não se conhece personagem algum cujo nome lembre, ainda que vagamente, o que inventou para si, mas o fato é que o samba "Boogie-woogie na favela" foi criado por quem, à primeira vista, poderia ser confundido com algum americano: Denis Brean.

A carreira de Denis Brean como compositor e jornalista, no entanto, revelou que nada de um possível entusiasmo pelo imperialismo americano estivesse em suas intenções. Nascido em 1917, estudou no Colégio Ateneu Paulista e, desde muito cedo, mostrou seu potencial para a criação de canções brasileiras ao obter o primeiro lugar num concurso de músicas para a Festa da Uva de Jundiaí, quando tinha 19 anos.

Já se mudara dois anos antes para São Paulo, onde largou o curso de direito para se integrar ao jornalismo, atuando em diferentes redações até se fixar na *Gazeta Esportiva*, onde chegou a diretor. Ao mesmo tempo, era atraído pelo rádio, tendo sido na Rádio Record, onde atuava como programador, um defensor inflexível das raízes da música popular brasileira. Eram os tempos em que radialistas se metiam a compor música popular, não só em função da amizade com cantores como também da suposta fonte inspiradora representada pela boemia característica de quem trabalhava até altas horas da noite. Não é de estranhar, pois, que alguns dos seus parceiros fossem mais radialistas que compositores, ainda que bissextos, caso de Blota Júnior, com quem fez "La Vie en samba", e de Raul Duarte, "Marrequinha".

O fato é que a obra desse campineiro, que na convivência diária era uma figuraça, contém algumas composições de um sentido musical mais alentado, tanto é que foram gravadas por numerosos intérpretes. Possivelmente a mais conhecida seja "Bahia com h", em que, à maneira de Ary Barroso, pedia licença para descrever cenas de Salvador mesmo que nunca lá tivesse estado: *"Dá licença, dá licença, meu sinhô/ Dá licença, dá licença, pra ioiô/ Eu sou amante da gostosa Bahia, porém/ Pra saber seu segredo serei baiano também/ .../ Deixa ver, com meus olhos de amante saudoso a Bahia do meu coração/ Deixa ver, Baixa do Sapateiro, Chariot, Barroquinha, Calçada, Taboão!/ Sou um amigo que volta feliz pra teus braços abertos, Bahia!/ Sou poeta e não quero ficar assim longe da tua magia!"*. Revelando um conhecimento histórico, Denis Brean incluiu em sua letra, ao lado de bairros famosos de Salvador, o nome da antiga linha de funicular Chariot, instalada por ingleses em 1889, e o do Elevador Taboão, de 1865, ambos desativados. Lançada por Francisco Alves, "Bahia com h" foi gravada dezenas de vezes, com destaque para as versões de Caetano Veloso e João Gilberto, com quem o compositor teve o privilégio de privar da amizade.

A mesma ironia de "Boogie-woogie na favela" veio à tona em outro sucesso de Denis Brean, "Boogie-woogie do rato", gravado pela dupla Joel e Gaúcho. Focando outra vez a música americana, ele atacou com versos como *"Se o nosso samba tem cadência/ O boogie-woogie tem influência/ Pois os dois são irmãos da mesma cor"*.

A versatilidade de Denis Brean é comprovada por um samba-canção de sucesso, que caiu como uma luva para Maysa, então no auge da carreira. "Franqueza" foi composta em parceria com Oswaldo Guilherme e sem a participação da cantora, como poderia se imaginar pela melodia e letra tipicamente de fossa. Bastam estes versos finais: *"De uma coisa hoje eu tenho certeza/ Foi o tempo que me confirmou/ Seus melhores momentos na vida/ Nos meus braços você desfrutou"*.

Denis Brean era uma figura típica do rádio e do jornalismo brasileiro daqueles anos 40 e 50, que fundia uma atividade na outra. Um gozador sagaz, sempre com tiradas sarcásticas e bem-humoradas, parecia ter vindo ao mundo mais para se divertir do que qualquer outra coisa. Aproveitando intensamente a noite paulistana, quando a boemia ainda era possível, soube viver e soube honrar a Campinas onde nasceu.

(Publicado em 19 de junho de 2011 no *Correio Popular*, de Campinas)

17.

Chet Baker

Ao sair da Amsterdam Centraal, a principal estação de trem de Amsterdã, o viajante se depara com um emaranhado de trilhos das linhas de bonde que, procedentes de vários pontos da cidade, afluem para a grande praça, ponto nevrálgico de uma das cidades mais descontraídas da Europa.

Com centenas de ciclistas pedalando pelas pistas exclusivas em todas as ruas, com outro tanto de transeuntes preenchendo o espaço por vezes estreito que lhes é destinado, o mais surpreendente nessa vibrante cidade é a quietude. Para quem mora em São Paulo ou no Rio, essa quietude é um contraste gritante com tamanha movimentação de bicicletas, pedestres e bondes, reflexo de uma intensa atividade que preenche plenamente o desejo de quem chega a Amsterdã em busca de uma programação cultural de primeira linha, o que de certo modo combina com a liberalidade de hábitos e costumes existentes. De fato, logo à esquerda, e além da imensa praça, pode-se encontrar o De Wallen, o bairro da luz vermelha, região onde a dignidade das trabalhadoras do sexo é restituída, até com um marco erigido ao lado da Oude Kerk (Igreja Antiga).

Também à esquerda de quem sai da Amsterdam Centraal, fica a rua Prins Hendrikkade, onde se localiza um hotelzinho três estrelas com intensa circulação de hóspedes na pequena recepção. No lado esquerdo da parede externa, está fixada uma placa de bronze com a figura de um trompetista e, logo abaixo, um breve texto, suficiente para elevar esse hotel à categoria de visita obrigatória para um jazzista. A placa do Hotel Prins Hendrik diz: "O trompetista e cantor Chet Baker morreu aqui, em 13 de maio de 1988. Ele viverá por sua música para todos que a desejarem ouvir e sentir".

Quando Chet caiu de uma janela do terceiro andar desse hotel, acabou-se uma das trajetórias mais bem-sucedidas e trágicas da história do jazz. Entre os dois extremos, ele desfrutou de tudo que um jazzista branco de rosto lindo pode almejar como músico e como homem, idolatrado pelas mais formosas mulheres que dele se aproximavam como abelhas do mel. Chet deu ao mundo uma das mais belas sonoridades *cool* no jazz. Em duas vertentes que, no seu caso, se cruzam: a instrumental e a vocal. Um músico canta uma canção como se tocasse um tema.

Depois de ouvir Chet Baker algumas vezes em Nova York nos anos 50, já fora do contexto do Gerry Mulligan Quartet, depois de não vê-lo certa vez no New Morning, de Paris, pois à última hora a apresentação foi cancelada sem justificativa, enfim o conheci pessoalmente em 1985 na primeira e única vez em que esteve no Brasil, durante o I Free Jazz Festival. Assim que percebi ser ele quem caminhava pelo corredor do teatro no Hotel Nacional na escuridão da plateia durante um show, levantei-me e fui ao seu encontro. Disse-lhe baixinho que era uma figura idolatrada e importante para a bossa nova, o que o surpreendeu. Fitou-me parecendo não ter bem ideia de que isso tivesse ocorrido. No entanto, todos da bossa nova ouviam os discos de Chet Baker tocando e cantando.

Marcamos uma entrevista, realizada no dia seguinte à beira da piscina, em que ele me contou sobre a mágoa que ainda nutria por Mulligan quando atuava no quarteto sem piano e já era um músico consagrado. Tinham gravado seis discos durante os 11 meses em que trabalharam juntos e Chet, que o público não conhecia um ano antes, era agora o número 1 no jazz. Pedia ao líder que elevasse de 120 para 300 dólares seu salário semanal. Não foi atendido e puxou o carro. Aí se inicia a carreira solo de Chet Baker. Formou um quarteto com o pianista Russ Freeman, gravou um disco cantando com orquestra de cordas que deixava embasbacado quem quer que o ouvisse, e "My Funny Valentine" passou a ter um único dono.

No dia seguinte à entrevista, avistei Chet na entrada do hotel, aguardando um táxi que o levaria ao estúdio carioca Nas Nuvens, onde gravaria o restante de um disco iniciado na Itália. Estava sozinho, parecia solitário e desamparado, uma figura frágil carregando a caixa do trompete, dando a impressão de desmontar caso lhe aplicassem um peteleco. Comigo, Chet fora uma pessoa doce, falava baixinho e delicadamente. Esse era um lado da moeda.

Sua vida foi uma sucessão de trapaças e cenas da mais chocante crueldade. A delicadeza de sua música nada tem a ver com a violência em que vivia imerso no mundo das drogas. Para uma de suas mulheres, Chet era a encarnação do demônio. Suas ligações envolviam músicos, empresários, aproveitadores, escroques, traficantes, viciados e, naturalmente, mulheres. Todas em alto grau de agressividade ou de carinho.

O mais completo e também mais controvertido livro sobre Chet Baker foi publicado no Brasil em 2002: *No fundo de um sonho: a longa noite de Chet Baker*, de James Gavin. A controvérsia não é gerada pela fartura de detalhes sobre sua vida, mas pela concentração do texto sobre sua marginalidade em prejuízo da arte que legou.

As teorias sobre as circunstâncias de sua morte, se acidente, suicídio ou crime, jamais foram rigorosamente desvendadas. Segundo Gavin, Chet Baker morreu intencionalmente, "num derradeiro gesto romântico da parte de alguém que, às vezes, parecia demoniacamente desumano".

A placa de bronze nada revela.

(Publicado em novembro de 2007 no site *Opinião e Notícia*)

18.

Dois Paulos

Em meados dos anos 50, o primeiro Paulo era um jovem clarinetista da Orquestra Sinfônica Brasileira. Nos seus 20 e tantos anos de idade, também se defendia atuando na orquestra da Rádio Nacional do Rio de Janeiro, tomando parte no grandioso *cast* de maestros, músicos e cantores que deixa boquiaberto quem percorre a lista da PRA-8, instalada no último andar do principal edifício da praça Mauá. Com essa idade, Paulo já era o mais bem-sucedido da musical família de São José do Rio Preto, os descendentes do mestre de banda Pedro Moura: dois trompetistas, José e Alberico, e um trombonista, Valdemar, seus irmãos.

Na orquestra da Rádio Nacional, brilhavam também Chiquinho do Acordeom, o violonista Garoto, o baterista Luciano Perrone e o músico a quem fui procurar nos meus 20 e poucos anos para pedir conselhos, Vidal Ramos, mestre do contrabaixo e integrante do quarteto de Radamés Gnattali. Nessa ocasião, que de tão grata bem gravo na memória, ele me fez conhecer o clarinetista Paulo. Nasceu por tabela a amizade com o jovem muito bem-posto e de porte elegante por trás dos óculos que lhe conferiam um aspecto mais grave que o real. Mais grave, porém em nada sisudo. Alegre e discreto, Paulo falava manso e tinha um sorriso cativante.

Também se encantava com jazz. Sabia posicionar perfeitamente o estilo dos dois maiores rivais da clarineta na época das *big-bands* americanas, Artie Shaw e Benny Goodman. Tal entusiasmo poderia mascarar seu culto às sonoridades brasileiras. Engano. Era sim um ardente defensor de suas raízes, distinguindo perfeitamente cada galho da frondosa árvore da música popular.

Intensamente comprometido com a vertente instrumental, se destacava pelo afinco aos estudos e pela atuação em orquestras cariocas, sendo ativo defensor das origens afro que estruturaram o ritmo e moldaram contornos.

Depois de gravar em 1956 o *Moto-perpétuo para violino* de Paganini, que impede a respiração quando executado em instrumento de sopro, seu nome começou a se projetar como autor de tal façanha na clarineta.

O maestro Radamés Gnattali acedeu a um pedido seu que escondia uma ponta de inveja, o de compor um tema como fizera para o saxofonista Zé Bodega, o choro "Bate-papo", gravado pelos dois. Radamés extrapolou: compôs oito temas, suficientes para um disco inteiro, o precioso *Paulo Moura interpreta Radamés Gnattali*, com Vidal no contrabaixo, Baden Powell no violão e Trinca na bateria.

Naquela altura, Paulo já estudara composição, contraponto e orquestração, tendo tido mestres como o assediado maestro Moacir Santos, além de contabilizar elevada quilometragem nos naipes de palhetas de orquestras de gafieiras e *dancings* no Rio. Tocara nas orquestras do clarinetista Zaccarias — na época, o maior concorrente da Tabajara de Severino Araújo —, na de Oswaldo Borba, na de Ary Barroso, na do saxofonista Cipó e na de Guio de Moraes, antes de montar a sua própria, com a qual atuou no celebrado Brasil Danças do centro carioca. Aprendeu o segredo de "encher a pista". Era escolado, admirado, requisitado e ousado.

Tínhamos quase a mesma idade, preferência em comum por Charlie Parker, percebíamos a cada encontro quão parecidos eram nossos gostos. Falava com conhecimento de causa sobre a vida e a técnica de músicos brasileiros que admirava: Fon-Fon, possivelmente o maior *bandleader* brasileiro de todos os tempos, o sax-alto Pascoal de Barros — autor de "Teclas pretas", choro que seria o prefixo de meu programa diário na Rádio Jovem Pan — e K-Ximbinho, de quem me tornaria amigo tempos depois.

Apesar de ser paulista de nascimento, Paulo era um ilustre desconhecido em São Paulo. Até o dia em que tocou no Palácio das Convenções do Anhembi no primeiro espetáculo *O Fino da Música*, em 1977. A pedido de Tuta Amaral de Carvalho, meu patrão na Jovem Pan, remontei o elenco com os componentes originais do Regional do Canhoto, contratei a orquestra do trombonista de gafieira Raul de Barros, o grupo paulista de choro Conjunto Atlântico, e meu amigo, com seu grupo. "Paulo Moura?", indagavam sem saber de quem se tratava. O espetáculo antecipou um *boom* do choro brasileiro em São Paulo. Convidei-o novamente para o segundo espetáculo, que também incluía K-Ximbinho, a Orquestra Tabajara com Severino Araújo, seus irmãos e a divina Elizeth Cardoso. Paulo, já um querido pelo público paulista, passou a vir frequentemente do Rio, inclusive para festivais de jazz.

Música com Z

No palco, era uma figura distinta do amigo das confidências: um músico admirável, de pulmão amplo, dentes fortes, dedos ágeis, total concentração e a testa da qual pareciam brotar, fantasiadas de notas musicais, flores e folhas em lugar de cabelos. Atentamente, ouvíamos música no apartamento da avenida Paulista, descobríamos teorias nas conversas em Copacabana, onde morou. Vinham à tona lembranças esquecidas, viajávamos no tapete mágico da imaginação, descobríamos emoções escondidas nas notas, nos acordes, nas interpretações e nos improvisos, traçávamos planos e saíamos mais felizes a cada tchau. A cada abraço e beijo de despedida. Como esquecer seu sorriso branco nas cores do arco-íris?

O outro Paulo era tratado de Paulinho. Para diferenciar do doutor Paulo, seu pai. Com ele ingressei e me diplomei nos bastidores do *show business*. Encarregou-me de fazer a ponte com os artistas internacionais que a TV Record contratou. Em menos de um ano na televisão, eu atuava como interlocutor de Bill Cook, Carlos Gastel, Alex Valdez, Moisés Vivanco e John Hopkins, nomes que o grande público ignora. Conhecidos, os artistas que empresavam: Roy Hamilton, Nat King Cole, Marlene Dietrich, Yma Sumac e Sarah Vaughan, que cantaram em 1959 no Brasil.

Avesso a viajar de avião, Paulinho achou que eu devia estar no ponto quando, sem rodeios, indagou tão logo entrei em sua sala para uma reunião: "Pode embarcar amanhã para Nova York e contratar Sammy Davis Jr.?". Explicou-me que surgiu a possibilidade de uma temporada do maior *showman* americano de todas as épocas, o sonho de quem já trazia grandes artistas internacionais para a América do Sul. Impossível vacilar. Na noite seguinte, retornei à cidade onde estudara até um ano antes. Dez dias depois, trouxe assinado o contrato, passaporte para sua confiança absoluta nas negociações dos quatro anos seguintes que levaram a TV Record ao topo da audiência.

Daí em diante, cada viagem com a missão de contratar artistas internacionais era acompanhada de suas encomendas pessoais, reveladoras de hábitos elegantes. Passei a frequentar o chiquérrimo restaurante 21 Club da rua 52, conhecido pelas estatuetas de jóqueis na fachada. No seu Bar Room, adquiria para Paulinho as abelhas em prata e vidro que decoravam a sala de visitas de sua residência na rua Bélgica. Noutra viagem, desembarquei em Congonhas com uma gaiola de cachorro despachada como carga no porão do avião. Com os cuidados devidos, abrigava um dálmata campeão, negociado por alto preço com uma criadora dessa raça em sua fazenda no estado de Nova York.

Ela própria trouxe o cachorro em seu Porsche até o aeroporto de Idlewild, como ainda se chamava o atual JFK. O reprodutor era destinado ao canil que Paulinho mantinha como um brinco no galpão de um bairro de casas modestas, o Itaim Bibi. Nem todas as encomendas de Paulinho cabiam nas malas, apesar da viagem em primeira classe pela Varig dos bons tempos.

Paulinho tinha faro aguçado para o êxito. Depois de dominar os concorrentes da televisão, com shows de 66 artistas internacionais que trouxe para o Teatro Record na rua da Consolação, arriscou, apostando na música popular brasileira, ao contratar Elis Regina por uma fortuna. O retorno veio mais que depressa. Na esteira do *Fino da Bossa*, apresentado pela cantora maior, foi montado o maior elenco dos grandes artistas da música popular no glorioso período dos anos 60. Essa decantada geração participava de programas diários, numa sucessão tão vertiginosa que outro teatro foi alugado, o antigo Paramount, onde também foram gravados os shows musicais da TV Record, a maior usina de música com público pagante na televisão brasileira em todos os tempos. Seguiram-se os festivais, que tiveram índices de audiência tão elevados que até sessões de cinema foram canceladas em noite de final.

Paulinho honrava com méritos a tradição brincalhona dos Amaral, sua origem materna. Não perdia vaza para se divertir, mesmo em sua função de diretor da TV Record. Respondia com fina ironia sobre questões de interesse inferior ao apregoado, saía-se com tiradas espirituosas a quem tentava abusar de seu poder, descrevia histórias hilariantes sobre tipos que conheceu ao longo da vida. Conversas com Paulinho ao telefone desandavam numa sucessão de gargalhadas provocadas pelo seu bom humor inteligente e comentários travessos de quem se mantinha com um invejável espírito jovem. Encarou com esportividade os devastadores desenlaces que sofreu depois da venda da Record, mas não conseguia esconder a emoção quando abordava a perda de um filho querido e da esposa. Nossos jantares eram o coroamento de uma relação deliciosa, um divertimento sem par.

Nos últimos anos, o único assunto sério era o nosso tricolor, a que assistimos com a vibração que nunca faltou em vitórias ou derrotas. Paulinho recordava em detalhes a torcida uniformizada da qual fora membro na juventude. Instalados na parte inferior das numeradas do Estádio do Pacaembu, vestindo blusões brancos de manga comprida com

Música com Z

o escudo tricolor bordado no peito, levantavam o ânimo do público e dos jogadores quando arrancavam seu impetuoso grito de guerra que ecoava pelo estádio: *"Uaique-paique-chaique-uaique/ Uaique-paique-chaique--uaique/ Tchen-go-tchen-go/ Rá-rá-ráá/ São Paulo! São Paulo! São Paulo!/ Arakan-baran-bacan/ Arakan-baran-bacan/ Retumberê, retumberá/ Rico-reco-rico-rá/ Rá-rá-ráá/ São Paulo! São Paulo! São Paulo!"*.

Neste ano de 2010, em menos de dez semanas, os dois Paulos nos deixaram. Pelo que sei, não se conheciam pessoalmente. Um dia farei a apresentação do Moura ao Machado de Carvalho e vice-versa. Asseguro que o papo vai rolar até o amanhecer, com estrepitosas gargalhadas em meio às impagáveis histórias que, lado a lado, soubemos viver.

(Publicado em 12 de dezembro de 2010 no *Correio Popular*, de Campinas)

19.

Miles Davis

Assim que entramos no elevador do Hotel Méridien no Rio, Miles fuzilou-me com seu olhar. O mesmo olhar cortante da foto na fachada da exposição *Queremos Miles*, que fica até 22 de janeiro do SESC Pinheiros paulistano.

Acabara de conceder uma entrevista coletiva antes dos três espetáculos que daria no Canecão naquele começo de setembro de 1986. Era sua segunda visita ao Brasil. A primeira, em 1974, iniciada em 24 de maio, mesmo dia em que morreu Duke Ellington, foi interrompida antes do último show, segundo os potins, pelo excesso de consumo de drogas. Nada impossível.

Agora, no salão do hotel, vestia uma camisa florida em cores berrantes sob um casaco com fios de lamê, calças bufantes e medalhões pendurados em corrente de ouro, que nem de leve lembravam o Miles trajando jaqueta justa de corte italiano em casimira xadrez miúdo, gravata escura fininha, calça apertadíssima e botina preta, com quem eu cruzara alvoroçado algumas vezes no "poleiro" do bar do Birdland de Nova York nos anos 50. Quando a atração era fora de série, Miles Davis estava assistindo ao lado de outras feras do jazz, também frequentadores assíduos. De pouco papo, mesmo sem tocar, acabava sendo a maior atração na plateia.

Se Miles já se destacava pelas roupas ousadas 30 e tantos anos antes, em 1986 continuava à frente de seu tempo. Como Duke Ellington, Miles ditou a mais elegante moda de sua raça; como Duke, abriu novas direções à música que ambos preferiam não rotular de jazz. Miles não tinha o menor receio de se lançar no escuro. Também como The Maestro, atirava-se com absoluta confiança no que fazia, parecendo dizer: "Mais tarde vocês entenderão".

No elevador, disparou seu fulminante olhar de raio X e roncou com sua voz cavernosa: "*Where do I know you from?*" ["De onde é que eu te conheço?"]. Mais que surpreso, pensei num relance: "Será mesmo

Música com Z

verdade? Não pode ser. Que é que vou dizer?". O olhar demandava resposta. Arrisquei, mesmo sabendo ser impossível qualquer lembrança sua: "Estive perto de você algumas vezes no bar do Birdland e assisti ao quinteto com Coltrane, Philly Joe, Paul Chambers e Red Garland. Foi o maior quinteto que ouvi em toda a minha vida". Miles esboçou um sorriso que, talvez pretensiosamente, interpretei como quem quisesse dizer: "Esse branco sabe o que diz". Não importa muito. Com aquele diálogo nos segundos que cabem num trajeto de elevador, já tinha ganho o dia que nunca esquecerei. Claro que Miles não poderia reconhecer um mero estudante brasileiro que frequentava o Birdland.

Miles tocou naquela segunda-feira após a coletiva que por pouco não aconteceu. Assim que entrou, ensaiou o movimento de quem não ia dar entrevista alguma. Cochichou no ouvido da intérprete: "Onde está a imprensa? Aqui tem branco demais". A moça conseguiu demovê-lo, e só assim ele concedeu falar com os jornalistas cariocas, espinafrando Wynton Marsalis, George Butler, seu produtor da gravadora CBS com a qual acabara de romper, espinafrando também os guardas rodoviários da Califórnia, que lhe pediam documentos quando viam um negro guiando uma Ferrari. Divertiu-se contando sobre os quadros que pintava, vangloriou-se de estar em boa forma em função da atividade sexual e pouco falou de música.

À noite, no Canecão, deu início à turnê em que tocou pela última vez no Brasil. Sem casa cheia e vestido no mesmo estilo da coletiva. Tocando o trompete vermelho que está na exposição do SESC e um sintetizador nas intervenções ocasionais, valia-se dos dedos negros e longos com unhas bem tratadas para apertar as três válvulas ou digitar as teclas de cada instrumento. Sobre o repertório calcado em dois discos recentes, *Star People* e *You're Under Arrest*, surpreendeu com a inclusão na *set list* da canção "Time After Time", de Cindy Lauper. Dividiu solos com o saxofonista Bob Berg, o guitarrista Adam Holzman e o tecladista Robert Irving III, seu sobrinho, valorizou seus músicos com estímulos e desmentiu conjecturas negativas de comportamento com atitudes simpáticas à plateia, quase toda branca. Liderava e dominava o grupo *jazz-rock* como um mágico tira coelhos da cartola. A testa larga denunciava a idade, mas o sopro de Miles era o mesmo: lírico, *cool*, simples, intenso, pouco interessado nas notas agudas e muito no timbre liquefeito da surdina Harmon. Uma marca do som *à la* Miles Davis.

Na Nova York de 1958, Miles vivia num apartamento na esquina da 10ª Avenida com a rua 57. Adorava o arranjador Gil Evans, o pianista Bill Evans, o saxofonista John Coltrane e George Russell. Por que George Russell?

"Acho que começa um movimento no jazz que sai da convencional sequência de acordes, um retorno em enfatizar a melodia. Estou a fim de escrever música sem acordes, baseada em escalas", declarou Miles ao crítico Nat Hentoff nesse apartamento, em 1958.

Um ano antes, em julho de 1957, assisti na School of Jazz, em Lenox, à histórica palestra em que o arranjador e compositor George Russell expôs para nós, estudantes, o resultado de seus estudos concentrados numa escala derivada do modo lídio, que originou a inovadora teoria do jazz modal, criada entre 1950 e 1953 e descrita em seu livro *O conceito lídio de organização tonal*. Essa concepção teria aberto as portas para que seu fervoroso admirador Miles Davis construísse, em 1959, um dos mais belos discos de jazz da história, *Kind of Blue*, cuja inovação era precisamente o emprego do jazz modal. Não custa lembrar que o principal pianista desse disco, Bill Evans, escreveu o texto da contracapa. O mesmo Bill Evans que já fora pianista em discos de George Russell.

Esse episódio mostra a argúcia de Miles Davis tanto na escolha de seus músicos como na percepção antecipada do que viria a acontecer na história, o dom de um visionário.

Em 1949, quando os mais avançados jazzistas se ligavam de corpo e alma ao *bebop*, Miles tomou a iniciativa de liderar, com Gil Evans, Gerry Mulligan e John Lewis, um noneto de impressionante integração sonora e racial que se tornou o maior fiasco dos clubes de jazz de Nova York na época. Os poucos fregueses do clube Royal Roost não perceberam que Miles e seus companheiros estavam à frente de seu tempo, o que seria comprovado pelo êxito da gravação dos temas com os mesmos arranjos do noneto que fracassara no palco. Fracassara em termos de público, que não assimilou nem o contraponto nem a polifonia que inauguravam uma nova forma do jazz. O título desse disco, que passou de *cult* para clássico, era *The Birth of the Cool*. Claramente apontava para uma direção que espalharia o *cool jazz* no mundo, com fortes respingos no Brasil. Alguém duvida da estética *cool* na bossa nova?

"Ao mesmo tempo em que Miles Davis rejeitou o *cool jazz*, personificou o *jazz cool*", afirmou, sobre fases posteriores de Miles, o mais renomado crítico americano da atualidade, Gary Giddins. "A era do *jazz-rock* chegara, e mais uma vez ele era o pioneiro", parece completar José Domingos Raffaelli, profundo conhecedor de jazz no Brasil. Com efeito, Miles Davis atravessou a barreira do jazz para o rock em 1969, ao gravar

Música com Z

o disco *Bitches Brew*. As duas opiniões emitidas em momentos diferentes combinam perfeitamente para se entender a carreira de Miles Davis nos seus últimos 20 anos de vida. Se o sucesso de *Bitches Brew* abriu o caminho rotulado de *fusion*, nos discos seguintes, Miles potencializou o volume de seu trompete, eletrificando-o com uma pedaleira ao mesmo tempo que executava teclados com mais frequência, granjeando a admiração da juventude formada no rock.

Miles Davis foi se tornando o ídolo mais consistente do *jazz-rock*, ao combinar seu trompete com sons eletrônicos de sintetizadores e guitarras, ao matizar formatos *standards* com formas livres e ao adotar diferentes padrões rítmicos nos memoráveis concertos assistidos por imensas plateias. Aprimorando sua forma de expressão na linguagem que, para alguns, passou a ser totalmente divorciada do jazz, prosseguiu nesse caminho que novas gerações cultivam com reverência e fervor quase religioso.

"Existiriam então dois Miles?", poderá indagar alguém à saída da valiosa exposição *Queremos Miles*. O *bopper*, que, aos 21 anos ocupou o mais ambicionado posto entre os trompetistas como *sideman* do quinteto de Charlie Parker; que, aos 23, embarcou na postura *cool*, criando uma nova tendência; que, aos 29, montou o fabuloso quinteto com John Coltrane no sax-tenor; que, aos 33, abriu o horizonte do jazz modal ao gravar um dos discos mais analisados da história? Ou o *groover*, que, aos 43 anos, se cerca até de músicos brancos e ingleses, acrescenta guitarra elétrica e sintetizadores, admite jovens com formação musical diferente da sua e atinge o clímax de uma carreira de *pop star*?

Há mesmo mais de um Miles Davis na carreira dessa personalidade única, desse trompetista inquieto, disposto a tudo em que seu instinto musical confiasse ser um novo caminho. Superou estragos físicos da toxicomania, mais de uma vez, em favor de sua sina de multidescobridor, multi-inovador, como um messias da música de sua raça.

Miles Davis é o único músico do jazz que pode dispensar seu próprio sobrenome. Basta Miles. É tudo. É inclusive milhas. As milhas de distância que ele manteve à frente de seu tempo.

(Publicado em dezembro de 2011 na revista *The President*)

20.

Assis Valente

"Jingle bells, jingle bells/ acabou o papel/ Não faz mal, não faz mal/ limpa com jornal/ O jornal tá caro/ caro pra chuchu/ Como vou fazer/ pra limpar meu..."

Tais versos da paródia em português da música de Natal mais cantada no mundo representam uma viva demonstração do espírito brincalhão do brasileiro, presente em algumas canções de gêneros e de ritmos diferentes, criadas por todos os tipos de compositores. Incluindo os anônimos, como é o caso de quem produziu essa deliciosa zombaria, que em nenhum momento se aproxima do que seria politicamente correto para ser entoado numa festiva comemoração natalina de uma família tradicional, com as inevitáveis desafinações dos menos dotados.

Entra ano, sai ano, "Jingle Bells" sempre foi cantada quase que automaticamente pela petizada e pelos adultos nas coloridas festas de Natal e até nas inevitáveis reuniões corporativas de congraçamento no fim de ano. É um dos hinos com que, de um ou outro modo, também se celebra o Natal no Brasil.

"Jingle Bells" nem era originalmente uma canção natalina quando foi criada para comemorar o dia de Ação de Graças, o Thanksgiving Day, concorrida festividade anual da última quinta-feira de novembro nos Estados Unidos. Sua letra focaliza uma corrida de trenó (*sleigh ride*) muito popular no século XIX na região onde foi composta, a da pequena cidade de Medford, ao norte de Boston. Com o título original "One Horse Open Sleigh", foi escrita por James Lord Pierpont (1822-1893) com um estribilho que caía como uma luva para festejar o Natal, que ocorreria um mês depois. Desde logo, passou então a ser cantada, nos países do Hemisfério Norte, por crianças e adultos rodeando, de mãos dadas, um pinheiro enterrado num vaso e decorado com bolas e enfeites bem coloridos, de preferência vermelhos e dourados, com seus galhos a derramar mechas de algodão, imitando neve branca, que contrastam

Música com Z

com o verde das folhas em forma de agulha dessa espécie de pínus, intensamente comercializada no mês de dezembro: "*Jingle bells, jingle bells/ Jingle all the way!/ Oh! what fun it is to ride/ In a one horse open sleigh*".

A letra da canção em inglês foi vertida quase *ipsis litteris* para o português e gravada pelo cantor João Dias — cujo timbre era praticamente idêntico ao de seu padrinho artístico, o celebrizado "Rei da Voz" Francisco Alves — visando ao Natal de 1951: "*Batem os sinos, batem os sinos/ Batem por todo o caminho!/ Oh, é divertido, cavalgar/ Em um trenó aberto!*".

Alguém pode imaginar a criançada brasileira cantando com convicção a versão de Evaldo Rui em pleno verão de um país tropical, sem a menor possibilidade de neve? Se é fato que ninguém a cante por motivos óbvios, se também a versão zombeteira de "Jingle Bells" não é recomendada para a gurizada, enquanto aguarda ansiosamente os presentes pedidos por carta a Papai Noel, que outra canção poderia ser cantada no imenso Brasil em torno da árvore de Natal?

A mais linda canção brasileira natalina é uma marchinha que foi destinada a ser o hino do Natal brasileiro. Foi gravada em 17 de outubro de 1933 pelo cantor Carlos Galhardo, com arranjo de Pixinguinha, regendo sua orquestra Diabos do Céu, num disco que teve grande êxito na época. A melodia é linda e alegre, mas a melancolia de sua letra reflete uma amargura do autor, ao colocar em cena o Natal de uma criança sozinha que foi esquecida por Papai Noel e ficou sem presente algum. Seu título é "Boas festas": "*Anoiteceu/ o sino gemeu/ a gente ficou/ feliz a rezar./ Papai Noel/ Vê se você tem/ a felicidade/ pra você me dar/ .../ Já faz tempo que pedi/ mas o meu Papai Noel não vem/ com certeza já morreu/ ou então felicidade/ é brinquedo que não tem*". É fato que o autor estava absolutamente só no Natal de 1932 quando compôs a música. Tinha 22 anos, a profissão de protético e começava a se tornar conhecido como talentoso compositor nascido na Bahia, mas que vivia no Rio de Janeiro, onde frequentava a roda do primeiro time de compositores de então, Braguinha, Noel Rosa, Ary Barroso, Lamartine Babo, Custódio Mesquita, enfim, os maiorais da canção brasileira nos anos 30. Era Assis Valente.

Anos depois, ele descreveu essa cena numa entrevista: "Eu morava em Niterói e passei aquele Natal sozinho. Estava longe dos meus e de todos em terra estranha. Era uma criatura esquecida dos demais, no mundo alegre do Natal dos outros. Havia em meu quarto isolado uma estampa simples de uma menina esperando seu presente, com seus sapatinhos sobre a cama. Eu me senti nela. Rezei e pedi. Fiz então este 'Boas festas'. Era uma forma de dizer aos outros o que eu sentia. Foi bom, porque de minha infelicidade tirei esta marchinha que fez a felicidade de muita gente. É minha alegria todos os natais. Esta é a minha melhor composição".

Um dos favoritos de Carmen Miranda, Assis Valente (1911-1958) compôs seis dos seus maiores sucessos em discos gravados no Brasil: "E o mundo não se acabou", "Good-bye", "Camisa listrada", "Minha embaixada chegou", "Recenseamento" e "Uva de caminhão". Depois que Carmen se foi para os Estados Unidos, em 1939, onde viria a ser estrela de Hollywood, Assis se sentiu desamparado, sua obra se tornou menos abundante, numa existência de altos e baixos que ele mesmo tentou extinguir tragicamente por mais de uma vez. Na mais espetacular tentativa, na tarde do feriado de 13 de maio de 1941, foi de táxi para o Corcovado com o motorista Timóteo, que o servia regularmente. Em Santa Teresa, pediu para parar num posto de gasolina para um telefonema em que informou ao comissário da polícia de serviço que iria se atirar do alto do morro. Prosseguiram. Ao chegar, abriu a porta do carro, saiu às pressas sem pagar, como quem fosse retornar, sentou-se aos pés do gigantesco símbolo do Rio para chorar sozinho e penalizar os presentes, desviou-se dos que pressentiam seu gesto final, correu em direção ao muro e atirou-se no espaço vazio. O corpo se enganchou num cipoal e lá ficou, com Assis Valente gritando por socorro. Problemas financeiros, domésticos ou frustrações artísticas? Ou a ausência de Carmen?

Os direitos autorais de "Brasil pandeiro", sua mais recente composição, gravada pelo conjunto vocal Anjos do Inferno, não seriam suficientes para saldar suas dívidas. Carmen, a cantora de sua vida, para quem ele a compôs, não quis gravá-la. Podia comprometer sua carreira nos States: "*Chegou a hora dessa gente bronzeada mostrar seu valor/ .../ O Tio Sam está querendo conhecer a nossa batucada/ .../ Brasil, esquentai vossos pandeiros, iluminai os terreiros,/ que nós queremos sambar...*". O samba, que seria consagrado anos depois e fixaria a carreira dos Novos Baianos, é cantado até hoje, mas marcou o início da pior fase de sua vida de compositor. Introspectivo, Assis não era de expor sua intimidade com quem quer que fosse, deixava bilhetes sem confessar abertamente o drama que o atormentava. Nem mesmo o livro sobre Assis Valente, de Francisco Duarte Silva e Dulcinéa Nunes Gomes, de 1988, aborda o tema com clareza. Assis era gay.

Música com Z

Na época em que Hollywood guardava a sete chaves a vida íntima do galã Rock Hudson, em que o filme *Night and Day*, sobre Cole Porter, estrelado por Cary Grant, não abordava, nem ao menos de leve, sua decidida homossexualidade; quando nada se mencionava na grande imprensa internacional sobre os romances do cubano Bola de Nieve ou de Charles Trenet, o grande compositor francês cujas canções eram gravadas no Brasil pelo cantor Ivon Cury, por sinal conhecido nas chanchadas da Atlântida pelos gestos afeminados a ironizar sua preferência sexual; nessas décadas de 30, 40 e até 50, ser gay não tinha perdão. Era a vergonhosa preferência inconfessável, proibida de ser comentada além de quatro paredes, o motivo mais seguro para destruir a carreira de um galã, de um compositor ou cantor do sexo masculino.

No *Webster*, o adjetivo "gay" se refere a alegre, feliz, despreocupado, dado a prazeres sociais, embora sua referência gramatical como substantivo, com a conotação de "atos de imoralidade sexual", date do século XVII, segundo o dicionário.

Apesar de algumas melodias, como "Nature Boy", sucesso de Nat King Cole, ou "YMCA", gravada pelo Village People, terem se associado gradualmente como verdadeiros hinos do universo gay, o mesmo não se pode dizer de certas letras de canções cujo sentido de seus versos só não percebe quem não quer.

Na canção americana, Noël Coward, Lorenz Hart e Cole Porter são os casos mais patentes. Pode-se afirmar que os autores gay têm uma forma liberal, bem-humorada e ousada na abordagem do amor. Ousada na abordagem do ato sexual entre as espécies, como fez Cole Porter em "Let's Do It", gravada magistralmente por Ella Fitzgerald, bem-humorada como Lorenz Hart, na autobiográfica "Glad to Be Unhappy", gravada por Frank Sinatra, ou liberal como Noël Coward, na aguda "I Went to a Marvelous Party", em que ridiculariza uma festa *high society* na Riviera francesa na qual esteve presente.

Ao longo dos tempos, alguns gays — chancelados como pessoas deslocadas por não se enquadrarem no convencional, marginalizados pela Igreja, pelos heterossexuais, no esporte e nas Forças Armadas — se defenderam naturalmente por meio do humor ou de uma réplica quase instantânea sob a forma de comportamento escandaloso.

Outros, mais talentosos e sensíveis, talvez também como arma de defesa, preferiram se utilizar da palavra em textos primorosos, de elevado nível, para demonstrar sua superioridade intelectual, que os colocava num almejado patamar de franca admiração e reconhecimento. A combinação do sentimento de rejeição com o talento para abordar com sensibilidade os desenlaces amorosos presenteou a literatura com obras admiráveis, bem como o universo da música, com letras soberbas.

Assis Valente foi um letrista soberbo. Carregando a cruz de sua existência ao ter de enfrentar os dramas internos e externos que o perseguiram desde a infância na Bahia e o corroíam por dentro, o desesperado Assis logrou conseguir seu intento em 10 de março de 1958: passou na SBACEM, a sociedade de autores à qual pertencia, depois no laboratório que o atendia na profissão e se encaminhou para a praia do Russel. Ingeriu todo o líquido de uma garrafa de guaraná. Era formicida puro.

(Publicado em 2 de janeiro de 2011 no *Correio Popular*, de Campinas)

21.

Frank Sinatra

Em novembro de 1952, a carreira do cantor Frank Sinatra chegava ao fundo do poço. Depois de gravar com dificuldade os piores discos de sua vida, a Columbia desinteressou-se por renovar o contrato. Ficou sem gravadora. Desapontados com o resultado da bilheteria de seus últimos filmes, diretores dos estúdios de Hollywood demitiram Sinatra. Já não contava mais com seu programa de rádio de costa a costa. A cadeia CBS cancelou o programa semanal de televisão, e a poderosa agência artística MCA perdeu o interesse em vender seus shows. Na vida pessoal, o descendente de imigrantes que respeitava a tradição siciliana de honrar o vínculo familiar, carregava o peso do divórcio de Nancy, mãe de seus filhos; havia tentado o suicídio e, para piorar tudo, seu casamento com Ava Gardner, que atingia seu segundo ano, era um tormento sem fim, o que as colunas de fofoca exploravam a mais não poder. Quase sempre com bons motivos. Voluntariosos, os dois se adoravam e brigavam como cão e gato, pouco ligando para quem estivesse por perto. Em contrapartida, a carreira no cinema da mais linda mulher do mundo, sua segunda esposa, estava no auge. Foi filmar na África, dirigida por John Ford. Arrasado e sem dinheiro, qual um cordeirinho, Sinatra foi atrás de Ava Gardner, a mulher de sua vida. Para lhe fazer companhia.

Um ano antes, ficara fascinado com o personagem do romance de James Jones, *From Here to Eternity*, que acabara de ler. Sabia de cor todos os diálogos do soldado Angelo Maggio, um personagem secundário na história. Quando se olhava no espelho, estava convicto de que era Maggio.

Tão logo soube que o diretor da Columbia Pictures, o poderoso Harry Cohn, acabara de adquirir os direitos do livro para a filmagem, Frank Sinatra ficou completamente obcecado pela ideia de que o papel tinha que ser dele de qualquer maneira. Apesar de cantor, encasquetou que devia atuar como ator, assumindo o papel de um mero coadjuvante, um soldado beberrão fiel a um amigo.

Só que Frank não era um cantor qualquer. Sinatra era The Voice, a voz. Era o cantor que levara as mocinhas do país inteiro, as garotas soquetes americanas, a gritarem histéricas por seu nome quando pisava o palco do Teatro Paramount, na Broadway de Nova York; era o cantor que, na reputada votação da revista especializada *DownBeat*, destronara o número 1, Bing Crosby, seu ídolo desde garoto; já tinha sido *crooner* da orquestra do trompetista Harry James e, logo depois, ocupara o mesmo posto na *big-band* do trombonista Tommy Dorsey, único rival de respeito de Glenn Miller. Ao converter-se na maior atração da orquestra, Frank Sinatra foi contratado para o programa *Hit Parade*, ouvido pelo rádio de costa a costa do país. Frank era querido pelos soldados americanos na Segunda Guerra Mundial e ainda estendia sua carreira como astro de musicais de Hollywood, inclusive como parceiro de dança de Gene Kelly em *Marujos do amor*. O cara já tinha traçado as maiores estrelas de Hollywood, começando por Lana Turner, tinha conseguido faturar 12 milhões de dólares nos cinco anos entre 1942 e 1947. Era o grande intérprete do American Songbook, o que sabia respirar o mínimo possível entre as frases de uma canção para prolongá-las ao máximo e conseguir um efeito romântico único em suas interpretações.

Agora Frank Sinatra, o artista que vivera da arte de cantar canções, queria porque queria obter um papel dramático no filme em que a Columbia Pictures apostava suas fichas e seria estrelado por Burt Lancaster e Deborah Kerr.

Procurou seu amigo Harry Cohn, mandachuva na Columbia Pictures, para obter o papel do soldado Maggio. Desabafou fazendo o pedido. Cohn olhou-o com desprezo e soltou:

— Você deve estar louco. Este é um papel para um ator de teatro, não para um *crooner*.

— Harry, você me conhece bem, esse papel foi escrito para um cara como eu. Eu sou ator, Harry. Me dê uma chance. Sobre o dinheiro...

— Quem falou em dinheiro?

— Tenho ganhado 150 mil dólares por filme.

— Você ganhaaaava 150 mil por filme.

— Eu faço o papel em troca das despesas. Você paga a despesa e tem Maggio.

— Qual é a proposta?

— Um *grand* (mil dólares) por semana. 750. Isso não é nada, Harry.

Cohn decidiu pensar no caso. Desesperado, Sinatra apelou para sua mulher. Na mansão de Cohn, Ava abordou o assunto:

— Harry, quero que você dê o papel de Maggio para Frank. Por favor, Harry, estou pedindo um teste, só um teste.

Ele ficou de pensar. Ava e Frank foram para a África, onde ela iria filmar *Mogambo*, com Clark Gable. Uma semana depois chegou um telegrama convocando Frank Sinatra para um teste no papel do soldado Maggio. Pediu dinheiro a Ava Gardner para a passagem de avião, embarcou, chegando a Los Angeles cinco dias depois de uma viagem complicadíssima, com paradas em Londres e Nova York. No teste, devia fazer o papel de Maggio bêbado.

O teste impressionou o diretor Fred Zinnemann. Antes do resultado, e sem saber de nada, Frank retornou à África. Não aguentou muito tempo em Nairóbi. Voltou para cumprir compromisso de uns poucos shows, o máximo que conseguia naqueles dias. Sozinho numa suíte do Ritz-Carlton de Boston, o telefone tocou. Bert Allenberg, da Agência William Morris, perguntou se ele estava sentado. O papel de Maggio seria de Frank Sinatra. Tinha dez dias para iniciar as filmagens, trabalhando ao lado de Burt Lancaster, Deborah Kerr e Montgomery Clift.

Nos intervalos da filmagem de *A um passo da eternidade* (*From Here to Eternity*), durante o mês de abril de 1953, Sinatra e Clift bebiam até cair. Sinatra de saudades de Ava, que estava filmando na Espanha, e Clift em razão de sua homossexualidade ocultada. Mas foi com Clift que Sinatra aprendeu a ser ator. Foi ele quem comentou, ao assistir algumas cenas filmadas no Havaí: "Ele vai ganhar o Oscar".

Logo após a filmagem, Frank Sinatra deveria estar num estúdio de Los Angeles para gravar na companhia com a qual assinara por um ano, a Capitol Records. Nessa gravação, em 30 de abril de 1953, Sinatra cantou pela primeira vez com a orquestra dirigida por um novo arranjador com quem iria gravar os melhores discos de sua vida, Nelson Riddle.

Na Capitol, Frank Sinatra mudou seu visual, visando a um público mais adulto. Trocou a gravatinha-borboleta por uma gravata comum e um chapéu elegante, tinha a postura de uma pessoa comum. O Fraaaankiiiie dos gritinhos das garotas deu lugar ao maduro Frank Sinatra.

Ele chegara à Capitol num momento crucial na história dos discos, justamente no advento tecnológico dos discos *long-play*, os LPs de microssulco (*microgroove*), que rodavam mais lentamente para conter não apenas uma faixa em cada lado, como os bolachões de 78 rotações, mas quatro de cada lado, em discos ainda de 10 polegadas de diâmetro. Confeccionados em vinil, inquebráveis, eram acondicionados em capas de cartolina, o que dava espaço para uma nova forma de arte gráfica, que se desenvolveria ainda mais quando surgissem, pouco tempo depois, os LPs de 12 polegadas.

No seu primeiro LP na Capitol, Frank Sinatra cantou para um novo público, mais adulto. Cantou com charme, com suave balanço, divertindo-se ou mergulhando no fundo de cada canção. Era um novo Sinatra.

Paralelamente, *A um passo da eternidade* foi lançado em agosto de 1953, alcançando rapidamente um tremendo sucesso de bilheteria. O cantor Frank Sinatra triunfava em sua carreira como ator de cinema. No seu ressurgimento, foi indicado para o Oscar. Em março de 1954, cumpriu-se a previsão de Monty Clift. Frank Sinatra recebia o prêmio de melhor ator coadjuvante da Academia. Ressurgia, e de volta à sua verdadeira carreira, a de cantor. Gravou a canção-tema do filme, retornando em grande estilo àquilo que sabia melhor que ninguém: cantar.

Sua carreira na Capitol mostrou um novo Sinatra. Na herança que deixou, 276 canções gravadas nos oito anos seguintes, sua voz é plena, afetuosa, segura, tem a dimensão de profundidade de um violoncelo. Sinatra pode até ser considerado parceiro dos compositores de algumas canções que gravou; as dançantes, que convidavam a um *cheek to cheek*; as românticas, para os amantes; e as *torch songs*, para os solitários que não tinham mais o amor de suas vidas. Para estes, cinco LPs, agora CDs, são imperdíveis: *In the Wee Small Hours, Close to You, Where Are You?, No One Cares* e o culminante *Only the Lonely*, dedicado a esses perdedores de quem ele, possivelmente mais que qualquer outro cantor, foi o mais perfeito representante nos dias negros de sua vida: "Só se vive uma vez. E, da maneira como vivo, uma vez basta".

(Publicado em 27 de março de 2011 no *Correio Popular*, de Campinas)

Música com Z

22.

Caymmi, Lupicinio e Aracy

Dá para imaginar como compunham suas canções o baiano Dorival Caymmi e o gaúcho Lupicinio Rodrigues, cujos centenários de nascimento são lembrados neste ano? Inspirados em fontes tão distintas quanto a distância entre a Bahia e o Rio Grande do Sul, como se refletia a influência de suas origens nas melodias e nos versos? Ao confrontar as obras de ambos, levados por essa mera coincidência cronológica, afloram revelações mais fartas do que se imagina.

Começo pelas diferenças. Enquanto Lupicinio é *dark*, usando uma linguagem pontiaguda para falar diretamente com o sentimento dos perdedores, Caymmi é exultante e solar em sambas, canções e cantigas. Lupe mergulha de corpo e alma na atmosfera do baixo-astral; Caymmi decola impulsionando para o alto-astral do começo ao fim.

Se a obra de Caymmi não se filia a nenhum compositor anterior e, mais surpreendente, não deixa sucessores — como já foi dito pelo historiador Jairo Severiano —, a de Lupicinio tem inegável proximidade com a fase de maior repercussão de Herivelto Martins. No fim dos anos 40, o cantor Francisco Alves gravou canções de ambos, "Nervos de aço" em 1947 e "Caminhemos" em 1948, que, postas em confronto, sugerem ser do mesmo autor. Lupe e Herivelto são possivelmente os maiores expoentes, em sua época, da canção romântica voltada para o dramático.

Pode-se conjecturar o processo de composição de Lupicinio. Instigado pela boemia dos cabarés gaúchos, pelos desenlaces amorosos — vividos, presenciados ou imaginados —, Lupe trilhou um processo criativo semelhante ao de Noel Rosa: rapidamente transportava enredos de divergências entre personagens para os versos de mais uma canção, expondo aí seu tema predileto, a variada gama de sentimentos entre dois extremos, a paixão e o ódio, que na relação amorosa podem de uma hora para outra converter-se num só sentimento.

Frequentemente narradas na primeira pessoa, o que sublinha sua obra, as canções eram dotadas de letras com uma comunicabilidade direta espantosamente crua e natural. Essa predileção obsessiva pela temática de conflitos desenrolados no cenário de bares e alcovas é a essência da obra de Lupicinio Rodrigues. E essa obsessão acabou por cunhar uma expressão que sela o autor como seu compositor máximo: a do samba-canção dor de cotovelo. Embora o samba-canção "Eta dor de cotovelo" seja do compositor santista Lucio Cardim, um emulador natural da linha lupiciniana.

O sucesso das canções de Lupicinio, que persiste até hoje e atinge todas as classes sociais pela abundância de nuances no relacionamento amoroso, era solidificado pelas derrotas e perturbações entre dois personagens ou três, em grande parte: o homem, a mulher e a rival. Ou a mulher desejada, o que se julga o tal e o que vem a ser o tal. Cada canção prova diferentes gradações dos miseráveis estados de infidelidade, ressentimento, traição, sofrimento, ciúme, adultério, despeito, vingança, desamparo, melancolia, dor, remorso, ingratidão, solidão, falsidade, saudade, nostalgia, ódio, paixão, mágoa, fingimento, culpa, separação, frustração, obsessão, mentira, desilusão, incompreensão, arrependimento, ilusão, sonho e amargura. São palavras que fundamentam o vocabulário de sua obra, ainda que esporadicamente possam vir à tona sensações de felicidade, amizade, tolerância, devaneio, prazer ou compreensão na sua porção menor.

Esse giro quase ininterrupto em torno de uma só temática poderia pôr em risco a grandeza de sua obra, não fosse sua percepção melódica. A essência boêmia no espírito de Lupicinio impelia-o intuitivamente às melodias que se encaixavam e combinavam admiravelmente com suas descrições, que, beirando a singeleza, atingem em cheio o espírito perene dos que buscam febrilmente e a todo risco apenas um momento de amor.

No primeiro estudo significativo sobre o mais exaltado compositor gaúcho, "Lupicinio esquecido?", de 1967, o poeta Augusto de Campos, que com perspicácia o compara a Nelson Rodrigues, afirma que "suas músicas podem lidar com o banal, mas não são banais" e propõe com justeza a fenomenologia da "cornitude" constante em sua obra. Identifico, no entanto, em Lupicinio um modo original, um modo frágil de tratar a "cornitude", com uma ponta de autocomiseração que pode ser validada como apreço, pois ele não teme tornar-se risível ou mesmo ridículo pelos chifres, estado teoricamente depreciativo, mas que, ao contrário, é nele inspiração poderosa, como também em momentos culminantes da prosa e da poesia. Ao cantar suas músicas, como o fez por dois meses em decantada temporada paulistana na boate Oásis, nos anos 50, Lupicinio dividia o palco com a cumplicidade de uma parte considerável da plateia masculina. E feminina também.

Música com Z

Entre os grandes intérpretes de Lupicinio, Francisco Alves e Jamelão foram os mais dedicados, ainda que Ciro Monteiro, Quitandinha Serenaders, Linda Batista, Elis Regina, Paulinho da Viola, Gal Costa e Zizi Possi tenham gravado magistralmente pelo menos uma de suas canções. Entre cantores desse naipe, quem, contudo, mais se envolve com a dramaticidade dos versos e a pungência das melodias é, como fora Noel Rosa, o próprio Lupicinio. Dotado de uma voz débil, supera a impropriedade de um grande cantor, segundo cânones ultrapassados, com interpretações embargadas e contundentes nas poucas, mas preciosas gravações que deixou. Nada mais emocionante que ouvir o autor cantar suas canções.

Que o digam os fãs de Dorival Caymmi que tiveram a ventura de vê-lo num palco. Caymmi é o elo da Época de Ouro da música brasileira com a da sua modernidade.

Num palco foi o cantor mais charmoso e dengoso de seu tempo, valendo-se com absoluta naturalidade de expressões faciais marcantes, ora revirando os olhos para o alto, ora fazendo com a boca um biquinho, ambas passíveis de errôneas interpretações. Em Caymmi, e unicamente nele, eram encantadoras. Aquele olhar representava uma manifestação de alegria e o biquinho, talvez um beijinho disfarçado. Em 1965, Caymmi deixou Elis Regina suspirando, rendida com sua presença avassaladora. Recém-chegado de uma apresentação no programa de Andy Williams na televisão americana, foi convidado para O *Fino da Bossa* da TV Record, atacando irresistivelmente "Lá vem a baiana" e "Saudade da Bahia" para depois dividir com ela seu sucesso do momento, "... Das rosas", a valsa com recitativo, iniciada em 1957 e finalizada sete anos depois.

Com ternura na voz convincente e delicada, tessitura de barítono, interpretação enfeitiçada e completo domínio sobre a dinâmica do par voz/violão, Caymmi era fascinante não importa quem mais estivesse no palco. O que se ouvia em uma *performance* de Caymmi — o uso do violão como um complemento da voz e não um guia harmônico — é uma de suas marcantes criações e representa a herança que seria retrabalhada pelo seu conterrâneo João Gilberto e em seguida por Gilberto Gil e Moraes Moreira, também baianos. Essa foi uma das novidades que Caymmi plantou na canção brasileira.

Em entrevista concedida a Roberto Jardim para o "Folhetim", da *Folha de S. Paulo*, em 1979, Caymmi descreve seu modo de criação abordando a tão comentada lentidão do processo, que, já se viu, podia durar anos: "Existe o tema, do tema você desenvolve, eu não faço nada mais do que isso. Quando o tema se apresenta a ponto de ser uma canção, inesperadamente a canção sai. E eu só faço nessa condição. Por isso sou conhecido como preguiçoso. Eu não faço a canção a não ser espontaneamente, eu não tenho fábrica de canções".

Suas composições se ramificam em gêneros tão característicos que, deve-se ressaltar mais uma vez, é inútil querer compará-lo com quem quer que tenha atuado na canção brasileira de qualquer época. Com 23 anos, portando uma mala e um livro de Stefan Zweig, desembarcou do *Itapé* no Rio, em 1938, onde esperava conseguir trabalho como ilustrador, o que praticava ao mesmo tempo que a música em Salvador. Aos poucos, foi mostrando os balangandãs e acarajés da boa terra que tiveram o condão de lhe indicar e abrir o caminho para sua arte. Trouxe para o Sul encantos da Bahia na forma de três vertentes, que já desenvolvia em paralelo, numa divisão proposta por ele mesmo no seu livro *Cancioneiro da Bahia*: canções do mar e dos pescadores, tais como "O mar" e "É doce morrer no mar", genericamente descritas como praieiras, um gênero que só ele cultivou; canções sobre motivos folclóricos, por ele recolhidas na Bahia, "da boca criadora do povo em rodas de samba, em brinquedos infantis, em festas populares", como "Roda pião" e "A preta do acarajé"; e sambas, os assim chamados de remelexo, como "O que é que a baiana tem?" ou "Você já foi à Bahia?".

A parte mais original da obra de Caymmi reside nas canções praieiras, temática nunca abordada, nem antes nem depois, em que revela com elevado grau emocional e profundidade personagens e cenários justificados por ele mesmo ao se descrever como "nada mais que um homem do cais da Bahia, devoto eu também de Iemanjá". O pescador (*"o pescador tem dois amor/ um bem na terra/ um bem no mar"*), a jangada (*"Seu Bento foi na jangada/ e a jangada voltou só"*), o vento (*"Vamos chamar o vento"*), a partida (*"vou trabalhar/ meu bem-querer"*), o perigo (*"pescador não vá pra pesca/ na noite de temporal"*), a sereia (*"Minha sereia é moça bonita/ nas ondas do mar aonde ela habita"*), o desfecho (*"É doce morrer no mar/ nas ondas verdes do mar"*), a praia, as ondas e o mar (*"O mar quando quebra na praia/ é bonito, é bonito"*) integram esse mundo à parte na canção brasileira, um mundo calcado na poética praiana tangida pela sonoridade.

O violão de Caymmi nas canções praieiras rodeia sua voz com tamanha propriedade ("A lenda do Abaeté") que não se consegue concordar com nenhum outro pano de fundo que possa superar com tanta singeleza suas interpretações nas canções do mar.

Música com Z

É nas canções sobre motivos do folclore que o baiano Caymmi se aproxima do pernambucano Luiz Gonzaga, de trajetória artística praticamente idêntica na viagem definitiva de suas vidas, ao deixar o Nordeste para tentar carreira na então Capital Federal. O Rio, sede inquestionável da Música Popular Brasileira da época, era o destino inevitável para quem alimentasse o desejo de proclamar sua atividade como cantor de rádio.

Ao atuar como memorialistas de cantos populares anônimos, Gonzaga e Caymmi se deixaram levar pelos costumes e melodias de suas origens, o que exerceu forte motivação nas obras que constituíram. Caymmi preservou trechos de pregões de rua, motivos populares e cantigas de roda, estribilhos de rituais e pontos de candomblé em nagô, sambas do tempo da escravidão, cantos e parlendas infantis, cantigas de ninar entoadas "pelos doces lábios maternais" segundo ele próprio, um precioso material nativo sem procedência registrada que seu apurado senso estético e sua memória impediram perder-se em definitivo. Essa é a riqueza de diminuto valor comercial inversamente proporcional à sua valiosa contribuição para a cultura brasileira.

Os sambas sacudidos de Caymmi têm uma brejeirice ("*Deixa de lado essa coisa de dengosa/ anda Rosa, vem me ver*" em "Rosa Morena") e um requebro próprios, diferentes do samba carioca, bem mais adotado pelo Brasil afora, em especial durante o período carnavalesco. "O samba carioca tem uma forma especial, uma malícia de ritmo que obedece a um sincopado que nada tem a ver com o remelexo do samba baiano", esclareceu Caymmi ao crítico Tárik de Souza.

O samba baiano, cuja levada foi evidenciada recentemente no estupendo CD ao vivo da baiana Mariene de Castro, *Santo de casa*, tem na obra de Caymmi esse requebro langoroso ("*Ela mexe com as cadeiras pra cá/ ela mexe com as cadeiras pra lá*" em "A vizinha do lado"), essa meiguice envolvente ("*Tudo, tudo na Bahia/ faz a gente querer bem*" em "Você já foi à Bahia?"), essa sensualidade buliçosa ("*Esse diabo sambando é mais mulher/ e se eu deixar ela faz o que bem quer*" em "Lá vem a baiana") que são logo sentidos no ar e na pele ao descer do avião no aeroporto de Salvador. Da Bahia emana desde o primeiro momento o estado de espírito mais contagiante do Brasil. É idêntica à sensação que se tem em Nova Orleans. Pois foi justamente esse contágio que deixou o mundo da música do Rio de juízo virado desde que Dorival Caymmi lá chegou.

Os "tô de mal com você" com que seu filhinho Dori esbravejava contra o pai eram um tema. Um bom tema que, sua sensibilidade e cultura musical levou-o a perceber, não combinava com um samba de remelexo, pedindo um rumo novo. Assim nasceu "Marina", o primeiro samba-canção na obra de Caymmi. Não é que morando no Rio já havia quase dez anos Caymmi tivesse deixado a Bahia de lado. Vivendo no Rio criaria ainda "A lenda do Abaeté" (1948), "Canoeiro" (1950), "Maracangalha" (1956), "Eu fiz uma viagem" (1956), a suíte "História de pescadores" (1956), "... Das rosas" (1964) e terminaria "João Valentão" em 1953, novas obras-primas de sua espremida produção em pouco mais que cem canções.

No entanto, como um cantor adotado pelo Rio, adorado no meio artístico e benquisto na alta sociedade carioca iria ignorar que novos temas à sua volta poderiam sugerir sambas-canção? Braguinha já fizera "Copacabana", Ary fizera "Na batucada da vida" e "Inquietação" nos anos 30 e apostaria novamente no samba-canção compondo "Risque" em 1952. Assim, posso entender que Dorival Caymmi absorveu a atmosfera da zona sul do Rio para criar os mais de dez requintados sambas-canção que compõem a quarta e valiosa ramificação de sua obra: "Marina" (1947), "Saudade" (1947), "Adeus" (1948), "Nunca mais" (1949), "Você não sabe amar" (1950), "Sábado em Copacabana" (1951), "E eu sem Maria" (1952), "Não tem solução" (1952), "Nem eu" (1953), "Tão só" (1953), "Rua deserta" (1954) e "Só louco" (1956). Alguns deles com recitativos, alguns em avançada sequência harmônica e todos na temática da relação amorosa.

Enquanto Lupicinio determina em "Nunca": "*Nunca!/ Nem que o mundo caia sobre mim/ .../ as pazes contigo eu farei*", Caymmi aconselha em "Nunca mais": "*Terminar nosso amor/ para mim é melhor/ para nós é melhor/ convém a nós/ convém, amor*". Eis o espaço que distancia os sambas-canção de um gaúcho e de um baiano. Eis também o porquê de o samba-canção unir suas obras, cada qual cultivada à sua maneira, mas em torno de um gênero fundamental da Música Popular Brasileira, pois é nele que está presente a modernidade melódica e harmônica que conduziria fatalmente, graças à genialidade de João Gilberto, Tom e Vinicius, ao desabrochar da bossa nova, que abriria cabeças para a nossa mais destacada forma de arte, a música popular.

Convém, neste ponto, ressaltar que, além de Lupicinio e Caymmi, também se comemora em 2014 o centenário de uma das mais representativas vozes femininas em torno do samba-canção: Aracy de Almeida, nascida no subúrbio carioca de Encantado. A voz fanhosa de quem canta pelo nariz foi motivo para desclassificá-la como cantora extraordinária que foi, uma imperdoável falta de percepção. Em rádio, cantou pela primeira vez em 17 de agosto de 1934 na Rádio Educadora, ocasião em que ela e Noel Rosa se cruzaram. Foi o ponto de partida da amizade, de uma vida dedicada à obra do poeta da Vila, gravando pela primeira vez parte de suas composições, como "Feitiço da Vila", "Palpite infeliz" e "X do problema" — esta Noel lhe entregou ainda quente no Café Trianon, rabiscado no papel de um maço de cigarros Odalisca. Também recebeu dele no leito de morte o pungente "Último desejo".

Talvez os sambas-canção de Noel tivessem permanecido esquecidos, como estiveram depois de sua morte, em 1937, não fosse a determinação de Aracy em programá-los no repertório da sua temporada de quatro anos, iniciada em 1948, na concorrida boate Vogue. A obra de seu querido protetor, amigo de mesa de bilhar, de cerveja Cascatinha, de boemia em cabarés, ressurgiu e foi regravada em grande estilo a partir do álbum de discos de 78 rotações que envolvia Aracy de Almeida e o arranjador Radamés Gnattali em 1950 com soberbas interpretações de seis de suas canções. Repetiram a dose um ano depois e, daí em diante, a música de Noel Rosa se elevou para o posto que sempre mereceu.

Araca era um caso à parte: vestia-se com modelos exclusivos do costureiro Dener revezados com calças folgadas, a ponto de ser tachada de sapatão. "Nerusca de pitibiriba", costumava rejeitar nas expressões de gíria da qual se servia e abusava com inteligência e sem receio em qualquer situação, no meio de grã-finos ou de motoristas de caminhão. Em ambos era o centro das atenções. Professava e lia a Bíblia, divertia-se com livros de sacanagem, possuía quadros de museu, era uma figura sem par no meio musical e naquele pelo qual ficou conhecida nos últimos anos, jurada dos programas de Silvio Santos. Como se fosse possível apagar da história a intérprete por excelência do samba-canção.

Neste ano é celebrado o centenário dessas três figuras que o professaram: a Dama do Encantado, Aracy de Almeida (19/8/1914-20/6/1988), o passional Lupicinio Rodrigues (10/9/1914-27/8/1974) e o sábio Dorival Caymmi (30/4/1914-16/8/2008). Preconizaram a grandeza da Música Popular Brasileira pelo mundo.

(Publicado em 2 de março de 2014
no Caderno Eu & Fim de Semana do *Valor Econômico*)

23.

Noel Rosa

O que causa espanto na obra de Noel Rosa não é apenas o colossal avanço que ela deu às letras da canção brasileira. É fato que não há como comparar as crônicas primorosas e rimadas do cotidiano, contidas em seus imaginosos versos musicados, com as tentativas de ressaltar com ingenuidade um ou outro episódio meramente curioso, o que se ouvia nos sambas de seus antecessores. Nem há, por outro lado, como cotejar esse mesmo repertório anterior a Noel com o de suas canções sobre as vicissitudes da paixão, valorizadas por originais toques de ironia, que estabeleceram um padrão elevado na música popular. A partir de Noel Rosa, altera-se o nível de exigência para o que viesse a ser criado por seus contemporâneos e por autores posteriores.

Também causa espanto, e agora na vida de Noel, o desconcertante enredo com episódios insólitos, hilariantes e tragicômicos que delinearam sua breve existência; causa espanto a trajetória desse artista da classe média carioca, descuidado com os atos da rotina, o que lhe custou a própria vida.

O mais espantoso, porém, é que essa obra, de aproximadamente 260 canções que atravessaram os anos sem que boa parte tenha envelhecido, foi elaborada num espaço de tempo inacreditavelmente curto, apenas 7 anos. Uma pesquisa na música popular universal provavelmente revelaria não haver outro caso de uma relação semelhante. Sem esquecer que essa produção, com dezenas de obras-primas, foi elaborada por esse prodígio da nossa música entre seus 20 e 26 anos. Com efeito, teoricamente surgiam a cada ano mais de trinta canções inéditas, algumas delas criadas rapidamente nas mais inesperadas situações.

Certa vez, Noel foi apresentado pela dona de uma festa no bairro da Tijuca à moça que havia namorado tempos antes. Ao lado de seu novo namorado, esta tenta encobrir o romance anterior assim se expressando para surpresa do ex: "Prazer em conhecê-lo". Noel fica zonzo, jururu num canto, abandonando a festa com seus amigos logo depois. Vão direto a um bar do centro da cidade e, num papel que pede ao garçom, escreve apressadamente a letra de "Prazer em conhecê-lo": "*Quantas vezes nós sorrimos sem vontade/ com o ódio a transbordar no coração/ por um simples dever da sociedade/ no momento de uma apresentação./ Se eu soubesse que em tal festa te encontrava/ não iria desmanchar o teu prazer/ porque, se lá não fosse, eu não lembrava/ de um passado que tanto nos fez sofrer/ .../ frente a frente/ naquele instante, mais frios do que gelo,/ mas, sorrindo, apertaste minha mão/ dizendo então/ tenho muito prazer em conhecê-lo/ .../ que mais prazer/ eu teria em não te conhecer"*.

O caso ilustra a facilidade de Noel Rosa em tirar partido de uma situação vivida por ele horas antes, não só para descrevê-la com admirável forma rítmica e rimada, mas ainda acrescida de uma reflexão final que se enlaça com a melodia criada, nesse caso com a colaboração de Custódio Mesquita. Tão frequentes eram tais arremates em suas letras, semelhantes às conclusões de fábulas de La Fontaine, que Noel seria futuramente apelidado de "O Filósofo do Samba" (*"Ninguém aprende samba no colégio/ .../ quem suportar uma paixão/ sentirá que o samba então/ nasce do coração"*).

Como seus compositores contemporâneos, sobretudo Lamartine Babo, Ary Barroso e João de Barro, Noel confiava no que ocorria em seu dia a dia, em sua cidade ou até no exterior a fim de colher inspiração para as marchinhas de Carnaval, as emboladas, os foxtrotes, as valsas e, principalmente, para o gênero em que se tornou mestre, o samba, em andamentos diferentes. Numa ponta, os tipicamente batucados, alguns em parceria com Ismael Silva, iletrado musicalmente, porém um dos bambas criadores da seminal batida denominada de "samba do Estácio", e, na outra, os sambas lentos de caráter lírico, alguns em parceria com Vadico, pianista/arranjador paulista com sólida formação musical e compositor de harmonias refinadas para suas envolventes melodias. Muitos destes últimos se constituiriam no que seria, anos depois de sua morte, reconhecido como o samba-canção. É o que confere a Noel Rosa a condição de verdadeiro precursor.

É bem possível que esse pioneirismo estilístico, essa inventividade em tantos elementos de uma composição, seja a razão de Noel não ter tido o sucesso merecido em vida. Seu comportamento desregrado, entregue à boemia, atuando como artista de rádio nas incipientes emissoras da época e varando madrugadas pelos bares e cabarés cariocas, lhe deram em vida um estigma que superou sua atuação como compositor. Aliás, como afirmou o jornalista João Máximo, profundo conhecedor da matéria: "Noel Rosa pode não ter sido o melhor compositor popular de seu tempo, mas foi o mais importante".

Noel implantou um novo estilo na música popular, o estilo que acabou vingando na obra de grande parte dos mais conhecidos compositores brasileiros: o do samba urbano, com melodias requintadas e novos motivos poéticos. Seus versos ora coloquiais, ora críticos, ora líricos, ora humorísticos, ora satíricos e, muitas vezes, filosóficos, moldam esse estilo. Há composições sob a forma epistolar ("Cordiais saudações"), há rimas surpreendentes (pinote com foxtrote, chute com vermute, orquestra com palestra), há rimas internas (grito tão aflito, gerente impertinente), referências de época (cerveja Brahma, Ghandi, o telefone 344333), de local (Piedade, Cascadura, Penha), gírias (dar um beiço, funil), há expressões que se consagraram (com que roupa?), há artifícios curiosíssimos, como o gaguejar de um personagem ("Gago apaixonado"), brincadeiras gramaticais (Picilone) e anatômicas ("Coração"), e naturalmente existem as emocionantes citações sobre o bairro em que nasceu, viveu e morreu: *"São Paulo dá café/ Minas dá leite,/ mas a Vila Isabel dá samba"*.

Não foi senão mais de 10 anos após sua morte, aos 26 de idade, que a maturidade da obra de Noel Rosa começou a ser reconhecida em sua magnitude. Deveu-se a uma iniciativa inédita na fonografia brasileira a partir da gravadora Continental, dirigida por João de Barro, de quem fora parceiro. Em plena fase dos discos de 78 rotações, embalados individualmente em envelopes pardos e de mínimo interesse gráfico, foi produzido em setembro de 1950 um álbum em capa dura com a ilustração, assinada por Di Cavalcanti, de um seresteiro tocando violão e textos internos de Lúcio Rangel e Fernando Lobo, contendo três discos. As orquestrações foram caprichosamente elaboradas por Radamés Gnattali e a interpretação entregue à mais indicada para cantar Noel, sua amiga Aracy de Almeida. O timbre anasalado e a inflexão evocativa da voz de Aracy, cuja intimidade com sua obra advinha desde 1935, com a gravação de catorze de suas composições, deram uma vida que poucos imaginavam existir nos sambas-canção que dominavam o repertório — "Feitiço da Vila", "Último desejo", "Não tem tradução" e "X do problema" com acompanhamento de cordas e flauta — e nos outros dois sambas — "Palpite infeliz" e "Conversa de botequim", com Aracy escorada pelo Quarteto Continental, na verdade, o Quarteto de Radamés, com ele no piano, Zé Menezes na guitarra, Luciano Perrone na bateria e Vidal no contrabaixo.

Uma vez reativada, a chama da obra de Noel provou ter mais gás do que se supunha, e esse produto exemplar provou como uma gravadora pode ter peso nos rumos da música popular de um país quando dirigida por quem é da música. O samba-canção se expandiria notavelmente no período reconhecido pelo historiador Jairo Severiano como sendo o da modernidade.

Os direitos de autor duram por 70 anos contados a partir de 1º de janeiro do ano subsequente ao seu falecimento. Portanto, no caso de Noel Rosa, até 1º de janeiro de 2008. Nem por isso deixaram de ser produzidas várias antologias nos formatos de LP e CD muito antes que sua obra caísse no domínio público.

A etiqueta carioca Rádio estreou no mercado fonográfico em 1953 com o *long-play* de 10 polegadas *Poeta da Vila*, contendo oito composições de Noel com arranjos de Aldo Taranto e cantadas por Marilia Batista, sua intérprete quando ele ainda vivia.

Provavelmente entusiasmada com o êxito do álbum de Aracy, a EMI-Odeon lançou, ainda nos anos 50, o esplêndido LP *Noel Rosa e sua turma da Vila*, com gravações anteriores em que ele cantava meia dúzia de seus sambas, "João ninguém", "Onde está a honestidade?", entre outros; um precioso documento, já que a voz do autor veio a público em vinil pela primeira vez. Por meio de sua etiqueta mais popular, a Imperial, foi compilado em 1971 outro LP contendo doze gravações também reconstituídas das originais interpretadas pelo próprio Noel, entre as quais "Conversa de botequim", "Com que roupa?" e "Cordiais saudações". Mesmo não sendo considerado grande intérprete, numa época em que os compositores eram ignorados e as músicas vinculadas aos cantores, Noel canta mais solto e com mais graça que grandes cartazes do rádio e do disco de então. Pode-se constatar ter sido ele próprio um grande intérprete de sua obra. Quatro anos depois, a Continental lançou, também em vinil, outras seis gravações novamente com o autor cantando.

Em 1966, Maria Bethânia lançou o compacto *Bethânia canta Noel*, e, nos anos 80, a gravadora Eldorado entra em cena com dois álbuns originais: *Inédito e desconhecido* e a primeira gravação completa da opereta *A noiva do condutor*, tendo Marília Pêra e Grande Otelo como intérpretes principais. Em 1987, foi lançado um caprichado LP com o grupo vocal MPB4, *Feitiço carioca*, e, na mesma década, como brinde de uma empresa, um álbum duplo com 26 músicas divididas entre gravações originais antigas e novas. Almir Chediak produziu um *Songbook* de Noel com elenco de estrelas, como Tom Jobim, Gilberto Gil, Gal Costa, João Bosco, Djavan e Chico Buarque.

Na era do CD, há igualmente vários destaques: o singelo *Sem tostão... a crise não é boato*, reunindo a cantora Cristina Buarque e o violonista Henrique Cazes; *Filosofia*, com o cantor Zé Renato, uma das mais lindas vozes brasileiras; *Noel Rosa: letra e música*, um dos mais curiosos CDs dedicados a Noel, já que poucos imaginavam que alguém como Johnny Alf pudesse se identificar com sua obra, que ele gravou em competentes arranjos do pianista Leandro Braga. Quem também se debruçou surpreendentemente sobre Noel Rosa foi o compositor Ivan Lins, numa caprichada produção de dois CDs, *Vivanoel*.

O mais importante documento gravado no formato CD é *Noel pela primeira vez*, coleção de catorze CDs com 229 composições de Noel Rosa em suas versões originais, lançada em 2000 numa idealização de Omar Jubran. Um verdadeiro monumento à obra do compositor, referência obrigatória para qualquer trabalho em torno dele.

Com tão bem-intencionadas antologias, essas novas gravações das inúmeras canções compostas nos sete breves anos em que viveu bem mais para a boemia e o samba do que para si próprio permitiram que a obra de Noel Rosa fosse preservada depois de sua morte.

Após tentar desesperadamente se curar da tuberculose, Noel passou os últimos quatro meses de sua vida acamado num quarto da casa materna. Ele faleceu em 4 de maio de 1937. A vida tumultuada e a obra perdurável constituíram um prato cheio para espetáculos teatrais, um curta-metragem de Rogério Sganzerla e o filme *Poeta da Vila* (2009), dirigido por Ricardo van Steen.

Cabe agora indagar: além de Aracy de Almeida, quem terá sido uma grande intérprete de Noel Rosa? Alguém bem pouco conhecido, que teve o CD *Noel por Ione* lançado em 2000 numa produção de Ronaldo Rayol. Trata-se da cantora Ione Papas, uma baiana que canta em barzinhos de São Paulo. A enxuta capa branca abriga um disco respeitoso e emocionante, com pelo menos quatro pérolas, "Você só... mente", "No baile da Flor-de-Lis", "Quando o samba acabou" e "Coração". Nenhuma cantora contemporânea conseguiu reviver o clima espirituoso, alegre, trágico, irônico, elegante e lírico contido nas quinze canções desse CD.

Ouvir Noel Rosa é o bastante para se convencer da existência em sua obra de canções tão vivas que parecem ter sido compostas justamente no ano de seu centenário.

(Publicado em fevereiro de 2010
no Caderno Eu & Fim de Semana do *Valor Econômico*)

Música com Z

Notas em 2014

Como só acontece com excepcionais compositores de canção, e Cole Porter é um bom exemplo, a parte menos conhecida da obra de Noel Rosa, o chamado lado B, não deve ser desprezada. De extensão considerável, a maioria sem parceria, é recheada de composições merecedoras da reverência atribuída às suas conhecidas obras-primas. O original samba "Cansei de pedir", cuja letra aborda o drama de quem precisa pôr fim a um romance, o abstrato "Cor de cinza" ou ainda o bem-humorado "No baile da Flor-de-Lis" revelam que junto ao estilo poético há uma imaginativa construção melódica. Muito embora consideravelmente menos gravadas, joias ocultas como essas elevam a obra de Noel Rosa, já de extraordinária grandeza, a um patamar superior.

O precioso tesouro precisava ser revisitado. Afortunadamente foi redescoberto para sua consagração merecida, a consagração que não tivera em vida.

Humor, ironia, lirismo, rimas novas, perspicácia, profundidade, poder de síntese, temas originais, abordagens inusitadas compõem o rico universo dos costumes, diferenças sociais e vida urbana da capital brasileira nos anos 30. Depois que a tampa foi aberta, cantores e músicos se dedicaram a regravar canções do compositor que estava à frente de seu tempo, do letrista mais profundo e inovador da Época de Ouro. Noel Rosa passou a ser, mais de 10 anos depois de morto, um compositor contemporâneo na música popular, e sua obra fértil e desafiadora conquistou um lugar definitivo na canção brasileira.

Sobre o autor

Zuza Homem de Mello nasceu em São Paulo, em 1933. Atuando como baixista profissional na cidade, em 1955 abandona o curso de engenharia para dedicar-se à música. No ano seguinte, inicia-se no jornalismo, assinando uma coluna de jazz semanal para a *Folha da Noite*. Entre 1957 e 1958, morando nos EUA, frequenta a School of Jazz, em Tanglewood, quando teve aulas com Ray Brown, estuda musicologia na Juilliard School of Music de Nova York e literatura inglesa na New York University, além de ter estagiado na Atlantic Records.

De volta ao Brasil, em 1959, Zuza ingressa na TV Record, onde permanece por cerca de dez anos trabalhando como engenheiro de som de programas musicais e dos festivais de música brasileira e atuando como *booker* na contratação de atrações internacionais.

Entre 1977 e 1988 concentra suas atividades no rádio e na imprensa: produz e apresenta o premiado *Programa do Zuza*, na Rádio Jovem Pan AM, para a qual produz também vinhetas gravadas nos Estados Unidos, faz crítica de música popular para *O Estado de S. Paulo*, escreve para diversas revistas e coordena a *Enciclopédia da Música Brasileira*.

Desde 1958 realiza palestras e cursos sobre música popular brasileira e jazz no Brasil e no exterior, tendo sido também jurado dos mais importantes festivais de música no Brasil.

Como produtor e diretor artístico, Zuza dirige nos anos 70 a série de shows *O Fino da Música*, no Anhembi, São Paulo. Nos anos 80, dirige o Festival de Verão do Guarujá e produz a *tournée* de Milton Nascimento ao Japão (1988); nos anos 90, assume a direção-geral das três edições do Festival Carrefour, e dirige, para o SESC, vários shows, como *Lupicínio às Pampas*, o premiado *Raros e Inéditos*, a série *Ouvindo Estrelas* (por dois anos) e os dez espetáculos comemorativos dos 50 anos da entidade.

De 1981 a 1986, é presidente da Associação dos Pesquisadores da Música Popular Brasileira.

Na televisão, apresenta a série *Jazz Brasil* na TV Cultura, e na área fonográfica produz discos de Jacob do Bandolim, Orlando Silva, Severino Araújo, Fafá Lemos & Carolina Cardoso de Meneses e Elis Regina, entre outros. Entre 2001 e 2004 é diretor musical do Baretto, em 2005 produz as vinhetas da Band News FM e, no ano seguinte, da TV Band News. De 2006 a 2008 é curador da série de música popular brasileira no Café Filosófico da CPFL em Campinas, da série *Telefônica Open Jazz* e do projeto *Itaúbrasil — 50 anos da Bossa Nova*. Ainda para a CPFL, idealiza, dirige e apresenta em 2011 a série *O Amor na Canção Brasileira*, em que traz à luz os letristas e suas canções, e em 2012 idealiza e dirige musicalmente o espetáculo *100 Anos de Luz e Som*, para comemoração do centenário da empresa.

Como jornalista convidado participa dos mais representativos festivais de jazz do mundo. Integra no Brasil a equipe do Festival de Jazz de São Paulo (1978 e 1980), é curador do Free Jazz Festival desde sua primeira edição, em 1985, do seu sucessor, Tim Festival (2006 a 2009), e do novo sucessor, BMW Jazz Festival, em suas quatro edições (2011, 2012, 2013 e 2014).

Nos últimos anos, ministra regularmente cursos e profere palestras na Casa do Saber a cada semestre, alternando como conteúdo o jazz e a música popular brasileira.

Na Secretaria de Estado da Cultura de São Paulo integra a Comissão do Prêmio Governador do Estado para a Cultura (2011 e 2013) e atua como membro da Câmara Setorial de Música, que compõe o Conselho Estadual de Cultura (2013 e 2014). Desde sua inauguração até 2011, participa do Conselho do Auditório Ibirapuera em São Paulo. No Instituto Itaú Cultural atua como consultor e também como idealizador e apresentador do programa mensal de rádio *Mergulho no Escuro*.

Escreve colaborações especiais para *O Estado de S. Paulo*, para o Caderno Eu & Fim de Semana do *Valor Econômico* e para os principais órgãos de imprensa do país.

É autor dos livros *Música popular brasileira cantada e contada...* (Melhoramentos, 1976, relançado pela WMF Martins Fontes em 2008 com o título *Eis aqui os bossa-nova*), *A canção no tempo*, dois volumes em coautoria com Jairo Severiano (Editora 34, 1997-98), *João Gilberto* (Publifolha, 2001), *A Era dos Festivais* (Editora 34, 2003) e *Música nas veias* (Editora 34, 2007).

ESTE LIVRO FOI COMPOSTO EM SABON,
PELA BRACHER & MALTA, COM CTP E
IMPRESSÃO DA PROL EDITORA GRÁFICA
EM PAPEL PÓLEN SOFT 70 G/M² DA CIA.
SUZANO DE PAPEL E CELULOSE PARA A
EDITORA 34, EM AGOSTO DE 2014.